VIRGINIA WOOLF

# DIE JAHRE

ROMAN

FISCHER TASCHENBUCH VERLAG

Die englische Originalausgabe erschien unter dem Titel ›The Years‹
im Verlag The Hogarth Press, London

Übersetzung von Herberth und Marlys Herlitschka

49.–50. Tausend: August 1992

Ungekürzte Ausgabe
Veröffentlicht im Fischer Taschenbuch Verlag GmbH,
Frankfurt am Main, April 1979

Lizenzausgabe mit freundlicher Genehmigung des
S. Fischer Verlages GmbH, Frankfurt am Main
© Quentin Bell and Angelica Garnett 1937
Für die deutsche Ausgabe:
© S. Fischer Verlag GmbH, Frankfurt am Main
Umschlagentwurf: Jan Buchholz / Reni Hinsch
Druck und Bindung: Clausen & Bosse, Leck
Printed in Germany
ISBN 3-596-22120-X

*Gedruckt auf chlor- und säurefreiem Papier*

# 1880

Es war ein launischer Frühling. Unaufhörlich wechselnd, sandte das Wetter Wolken von Graublau und Violett über die Erde. Die Landwirte machten besorgte Gesichter, wenn sie ihre Felder ansahen; die Leute in London öffneten ihre Schirme, sahen zum Himmel auf und schlossen sie wieder. Doch im April war solches Wetter zu erwarten. Hunderte von Verkäufern und Verkäuferinnen bei Whiteley und in den Army & Navy Stores erlaubten sich diese Bemerkung, wenn sie adrett verschnürte Päckchen Damen in üppig berüschten Kleidern über den Ladentisch reichten. Endlose Züge von Kauflustigen im Westend, von Geschäftsleuten in der City fluteten auf den Gehsteigen hin und her, wie unaufhörlich wandernde Karawanen – so schien es denen, die aus irgendeinem Grund einen Augenblick stehnblieben, etwa, um einen Brief einzuwerfen, oder an einem Klubfenster in Piccadilly. Der Strom von Landauern, Viktorias und Hansoms versiegte nie; denn die Season nahm ihren Anfang. In ruhigeren Straßen verzapften Musikanten ihr dünnes, meist schwermütiges Gedudel, das hier in den Bäumen des Hyde Park, dort des St. James's Park im Gezwitscher der Spatzen und den jähen Ausbrüchen der verliebten, aber oft pausierenden Drossel sein Echo oder seine Parodie fand. In den Wipfeln der Gartenanlagen auf den Squares trippelten die Tauben hin und her, ließen ein Zweiglein oder zwei fallen und gurrten immer wieder ihr stets unterbrochenes Schlummerlied. Durch die Parktore beim Marble Arch und beim Wellingtonpalais drängten sich nachmittags Damen in bunten Kleidern mit dem neumodischen Cul-de-Paris und Herren im Gehrock, eine Nelke im Knopfloch, den Spazierstock in der Hand. Hier kam die Gemahlin des Prinzen von Wales, und wo sie vorbeifuhr, wurden Hüte gelüpft. In den Souterrains der langen Avenuen in den Wohnvierteln trafen Stubenmädchen in Häubchen und Schürze die Vorbereitungen zum Tee. Umwegig aus der Tiefe hinaufgetragen, wurde die silberne Teekanne auf den Tisch gestellt, und mit Händen, welche die offenen Wunden der Elendsquartiere von Bermondsey und Hoxton gestillt hatten, taten junge Mädchen und alte Jungfern sorgfältig abgemessene ein, zwei, drei, vier Löffelvoll Tee hinein. Sobald die Sonne unterging, öffneten sich Tausende kleine Gasflammen, den Augen von Pfauenfedern gleichend, in ihren Glaskäfigen; dennoch blieben lange Strecken auf den Gehsteigen dunkel. Das vermischte Licht der Laternen und der untergehenden Sonne spiegelte sich in dem stillen Wasser des »Rundteichs« und der »Serpentine«. Außer Haus Speisende, die in Hansoms über die Brücke trabten, betrachteten sekundenlang den reizenden Ausblick. Allmählich stieg der Mond hoch, und seine blanke Münze, obgleich bisweilen von Wolkenwischen verdeckt, leuchtete heiter oder streng oder vielleicht völlig gleichgültig. Langsam kreisend, wie die Strahlen eines Scheinwerfers, glitten die Tage, die Wochen, die Jahre, eins nach dem andern, über den Himmel.

Oberst Abel Pargiter saß nach dem Lunch in seinem Klub und plauderte. Da seine Gefährten in den Lederfauteuils Männer seines Schlags waren, Männer, die Offiziere oder Staatsbeamte gewesen und nun im Ruhestand waren, ließen sie mit alten Witzen und Anekdoten erst ihre Vergangenheit in Indien, Afrika, Ägypten wieder aufleben und kamen dann in ganz natürlichem Übergang auf die Gegenwart. Es handelte sich um irgendeine Ernennung, um eine mögliche Ernennung.

Plötzlich neigte sich der jüngste und flotteste der drei vor. Gestern beim Lunch mit ... Hier senkte der Sprechende die Stimme. Die andern beugten sich zu ihm; eine kurze Handbewegung Oberst Pargiters sandte den Diener weg, welcher die Kaffeetassen abräumte. Die drei schütter behaarten und angegrauten Köpfe blieben einige Minuten nahe beieinander. Dann warf sich Oberst Abel im Lehnstuhl zurück. Der sonderbare Schimmer, der in die Augen aller drei gekommen war, als Major Elkin seine Geschichte begann, war aus Oberst Pargiters Gesicht völlig verschwunden. Er saß und starrte vor sich hin, mit seinen hellblauen Augen, die ein wenig zusammengekniffen waren, als sähen sie noch immer in den Glast des Ostens, und an den Winkeln ein wenig umfältelt, als wäre noch immer Staub in ihnen. Ein Gedanke war ihm gekommen, der, was die andern sagten, für ihn uninteressant machte, sogar unangenehm. Er erhob sich und blickte durchs Fenster auf Piccadilly. Die Zigarre in der Hand, sah er hinab auf die Oberdecke der Omnibusse, auf die

Hansoms, die Visavis, die Lieferwagen und Landauer. Ihn ging das alles nichts an, schien seine Haltung zu sagen; mit dieser Sache hatte er nichts mehr zu tun. Sein rotwangiges, männlich hübsches Gesicht verdüsterte sich, als er so dort stand und hinaussah. Plötzlich fiel ihm etwas ein. Das mußte er sie fragen. Er wandte sich um; aber seine Freunde saßen nicht mehr da. Die kleine Gruppe hatte sich aufgelöst. Elkin eilte schon durch die Tür; Brand sprach dort drüben mit einem andern Herrn. Oberst Pargiter verschluckte, was er vielleicht gesagt hätte, und wandte sich wieder dem Fenster zu, aus dem man auf Piccadilly sah. Jeder Mensch auf der menschenerfüllten Straße schien irgendein Ziel zu haben. Alle eilten, um irgendeine Verabredung einzuhalten. Sogar die Damen in den Visavis und Broughams, die da vorbeitrabten, hatten irgend etwas vor. Alle Welt kam nach London zurück, richtete sich auf die Season ein. Für ihn aber gäbe es keine Season; für ihn gab es nichts zu tun. Seine Frau lag im Sterben; doch sie starb nicht. Heute ging's ihr besser; morgen ginge es ihr wieder schlechter; eine zweite Pflegerin war aufgenommen; und so ging es fort. Er ergriff eine Zeitung und blätterte sie durch. Er besah ein Bild der Westseite des Kölner Doms. Dann warf er die Zeitung unter die andern zurück. Früher oder später – das war sein Euphemismus für die Zeit, die nach dem Tod seiner Frau käme, – würde er von London wegziehn, dachte er, und auf dem Land leben. Aber da war das Haus; da waren die Kinder; und da war auch ... Seine Miene veränderte sich; sie wurde weniger unzufrieden; aber auch ein wenig verstohlen und unruhig.

Irgendwohin konnte er schließlich doch gehn. Während sie hier schwatzten, hatte er die ganze Zeit diesen Hintergedanken gehabt. Als er sich herumwandte und sah, daß die andern nicht mehr da waren, war das der Balsam gewesen, den er auf seine Wunde tat. Er wollte Mira besuchen gehn; Mira wenigstens würde sich freuen, ihn zu sehn. Und so wandte er sich, als er den Klub verließ, nicht nach Osten, wohin die beschäftigten Männer gingen, und auch nicht nach Westen, wo, in der Abercorn Terrace, sein Haus lag, sondern ging die festen Wege durch den Green Park entlang gegen Westminster. Das Gras war sehr grün; die Blätter begannen zu sprießen; kleine grüne Klauen, wie Vogelkrallen, kamen aus den Zweigen hervor; alles hatte etwas Funkelndes, Neubelebtes. Die Luft roch rein und scharf. Oberst Pargiter aber sah weder das Gras noch die Bäume. In seinem bis oben zugeknöpften Mantel marschierte er durch den Park und blickte geradeaus vor sich hin. Doch als er nach Westminster kam, blieb er stehn. Diesen Teil der Sache mochte er gar nicht. Jedesmal, wenn er sich der kleinen Gasse näherte, die am Fuß der gewaltigen Steinmasse der Abtei lag, dieser Gasse schäbiger kleiner Häuser mit gelblichen Vorhängen und Zu-Vermieten-Karten in den Fenstern, der Gasse, wo stets der Mann mit dem heißen Gebäck zu läuten schien, wo Kinder kreischten und über die weißen Kreidezeichen auf dem Gehsteig ein- und aushüpften, hielt er inne, blickte nach rechts, blickte nach links und ging dann sehr rasch auf Nummer dreißig zu und zog die Glocke. Er starrte geradeaus vor sich auf die Tür, während er, den Kopf etwas gesenkt, wartete. Er wollte nicht gesehen werden, wie er hier auf diesen Stufen stand. Er wartete nicht gern auf Einlaß. Er mochte es nicht, wenn ihm Mrs. Sims öffnete. Immer roch es in diesem Haus; immer hingen Wäschestücke an einer Leine im Hintergarten. Er ging die Treppe hinauf, verdrossen und schwerfällig, und betrat das Wohnzimmer.

Niemand war da; er war zu früh gekommen. Er sah sich mit Widerwillen in dem Raum um. Es stand zuviel Schnickschnack herum. Er fühlte sich nicht hierher gehörig und überhaupt viel zu groß, wie er so, sehr aufrecht, vor dem drapierten Kamin stand, einem Feuerschirm gegenüber, auf den ein Eisvogel gemalt war, der sich auf einige Binsen niederlassen wollte. Schritte eilten in dem Stockwerk über ihm hin und her. War jemand bei ihr? fragte er sich, während er lauschte. Kinder johlten draußen auf der Straße. Das Ganze hatte etwas Jämmerliches, etwas Gemeines, Verstohlenes. Früher oder später, sagte er sich ... Aber die Tür ging auf, und seine Mätresse, Mira, kam herein.

»Oh, Piffpaff! Liebster!« rief sie. Ihr Haar war sehr unordentlich; sie sah ein wenig schluderig aus; aber sie war viel, viel jünger als er und freute sich wirklich, ihn zu sehn, dachte er. Der kleine Hund sprang an ihr hinauf.

»Lulu, Lulu«, rief sie, packte das Hündchen mit der einen Hand, während sie mit der andern ihr Haar betastete, »komm und laß dich von Onkel Piffpaff ansehn!«

Der Oberst setzte sich in den knarrenden Korbstuhl. Sie hob den Hund auf seine Knie. Da sei ein roter Fleck – vielleicht ein Ekzem – hinter dem einen Ohr. Der Oberst setzte die Brille auf und beugte sich hinab, um sich das Ohr des

Hundes zu besehn. Mira küßte ihn, wo der Kragen aufhörte, auf den Nacken. Dabei fiel ihm die Brille hinunter. Mira erhaschte sie und setzte sie dem Hund auf. Der alte Knabe war heute nicht bei Laune, das spürte sie. In dieser geheimnisvollen Welt der Klubs und des Familienlebens, von der er nie zu ihr sprach, war etwas nicht in Ordnung. Er war gekommen, bevor sie sich frisiert hatte. Und das war lästig. Aber es war ihre Pflicht, ihn zu zerstreuen. Also flatterte sie – ihre zwar stärker werdende Gestalt erlaubte ihr noch immer, zwischen Tisch und Stuhl durchzugleiten, – hierhin und dorthin; entfernte den Kaminschirm und zündete, bevor er sie abhalten konnte, das kärgliche Logierhausfeuer an. Dann hockte sie sich auf die Armlehne seines Sessels.

»O Mira«, sagte sie, sich in dem Wandspiegel betrachtend und die Haarnadeln umsteckend, »was für ein schrecklich unordentliches Ding du bist!« Sie löste eine lange Haarflechte und ließ sie über die Schulter fallen. Es war noch immer schönes, goldglänzendes Haar, obgleich sie sich den Vierzig näherte und, wenn man die Wahrheit wüßte, eine achtjährige Tochter bei Freunden in Bedford in Pflege hatte. Das Haar begann von selbst zu fallen, durch sein eigenes Gewicht, und Piffpaff, der das sah, neigte sich vor und küßte es. Eine Drehorgel hatte weiter unten in dem Gäßchen zu spielen begonnen, und die Kinder rasten alle in dieser Richtung davon und hinterließen eine jähe Stille. Der Oberst begann Miras Nacken zu streicheln. Er begann, mit der Hand, an der er zwei Finger verloren hatte, tiefer unten herumzutasten, wo der Nacken in die Schultern überging. Mira ließ sich auf den Fußboden gleiten und lehnte den Rücken an sein Knie.

Dann knarrten die Treppenstufen; jemand klopfte leise, wie um auf seine Anwesenheit aufmerksam zu machen. Mira steckte sogleich ihr Haar auf, erhob sich und schloß die Tür hinter sich.

Der Oberst begann auf seine methodische Art abermals das Ohr des Hundes zu untersuchen. War es ein Ekzem? Oder war es kein Ekzem? Er blickte auf den roten Fleck, stellte dann den Hund in den Korb auf die Füße und wartete. Dieses anhaltende Gewisper draußen auf dem Treppenabsatz mißfiel ihm. Endlich kam Mira zurück. Sie sah besorgt aus; und wenn sie besorgt aussah, sah sie alt aus. Sie begann unter Kissen und Überzügen umherzusuchen. Sie brauche ihr Handtäschchen, sagte sie; wo habe sie es nur hingetan? In diesem Durcheinander von Sachen, dachte der Oberst, mochte es überall sein. Es war ein mageres, nach Armut aussehendes Handtäschen, das sich dann endlich unter den Kissen in der Sofaecke fand. Sie stürzte es. Taschentücher, zerknüllte Stückchen Papier, Silber- und Kupfermünzen fielen heraus, als sie es schüttelte. Aber zwanzig Shilling in Gold hätten darunter sein sollen, sagte sie, – ein Sovereign. »Ich hab' ganz bestimmt gestern einen gehabt«, murmelte sie.

»Wieviel macht es?« fragte der Oberst.

Es mache ein Pfund – nein, ein Pfund, acht Schilling und sechs Pence, sagte sie und murmelte etwas von der Wäscherin. Der Oberst ließ zwei Sovereigns aus seinem kleinen goldnen Etui gleiten und reichte sie ihr. Sie nahm sie, und dann war wieder Geflüster auf dem Treppenabsatz zu hören.

»Wäscherin …?« dachte der Oberst, in dem Zimmer umherblickend. Es war ein unsauberes kleines Loch von einem Zimmer; aber da er um so viel älter war als sie, ging es nicht an, die Wäscherechnung in Frage zu ziehn. Und hier war sie wieder. Sie flatterte durchs Zimmer und setzte sich auf den Boden und lehnte den Kopf an sein Knie. Das mißgünstige Feuer, das nur schwach geflackert hatte, war fast erloschen. »Laß es sein«, sagte er ungeduldig, als sie das Schüreisen ergriff. »Laß es ausgehn!« Sie legte das Schüreisen hin. Der Hund schnarchte; die Drehorgel leierte. Seine Hand begann ihre Wanderung, den Nacken hinauf und hinunter, ein und aus in dem langen, dichten Haar. In diesem kleinen Zimmer, so nahe den Häusern drüben, kam die Dämmerung schnell; und die Vorhänge waren halb geschlossen. Er zog Mira an sich; er küßte sie auf den Nacken; und dann begann die Hand, an der die zwei Finger fehlten, tiefer unten herumzutasten, wo der Hals in die Schultern überging.

Ein plötzlicher Regenschauer prasselte auf den Gehsteig, und die Kinder, die in ihren Kreidekäfigen ein- und ausgehüpft waren, rannten nach Hause. Der ältliche Straßensänger, der, auf dem Randstein entlangschwankend, eine Fischermütze keck auf den Hinterkopf zurückgeschoben, geschmettert hatte: »Drückt dich Angst und Sorge nieder –« schlug den Rockkragen hoch und suchte Zuflucht im Eingang eines Wirtshauses, wo er mit der Tröstung endete: »– morgen scheint die Sonne wieder«. Und dann schien die Sonne wieder und trocknete das Pflaster.

»Es kocht noch nicht«, sagte Milly Pargiter, auf den Teekessel blickend. Sie saß an dem runden Tisch in dem vordern Wohnzimmer des Hauses in der Abercorn Terrace. »Noch lange nicht«, wiederholte sie. Der Kessel war ein altmodisches Ding aus Messing mit einem gravierten Rosenmuster, das fast ganz verwischt war. Ein schwaches kleines Flämmchen flackerte darunter. Auch Millys Schwester Delia, die neben ihr in einen Fauteuil zurückgelehnt lag, beobachtete es. »Muß das Wasser kochen?« fragte sie nach einem Augenblick müßig, als erwartete sie keine Antwort, und Milly antwortete auch nicht. Sie saßen schweigend und beobachteten das Flämmchen über dem Büschel gelben Dochts. Auf dem Tisch standen viele Tassen und Teller, als würden noch Leute erwartet; aber für den Augenblick waren sie allein. Das Zimmer war voller Möbel. Ihnen gegenüber stand eine holländische Vitrine mit blau gemustertem Porzellan auf den Borden; die Sonne des Aprilnachmittags malte hier und da einen hellen Fleck auf die Scheiben. Über dem Kamin lächelte das Porträt einer rothaarigen jungen Frau in weißem Musselin, einen Korb mit Blumen im Schoß, auf die beiden herab.

Milly zog eine Haarnadel aus ihrer Frisur und begann den Docht zu zerfransen, um die Flamme zu vergrößern.

»Aber das hilft doch nicht«, sagte Delia gereizt, während sie ihr zusah. Sie wurde ungeduldig. Alles schien so unerträglich viel Zeit zu brauchen. Dann kam Crosby herein und fragte, ob sie den Kessel in der Küche zum Kochen bringen solle, und Milly sagte nein. Wie könnte ich diesem Getändel und Gefummel nur ein Ende machen, fragte sich Delia, während sie mit einem Messer auf den Tisch klopfte und auf das schwache Flämmchen sah, das ihre Schwester mit einer Haarnadel weiter hervorzulocken versuchte. Eine Mückenstimme begann unter dem Kessel zu jammern; aber da ging die Tür abermals auf, und ein kleines Mädchen in einem gestärkten rosa Kleid stürmte herein.

»Ich finde, Nannie hätte dir eine reine Schürze umbinden können«, sagte Milly streng, die Art einer Erwachsenen nachahmend. Auf der Latzschürze der Kleinen war ein grüner Schmierfleck, als wäre sie auf Bäume geklettert.

»Sie ist noch nicht aus der Wäsche gekommen«, sagte Rose, das kleine Mädchen, mürrisch. Sie blickte auf den Tisch, aber dort sah es noch gar nicht nach Tee aus.

Milly zupfte abermals den Docht mit ihrer Haarnadel.

Delia lehnte sich zurück und blickte über die Schulter aus dem Fenster. Von wo sie saß, konnte sie die Stufen vor der Haustür sehen.

»Also da ist Martin«, sagte sie düster. Die Haustür schlug zu; Bücher wurden auf den Tisch in der Halle hingeklatscht, und Martin, ein Junge von zwölf Jahren, trat ein. Er hatte das rötliche Haar der Frau auf dem Porträt, aber seins war zerzaust.

»Geh und mach dich ordentlich!« sagte Delia streng. »Du hast reichlich Zeit«, fügte sie hinzu. »Das Teewasser kocht noch nicht.«

Alle blickten sie auf den Kessel. Der ließ noch immer sein dünnes, melancholisches Summen ertönen, während das Flämmchen unter der schwingenden Messingwölbung flakkerte.

»Dieser verfluchte Kessel!« sagte Martin und wandte sich scharf ab.

»Mama wäre es nicht recht, daß du solche Worte gebrauchst«, verwies ihn Milly, als ahmte sie eine ältere Person nach; denn die Mutter war schon so lange krank, daß beide Schwestern es sich angewöhnt hatten, den Kindern gegenüber ihre Art anzunehmen. Die Tür öffnete sich abermals.

»Das Tablett, Miss ...« sagte Crosby, während sie die Tür mit dem Fuß am Zufallen hinderte. Sie hielt ein Bettischchen in den Händen.

»Das Tablett?« sagte Milly. »Ja, wer wird das Tablett hinauftragen?« Wieder ahmte sie die Art einer Erwachsenen nach, die taktvoll mit Kindern umgehn will. »Nicht du, Rose. Es ist zu schwer. Laß Martin es tragen, und du kannst mit ihm gehn. Aber bleibt nicht lange. Erzählt Mama nur, was ihr heute getan habt; und bis dahin wird das Wasser ... das Wasser ...«

Sie fuhr abermals mit der Haarnadel in den Docht. Ein schwaches Wölkchen von Dampf kam aus dem Schwanenhalsschnabel; erst in Abständen, dann wurde es allmählich immer stärker, bis, grade als sie Schritte auf der Treppe hörten, ein mächtiger Dampfstrahl hervorkam.

»Es kocht!« rief Milly. »Es kocht!«

Sie aßen schweigend. Die Sonne, nach den wechselnden Lichtern auf dem Glas der holländischen Vitrine zu schließen, schien sich zu verstecken und wieder hervorzukommen.

Manchmal leuchtete eine Schale tiefblau; dann wurde sie fahl. Lichter ruhten verstohlen auf den Möbeln im andern Zimmer, das auf den Garten ging. Hier war ein Muster; hier war eine kahle Stelle. Irgendwo ist Schönheit, dachte Delia, irgendwo ist Freiheit und irgendwo, dachte sie, ist *er* – trägt seine weiße Blume im Knopfloch ... Aber in der Halle scharrte ein Stock.

»Das ist Papa!« rief Milly warnend.

Sogleich schlängelte sich Martin aus dem Armsessel seines Vaters; Delia setzte sich auf. Milly zog eilig eine sehr große, mit Rosen gesprenkelte Teetasse heran, die nicht zu den übrigen paßte.

Der Oberst stand in der Tür und überblickte beinahe grimmig die Gruppe. Seine kleinen blauen Augen sahn sie alle an, wie um etwas Tadelnswertes an ihnen zu finden; im Augenblick war nichts Besonderes an ihnen zu tadeln; aber er war schlecht gelaunt; sie wußten sogleich, noch bevor er sprach, daß er schlecht gelaunt war.

»Kleiner Schmierfink«, sagte er, Rose ins Ohr zwickend, während er an ihr vorbeiging. Sie deckte schnell die Hand über den Fleck auf ihrer Schürze.

»Alles in Ordnung mit Mama?« fragte er und ließ sich mit seiner ganzen Schwere in den großen Armsessel sinken. Er verabscheute Tee; aber er trank stets ein wenig aus der riesigen alten Tasse, die seinem Vater gehört hatte. Er hob sie und nippte gewohnheitsmäßig.

»Und was habt ihr alle getrieben?« fragte er. Er sah sie alle der Reihe nach an, mit dem argwöhnischen, doch schlauen Blick, der heiter sein konnte, jetzt aber verdrossen war.

»Delia hat ihre Musikstunde gehabt, und ich war bei Whiteley –«, begann Milly, fast als wäre sie ein Kind, das eine Lektion aufsagt.

»Geld ausgegeben, he?« sagte ihr Vater scharf, aber nicht unfreundlich.

»Nein, Papa. Ich hab's dir ja schon gesagt. Es sind die falschen Leintücher geliefert –«

»Und du, Martin?« fragte Oberst Pargiter, die Antwort seiner Tochter unterbrechend. »Klassenletzter wie gewöhnlich?«

»Erster!« brüllte Martin, das Wort hervorstoßend, als hätte er es mit Mühe bis zu diesem Augenblick zurückgehalten.

»Hm – was du nicht sagst!« erwiderte sein Vater. Seine

Verdüsterung hellte sich ein wenig auf. Er fuhr mit der Hand in die Hosentasche und brachte eine Handvoll Silbergeld zum Vorschein. Seine Kinder beobachteten ihn, während er versuchte, ein Sechspencestück aus allen den größeren Silbermünzen hervorzusuchen. Er hatte zwei Finger der rechten Hand im Indischen Aufstand verloren, und die Muskeln waren geschrumpft, so daß die Hand der Klaue eines alten Vogels glich. Er schupfte und scharrte; aber da er selbst die Verstümmelung stets unbeachtet ließ, wagten seine Kinder nicht, ihm zu helfen. Die glänzenden Fingerstümpfe faszinierten Rose.

»Hier, Martin«, sagte er endlich und reichte das Sechspencestück seinem Sohn. Dann nippte er wieder vom Tee und wischte sich den Schnurrbart.

»Wo ist Eleanor?« fragte er endlich, wie um das Schweigen zu brechen.

»Es ist ihr Mietertag«, erinnerte ihn Milly.

»Oh, ihr Mietertag«, murmelte der Oberst. Er rührte den Zucker in der Tasse rundum, als wollte er ihn zertrümmern.

»Die lieben altbekannten Levys«, sagte Delia versuchsweise. Sie war seine Lieblingstochter; aber bei seiner gegenwärtigen Stimmung war sie ungewiß, wieviel sie wagen könnte.

Er sagte nichts.

»Bertie Levy hat sechs Zehen an dem einen Fuß«, piepste Rose plötzlich. Die andern lachten. Aber der Oberst unterbrach sie scharf.

»Du beeil dich und mach, daß du zu deinen Hausaufgaben kommst«, sagte er mit einem Blick auf Martin, der noch immer kaute.

»Laß ihn doch aufessen«, sagte Milly, wiederum die Art einer Älteren nachahmend.

»Und die neue Pflegerin?« fragte der Oberst, auf die Tischkante trommelnd. »Ist sie gekommen?«

»Ja ...« begann Milly. Aber in der Halle entstand ein Geräusch, und Eleanor trat ein. Sehr zu ihrer aller Erleichterung; besonders Millys. Gott sei Dank, da ist Eleanor, dachte sie aufblickend, – die Besänftigerin, die Streitschlichterin, der Puffer zwischen ihr und den Spannungen und Zwistigkeiten des Familienlebens. Sie betete ihre Schwester an. Sie hätte sie eine Göttin genannt und sie mit einer Schönheit ausgestattet, die nicht die ihre war, mit Kleidern, die nicht die ihren waren, hätte Eleanor nicht einen Stoß kleiner marmorierter Büchlein und ein Paar schwarzer Handschuhe in der Hand getragen. Beschütze mich, dachte sie, ihr eine Teetasse reichend, die ich ein mäuschenhaftes, unterdrücktes, untüchtiges kleines Ding bin, verglichen mit Delia, die immer alles für sich durchsetzt, während ich immer eins auf den Mund kriege von Papa, der heute aus irgendeinem Grund brummig ist. Der Oberst lächelte Eleanor zu, und der goldrote Hund auf dem Kaminteppich sah auch auf und wedelte, als hätte er in ihr eins dieser zufriedenstellenden weiblichen Wesen erkannt, die einem einen Knochen geben und dann ihre Hände in Unschuld waschen. Sie war die älteste der Töchter, etwa zweiundzwanzig, keine Schönheit, aber von frischem Aussehen und, obgleich im Augenblick müde, von munterem Naturell.

»Tut mir leid, daß ich mich verspätet habe«, sagte sie. »Ich bin aufgehalten worden. Und ich hab' nicht erwartet –« Sie sah ihren Vater an.

»Ich bin früher gekommen, als ich dachte«, sagte er hastig. »Die Sitzung –« Er brach ab. Es hatte wieder Krach mit Mira gegeben.

»Und was machen deine Mieter, he?« fügte er hinzu.

»Oh, meine Mieter ...« wiederholte sie; aber Milly reichte ihr die zugedeckte Schüssel.

»Ich bin aufgehalten worden«, sagte Eleanor abermals und nahm sich einen der warmen kleinen Kuchen. Sie begann zu essen; die Atmosphäre heiterte sich auf.

»Jetzt erzähl du uns, Papa«, sagte Delia kühn – sie war seine Lieblingstochter – »was du selbst getrieben hast. Irgendwelche Abenteuer gehabt?«

Es war eine unglückselige Frage.

»Es gibt keine Abenteuer mit einen alten Kracher wie mich«, sagte der Oberst mürrisch. Er zermalmte die Zuckerkörnchen an der Wandung seiner Teetasse. Dann schien er seine Brummigkeit zu bereuen; er überlegte einen Augenblick.

»Ich traf den alten Burke im Klub; er hat mich aufgefordert, eine von euch zum Dinner mitzubringen; Robin ist zurück, auf Urlaub«, sagte er.

Er trank seinen Tee aus. Einige Tropfen fielen auf sein Spitzbärtchen. Er zog ein großes Seidentaschentuch hervor und wischte sich ungeduldig das Kinn. Eleanor sah von ihrem niedrigen Sessel aus eine merkwürdige Miene erst auf Millys, dann auf Delias Gesicht. Sie hatte den Eindruck von Feindseligkeit zwischen den beiden. Aber sie sagte nichts. Sie aßen und tranken weiter, bis der Oberst wieder seine Tasse hob, sah, daß nichts mehr darin war, und sie mit einem kleinen Klirren fest niedersetzte. Die Zeremonie des Nachmittagstees war vorbei.

»So, mein Junge, nun verschwinde und mach dich über deine Hausaufgaben!« sagte er zu Martin.

Martin zog die Hand zurück, die nach einer der Schüsseln ausgestreckt war.

»Vorwärts!« sagte der Oberst im Befehlston. Martin stand auf und ging, wobei er die Hand zögernd über die Stühle und Tischchen gleiten ließ, wie um seinen Abgang hinauszuschieben. Er schloß die Tür ziemlich geräuschvoll hinter sich. Der Oberst erhob sich und stand hoch aufgerichtet, in seinem eng zugeknöpften Gehrock.

»Auch ich muß gehn«, sagte er. Aber er hielt einen Augenblick inne, als gäbe es nichts Besonderes, zu dem er zu gehn hatte. Er stand sehr aufrecht unter ihnen, als wollte er irgendeinen Befehl erteilen, vermöchte sich aber im Augenblick keines zu entsinnen, den er erteilen könnte. Dann entsann er sich.

»Ich wollte, eine von euch«, sagte er unparteiisch zu seinen Töchtern, »würde daran denken, Edward zu schreiben ... Sagt ihm, er soll Mama einen Brief schreiben.«

»Ja«, sagte Eleanor.

Er ging auf die Tür zu. Aber wieder blieb er stehn.

»Und laßt es mich wissen, sobald Mama mich zu sprechen wünscht«, warf er hin. Dann hielt er inne und zwickte seine jüngste Tochter ins Ohrläppchen.

»Kleiner Schmierfink«, sagte er und wies auf den grünen Fleck auf ihrer Schürze. Sie bedeckte ihn mit der Hand. An der Tür blieb er abermals stehn.

»Vergeßt nicht«, sagte er, am Türknauf herumtastend, »vergeßt nicht, an Edward zu schreiben.« Endlich hatte er den Türknauf gedreht und war gegangen.

Sie schwiegen alle. Eine gewisse Spannung lag in der Luft, so fühlte Eleanor. Sie griff nach einem der Büchlein, die sie mitgebracht hatte, und legte es geöffnet auf ihr Knie. Aber sie sah nicht hinein. Ihr Blick richtete sich fast geistesabwesend in das andre Zimmer. Die Bäume im Hintergarten begannen auszuschlagen; kleine Blättchen, kleine ohrenförmige Blättchen zeigten sich an den Sträuchern. Die Sonne schien mit Unterbrechungen; sie versteckte sich und kam wieder hervor, beleuchtete bald dies, bald –

»Eleanor«, unterbrach Rose ihre Gedanken. Sie hielt sich auf eine Art, die wunderlich der des Vaters glich.

»Eleanor!« wiederholte sie leise, denn ihre Schwester hatte es nicht beachtet.

»Ja?« sagte Eleanor und sah sie an.

»Ich möchte zu Lamley gehn«, sagte Rose. Sie war das Abbild ihres Vaters, wie sie so dastand, die Hände auf dem Rücken.

»Es ist zu spät, um zu Lamley zu gehn«, entgegnete Eleanor.

»Die schließen nicht vor sieben.«

»Dann bitte Martin, daß er mit dir geht«, sagte Eleanor.

Das kleine Mädchen schob sich langsam der Tür zu. Eleanor griff wieder nach ihren Haushaltsbüchern.

»Aber du darfst nicht allein gehen, Rose; du darfst nicht allein gehen«, sagte sie, von ihnen aufblickend, als Rose die Tür erreichte. Rose nickte wortlos und verschwand.

Sie ging die Treppe hinauf. Vor dem Schlafzimmer ihrer Mutter blieb sie stehn und schnupperte den süßsäuerlichen Geruch, der um die Krüge, die Gläser, die zugedeckten Schalen zu hängen schien, die da auf dem Tisch neben der Tür standen. Noch eine Treppenflucht, und sie hielt vor dem Lernzimmer inne. Sie wollte nicht hineingehn, denn sie hatte mit Martin gestritten. Sie hatten zuerst wegen Erridge gestritten und wegen des Mikroskops und dann wegen des Schießens auf die Katzen von Miss Pym nebenan. Aber Eleanor hatte ihr befohlen, ihn zu bitten. Sie öffnete die Tür.

»Hallo, Martin –« begann sie.

Er saß am Tisch, ein Buch vor sich aufgestützt, und murmelte – vielleicht war es Griechisch, vielleicht war es Latein.

»Eleanor hat mir aufgetragen –« begann sie und merkte, wie gerötet seine Wangen waren und wie sich seine Hand um ein Stückchen Papier schloß, als wollte er es zu einer Kugel zusammenknüllen. »Ich soll dich bitten ...« begann sie abermals und straffte sich, den Rücken an die Tür gestemmt.

Eleanor lehnte sich im Sessel zurück. Die Sonne lag jetzt auf den Bäumen im Hintergarten. Die Knospen begannen zu schwellen. Freilich ließ das Frühlingslicht deutlicher sichtbar werden, wie abgenützt die Sesselpolsterungen waren. Der große Lehnstuhl hatte einen dunklen Fleck, wo ihr Vater den Kopf anzulehnen pflegte, so gewahrte sie. Aber wieviele Stühle es hier gab – wie geräumig, wie luftig es hier war, nach diesem Schlafzimmer, wo die alte Mrs. Levy ... Doch Milly und Delia sprachen kein Wort. Wohl wegen der Abendgesellschaft, erinnerte sie sich. Welche von ihnen sollte gehn? Beide wollten sie hingehn. Sie wünschte, die Leute würden nicht sagen: Bringen Sie eine von Ihren Töchtern mit.« Warum konnten sie nicht sagen: »Bringen Sie Eleanor mit« oder »Bringen Sie Milly mit« oder »Bringen Sie Delia mit«, statt sie alle zusammenzuwerfen? Dann gäbe es nichts zu entscheiden.

»Na«, sagte Delia unvermittelt, »ich werde ...«

Sie stand auf, als wollte sie gehn. Aber sie hielt inne. Dann schlenderte sie zum Fenster und sah auf die Straße hinaus. Die Häuser gegenüber hatten alle dieselben Vorgärtchen; dieselben Eingangsstufen; dieselben zwei Säulen vor der Haustür, mit dem Balkon darüber; denselben Runderker. Jetzt aber sank die Dämmerung, und sie sahn in dem gedämpften Licht geisterhaft und körperlos aus. Lampen wurden angezündet; eine leuchtete sanft in dem Salon gegenüber; dann wurden die Vorhänge vorgezogen, und das Zimmer war ausgelöscht. Delia stand und sah auf die Straße hinab. Eine Frau der untern Schichten schob einen Kinderwagen vor sich her; ein alter Mann tatterte dahin, die Hände auf dem Rücken. Dann war die Straße leer; es gab eine Pause. Aber ein Hansom kam bimmelnd die Straße herauf. Delias Anteilnahme wurde für einen Augenblick wach. Bliebe es vor ihrer Tür stehn oder nicht. Sie schaute angespannter. Dann aber, zu ihrem Bedauern, schnellte der Kutscher die Zügel, das Pferd stolperte weiter; der Wagen hielt vor dem zweitnächsten Haus.

»Jemand macht Besuch bei den Stapletons«, rief sie über die Schulter zurück, während sie den Musselinvorhang beiseite hielt. Milly kam und trat neben ihre Schwester, und zusammen beobachteten sie durch den Spalt, wie ein junger Mann mit Zylinder aus dem Wagen stieg. Er streckte die Hand hoch, um den Kutscher zu zahlen.

»Gebt acht, daß man euch nicht gucken sieht!« sagte Eleanor warnend. Der junge Mann eilte die Stufen hinauf ins Haus; die Tür schloß sich hinter ihm, und der Wagen fuhr weg.

Aber eine Weile standen die beiden Mädchen noch am Fenster und sahn auf die Straße. Die Krokusse in den Vorgärten waren gelb und lila. Die Mandelbäume und Ligustersträucher hatten grüne Spitzen. Ein jäher Windstoß fuhr durch die Straße, blies ein Stück Papier den Gehsteig entlang und einen kleinen Wirbel trocknen Staubs hinterdrein. Über den Dächern malte sich einer dieser roten, zuckenden Londoner Sonnenuntergänge, die Fenster nach Fenster golden brennen machen. Es war etwas Wildes in dem Frühlingsabend; sogar hier, in der Abercorn Terrace, wechselte das Licht von Gold zu Schwarz, von Schwarz zu Gold. Delia ließ den Vorhang fallen, wandte sich herum und sagte, in die Mitte des Zimmers zurückkommend, plötzlich:

»O mein Gott!«

Eleanor, die wieder ihr Büchlein vorgenommen hatte, blickte gestört auf.

»Acht mal acht ...« sagte sie laut. »Wieviel sind acht mal acht?«

Mit dem Finger die Stelle auf der Seite bezeichnend, sah sie ihre Schwester an. Wie die so dastand, den Kopf zurückgeworfen und das Haar rötlich im Glühn des Sonnenuntergangs, sah sie einen Augenblick herausfordernd aus, ja sogar schön. Neben ihr wirkte Milly mausfarben und unscheinbar.

»Schau, Delia«, sagte Eleanor, ihr Büchlein zuklappend, »du brauchst doch nur zu warten ...« Sie meinte, vermochte es aber nicht auszusprechen, »bis Mama gestorben ist.«

»Nein, nein, nein«, sagte Delia und streckte die Arme. »Es ist hoffnungslos –« begann sie und unterbrach sich, denn Crosby war hereingekommen. Sie trug ein Tablett. Eins nach dem andern, mit einem auf die Nerven gehenden kleinen Klirren, räumte sie die Tassen, die Teller, die Messer, die Konfitürengläser, die Kuchenschüsseln und die Butterbrotkörbchen auf das Tablett. Dann ging sie, es vorsichtig vor sich balancierend, hinaus. Es entstand eine Pause. Abermals kam sie herein und faltete das Tischtuch und rückte die Tischchen. Abermals entstand eine Pause. Ein paar Augenblicke später war sie nochmals da und brachte zwei Lampen mit Seidenschirmen. Sie stellte eine ins Vorderzimmer, eine ins Hinterzimmer. Dann ging sie in ihren knarrenden billigen

Schuhen zum Fenster und zog die Vorhänge vor. Sie glitten mit einem vertrauten Klappern die Messingstange entlang, und alsbald waren die Fenster verdeckt von dicken, wie gemeißelten Falten aus bordeauxrotem Plüsch. Als sie die Vorhänge in beiden Zimmern vorgezogen hatte, schien sich eine tiefe Stille auf den Raum zu senken. Die Welt draußen schien durch eine dicke Schicht völlig abgeschnitten zu sein. Weit weg in der nächsten Straße hörten sie die Stimme eines Hausierers leiern; die schweren Hufe von Lastwagenpferden klopften langsam die Fahrbahn entlang. Einen Augenblick knarrten Räder auf dem Pflaster; dann erstarb das Geräusch, und die Stille war vollkommen.

Zwei gelbe Kreise von Licht fielen unter die Lampen. Eleanor zog ihren Stuhl unter die eine, neigte den Kopf und setzte den Teil ihrer Arbeit fort, den sie immer bis zuletzt ließ, weil sie ihn so gar nicht mochte, – das Zusammenzählen. Ihre Lippen bewegten sich, und ihr Bleistift machte kleine Punkte aufs Papier, während sie Achter, und Sechser, Fünfer und Vierer zusammenzählte.

»So!« sagte sie endlich. »Das wäre getan. Jetzt werd' ich zu Mama gehn und ein bißchen bei ihr bleiben.«

Sie bückte sich, um ihre Handschuhe aufzuheben.

»Nein«, sagte Milly, ein Magazin, das sie geöffnet hatte, beiseite werfend, »*ich* werd' gehn ...«

Delia tauchte plötzlich aus dem Hinterzimmer auf, wo sie sich herumgedrückt hatte.

»Ich hab' gar nichts zu tun«, sagte sie kurz. »*Ich* werd' gehn.«

Sie ging die Treppe hinauf, sehr langsam, Stufe nach Stufe. Als sie zu der Schlafzimmertür mit den Krügen und Gläsern auf dem Tischchen daneben kam, blieb sie stehn. Der süßsäuerliche Geruch von Krankheit machte ihr ein wenig übel. Sie vermochte nicht, sich zum Eintreten zu entschließen. Durch das kleine Fenster am Ende des Gangs konnte sie flamingofarbene Wolkenlocken auf einem blaßblauen Himmel liegen sehen. Nach der Dämmerung des Wohnzimmers waren ihre Augen geblendet. Es war, als hielte das Licht sie hier fest. Dann hörte sie Kinderstimmen im nächsten Stockwerk oben – Martin und Rose; sie stritten.

»Also laß es bleiben!« hörte sie Rose sagen. Dann schlug eine Tür zu. Sie lauschte, holte tief Atem, blickte abermals auf den feurigen Himmel und klopfte an die Schlafzimmertür.

Die Pflegerin erhob sich lautlos, legte den Finger an die Lippen und verließ das Zimmer. Mrs. Pargiter schlief. In einer Kissenschlucht liegend, die eine Hand unter der Wange, stöhnte Mrs. Pargiter leise, als wanderte sie in einer Welt, wo sich ihr sogar im Schlaf kleine Hindernisse in den Weg stellten. Ihr Gesicht war schlaff und plump; die Haut hatte braune Flecken; das einst rote Haar war jetzt weiß, nur daß seltsame gelbe Stellen darin waren, als wären manche Strähnen in das Dotter eines Eis getaucht worden. Von allen Ringen, bis auf den Ehering, entblößt, schienen schon ihre Finger anzudeuten, daß sie die Geheimwelt des Krankseins betreten hatte. Aber sie sah nicht aus, als wäre sie am Sterben; sie sah aus, als würde sie in diesem Grenzland zwischen Leben und Tod ewig fortexistieren. Delia konnte keine Veränderung an ihr gewahren. Als sie sich setzte, schien alles in ihr selbst in voller Flut zu sein. Ein hoher schmaler Spiegel neben dem Bett warf einen Ausschnitt des Himmels zurück; er war im Augenblick von rötlichem Licht beglänzt. Der Toilettetisch war davon beleuchtet. Das Licht fiel auf Silberflakons und auf Glasfläschchen, alle in der vollkommenen Ordnung von Dingen aufgestellt, die nicht verwendet werden. Um diese Abendstunde hatte das Krankenzimmer etwas unwirklich Sauberes, Stilles und Ordentliches. Hier neben dem Bett stand ein Tischchen mit einer Brille, einem Gebetbuch und einer Vase voll Maiglöckchen darauf. Auch die Blumen sahn unwirklich aus. Es gab nichts zu tun, als zu schauen.

Sie starrte auf die gelbliche Porträtzeichnung ihres Großvaters mit dem Glanzlicht auf der Nase; auf die Photographie von Onkel Horace in seiner Uniform; auf die hagere, verkrümmte Gestalt an dem Kruzifix zur Rechten.

»Aber du glaubst es doch selber nicht!« dachte sie wild und blickte auf ihre in Schlaf versunkene Mutter. »Du willst ja gar nicht sterben.«

Sie wartete sehnsüchtig, daß die Mutter stürbe. Da lag sie – schlaff, verfallen, aber ewigdauernd – in der Kissenschlucht; ein Hindernis, eine Vereitelung, ein Hemmnis alles Lebens. Delia versuchte, irgendein Gefühl der Zuneigung, des Mitleids in sich aufzupeitschen. Zum Beispiel diesen Sommer, sagte sie sich, in Sidmouth, als sie mich die Gartentreppe heraufrief ... Aber die Szene zerfloß, als sie sie zu betrachten versuchte. Und natürlich war die andre Szene da – der Mann im Gehrock mit der Blume im Knopfloch. Doch sie hatte sich geschworen, bis zur Schlafenszeit nicht daran zu denken. Aber woran sonst sollte sie denken? An den Großvater mit dem Glanzlicht auf der Nase? An das Gebetbuch? Die Maiglöckchen? Oder den Spiegel? Die Sonne war in Wolken versunken; der Spiegel war matt und warf jetzt nur einen graubraunen Fleck Himmel zurück. Sie konnte nicht länger widerstehn.

»Eine weiße Blume im Knopfloch«, begann sie sich zu sagen. Es brauchte einige Minuten Vorbereitung. Ein Saal mußte da sein; und Bankette von Palmen; und zu ihren Füßen ein Parkett mit den dichtgedrängten Köpfen von Leuten. Der Zauber begann zu wirken. Sie wurde von köstlichen Wellen schmeichelhafter und aufregender Gefühle durchdrungen. Sie saß auf dem Podium; eine riesige Zuhörerschaft war da; alles schrie, winkte mit Taschentüchern, applaudierte, zischte, pfiff. Dann erhob sie sich. Sie stand, ganz in Weiß, mitten auf dem Podium; Mr. Parnell war an ihrer Seite.

»Ich spreche für die Sache der Freiheit«, begann sie, die Arme ausbreitend, »für die Sache der Gerechtigkeit, für Irland ...« Seite an Seite standen sie da. Er war sehr bleich, aber seine dunklen Augen glühten. Er wandte sich zu ihr und flüsterte ...

Plötzlich eine Unterbrechung. Mrs. Pargiter hatte sich ein wenig aus den Kissen aufgerichtet.

»Wo bin ich?« rief sie. Sie war verängstigt und verwirrt, wie so oft beim Erwachen. Sie hob die Hand; sie schien um Hilfe zu flehn. »Wo bin ich?« wiederholte sie. Für einen Augenblick war auch Delia verwirrt. Wo war sie?

»Hier, Mama! Hier!« sagte sie blindlings. »Hier, in deinem Zimmer.« Sie legte die Hand auf die Bettdecke.

Mrs. Pargiter umklammerte sie nervös. Sie sah sich in dem Zimmer um, als suchte sie jemand. Sie schien ihre Tochter nicht zu erkennen.

»Was ist denn?« fragte sie. »Wo bin ich?« Dann sah sie Delia und erinnerte sich. »Oh, Delia – ich hab' geträumt«, murmelte sie, halb wie sich entschuldigend. Sie lag eine kleine Weile und sah durchs Fenster hinaus. Die Laternen wurden angezündet, und ein plötzliches mildes Licht ging in der Straße draußen auf.

»Es war ein schöner Tag ...« sie zögerte »... für ...« Sie schien sich nicht erinnern zu können, wofür.

»Ein herrlicher Tag, ja, Mama«, wiederholte Delia mit mechanischer Munterkeit.

».. . für ...« versuchte es ihre Mutter abermals.

Was für ein Tag war es. Delia konnte sich nicht erinnern.

»... für Onkel Digbys Geburtstag«, brachte Mrs. Pargiter endlich hervor. »Sag ihm von mir – sag ihm, wie sehr ich mich freue.«

»Ich werd's ihm sagen«, erwiderte Delia. Sie hatte vergessen, daß ihr Onkel Geburtstag hatte; aber ihre Mutter war sehr genau in solchen Dingen.

»Tante Eugénie ...« begann sie.

Ihre Mutter jedoch starrte auf den Toilettetisch. Ein Schimmer von der Laterne draußen ließ das weiße Tuch darauf äußerst weiß aussehn.

»Schon wieder ein frisches Tuch!« murmelte Mrs. Pargiter grämlich. »Was das kostet, Delia, was das kostet – das ist's, was mir Sorge macht.«

»Es ist schon recht, Mama«, sagte Delia matt. Ihre Augen waren auf das Porträt des Großvaters gerichtet; warum fragte sie sich, hatte der Künstler einen Tupfen weißer Kreide auf seine Nasenspitze gesetzt?

»Tante Eugénie hat dir Blumen gebracht«, sagte sie.

Irgend etwas schien Mrs. Pargiter heiter zu stimmen. Ihr Blick ruhte versonnen auf dem reinen weißen Tuch, das sie einen Augenblick zuvor an die Wäscherechnung gemahnt hatte.

»Tante Eugénie ...« sagte sie. »Wie gut ich mich an den Tag erinnere« – ihre Stimme schien voller und runder zu werden – »an dem ihre Verlobung bekanntgegeben wurde. Wir waren alle im Garten; da kam ein Brief.« Sie machte eine Pause. »Da kam ein Brief«, wiederholte sie. Dann sagte sie eine Weile nichts mehr. Sie schien einer Erinnerung nachzuhängen.

»Der liebe kleine Bub ist gestorben, aber abgesehn davon ...« Wieder hielt sie inne. Sie schien heute abend schwächer zu sein, dachte Delia, und etwas wie Freude sprang in ihr auf. Die Sätze waren noch unzusammenhängender als sonst. Welcher kleine Bub war gestorben? Sie begann die Wülste der Steppdecke zu zählen, während sie wartete, daß ihre Mutter weiterspreche.

»Weißt du, alle Cousinen und Cousins pflegten im Sommer zusammenzukommen«, nahm ihre Mutter den Faden plötzlich wieder auf. »Dein Onkel Horace ...«

»Der mit dem Glasaug'?« fragte Delia.

»Ja, er hat sich das Aug' auf dem Schaukelpferd verletzt. Die Tanten hielten so viel von Horace. Sie sagten immer ...« Nun kam eine lange Pause. Sie schien zu tasten, um die genauen Worte zu finden.

»Wenn Horace kommt ... vergiß nicht, ihn wegen der Eßzimmertür zu fragen.«

Eine seltsame Belustigung schien Mrs. Pargiter zu erfüllen. Sie lachte tatsächlich. Sie mußte wohl an einen Familienscherz von einst denken, vermutete Delia, als sie dieses Lächeln flackern und verschwinden sah. Dann war völlige Stille. Ihre Mutter lag mit geschlossenen Augen; die Hand mit dem einzigen Ring, diese weiße, abgezehrte Hand, ruhte auf der Steppdecke. In der Stille konnte sie ein Stückchen Kohle zwischen den Roststäben klickern hören und draußen das Plärren eines Hausierers die Straße entlang. Mrs. Pargiter sagte nichts mehr. Sie lag vollkommen still. Dann seufzte sie tief.

Die Tür öffnete sich; die Pflegerin trat ein. Delia erhob sich und ging. Wo bin ich? fragte sie sich und starrte dabei auf einen weißen Krug, der von der untergehenden Sonne rosig getönt war. Einen Augenblick lang schien sie in einem Grenzland zwischen Leben und Tod zu sein. Wo bin ich? fragte sie sich, den rosa Krug anstarrend; denn alles sah seltsam aus. Dann hörte sie im oberen Stockwerk Wasser rauschen und kleine Füße trappeln.

»Da bist du ja, Rosie«, sagte Nannie und sah vom Rad der Nähmaschine auf, als Rose eintrat.

Das Kinderzimmer war hell erleuchtet; auf dem Tisch stand eine Lampe ohne Schirm. Mrs. C., die jede Woche mit der Wäsche kam, saß in dem Lehnstuhl, eine Teetasse in der Hand. »Geh und hol deine Näharbeit wie ein braves Mädel!« sagte Nannie, als Rose Mrs. C. die Hand reichte. »Oder du wirst nie damit fertig werden bis zu Papas Geburtstag«, fügte sie hinzu und räumte auf dem Tisch einen Platz frei.

Rose zog die Tischlade auf und nahm den Schuhsack heraus, den sie für den Geburtstag ihres Vaters mit einem Muster blauer und roter Blumen bestickte. Es waren noch mehrere Büschel kleiner, mit Bleistift vorgezeichneter Rosen auszufüllen. Sie breitete ihn auf den Tisch und betrachtete ihn, während die Kinderfrau weiter Mrs. C. von Mrs. Kirbys Tochter erzählte. Aber Rose hörte nicht zu.

Dann werd' ich allein gehn, entschied sie und strich den Schuhsack glatt. Wenn Martin nicht mit mir kommen will, dann werd' ich allein gehn.

»Ich hab' meine Nähschachtel unten im Wohnzimmer gelassen«, sagte sie.

»Na, dann geh und hol sie dir!« sagte Nannie achtlos; sie wollte fortsetzen, was sie Mrs. C. über die Tochter des Grünzeughändlers erzählt hatte.

Nun hat das Abenteuer begonnen, sagte sich Rose, als sie auf den Zehenspitzen zum Kinderschlafzimmer schlich. Nun mußte sie sich mit Munition und Proviant versehn; sie mußte Nannie den Hausschlüssel stibitzen; aber wo war der? Jeden Tag wurde er an einem andern Platz versteckt, aus Furcht vor Einbrechern. Er wäre entweder unter dem Taschentuchbehälter oder in der kleinen Schachtel, wo Nannie die goldene Uhrkette ihrer Mutter aufbewahrte. Und da war er auch. Nun hatte sie ihre Pistole und ihr Pulver und Blei, dachte sie, während sie ihre eigne Geldbörse aus ihrer eignen Lade nahm, und genug Proviant, dachte sie, als sie ihren Hut und Mantel über den Arm hängte, für zwei Wochen.

Sie schlich sich am Kinderzimmer vorbei die Treppe hinunter. Sie lauschte angestrengt, als sie an der Lernzimmertür vorbeikam. Sie mußte vorsichtig sein und nicht auf einen dürren Ast treten und kein Zweiglein unter ihrem Tritt knakken lassen, sagte sie sich, während sie auf den Zehenspitzen dahinging. Wieder blieb sie stehn und lauschte, als sie an der Tür von Mamas Schlafzimmer vorbeikam. Alles war still. Dann stand sie einen Augenblick auf dem Treppenabsatz und blickte in die Halle hinab. Der Hund lag auf der Matte und schlief; die Luft war rein; die Halle war leer. Aus dem Wohnzimmer hörte sie Stimmengemurmel.

Sie öffnete die Haustür mit größter Behutsamkeit und schloß sie hinter sich mit kaum einem Klicken. Bis sie um die Ecke war, duckte sie sich dicht an der Mauer entlang, damit niemand sie sehn könne. Als sie die Ecke unter dem Goldregenstrauch erreichte, richtete sie sich auf.

»Ich bin Pargiter von Pargiters Reiterei«, sagte sie, die Hand schwenkend, als zöge sie einen Säbel, »und ich reite zum Einsatz!«

Sie ritt bei Nacht auf eine verzweifelte Unternehmung, zu einer belagerten Garnison, sagte sie sich. Sie hatte einen geheimen Rapport – sie krampfte die Faust um ihre Börse – dem General persönlich zu überbringen. Das Leben aller hing davon ab. Die britische Flagge flatterte noch immer auf dem Mittelturm – Lamleys Laden war der Mittelturm; der General stand auf dem Vordach von Lamleys Laden, das Fernrohr am Auge. Das Leben aller hing davon ab, daß sie durch Feindesland zu ihnen ritt. Und hier galoppierte sie nun durch die Wüste. Sie begann zu hopsen. Es wurde dunkel. Die Straßenlaternen wurden angezündet; der Laternenanzünder steckte seine lange Stange durch das Falltürchen hinauf. Die Bäume in den Vorgärten warfen ein schwankendes Netzwerk von Schatten auf den Gehsteig; der Gehsteig erstreckte sich breit und dunkel vor ihr. Dann kam der Straßenübergang; und dann kam Lamleys Laden auf der kleinen Insel von Kaufläden gegenüber. Sie brauchte bloß die Wüste zu durchqueren, den Fluß zu durchfurten, und sie war in Sicherheit. Die Hand schwenkend, die die Pistole hielt, gab sie ihrem Pferd die Sporen und galoppierte die Melrose Avenue entlang. Als sie an der Briefkastensäule vorbeilief, tauchte unter der Gaslaterne plötzlich die Gestalt eines Mannes auf.

»Der Feind!« rief Rose sich zu. »Der Feind! Bums!« rief sie, zog am Hahn ihrer Pistole ab und sah ihm voll ins Gesicht, als sie an ihm vorbeikam. Es war ein abscheuliches Gesicht: bleich, wie abgeschält, blatternarbig; es grinste sie schauerlich an. Er streckte den Arm aus, als wolle er sie aufhalten. Fast hätte er sie erwischt. Sie raste an ihm vorbei. Das Spiel war aus.

Sie war wieder sie selbst, ein kleines Mädel, das seiner Schwester nicht gehorcht hatte, in Hausschuhen, und nun in Lamleys Laden Zuflucht suchend.

Mrs. Lamley mit ihrem frischen Gesicht stand hinter dem Ladentisch und faltete die Abendzeitungen. Sie überdachte, hier zwischen ihren Zweipenny-Uhren, auf Karton aufgenähten Scheren und Nagelfeilen, den Spielzeugschiffchen und Schachteln billigen Briefpapiers, irgend etwas Angenehmes, wie es schien, denn sie lächelte. Da stürzte Rose herein. Fragend sah Mrs. Lamley auf.

»Hallo, Rosie!« rief sie. »Was willst du denn, mein Kind?«

Sie ließ die Hand auf dem Stoß Zeitungen ruhn. Rose stand

da und keuchte. Sie hatte vergessen, weswegen sie gekommen war.

»Ich möcht' die Schachtel mit den Enten in der Auslage«, erinnerte sich Rose endlich.

Mrs. Lamley watschelte hinter dem Ladentisch hervor, um sie zu holen.

»Ist's nicht eigentlich sehr spät für ein kleines Mädel, wie dich, um allein aus zu sein?« fragte sie und sah sie an, als wüßte sie, daß sie in Hausschuhen gekommen war und ihrer Schwester nicht gehorcht hatte.

»Gute Nacht, mein Kind, und jetzt lauf schön nach Haus!« sagte sie, als sie ihr das Päckchen reichte. Die Kleine schien auf der Schwelle zu zögern; sie stand da und starrte auf die Spielsachen unter der Petroleum-Hängelampe; dann trat sie widerstrebend auf die Straße hinaus.

Ich hab' meine Botschaft dem General persönlich überbracht, sagte sie sich, als sie wieder draußen auf dem Gehsteig stand. Und das ist die Trophäe, sagte sie, die Schachtel fest unter den Arm klemmend. Ich kehre im Triumph zurück, mit dem Kopf des Hauptträdelsführers, sagte sie sich, das Stück der Melrose Avenue vor sich überblickend. Ich muß meinem Pferd die Sporen geben und galoppieren. Aber die Geschichte wirkte nicht mehr. Die Melrose Avenue blieb die Melrose Avenue. Sie blickte das lange Stück leerer Straße vor sich entlang. Die Bäume ließen ihre Schatten über den Gehsteig zittern. Die Laternen standen weit auseinander, und zwischen ihnen waren Tümpel von Dunkelheit. Sie begann zu traben. Plötzlich, als sie an der Briefkastensäule vorbeikam, sah sie den Mann abermals. Er lehnte mit dem Rücken an dem Laternenpfahl, und das Gaslicht flackerte über sein Gesicht. Als sie vorbeikam, zog er die Lippen ein und schnellte sie wieder vor. Er stieß einen miauenden Laut aus. Aber seine Hände griffen nicht nach ihr; die knöpften seine Kleider auf.

Sie floh an ihm vorbei. Sie glaubte, ihn ihr nachkommen zu hören. Sie hörte seine Füße auf dem Gehsteig tappen. Alles schwankte, während sie lief; rote und schwarze Pünktchen tanzten vor ihren Augen, als sie die Türstufen hinaufrannte, den Schlüssel ins Schloß steckte und die Haustür öffnete. Es war ihr gleich, ob sie Lärm machte oder nicht. Sie hoffte, jemand werde herauskommen und zu ihr sprechen. Aber niemand hörte sie. Die Halle war leer. Der Hund schlief auf der Matte. Stimmen murmelten noch immer im Wohnzimmer.

»Und wenn es fängt«, sagte Eleanor, »wird es viel zu heiß werden.«

Crosby hatte die Kohlen zu einem großen schwarzen Vorgebirge gehäuft. Eine Fahne gelben Rauchs umschlängelte es verdrossen; die Kohlen begannen zu brennen, und sobald sie richtig brennen würden, wäre es viel zu heiß.

»Sie kann sehn, wie die Pflegerin Zucker stiehlt, behauptet sie. Sie kann ihren Schatten an der Wand sehn«, sagte Milly. Sie sprachen von ihrer Mutter.

»Und dann«, fügte sie hinzu, »daß Edward nichts von sich hören läßt ...«

»Das erinnert mich«, sagte Eleanor. Sie durfte nicht vergessen, Edward zu schreiben. Aber dazu wäre nach dem Dinner Zeit. Sie hatte keine Lust zu schreiben; sie hatte keine Lust zu reden; so oft sie von ihren Mietern zurückkam, hatte sie ein Gefühl, als ginge mehreres zugleich vor. Worte wiederholten sich immerzu in ihrem Geist – Worte und Bilder. Sie dachte an die alte Mrs. Levy, wie sie aufgestützt im Bett saß, mit ihrem weißen Haar in einer dichten Masse wie eine Perücke, und das Gesicht rissig wie ein alter glasierter Topf.

»Die was gewesen sind gut zu mir, auf die erinner' ich mich ... Die was gefahren sind in ihre Kutschen, wie ich gewesen bin eine arme Witfrau, die was hat den Boden gerieben und die Wäsche gewaschen –« Hier hatte sie den Arm ausgestreckt, der gewrungen und weiß war wie eine Baumwurzel. »Die was gewesen sind gut zu mir, auf die erinner' ich mich ...« wiederholte Eleanor, während sie ins Feuer blickte. Dann war die Tochter hereingekommen, die bei einem Schneider arbeitete. Sie trug Perlen so groß wie Hühnereier; sie hatte sich angewöhnt, sich das Gesicht zu schminken; sie war wunderhübsch. Aber Milly machte eine kleine Bewegung.

»Ich hab' mir grade gedacht«, sagte Eleanor, einer plötzlichen Eingebung folgend, »daß die Armen das Leben mehr genießen als unsereins.«

»Die Levys?« fragte Milly geistesabwesend. Dann hellte sich ihr Gesicht auf. »Erzähl mir doch von den Levys«, fügte sie hinzu. Eleanors Beziehungen zu »den Armen« – den Levys, den Grubbs, den Paravicinis, den Zwinglers und den Cobbs – belustigten sie stets. Eleanor aber sprach nicht gern von »den Armen« wie von Leuten in einem Buch. Sie hegte große Bewunderung für Mrs. Levy, die an Krebs dahinstarb.

»Oh, es geht ihnen ganz wie immer«, antwortete sie scharf. Milly warf einen Blick auf sie. Eleanor ist »brütig«, dachte sie. Es war ein Familienscherz: »Vorsicht, Eleanor ist brütig. Es ist ihr Mietertag.« Eleanor schämte sich dessen, aber sie war aus irgendeinem Grund immer reizbar, wenn sie von ihren Mietern zurückkam, – so viel Verschiedenes ging ihr gleichzeitig im Kopf herum: Canning Place; Abercorn Terrace; dieses Zimmer hier; das Zimmer dort. Dort saß die alte Jüdin aufrecht im Bett, in ihrem stickigen kleinen Zimmer; dann kam man hierher zurück, und hier war Mama krank, Papa brummig, und Delia und Milly stritten wegen einer Abendgesellschaft ... Aber sie unterbrach sich. Sie sollte versuchen, etwas zu sagen, was ihre Schwester amüsieren würde.

»Mrs. Levy hatte den Mietzins bereit, erstaunlicherweise«, sagte sie. »Lily trägt dazu bei, arbeitet bei einem Schneider in Shoreditch. Sie kam herein, ganz mit Perlen und so Zeug behangen. Sie sind putzsüchtig – diese Jüdinnen«, fügte sie hinzu.

»Die Jüdinnen?« fragte Milly. Sie schien den Geschmack der Jüdinnen zu prüfen und ihn dann abzulehnen. »Ja«, sagte sie. »Aufgedonnert.«

»Sie ist außerordentlich hübsch«, sagte Eleanor und dachte an die rosigen Wangen und die weißen Perlen.

Milly lächelte; Eleanor trat immer für die Armen ein. Sie hielt Eleanor für den besten, den weisesten, den großartigsten Menschen, den sie kannte.

»Ich glaube, dorthin zu gehn, ist dir lieber als alles andere«, sagte sie. »Ich glaube, du würdest am liebsten hinziehn und dort leben, wenn es nach dir ginge«, fügte sie mit einem kleinen Seufzer hinzu.

Eleanor rückte im Sessel. Sie hatte ihre Träume, ihre Pläne, selbstverständlich; aber sie wollte sie nicht besprechen.

»Vielleicht wirst du's tun, wenn du verheiratet bist?« meinte Milly. Es war etwas Mürrisches und doch Klägliches in ihrem Ton. Die Abendgesellschaft; die Abendgesellschaft bei den Burkes, dachte Eleanor. Sie wünschte, Milly würde das Gespräch nicht immer aufs Heiraten wenden. Und was wissen sie vom Heiraten? fragte sie sich. Sie bleiben zuviel zu Hause, dachte sie; sie sehn niemals jemand außerhalb ihres

eignen Kreises. Hier hocken sie im Pferch – tagaus, tagein ...
Darum hatte sie gesagt: »Die Armen genießen das Leben
mehr als unsereins.« Es war ihr eingefallen, als sie zurückkam
in dieses Wohnzimmer mit allen den Möbeln und den Blumen und den Krankenpflegerinnen ... Wieder unterbrach sie
sich. Sie mußte warten, bis sie allein wäre – bis sie sich abends
die Zähne putzte. Wenn sie mit den andern beisammen war,
mußte sie sich davon zurückhalten, an zwei Dinge zugleich
zu denken. Sie nahm das Schüreisen und schlug auf die
Kohlen.

»Schau! Wie schön!« rief sie aus. Eine Flamme tanzte auf
den Kohlen, ein leichtfüßiges, nichtsnutziges Flämmchen. Es
war so eine Flamme, wie sie sie als Kinder hervorzurufen pflegten, indem sie Salz aufs Feuer streuten. Abermals schlug sie
auf die Kohlen, und ein Schauer goldäugiger Funken stob
prasselnd in den Rauchfang auf. »Erinnerst du dich«, sagte
sie, »wie wir Feuerwehr spielten und Morris und ich den
Rauchfang in Brand setzten?«

»Und Pippy lief und holte Papa«, sagte Milly. Sie hielt
inne. Geräusche wurden aus der Halle hörbar. Ein Stock
scharrte; jemand hängte einen Mantel auf. Eleanors Augen
erhellten sich. Das war Morris – ja; sie erkannte ihn an den
Geräuschen. Nun kam er herein. Sie sah sich lächelnd um, als
die Tür aufging. Milly sprang auf.

Morris versuchte, sie zurückzuhalten. »Geh nicht –« begann er.

»Doch!« rief sie. »Ich werd' gehn und ein Bad nehmen«,
fügte sie, einem plötzlichen Einfall folgend, hinzu. Sie verließ
die beiden.

Morris setzte sich auf den Sessel, von dem sie aufgestanden
war. Er war froh, mit Eleanor allein zu bleiben. Für einen
Augenblick sprach keins. Sie betrachteten die gelbe Rauchfahne und die kleine Flamme, die leichtfüßig und nichtsnutzig, bald da, bald dort, auf dem schwarzen Vorgebirge von
Kohlen tanzte. Dann stellte er die übliche Frage:

»Wie geht's Mama?«

Sie sagte es ihm; keine Veränderung, »nur, daß sie öfter
schläft«, sagte sie. Er runzelte die Stirn. Er verliert sein knabenhaftes Aussehn, dachte Eleanor. Das sei das Schlimme am
Barreau, so sagten alle; man müsse warten. Er machte den
Neger für Sanders Curry; und es war eine trübselige Arbeit,

bei der man den ganzen Tag in den Gerichtshöfen herumwarten mußte.

»Was macht der alte Curry?« fragte sie; der alte Curry hatte seine Launen.

»Ein bißchen gallig«, sagte Morris grimmig.

»Und was hast du den ganzen Tag getan?« fragte sie.

»Nichts Besonderes«, antwortete er.

»Noch immer Evans *contra* Carter?«

»Ja«, sagte er kurz.

»Und wer wird gewinnen?« fragte sie.

»Carter natürlich«, erwiderte er.

Warum »natürlich«? wollte sie fragen. Aber erst neulich hatte sie etwas Dummes gesagt, etwas, das zeigte, daß sie nicht aufgepaßt hatte. Sie brachte Sachen durcheinander; zum Beispiel, was war der Unterschied zwischen gemeinem Recht und der andern Art von Recht? Also fragte sie nicht. Sie saßen schweigend und sahn zu, wie die Flamme über die Kohlen tanzte. Es war eine grüne Flamme, leichtfüßig, nichtsnutzig.

»Was glaubst du, war ich ein schrecklicher Narr?« fragte er plötzlich. »Mit dieser Krankheit jetzt und dem, was Edward und Martin kosten, – Papa muß es doch ein wenig schwerfallen.« Er runzelte die Stirn auf die Art, die sie veranlaßt hatte, sich zu sagen, daß er sein knabenhaftes Aussehn verliere.

»Selbstverständlich nicht«, sagte sie mit Nachdruck. Selbstverständlich wäre es widersinnig gewesen, wenn er Kaufmann geworden wäre; bei seiner Leidenschaft für die Juristerei!

»Du wirst noch Lordkanzler werden eines schönen Tages«, sagte sie. »Ich bin überzeugt davon.« Er schüttelte lächelnd den Kopf.

»Ganz überzeugt«, sagte sie und sah ihn an, wie sie ihn angesehn hatte, wenn er zu den Ferien heimgekommen war und Edward alle Preise gewonnen hatte und er stumm dasaß – sie konnte ihn jetzt noch vor sich sehn – und sein Essen herunterschlang und niemand ihn viel beachtete. Aber noch während sie ihn ansah, überkamen sie Zweifel. Lordkanzler hatte sie gesagt. Hätte sie nicht Lord-Oberrichter sagen sollen? Sie konnte die beiden nie unterscheiden; und das war auch ein Grund, daß er nicht über Evans *contra* Carter mit ihr sprechen wollte.

Sie hinwieder erzählte ihm nie von den Levys, oder nur

witzelnd. Das war das Schlimmste am Heranwachsen, dachte sie; sie konnten vieles nicht mehr miteinander teilen, so wie früher. Wenn sie zusammenkamen, hatten sie nie Zeit zu reden, wie sie es gewohnt gewesen waren, – über Dinge im allgemeinen; sie sprachen stets von Tatsachen – unbedeutenden Tatsachen. Sie schürte das Feuer. Plötzlich schallte ein Geschmetter durch das Zimmer. Es war Crosby, die in der Halle das Gong bearbeitete. Sie war wie eine Wilde, die an einem ehernen Opfer Rache nahm. Wellen rohen Schalls tönten durch den Raum. »Himmel, es ist Zeit zum Umkleiden!« sagte Morris. Er stand auf und streckte sich. Er hob die Arme und hielt sie einen Augenblick über seinem Kopf. So wird er aussehn, wenn er einmal Familienvater ist, dachte Eleanor. Er ließ die Arme sinken und ging aus dem Zimmer. Vor sich hinbrütend blieb sie einen Augenblick sitzen; dann raffte sie sich auf. Was darf ich nicht vergessen? fragte sie sich. An Edward zu schreiben, besann sie sich, während sie zum Schreibtisch ihrer Mutter hinüberging. Er wird jetzt bald mein Schreibtisch sein, dachte sie und blickte dabei auf den Silberleuchter, die Miniatur ihres Großvaters, die Lieferantenbücher – auf das eine war eine goldene Kuh geprägt – und das gefleckte Walroß mit einem Bürstchen im Rücken, das Martin der Mutter zum letzten Geburtstag geschenkt hatte.

Crosby hielt die Tür zum Eßzimmer offen und wartete, daß sie alle herunterkämen. Das Silber lohnte das Putzen, dachte sie. Messer und Gabeln blitzten nur so rings auf dem Tisch. Der ganze Raum mit seinen geschnitzten Stühlen, den Ölgemälden, den zwei Dolchen über dem Kaminsims und der stattlichen Anrichte – allen diesen soliden Gegenständen, die Crosby täglich abstaubte und glänzend rieb, – kam Abends am besten zur Geltung. Bei Tag nach Braten riechend, von Sergevorhängen verdunkelt, sah er, erleuchtet, halb durchsichtig aus am Abend. Und sie waren eine stattliche Familie, dachte sie, als sie hintereinander hereinkamen – die jungen Damen in ihren hübschen Kleidern von blau und weiß geblümtem Musselin; die Herren, so gepflegt, in ihren Smokingjacken. Sie rückte dem Oberst den Stuhl zurecht. Er sah abends immer am besten aus; er aß mit Genuß; und aus irgendeinem Grund war seine Verdüsterung geschwunden. Er war in seiner jovialen Laune. Die Stimmung seiner Kinder hob sich, als sie es bemerkten.

»Das ist ein hübsches Kleid, das du da trägst«, sagte er zu Delia, während sie sich setzten.

»Dieses alte?« sagte sie, über den blauen Musselin streichend.

Ihr Vater hatte etwas Opulentes, wenn er guter Laune war, etwas Ungezwungenes und Bezauberndes, das sie besonders gern hatte. Die Leute sagten immer, daß sie ihm gleiche; manchmal freute sie sich darüber – heute abend zum Beispiel. Er sah so rosig und sauber und heiter aus in seiner Smokingjacke. Sie wurden wieder zu Kindern, wenn er in dieser Stimmung war, und fühlten sich angespornt, Familienwitze hervorzuholen, über die sie alle ohne besonderen Grund lachten.

»Eleanor ist brütig«, sagte ihr Vater, den andern zublinzelnd. »Es ist ihr Mietertag.«

Alle lachten; Eleanor hatte gemeint, er spreche von Rover, dem Hund mit dem goldroten Fell, während er tatsächlich von den Haaren der Mrs. Egerton gesprochen hatte. Crosby, die die Suppe reichte, verzog das Gesicht, weil auch sie das Lachen ankam. Der Oberst brachte manchmal Crosby so sehr zum Lachen, daß sie sich abwenden und an der Anrichte zu schaffen machen mußte.

»Oh, Mrs. Egerton …« sagte Eleanor und begann ihre Suppe zu löffeln.

»Ja, Mrs. Egerton«, sagte ihr Vater und fuhr fort, von Mrs. Egerton zu erzählen, »deren Goldhaar, wie die Stimme der Verleumdung behauptete, nicht ganz ihr eigenes war.«

Delia hörte gern zu, wenn ihr Vater Geschichten aus Indien erzählte. Sie waren knapp und dabei doch romantisch. Sie vermittelten eine Atmosphäre von Offizieren, die in Messejacken miteinander dinierten, an einem sehr heißen Abend, mit einem riesigen silbernen Preispokal in der Mitte der Tafel.

Er pflegte immer so zu sein, als wir klein waren, dachte sie. Da war er immer über das Freudenfeuer an ihrem Geburtstag gesprungen, so erinnerte sie sich. Sie sah ihm zu, wie er geschickt mit der Linken Koteletts auf die Teller schubste. Sie bewunderte seine Entschlossenheit, seinen gesunden Verstand. Während er die Koteletts austeilte, fuhr er fort:

»Von der schönen Mrs. Egerton zu reden, das erinnert mich – hab' ich euch je die Geschichte von dem alten Badger Parkes erzählt und von –«

»Miss –« sagte Crosby im Flüsterton an der halb geöffneten Tür hinter Eleanors Rücken. Sie flüsterte Eleanor heimlich ein paar Worte zu.

»Ich komme schon«, sagte Eleanor und stand auf.

»Was gibt's, was gibt's?« fragte der Oberst, sich mitten im Satz unterbrechend. Eleanor verließ das Zimmer.

»Die Pflegerin hat ihr etwas sagen lassen«, antwortete Milly.

Der Oberst, der grade sich selbst mit einem Kotelett bedient hatte, behielt Messer und Gabel in den Händen. Sie alle saßen mit Messer und Gabel in den Händen da. Niemand wollte weiteressen.

»Lassen wir nicht unser Essen kalt werden«, sagte der Oberst und machte sich über sein Kotelett her. Er hatte seine gute Laune verloren. Morris nahm sich zögernd von den Kartoffeln. Dann erschien Crosby wieder. Sie stand in der Tür, und ihre blaßblauen Augen sahen sehr vorgewölbt aus.

»Was ist los, Crosby? Was gibt's?« fragte der Oberst

»Die Missis, Sir. Es geht ihr schlechter, glaub' ich, Sir«, sagte sie in einem seltsam wimmernden Ton. Alle standen auf.

»Wartet lieber! Ich werd' gehn und nachsehn«, sagte Morris. Alle folgten sie ihm in die Halle hinaus. Der Oberst hielt noch immer seine Serviette in der Hand. Morris lief die Treppe hinauf; fast sogleich kam er wieder herunter.

»Mama hat einen Ohnmachtsanfall«, sagte er zu seinem Vater. »Ich geh' und hole Dr. Prentice.« Er griff nach Hut und Mantel und eilte die Türstufen hinunter. Sie hörten ihn nach einem Mietwagen pfeifen, während sie ungewiß in der Halle standen.

»Geht und eßt auf, ihr Mädels!« sagte der Oberst gebieterisch. Er selbst aber schritt im Wohnzimmer auf und ab, die Serviette in der Hand.

»Es ist soweit«, sagte sich Delia; »es ist soweit!« Ein außerordentliches Gefühl von Erleichterung und Aufregung bemächtigte sich ihrer. Ihr Vater wanderte in den beiden Wohnzimmern hin und her; sie ging zu ihm hinein; aber sie vermied ihn. Sie waren einander zu ähnlich; jedes wußte, was das andre fühlte. Sie stand am Fenster und sah auf die Straße hinaus. Ein Regenschauer war gefallen. Die Straße war naß; die Dächer glänzten. Dunkle Wolken zogen über den Himmel; im Licht der Laternen schwankten die Äste auf und nieder. Etwas in ihr schwankte auch auf und nieder. Etwas Unbekanntes schien sich zu nähern. Dann ließ ein schluckender Laut hinter ihr sie sich umwenden. Es war Milly. Sie stand beim Kamin, unter dem Bild der weißgekleideten jungen Frau mit dem Blumenkorb, und Tränen liefen ihr langsam die Wangen herab. Delia machte eine Bewegung zu ihr hin; sie müßte zu ihr hingehn und ihr den Arm um die Schultern legen; aber sie konnte nicht. Milly liefen wirklich Tränen über die Wangen. Aber ihre eignen Augen waren trocken. Sie wandte sich wieder zum Fenster. Die Straße war leer – nur die Äste schwankten im Laternenlicht auf und nieder. Der Oberst ging hin und her; einmal stieß er an ein Tischchen an und sagte: »Verdammt!« In dem Zimmer über sich hörten sie Schritte. Sie hörten Stimmen murmeln. Delia sah aus dem Fenster.

Ein Hansom kam die Straße entlanggetrabt. Morris sprang heraus, kaum daß es hielt. Dr. Prentice folgte ihm. Er ging gleich hinauf, und Morris kam zu ihnen ins Wohnzimmer.

»Warum eßt ihr nicht zu Ende?« fragte der Oberst rauh und blieb sehr aufrecht vor ihnen stehn.

»Ach, bis er weg ist«, sagte Morris nervös.

Der Oberst begann wieder hin und her zu gehn.

Dann stand er vor dem Kaminfeuer still, die Hände auf dem Rücken. Er hatte etwas Gestrafftes, als hielte er sich für einen Notfall bereit.

Wir spielen beide Theater, dachte Delia mit einem verstohlenen Blick auf ihn. Aber er trifft es besser als ich.

Sie sah wieder aus dem Fenster. Der Regen fiel. Wenn er das Laternenlicht kreuzte, blinkte er in langen Strichen silbrigen Lichts. »Es regnet«, sagte sie leise; aber niemand antwortete ihr.

Endlich hörten sie Schritte auf der Treppe, und Dr. Prentice trat ein. Er schloß geräuschlos die Tür hinter sich, sagte aber nichts.

»Nun?« fragte der Oberst, ihm gegenübertretend. Es folgte eine längere Pause.

»Wie finden Sie sie?« fragte der Oberst.

Dr. Prentice bewegte die Achseln ein wenig.

»Sie hat sich wieder erholt«, sagte er. »Für den Augenblick«, fügte er hinzu.

Delia hatte ein Gefühl, als versetzten ihr seine Worte einen heftigen Schlag auf den Kopf. Sie sank auf eine Armlehne.

Also wirst du nicht sterben, sagte sie, die mädchenhafte Frau ansehend, die mit einem Blumenkorb auf einem Baumstamm saß; die schien mit lächelnder Bosheit auf ihre Tochter herabzublicken. Du wirst nicht sterben – nie, nie! rief sie, unter dem Bild ihrer Mutter die Hände ineinander verkrampfend.

»Na, sollten wir nicht weiteressen?« sagte der Oberst und griff nach der Serviette, die er auf ein Tischchen geworfen hatte.

Schade – das Essen ist verdorben, dachte Crosby, die die Koteletts aus der Küche wiederbrachte. Das Fleisch war vertrocknet, und die Kartoffeln hatte braune Krusten. Eine der Kerzen versengte überdies das Schirmchen, so gewahrte sie, als sie die Schüssel vor den Oberst hinstellte. Dann ging sie und schloß die Tür hinter sich, und sie begannen nun erst richtig zu essen.

Alles war still in dem Haus. Der Hund schlief auf seiner Matte am Fuß der Treppe. Alles war still vor der Tür des Krankenzimmers. Ein leises Schnarchen kam aus dem Zimmer, wo Martin lag und schlief. Im Kinderspielzimmer setzten Mrs. C. und die Kinderfrau ihr Nachtmahl fort, das sie unterbrochen hatten, als sie Geräusch unten in der Halle hörten. Rose lag schlafend in ihrem Bettchen im Kinderzimmer. Eine Zeitlang schlief sie tief, ganz eingerollt und die Decke eng um den Kopf gezogen. Dann regte sie sich und streckte die Arme aus. Etwas war heraufgeschwommen auf der Schwärze. Ein ovales weißes Etwas baumelte vor ihr, als hinge es an einer Schnur. Sie öffnete die Augen halb und sah es an. Es brodelte von grauen Flecken, die sich aufbliesen und zusammensanken. Sie wurde ganz wach. Ein Gesicht hing nah vor ihr, als baumelte es an einem Stückchen Bindfaden. Sie schloß die Augen; aber das Gesicht war noch immer da, dehnte sich aus und schrumpfte wieder, grau, weiß, bläulichrot und blatternfarbig. Sie streckte die Hand aus, um das große Bett neben dem ihren zu berühren. Aber es war leer. Sie lauschte. Sie hörte das Geklapper von Messern und das Plappern von Stimmen im Spielzimmer über den Gang. Aber sie konnte nicht wieder einschlafen. Sie bemühte sich, an eine Schafherde zu denken, die auf einer Weide in eine Hürde gepfercht war. Sie ließ eins der Schafe über die Hürde springen; dann wieder eins, dann noch eins. Sie zählte, während sie sprangen. Eins, zwei, drei, vier – sprangen über die Hürde. Aber das fünfte wollte nicht springen. Es wandte sich um und sah sie an. Sein langes schmales Gesicht war grau; seine Lippen bewegten sich; es war das Gesicht des Mannes bei der Briefkastensäule; und sie war allein damit. Wenn sie die Augen schloß, war es da; wenn sie sie öffnete, war es noch immer da.

Sie setzte sich im Bett auf und rief laut: »Nannie! Nannie!«

Überall Totenstille. Das Klappern von Messern und Gabeln im andern Zimmer war verstummt. Sie war ganz allein mit etwas Grauenhaftem. Dann hörte sie ein Schlurren im Gang. Es kam näher und näher. Das war der Mann selbst. Seine Hand war auf dem Türknauf. Die Tür öffnete sich. Ein Dreieck von Licht fiel über den Waschtisch. Der Krug und das Becken leuchteten auf. Der Mann war tatsächlich bei ihr im Zimmer ... aber es war Eleanor.

»Warum schläfst du nicht?« fragte Eleanor. Sie stellte ihren Kerzenleuchter hin und begann das Bettzeug zu glätten. Es war ganz erwühlt. Sie sah Rose an; deren Augen glänzten sehr, und ihre Wangen waren gerötet. Was war los? Hatte das Hin und Her unten in Mamas Zimmer sie aufgeweckt?

»Was hat dich denn wachgehalten?« fragte sie. Rose gähnte abermals; aber es war eher ein Seufzer als ein Gähnen. Sie konnte Eleanor nicht sagen, was sie gesehn hatte. Sie hatte ein tiefes Schuldgefühl; aus irgendeinem Grund mußte sie lügen über das Gesicht, das sie gesehn hatte.

»Ich hab' einen bösen Traum gehabt«, sagte sie. »Ich hab' mich gefürchtet.« Ein seltsames nervöses Zucken ging durch ihren Körper, als sie sich im Bett aufsetzte. Was war nur los? fragte sich Eleanor von neuem. Hatte sie mit Martin gerauft? Hatte sie wiederum die Katzen in Miss Pyms Garten gejagt?

»Hast du wieder Jagd auf Katzen gemacht?« fragte sie. »Die armen Katzen«, fügte sie hinzu. »Es ist ihnen genau so unangenehm, wie es dir wäre«, sagte sie. Aber sie ahnte, daß Roses Angst nichts mit Katzen zu tun hatte. Rose umklammerte krampfhaft ihren Finger; starrte mit einem seltsamen Ausdruck in den Augen vor sich hin.

»Was hast du denn geträumt?« fragte sie und setzte sich auf den Bettrand. Rose sah sie an; sie konnte es ihr nicht sagen; aber um jeden Preis mußte Eleanor bei ihr bleiben.

»Ich hab' geglaubt, ich hör' einen Mann hier im Zimmer«, brachte sie endlich hervor. »Einen Räuber«, fügte sie hinzu.

»Einen Räuber? Hier?« sagte Eleanor. »Aber Rose, wie könnte denn ein Räuber in dein Zimmer kommen? Papa ist doch da und Morris – die würden nie einen Räuber in dein Zimmer kommen lassen.«

»Nein«, sagte Rose. »Papa würde ihn töten.« Es war sonderbar, wie sie zuckte. »Aber was tut ihr denn alle?« fragte sie unruhig. »Seid ihr denn noch nicht schlafen gegangen? Ist es nicht sehr spät?«

»Was wir alle tun?« sagte Eleanor. »Wir sitzen im Wohnzimmer. Es ist nicht sehr spät.« Während sie sprach, tönte ein schwaches Dröhnen durchs Zimmer. Wenn der Wind aus der richtigen Richtung kam, konnte man die Uhr von St. Paul's schlagen hören. Die weichen Wellenkreise breiteten sich in der Luft aus: eins, zwei, drei, vier – Eleanor zählte – acht, neun, zehn. Sie war erstaunt, als die Glockenschläge so bald aufhörten.

»Hörst du? Es ist erst zehn Uhr«, sagte sie. Sie hatte geglaubt, es sei viel später. Aber der letzte Schlag löste sich in der Luft auf. »So, jetzt wirst du einschlafen«, sagte sie. Rose umklammerte ihre Hand.

»Geh nicht, Eleanor! Noch nicht!« flehte sie.

»Aber so sag mir doch, was dich erschreckt hat«, begann Eleanor. Etwas wurde ihr verheimlicht, davon war sie überzeugt.

»Ich sah ...« begann Rose. Sie machte eine große Anstrengung, ihr die Wahrheit zu sagen; ihr von dem Mann dort beim Briefkasten zu erzählen. »Ich sah ...« wiederholte sie. Aber da öffnete sich die Tür, und die Kinderfrau kam herein.

»Ich weiß nicht, was heut' abend mit Rosie ist«, sagte sie, geschäftig näherkommend. Sie fühlte sich ein wenig schuldbewußt; sie war unten geblieben und hatte mit den andern Dienstboten über die Gnädige geschwatzt.

»Sie schläft für gewöhnlich so fest«, sagte sie, ans Bett tretend.

»Also hier ist Nannie«, sagte Eleanor. »Sie kommt schon schlafen. Da wirst du dich nicht mehr fürchten, nicht wahr?« Sie strich die Bettdecke glatt und küßte Rose. Sie stand auf und ergriff ihren Kerzenleuchter.

»Gute Nacht, Nannie«, sagte sie und wandte sich der Tür zu.

»Gute Nacht, Miss Eleanor«, sagte Nannie und legte einiges Mitgefühl in ihre Stimme; denn unten in der Küche hieß es, daß die Gnädige es nicht mehr viel länger machen werde.

»Dreh dich um und schlaf ein, Schatz?« sagte sie und küßte Rose auf die Stirn. Denn die Kleine, die bald mutterlos wäre, tat ihr leid. Dann löste sie die silbernen Knöpfe aus den gesteiften Manschetten und begann die Haarnadeln aus den Haaren zu nehmen, während sie in ihren Unterröcken vor der gelben Kommode stand.

»Ich sah«, wiederholte Eleanor, als sie die Kinderzimmertür schloß. »Ich sah ...« Was hatte Rosie gesehn? Etwas Gräßliches, etwas Geheimnisvolles. Aber was? Dort, hinter ihren starren Augen, war es verborgen gewesen. Sie hielt den Leuchter ein wenig schief in der Hand. Drei Tropfen Stearin fielen auf die polierte Wandleiste, bevor sie es bemerkte. Sie hielt den Kerzenleuchter wieder gerade und ging die Treppe hinunter. Im Gehn lauschte sie. Es war alles still. Martin schlief. Ihre Mutter schlief. Als sie so an den Türen vorbeikam, schien sich eine Last auf sie zu senken. Sie blieb stehn und blickte in die Halle hinunter. Eine Leere überkam sie. Wo bin ich? fragte sie sich, auf einen wuchtigen Rahmen starrend. Was ist das alles? Sie schien mitten im Nichts allein zu sein; doch sie mußte hinuntergehn, mußte ihre Last tragen. Sie hob ein wenig die Arme, als trüge sie einen Krug, einen irdenen Krug auf dem Kopf. Wieder blieb sie stehn. Der Umriß einer Schüssel zeichnete sich in ihren Augen ab. Es war Wasser darin und etwas Gelbes; es war der Hundenapf, so begriff sie; es war die Schwefelstange in dem Hundenapf; der Hund lag eingerollt am Fuß der Treppe. Sie stieg vorsichtig über den Körper des schlafenden Tieres und ging ins Wohnzimmer.

Alle blickten sie auf, als sie eintrat; Morris hatte ein Buch in der Hand, aber er las nicht; Milly hielt ein Stück Stoff in der Hand, aber sie nähte nicht; Delia lag in ihren Stuhl zurückgelehnt und tat gar nichts. Eleanor stand einen Augenblick zögernd da. Dann wandte sie sich zum Schreibtisch. »Ich werde Edward schreiben«, murmelte sie. Sie griff nach der Feder, aber sie zögerte. Sie fand es schwer, an Edward zu schreiben, wie sie ihn so vor sich sah, als sie die Feder ergriff, als sie das Briefpapier auf dem Schreibtisch glättete. Seine Augen standen zu nahe beieinander; er hatte so eine Art, sich vor dem Spiegel in der Halle den Schopf hochzustreichen, die sie reizte. »Nix« war ihr Spitzname für ihn. »Mein lieber Edward«, begann sie zu schreiben, bei dieser Gelegenheit »Edward« wählend, nicht »Nix«.

Morris blickte von dem Buch auf, das er zu lesen versuchte. Das Kratzen der Feder beirrte ihn. Nun hielt Eleanor inne; schrieb dann wieder; griff sich dann mit der Hand an den Kopf. Alle Sorgen lagen natürlich auf ihr. Aber sie beirrte ihn. Sie stellte ewig Fragen; sie hörte nie auf die Antworten. Er blickte wieder in sein Buch. Aber welchen Zweck hatte es, zu lesen zu versuchen? Diese Atmosphäre unterdrückter Gemütsbewegung war ihm zuwider. Es gab nichts, was irgend jemand hätte tun können, aber hier saßen sie alle in Haltungen unterdrückter Gemütsbewegung. Millys Sticheln an ihrer Arbeit machte ihn nervös, und auch Delia machte ihn nervös, wie sie dort zurückgelehnt in ihrem Stuhl lag und wie gewöhnlich gar nichts tat. Hier saß er eingesperrt mit allen diesen Frauenzimmern in einer Atmosphäre unwirklicher Gemütsbewegung. Und Eleanor schrieb drauflos, schrieb und schrieb. Es gab doch nichts zu schreiben – aber da leckte sie nun den Briefumschlag und pappte die Marke auf.

»Soll ich ihn einwerfen gehn?« fragte er, sein Buch weglegend.

Er erhob sich, als wäre er froh, etwas zu tun zu haben. Eleanor ging mit ihm zur Haustür und blieb da stehn und hielt sie offen, während er zu der Briefkastensäule ging. Es regnete sacht, und während sie in der Tür stand und die milde, feuchte Luft atmete, beobachtete sie die seltsamen Schatten, die auf dem Gehsteig unter den Bäumen zitterten. Morris verschwand durch die Schatten um die Ecke. Sie erinnerte sich, wie sie unter der Tür zu stehn pflegte, als er ein kleiner Junge war und mit seiner Schultasche in der Hand zur Schule ging. Sie hatte ihm immer nachgewinkt; und wenn er an die Ecke kam, hatte er sich immer umgewendet und zurückgewinkt. Es war eine seltsame Zeremonie gewesen und nun aufgegeben, seit sie beide erwachsen waren. Die Schatten schwankten, während sie so stand und wartete; im nächsten Augenblick tauchte er aus ihnen hervor. Er kam den Gehsteig heran und die Stufen herauf.

»Er wird ihn morgen bekommen«, sagte er. »Jedenfalls mit der zweiten Post.«

Er schloß die Tür und bückte sich, um die Kette vorzulegen. Es schien ihr, als die Kette rasselte, daß sie beide es als Tatsache nahmen, daß heute nacht nichts weiter geschehn werde. Sie vermieden es, einander anzusehn; keins von beiden wollte heute abend noch mehr Gemütsbewegung. Sie gingen ins Wohnzimmer zurück.

»Also«, sagte Eleanor und sah umher, »ich glaube, ich werde schlafen gehn. Die Pflegerin wird klingeln, hat sie gesagt, wenn sie etwas braucht.«

»Wir könnten schließlich alle schlafen gehn«, sagte Morris. Milly begann ihre Stickerei einzurollen. Morris begann das Feuer auseinanderzuscharren.

»Was für ein verrücktes Feuer –« rief er gereizt. Die Kohlen hingen alle zusammen. Sie brannten lichterloh.

Plötzlich klingelte es.

»Die Pflegerin!« rief Eleanor aus. Sie sah Morris an. Sie verließ eilig das Zimmer. Morris folgte ihr.

Aber welchen Zweck hat das? dachte Delia. Es ist nur wieder ein blinder Alarm. Sie stand auf. »Es ist nur die Pflegerin«, sagte sie zu Milly, die sich mit bestürzter Miene erhoben hatte. Sie kann doch nicht wieder zu weinen beginnen, dachte sie und schlenderte in das vordere Zimmer. Kerzen brannten auf dem Kaminsims; sie beleuchteten das Porträt darüber. Sie blickte auf das Porträt ihrer Mutter. Die junge Frau in Weiß schien bei dem sich hinziehenden Prozeß ihres eignen Sterbens mit einer lächelnden Gleichgültigkeit den Vorsitz zu führen, die ihre Tochter empörte.

»Du wirst schon nicht sterben – du wirst schon nicht sterben!« sagte Delia bitter, während sie zu ihr aufblickte. Ihr Vater war, von der Klingel aufgestört, ins Zimmer getreten. Er trug ein rotes Hauskäppchen mit einer absurden Quaste.

Aber es ist alles für nichts, sagte sich Delia, ihren Vater anblickend. Sie fühlte, daß sie beide ihre steigende Aufregung dämpfen müßten. »Nichts wird geschehn – gar nichts«, sagte sie sich, ihn ansehend. Aber in diesem Augenblick kam Eleanor herein. Sie war sehr blaß.

»Wo ist Papa?« fragte sie und sah sich um. Sie erblickte ihn. »Komm, Papa, komm!« sagte sie und streckte die Hand aus. »Mama stirbt ... Und die Kinder«, sagte sie über die Schulter zu Milly.

Zwei kleine weiße Flecke erschienen oberhalb der Ohren ihres Vaters, so bemerkte Delia. Seine Augen wurden starr. Er straffte sich. Er ging an ihnen vorüber und die Treppe hinauf. Sie folgten alle in einer kleinen Prozession hinterdrein. Der Hund, so bemerkte Delia, wollte mit ihnen hinaufkommen, aber Morris puffte ihn zurück. Der Oberst trat als erster in das Schlafzimmer; dann Eleanor; dann Morris; dann Martin, der im Herunterkommen seinen Schlafrock anzog; und Milly brachte Rose, in einen Schal gehüllt. Delia aber hielt sich ein Stück hinter den andern. So viele waren in dem Zimmer, daß sie nicht weiter als in die Tür gelangen konnte. Sie sah die beiden Pflegerinnen mit dem Rücken zur gegenüberliegenden Wand stehn. Die eine weinte – die, so bemerkte sie, die erst diesen Nachmittag gekommen war. Dort wo sie stand, konnte sie das Bett nicht sehn. Aber sie konnte sehn, daß Morris in die Knie gesunken war. Sollte ich nicht auch knien? fragte sie sich. Nicht im Gang, so entschied sie. Sie blickte weg; sie sah das kleine Fenster am Ende des Gangs. Regen fiel; irgendwo war ein Licht, das die Regentropfen leuchten machte. Ein Tropfen nach dem andern glitt an der Scheibe herunter; sie glitten und sie hielten inne; ein Tropfen kam zu einem andern, und dann glitten sie weiter. Im Schlafzimmer war völlige Stille.

Ist das der Tod? fragte sich Delia. Für einen Augenblick schien dort etwas zu sein. Eine Wand von Wasser schien auseinanderzuklaffen; und die zwei Wände blieben getrennt. Sie lauschte. Es herrschte völlige Stille. Dann eine Bewegung, ein Scharren von Füßen im Schlafzimmer, und ihr Vater kam herausgestolpert.

»Rose!« rief er. »Rose! Rose!« Er hielt die Arme mit geballten Fäusten vor sich gestreckt.

Das hast du sehr gut gemacht, sagte Delia im stillen, als er an ihr vorbeikam. Es war wie eine Szene in einem Stück. Sie gewahrte ganz leidenschaftslos, daß die Regentropfen noch immer herabglitten. Einer traf im Gleiten einen andern, und zusammen, als ein einziger, rollten sie zum untern Rand der Fensterscheibe.

Es regnete. Ein feiner Regen, ein sachter Schauer, besprengte das Pflaster und machte es speckig. War es der Mühe wert, einen Schirm aufzuspannen, war es nötig, ein Hansom herbeizurufen, fragten sich die Leute, die aus den Theatern kamen, und blickten zu dem milden, milchigen Himmel auf, an dem die Sterne matt geworden waren. Wo der Regen auf Erde fiel, auf Gärten und Wiesen, zog er den Geruch der Erde hervor. Hier hing ein Tropfen an einem Grashalm, dort füllte einer einen Blütenkelch; bis ein Windhauch sich regte und sie versprühte. War es der Mühe wert, unter dem Weißdorn, an der Hecke Schutz zu suchen, schienen die Schafe zu fragen; und die Kühe, schon auf den grauen Wiesen gelassen, weideten weiter längs den blassen Hecken oder kauten schläfrig, indes die Regentropfen ihnen übers Fell rannen. Auf Dächer herab fielen sie – hier in Westminster, dort in der Ladbroke Grove; auf dem weiten Ozean stachen Millionen Spitzen, unzählbar wie aus einer Brause, das blaue Ungeheuer. Über die riesigen Kuppeln, die ragenden Türme schlummernder Universitätsstädte, über die bleigedeckten Bibliotheken und die Museen, die nun in braunes Rohleinen gehüllten, lief der linde Regen herab, bis er sich, die Mäuler dieser phantastischen Lacher, der vielkralligen Wasserspeier erreichend, aus tausend breiten Zahnlücken ergoß. Ein Betrunkener, der in einem engen Gäßchen vor der Kneipe ausglitt, verfluchte ihn. Frauen in den Wehen hörten den Arzt zur Hebamme sagen: »Es regnet.« Und die bummernden Glocken von Oxford, die sich hin- und herwälzten wie träge Tümmler in einem Meer von Öl, stimmten bedächtig ihre musikalischen Zauberformeln an. Der feine Regen, der sanfte Regen ergoß sich gleichermaßen über die Infulierten und die Barhäuptigen, mit einer Unparteilichkeit, die andeutete, daß sich der Gott des Regens, wenn es einen gab, dachte: Laß ihn nicht beschränkt sein auf die Hochweisen, die Hochmächtigen, sondern laß alles, was da atmet, die Weidenden und die Wiederkäuenden, die Unwissenden und die Unglücklichen, alle, die sich am Brennofen mühen und unzählige Abbilder desselben Topfes formen, alle, die sich mit glühheißem Geist durch krause Buchstaben bohren, und auch Mrs. Smith im Hintergäßchen teilhaben an meinem Überfluß.

Es regnete in Oxford. Sachte, beharrlich fiel der Regen und gurgelte und gluckste leise in den Rinnsteinen. Edward, der sich aus dem Fenster beugte, konnte die vom fallenden Regen geweißten Bäume im Garten des College grade noch sehen. Bis auf das Rascheln der Bäume und das Rieseln des Regens war es völlig still. Ein feuchter, erdiger Geruch kam herauf von dem nassen Boden. Lampen wurden da und dort in der dunkeln Masse des College entzündet; und in dem einen Winkel war ein blaßgelber Hügel, wo das Lampenlicht auf einen blühenden Baum fiel. Das Gras wurde unsichtbar, flüssig, grau wie Wasser.

Er tat einen tiefen Atemzug der Befriedigung. Von allen Augenblicken des Tages war ihm dieser der liebste, wenn er so am Fenster stand und in den Garten hinaussah. Wieder atmete er die kühle, feuchte Luft ein und richtete sich dann auf und wandte sich ins Zimmer zurück. Er arbeitete sehr fleißig. Sein Tag war nach dem Rat seines Studienleiters in Stunden und halbe Stunden aufgeteilt; aber es blieben ihm doch noch fünf Minuten, bevor er beginnen müßte. Er schraubte den Docht der Leselampe hoch. Es war zum Teil das grüne Licht, das ihn ein wenig blaß und mager aussehen ließ. Aber er war sehr hübsch. Mit seinen klaren Zügen und dem blonden Haar, das er mit einer schnellen Bewegung seiner Finger zu einem Schopf hochstrich, sah er aus wie ein griechischer Jüngling auf einem Fries. Er lächelte. Er dachte, während er dem Regen zusah, daran, wie nach der Unterredung zwischen seinem Vater und seinem Studienleiter, bei der der alte Harbottle gesagt hatte: »Ihr Sohn hat Aussichten«, sein Alter Herr darauf bestanden hatte, sich die Bude anzusehn, die auch schon sein Vater bewohnt hatte, als er im College Student war. Sie waren hineingeplatzt und hatten einen Burschen namens Thompson dabei angetroffen, wie er kniend das Feuer mit einem Blasbalg anfachte.

»Mein Vater hatte diese Zimmer, Sir«, hatte der Oberst gewissermaßen als Entschuldigung gesagt. Der junge Mann war sehr rot geworden und hatte geantwortet: »Oh, das macht nichts.« Edward lächelte. »Oh, das macht nichts«, wiederholte er. Es war Zeit anzufangen. Er schraubte den Docht ein wenig höher. Als die Lampe heller brannte, sah er seine Arbeit in einem scharfen Kreis klaren Lichts aus dem umgebenden Dämmer herausgeschnitten. Er blickte auf die Lehrbücher, auf die Lexika, die vor ihm lagen. Er hegte immer etliche Zweifel, bevor er anfing. Der Vater würde sich schrecklich kränken, wenn er nicht mit Auszeichnung bestünde; sein Herz hing daran. Er hatte ihm ein Dutzend Flaschen feinen alten Portweins geschickt, »als Steigbügeltrunk«, so hatte er gesagt. Aber jedenfalls war sie Marsham so gut wie sicher; und da war noch der gescheite kleine Judenjunge aus Birmingham – doch es war Zeit anzufangen. Eine nach der andern begannen die Glocken von Oxford ihr langsames Geläut durch die Luft zu schieben. Sie läuteten gewichtig, ungleichmäßig, als müßten sie die Luft aus dem Weg rollen und die Luft wäre schwer. Er liebte den Klang der Glocken. Er lauschte, bis der letzte Schlag verhallt war; dann zog er den Stuhl an den Tisch; es war Zeit; er mußte nun arbeiten.

Eine kleine Einkerbung zwischen seinen Brauen vertiefte sich. Er runzelte die Stirn beim Lesen. Er las; und er machte sich eine Aufzeichnung; dann las er weiter. Alle Klänge waren ausgelöscht. Er sah nichts als das Griechische da vor sich. Aber während er las, erwärmte sich sein Gehirn allmählich; er war sich bewußt, daß alles in seiner Stirn sich regte und spannte. Er erfaßte Phrase nach Phrase genau, fest; genauer, so gewahrte er, während er eine kurze Anmerkung an den Rand schrieb, als gestern abend. Kleine, nebensächliche Wörter enthüllten nun Bedeutungsschattierungen, die den Sinn abänderten. Er machte wieder eine Anmerkung; *das* war der Sinn. Seine Geschicklichkeit, mit der er ihn im Kern zu fassen kriegte, verursachte ihm ein jähes Gefühl der Erregung. Da hatte er ihn, säuberlich und vollständig. Aber er mußte genau sein; präzis; sogar seine kleinen hingekritzelten Anmerkungen mußten klar wie Kristall sein. Er griff nach diesem Buch hier; dann nach jenem dort. Dann lehnte er sich zurück, die Augen geschlossen, um besser zu sehen. Er durfte nichts in Verschwommenheit wegschwinden lassen. Die Uhren begannen zu schlagen. Er lauschte. Die Uhren schlugen weiter. Die Linien, die sich in sein Gesicht eingegraben hatten, erschlafften; er lehnte sich zurück; seine Muskeln entspannten sich; er blickte von seinen Büchern in das Dämmer auf. Er hatte ein Gefühl, als hätte er sich nach einem Wettlauf auf den Rasen geworfen. Aber für einen Augenblick schien es ihm, als liefe er noch immer; sein Geist eilte ohne das Buch weiter. Er reiste allein, ohne Belastung, durch eine Welt reinen Sinns; aber allmählich verlor sie ihren Sinn. Die Bücher an der Wand traten hervor. Er sah die rahmfarbene Holztäfelung; ein Büschel Mohnblumen in einer blauen Vase. Der letzte Stundenschlag war verklungen. Er seufzte und erhob sich vom Tisch.

Er stand wieder am Fenster. Es regnete, aber das Weißliche war verschwunden. Nur da und dort schimmerte ein nasses Blatt, sonst war der Garten jetzt ganz dunkel – der gelbliche Hügel des blühenden Baums war verschwunden. Niedrig hingestreckt umgaben die College-Gebäude den Garten, hier rot gefleckt, dort gelb gefleckt, wo Licht hinter Vorhängen brannte; und dort lag die Kapelle, ihre Masse vor den Himmel gehäuft, der im Regen leise zu zittern schien. Aber es war nicht mehr still. Er lauschte; es war kein Laut im besonderen zu hören; aber während er so stand und hinaussah, summte das Gebäude von Leben. Ein plötzliches lautes Gelächter erklang; dann das Geklimper eines Klaviers; dann ein unbestimmtes Plappern und Klappern – zum Teil von Porzellan; dann wieder das Geräusch fallenden Regens und das Kichern und Glucksen, mit dem die Rinnsteine das Wasser aufsaugten. Er wandte sich ins Zimmer zurück.

Es war frostig geworden; das Feuer war fast erloschen; nur ganz wenig Rot glühte unter der grauen Asche. Er erinnerte sich des sehr gelegenen Geschenks von seinem Vater; der Wein war diesen Morgen gekommen. Er ging zu dem Wandtischchen und schenkte sich ein Glas Portwein ein. Als er es gegen das Licht hielt, lächelte er. Er sah wieder die Hand seines Vaters, mit zwei glatten Stümpfen statt Fingern, das Glas, wie er es stets tat, gegen das Licht halten, bevor er trank.

»Man kann nicht kalten Bluts einem Kerl das Bajonett durch den Leib rennen«, hatte, so erinnerte er sich, sein Vater gesagt.

»Und man kann nicht ins Examen steigen, ohne zu trinken«, sagte Edward. Er zögerte; er hielt, seinen Vater nachahmend, das Glas gegens Licht. Dann nippte er. Er stellte das Glas auf den Tisch vor sich hin. Er wandte sich wieder der »Antigone« zu. Er las; dann nippte er; dann las er; dann nippte er abermals. Ein sanftes Glühn verbreitete sich über sein Rückgrat bis ins Genick. Der Wein schien kleine trennende Türen in seinem Gehirn aufzudrücken. Und ob es nun der Wein oder die Worte oder beides war, eine leuchtende Hülle formte sich, ein purpurner Nebel, aus dem ein Griechenmädchen hervortrat; doch sie war Engländerin. Da stand sie zwischen dem Marmor und dem Asphodelos, und dennoch war sie hier, vor der William-Morris-Tapete und den Zierschränken, – seine Cousine Kitty, wie er sie das letzte Mal gesehn hatte, als er in der »Lodge« zum Abendessen war. Sie war beides – Antigone und Kitty; hier im Buch; da im Zimmer; leuchtend erstanden wie eine Purpurblume. Nein, nicht im geringsten wie eine Blume! Denn wenn je ein Mädchen sich aufrecht hielt, lebte, lachte und atmete, dann war es Kitty in dem weiß und blauen Kleid, das sie getragen hatte, als er letztesmal in der Lodge zum Abendessen war. Er ging ans

Feuer. Rote Vierecke zeigten sich durch die Bäume. In der Lodge war Gesellschaft. Mit wem unterhielt sie sich? Was sagte sie? Er ging an den Tisch zurück.

»Oh, verdammt!« rief er aus und stach mit dem Bleistift aufs Papier los. Die Spitze brach ab. Dann ertönte ein Klopfen an der Tür, ein gleitendes Klopfen, nicht ein befehlerisches; das Klopfen jemands, der vorübergeht, nicht jemands, der hereinkommen will. Er ging und öffnete die Tür. Dort auf der Stiege oben ragte die Gestalt eines hünenhaften jungen Mannes, der sich über das Geländer beugte. »Komm herein!« sagte Edward.

Der hünenhafte junge Mann kam langsam die Stiege herab. Er war wirklich sehr groß. Seine Augen, die etwas vorstanden, wurden argwöhnisch, als er der Bücher auf dem Tisch ansichtig wurde. Er blickte auf die Bücher. Griechisch. Aber es war doch auch Wein da.

Edward schenkte ein. Neben Gibbs machte er einen Eindruck, den Eleanor »pitzlig« nannte. Er selbst fühlte den Gegensatz. Die Hand, mit der er das Glas hob, war wie die Hand eines Mädchens neben Gibbs' großer roter Tatze. Gibbs' Hand war von der Sonne scharlachrot gebrannt; sie sah aus wie ein Stück rohes Fleisch.

Fuchsjagden waren ihr gemeinsames Interesse. Also redeten sie von Fuchsjagden. Edward lehnte sich zurück und überließ Gibbs das Reden. Es war sehr angenehm, wenn man Gibbs zuhörte, so auf diesen englischen Heckenwegen dahinzureiten. Er sprach vom Jungfüchse-Ausheben im September; und von einem unzugerittenen, aber anstelligen Jagdpferd. »Du erinnerst dich doch«, sagte er, »an die Farm rechts am Weg nach Stapleys hinauf? Und an das hübsche Mädel dort?« Er blinzelte. »Das Pech ist, daß sie jetzt mit einem Wildhüter verheiratet ist.« Er sagte – und Edward sah ihm dabei zu, wie er den Portwein herunterschüttete, – er wünsche sich nur, dieser verdammte Sommer wäre endlich vorbei. Dann erzählte er wieder einmal die alte Geschichte von der Spanielhündin. »Du kommst doch im September auf einige Zeit zu uns?« fragte er grade, als die Tür sich so lautlos öffnete, daß Gibbs es nicht hörte, und herein glitt ein andrer junger Mann – ein ganz andrer junger Mann.

Es war Ashley, der eintrat. Er war das genaue Gegenteil von Gibbs. Er war weder groß noch klein, weder dunkel noch blond. Aber er war nicht zu übersehn – ganz und gar nicht. Es war zum Teil die Art, wie er sich bewegte, als strahlten Tisch und Stuhl eine Influenz aus, die er durch irgendwelche unsichtbare Fühler spüren konnte – oder durch Schnurrhaare wie die eines Katers. Nun ließ er sich auf einen Sessel sinken, vorsichtig, ein wenig zimperlich, und blickte auf den Tisch und überflog eine Zeile in einem Buch. Gibbs hielt mitten im Satz inne.

»Hallo, Ashley«, sagte er kurz. Er streckte die Hand aus und schenkte sich noch ein Glas vom Portwein des Obersten ein. Die Karaffe war nun leer.

»Tut mir leid«, sagte er mit einem Blick auf Ashley.

»Mach meinetwegen nicht noch eine Flasche auf«, sagte Ashley schnell. Seine Stimme klang ein wenig quiekend, als fühlte er sich befangen.

»Oh, aber auch wir werden noch trinken wollen«, sagte Edward so nebenhin. Er ging ins Eßzimmer, um den Wein zu holen.

Verdammt unangenehm, überlegte er, als er sich zu den Flaschen bückte. Es bedeutete, so überlegte er grimmig, als er eine Flasche wählte, wieder einen Krach mit Ashley, und er hatte schon zweimal in diesem Trimester Gibbs' wegen mit Ashley Krach gehabt.

Er ging mit der Flasche zurück und setzte sich auf einen niedrigen Stuhl zwischen die beiden. Er entkorkte die Flasche und schenkte ein. Beide sahen ihn bewundernd an, wie er da zwischen ihnen saß. Seine Eitelkeit, die seine Schwester Eleanor stets an ihm belachte, war geschmeichelt. Es gefiel ihm, die Blicke der beiden auf sich zu fühlen. Und doch war er beiden gegenüber ganz unbefangen, dachte er; der Gedanke freute ihn. Er konnte mit Gibbs übers Jagen und mit Ashley über Bücher sprechen. Aber Ashley konnte nur von Büchern reden, und Gibbs – er lächelte – konnte nur von Mädeln reden. Von Mädeln und Pferden. Er schenkte drei Gläser voll.

Ashley nippte behutsam, aber Gibbs, die großen roten Hände ums Glas, stürzte förmlich den Wein herunter. Sie redeten von Pferderennen; dann redeten sie von Prüfungen. Dann fragte Ashley mit einem Blick nach den Büchern auf dem Tisch:

»Und wie steht's mit dir?«

»Ich hab' nicht die Spur von einer Chance«, sagte Edward. Seine Gleichgültigkeit war gemacht. Er gab vor, Prüfungen zu verachten; aber es war nur ein Vorgeben. Gibbs ließ sich von ihm täuschen; Ashley aber durchschaute ihn. Er erwischte Edward oft bei solchen kleinen Eitelkeiten; doch das machte ihm Edward nur um so lieber. Wie schön er aussieht, dachte er: hier saß er zwischen ihnen, und das Licht schien auf sein blondes Haar; wie ein Griechenjüngling; kraftvoll und doch irgendwie schwach, seines Schutzes bedürftig.

Man müßte ihn vor solchen viehischen Kerlen wie Gibbs bewahren, dachte er zornig. Denn wie Edward diesen klobigen Rohling ertragen konnte, dachte er, ihn ansehend, der (er hörte ihm zu) immer nach Bier und Pferden zu riechen schien, das begriff er einfach nicht. Als er eintrat, hatte er das Ende eines ihn empörenden Satzes aufgefangen – eines Satzes, aus dem hervorzugehn schien, daß sie irgendeinen gemeinsamen Plan gefaßt hatten.

»Na, dann werd' ich also mit Storey wegen des Jagdpferdes sprechen«, sagte Gibbs jetzt, als beendete er ein Privatgespräch, das die beiden geführt hatten, bevor er selbst hereingekommen war. Jähe Eifersucht durchfuhr ihn. Um sie zu verbergen, streckte er die Hand aus und ergriff ein Buch, das offen auf dem Tisch lag. Er tat, als läse er darin.

Er tat das, um ihn zu beleidigen, empfand Gibbs. Ashley, das wußte er, hielt ihn für einen plumpen, rohen Lümmel; der elende kleine Rotzer kam herein, störte das Gespräch und begann sich dann auf seine, Gibbs' Kosten, ein Ansehn zu geben. Na gut; er hatte schon gehn wollen; nun würde er bleiben; er würde ihm auf die Zehen treten – er wußte schon, wie. Er wandte sich an Edward und sprach weiter.

»Du wirst dir doch nichts aus ein bißchen Zigeunerwirtschaft machen?« sagte er. »Die Familie wird oben in Schottland sein.«

Ashley wandte wütend ein Blatt um. Da wären sie dann also allein. Edward begann die Situation auszukosten; boshaft spielte er sich auf sie ein.

»Das ist schon recht«, sagte er. »Aber du wirst darauf achten müssen, daß ich mich nicht blamiere«, fügte er hinzu.

»Oh, wir werden nur Jungfüchse ausheben«, sagte Gibbs. Ashley wandte wieder ein Blatt um. Edward warf einen Blick auf das Buch. Es wurde verkehrt gehalten. Aber als er hinblickte, sah er Ashleys Kopf gegen die Täfelung und die Mohnblumen der Tapete. Wie zivilisiert er aussah, dachte er, im Vergleich mit Gibbs; und wie ironisch. Er hatte ungeheure Achtung vor ihm. Gibbs hatte seinen Nimbus verloren. Da saß er und erzählte dieselbe alte Geschichte von der Spanielhündin noch einmal von Anfang. Morgen gäbe es einen teuflischen Krach, dachte er mit einem verstohlenen Blick auf seine Uhr. Es war elf vorbei; und er mußte vor dem Frühstück noch eine Stunde studieren. Er schluckte die letzten Tropfen aus seinem Glas herunter, streckte sich, gähnte auffällig und stand auf.

»Ich geh' schlafen«, sagte er. Ashley sah ihn flehend an; Edward konnte ihn fürchterlich quälen. Edward begann seine Weste aufzuknöpfen; er hatte eine vollendete Gestalt, dachte Ashley, ihn ansehend, wie er da zwischen ihnen stand.

»Aber beeilt euch nicht«, sagte Edward, abermals gähnend. »Trinkt ruhig aus.« Er lächelte bei dem Gedanken, wie Ashley und Gibbs miteinander ihre Gläser austränken.

»Noch massenhaft dort drin, wenn ihr Lust auf mehr habt.« Er wies auf das Nebenzimmer und verließ die beiden.

Sollen sie's miteinander ausfechten, dachte er, als er die Schlafzimmertür schloß. Sein eigner Kampf käme bald genug; das hatte er an Ashleys Miene deutlich erkannt; Ashley war höllisch eifersüchtig. Er begann sich zu entkleiden. Er legte sein loses Geld methodisch in zwei Häufchen rechts und links vom Spiegel – denn er war ein wenig pedantisch, was Geld betraf, – hing seine Weste sorgfältig über eine Stuhllehne, dann blickte er in den Spiegel und strich seinen Schopf mit der halb bewußten Geste hoch, die seine Schwester immer reizte. Dann lauschte er. Eine Tür fiel draußen zu. Der eine von ihnen war gegangen. Entweder Gibbs oder Ashley. Aber einer, dachte er, war noch da. Er lauschte angestrengt; er hörte jemand im Studierzimmer umhergehn. Sehr schnell, sehr entschlossen drehte er den Schlüssel im Türschloß. Einen Augenblick später bewegte sich die Klinke.

»Edward!« sagte Ashley. Seine Stimme war leise und beherrscht.

Edward gab keine Antwort.

»Edward!« sagte Ashley und rüttelte an der Klinke. Die Stimme klang scharf und flehend.

»Gute Nacht«, sagte Edward kurz. Er lauschte. Es folgte eine Stille. Dann hörte er, wie sich die andre Tür schloß. Ashley war gegangen.

Herrgott! Was für einen Krach das morgen geben wird!

sagte sich Edward, ans Fenster tretend und in den Regen hinaussehend, der noch immer fiel.

Die Gesellschaft in der Lodge war zu Ende. Die Damen standen in der Haustür, in ihren wallenden Abendkleidern, und blickten zum Himmel auf, von dem ein sanfter Regen fiel.

»Ist das eine Nachtigall?« fragte Mrs. Larpent, die einen Vogel im Gebüsch zwitschern hörte. Der alte Chuffy – der große Dr. Andrews – ein wenig hinter ihr, den gewölbten Schädel in das Nieseln vorgestreckt und das bärtige, kraftvolle, aber wenig einnehmende Gesicht aufwärts gewendet, stieß ein schallendes Gelächter aus. Es sei eine Drossel, sagte er. Das Gelächter widerhallte wie ein Hyänenlachen von den Steinmauern. Dann zog Mrs. Larpent, und machte dabei eine von jahrhundertealter Tradition diktierte Handbewegung, ihren Fuß zurück, als hätte sie gegen eins der Kreidezeichen verstoßen, welche die Türstütze akademischer Würdenträger zieren, und mit dieser Andeutung, daß Mrs. Lathom, die Frau des Theologieprofessors, ihr vorangehn möge, traten sie in den Regen hinaus.

In dem länglichen Salon der Lodge standen die noch Anwesenden beisammen.

»Ich freue mich so, daß Chuffy – Dr. Andrews – Ihren Erwartungen entsprochen hat«, sagte Mrs. Malone auf ihre höfliche Art. Als im College Wohnende nannte sie den berühmten Mann »Chuffy«; für Besucher aus Amerika war er Dr. Andrews.

Die andern Gäste waren gegangen. Aber die Howard Fripps, die Amerikaner, waren Logiergäste. Mrs. Howard Fripp sagte, Dr. Andrews sei geradezu bezaubernd zu ihr gewesen. Und ihr Mann, der Professor, sagte etwas ebenso Höfliches zu Dr. Malone, dem »Meister« des College. Kitty, die Tochter des Hauses, ein wenig im Hintergrund stehend, wünschte, sie würden endlich alle ein Ende machen und zu Bett gehn. Aber sie mußte hier stehn, bis ihre Mutter das Zeichen zum Aufbruch gäbe.

»Ja, ich habe Chuffy nie in besserer Form gesehn«, setzte ihr Vater das Gespräch fort, mit einem versteckten Kompliment für die Dame aus Amerika, die eine solche Eroberung gemacht hatte. Sie war klein und lebhaft, und Chuffy hatte es gern, wenn Damen klein und lebhaft waren.

»Ich schwärme für seine Bücher«, sagte sie mit ihrer wunderlichen näselnden Stimme. »Aber ich hätte nie erwartet, das Vergnügen zu haben, einmal beim Abendessen neben ihm zu sitzen.«

Gefiel es dir wirklich, wie er beim Reden spuckte? dachte Kitty, während sie sie betrachtete. Sie war außerordentlich hübsch und munter. Alle diese andern Weiber hatten neben ihr salopp und schwerfällig ausgesehn, ihre Mutter ausgenommen. Denn Mrs. Malone, die jetzt, den einen Fuß auf der Kamineinfassung, vor dem Feuer stand, sah mit ihren wie gedrechselten Locken knusprigen weißen Haars nie modisch und nie unmodisch aus; Mrs. Fripp dagegen ganz nach der Mode.

Und doch machten sie sich über sie lustig, dachte Kitty. Sie hatte die Oxforder Damen dabei ertappt, wie sie die Brauen hochzogen bei einigen von Mrs. Fripps amerikanischen Redewendungen. Aber Kitty gefielen ihre Redewendungen; sie waren so anders als das, was sie gewohnt war. Sie war Amerikanerin, eine wirkliche Amerikanerin; aber niemand hätte ihren Mann für einen Amerikaner gehalten, dachte Kitty mit einem Blick auf ihn. Er hätte irgendein Professor sein können, von irgendeiner Universität, dachte sie, mit seinem vornehmen, runzeligen Gesicht, seinem Bocksbärtchen und dem schwarzen Bändchen seines Einglases, das über die Hemdbrust herabhing, als wäre es ein ausländischer Orden. Er sprach ohne jeden Akzent – zumindest ohne jeden amerikanischen. Doch auch er war irgendwie anders. Ihr Taschentuch war heruntergefallen. Er bückte sich sogleich und reichte es ihr mit einer Verneigung, die fast zu höflich war – es machte sie verlegen. Sie neigte den Kopf und lächelte den Professor ziemlich scheu an, als sie das Taschentuch entgegennahm.

»Ich danke Ihnen vielmals«, sagte sie. Er gab ihr das Gefühl, linkisch zu sein. Neben Mrs. Fripp kam sie sich noch größer als sonst vor. Und ihr Haar, vom echten Rot der Rigbys, lag nie glatt, wie es hätte liegen sollen. Mrs. Fripps Haar sah wunderschön aus, voll Glanz und ordentlich.

»Und nun«, sagte Mrs. Malone mit einem Blick auf Mrs. Fripp, »nun, meine Damen –?« und schwenkte die Hand.

Es lag Autorität darin – als hätte sie das oft und oft getan; und als hätte man ihr oft und oft gehorcht. Sie ging zur Tür. Heute abend kam es dort zu einer kleinen Zeremonie. Professor Fripp neigte sich sehr tief über Mrs. Malones Hand, nicht ganz so tief über Kittys Hand, und hielt die Tür für sie beide weit offen.

Er übertreibt ein wenig, dachte Kitty, als sie hinausgingen.

Die Damen nahmen ihre Kerzenleuchter und gingen hintereinander die breiten, niedrigen Stufen der Treppe hinauf. Porträts früherer Vorsteher des Katharine College blickten auf sie herab, wie sie so hinaufgingen. Das Licht der Kerzen flackerte über die dunkeln, goldgerahmten Gesichter, als sie Stufe nach Stufe hinaufstiegen.

Jetzt wird sie stehnbleiben, dachte Kitty, die als letzte folgte, und fragen, wer *das* ist.

Aber Mrs. Fripp blieb nicht stehn. Kitty gab ihr Gutpunkte dafür. Sie stach vorteilhaft von den meisten Besuchen ab, dachte Kitty. Sie hatte die Bodleiana noch nie ganz so schnell absolviert wie an diesem Vormittag. Tatsächlich hatte sie sich ziemlich schuldbewußt gefühlt. Es hätte noch viel mehr zu sehn gegeben, wenn sie gewollt hätten. Aber nach kaum einer Stunde Besichtigens hatte Mrs. Fripp sich zu Kitty gewendet und mit ihrer fesselnden, wenn auch näselnden Stimme gesagt: »Nun, meine Liebe, ich schätze, Sie haben genug vom Sehenswürdigkeitenzeigen, – was würden Sie zu einem Eis sagen, in dem entzückenden alten Kuchenladen mit den gebauchten Fenstern?«

Und sie hatten Eis gegessen, statt, wie sie hätten sollen, den ganzen Rundgang durch die Bibliothek zu machen.

Die Prozession hatte jetzt den ersten Treppenabsatz erreicht, und Mrs. Malone blieb in der Tür des berühmten Zimmers stehn, wo hervorragende Gäste stets schliefen, wenn sie in der Lodge wohnten. Sie warf einen Blick rundum, während sie die Tür offenhielt.

»Das Bett, in dem Königin Elisabeth *nicht* geschlafen hat«, sagte sie, ihren gewohnten Scherz machend, als sie alle auf das große Himmelbett blickten. Ein Feuer brannte im Kamin; der Wasserkrug war eingewickelt wie ein altes Weib, das Zahnweh hat; und die Kerzen auf dem Toilettetisch waren angezündet. Heute abend aber hatte das Zimmer etwas Fremdartiges, dachte Kitty, die der Mutter über die Schulter blickte; ein Schlafrock schimmerte grün und silbern auf dem Bett. Und auf dem Toilettetisch standen eine Anzahl kleiner Tiegel und Flakons und eine große, rosa bestäubte Puderquaste. War es möglich, war vielleicht das der Grund, daß Mrs. Fripp gar so frisch und die Oxforder Damen gar so welk aussahn, – daß Mrs. Fripp sich –. Aber Mrs. Malone fragte: »Sie haben doch alles, was Sie brauchen?« mit solch äußerster Höflichkeit, daß Kitty erriet, auch ihre Mutter habe den Toilettetisch bemerkt. Kitty streckte die Hand aus. Zu ihrer Überraschung zog Mrs. Fripp sie, statt die Hand zu ergreifen, zu sich herab und küßte sie.

»Tausend Dank dafür, daß Sie mir alle diese Sehenswürdigkeiten gezeigt haben«, sagte sie. »Und vergessen Sie nicht, Sie kommen auf Besuch zu uns nach Amerika«, fügte sie hinzu. Denn ihr gefiel das große scheue Mädchen, das es so offenkundig vorgezogen hatte, Eis zu essen, statt ihr die Bodleiana zu zeigen; und aus irgendeinem Grund hatte Kitty ihr auch leid getan.

»Gute Nacht, Kitty«, sagte ihre Mutter, als sie die Tür geschlossen hatte. Und sie küßten einander flüchtig auf die Wange.

Kitty ging weiter die Treppe hinauf in ihr Zimmer. Sie fühlte noch immer die Stelle, wo Mrs. Fripp sie geküßt hatte; der Kuß hatte ein kleines Glühn auf ihrer Wange hinterlassen.

Sie schloß die Tür. Das Zimmer war stickig. Es war eine warme Nacht, aber die schlossen immer die Fenster und zogen die Vorhänge vor. Sie öffnete die Fenster und zog die Vorhänge zur Seite. Es regnete, wie gewöhnlich. Pfeile silbernen Regens kreuzten die dunkeln Bäume im Garten. Dann streifte sie ihre Schuhe ab. Das war das Unangenehmste, wenn man so groß war, – Schuhe waren einem immer zu eng; weiße Seidenschuhe besonders. Dann begann sie, ihr Kleid aufzuhaken. Es war schwierig; es waren so viele Häkchen daran, und alle im Rücken; aber endlich war das weiße Atlaskleid herunter und lag nett über einen Sessel; und sie begann, sich das Haar zu bürsten. Es war ein Donnerstag gewesen, wie er nicht ärger hätte sein können, überlegte sie; Sehenswürdigkeiten am Vormittag; Gäste zum Mittagessen; Studenten zum Tee; und abends abermals Gäste.

Immerhin, sagte sie sich und zerrte dabei den Kamm durchs Haar, es ist vorbei ... es ist vorbei.

Die Kerzen flackerten, und dann berührte der Musselinvorhang, der sich zu einem weißen Ballon bauschte, fast die Flamme. Aufschreckend öffnete sie die Augen. Sie stand am offenen Fenster, mit einem Licht neben sich, und war im Unterrock.

»Jeder Mensch kann hereinsehn«, hatte ihre Mutter gesagt, als sie sie erst vor wenigen Tagen deswegen gescholten hatte.

So! dachte sie und stellte die Kerzen auf einen Tisch zur Rechten, jetzt kann niemand hereinsehn.

Sie begann wieder, ihr Haar zu kämmen. Aber mit dem Licht zur Seite, statt vor sich, sah sie ihr Gesicht jetzt unter einem andern Winkel.

Bin ich hübsch? fragte sie sich, legte den Kamm hin und blickte in den Spiegel. Ihre Backenknochen standen zu sehr vor; ihre Augen lagen zu weit auseinander. Sie war nicht hübsch, nein; ihre Größe war unvorteilhaft. Was hat sich Mrs. Fripp wohl von mir gedacht? fragte sie sich.

Sie hat mich geküßt, erinnerte sie sich plötzlich mit jäher Freude und fühlte wieder das Glühn auf ihrer Wange. Sie hat mich aufgefordert, zu ihnen nach Amerika zu kommen. Was für ein Spaß das wäre! Was für ein Spaß, von Oxford wegzukommen und nach Amerika zu fahren! Sie zerrte den Kamm durch ihr Haar, das wie ein Ginsterbusch war.

Aber die Turmuhren begannen ihren gewohnten Tumult. Sie haßte diesen Klang; er kam ihr stets trübselig vor, und dann, grade wenn die eine aufhörte, begann eine andre. Sie dröhnten weiter, eine in die andre hinein, eine nach der andern, als würden sie nie zu Ende kommen. Sie zählte elf, zwölf, und dann ging es weiter, dreizehn, vierzehn ... Eine Uhr wiederholte die andere durch die feuchte Nieselluft. Es war spät. Sie begann, sich die Zähne zu putzen. Sie blickte auf den Kalender über dem Waschtisch und riß den Donnerstag ab und knüllte ihn zu einer Kugel, als wollte sie sagen: »Der ist vorbei! Der ist vorbei!« Der Freitag sah ihr wie in roten Lettern entgegen. Der Freitag war ein guter Tag; Freitag hatte sie ihre Lektion bei Lucy; und sie ging zum Tee zu den Robsons. »Glücklich ist, wer seine Arbeit gefunden hat«, las sie auf dem Kalender. Kalender schienen immer zu einem zu reden. Sie hatte ihre Arbeit nicht getan. Sie warf einen Blick auf eine Reihe blauer Bände: »Verfassungsgeschichte Englands von Dr. Andrews«. Ein Papierstreifen stak in Band drei. Sie hätte ihr Kapitel für Lucy beenden sollen; aber nicht heute abend. Sie war zu müde heute abend. Sie wandte sich zum Fenster. Ein lautes Gelächter ertönte aus den Studentenwohnungen. Worüber lachen die dort? fragte sie sich, als sie so am Fenster stand. Es klang, als unterhielten sie sich gut. Sie lachen nie so, wenn sie zum Tee in die Lodge kommen, dachte sie, als das Gelächter verklang. Der kleine Kerl aus dem Balliol College, der dasaß und immerzu die Finger ineinanderwand, sie immerzu ineinanderwand. Er brachte kaum ein Wort hervor; aber er ging auch nicht. Dann blies sie die Kerze aus und stieg ins Bett. Ich mag ihn ganz gern, dachte sie, sich zwischen den kühlen Leintüchern ausstreckend, – trotzdem er die Finger ineinanderwindet. Aber diesen Tony Ashley, dachte sie, den Kopf auf dem Kissen wendend, den mag ich nicht. Er schien stets ein Verhör mit ihr anzustellen, Edwards wegen, den Eleanor, dachte sie, »Nix« nennt. Seine Augen lagen zu nahe beieinander. Ist ein bißchen ein Perükkenstock, dachte sie. Er war ihr die ganze Zeit gefolgt bei dem Picknick vor einigen Tagen – bei dem Picknick, wo Mrs. Lathom die Ameise unter die Röcke geraten war. Er hatte sich die ganze Zeit neben ihr gehalten. Aber sie wollte ihn nicht heiraten. Sie wollte nicht eine Professorsfrau werden und ewig in Oxford leben. Nein, nein, nein! Sie gähnte, wandte sich auf dem Kopfkissen um und lauschte einer verspäteten Turmuhr, die wie eine träge Seekuh dahinbummerte durch die dicke Nieselluft, gähnte noch einmal und schlief ein.

Der Regen fiel stetig die ganze Nacht, zog einen dünnen Nebel über die Felder, gurgelte und gluckste in den Rinnsteinen. In Gärten fiel er auf blühende Fliederbüsche und Goldregensträucher. Er glitt sanft über die bleiernen Kuppeln von Bibliotheken und ergoß sich aus den breit grinsenden Steinmäulern. Er trübte das Fenster, hinter dem der Judenjunge aus Birmingham saß und Griechisch büffelte, ein nasses Handtuch um den Kopf; und das, hinter dem Dr. Malone noch spät an einem neuen Kapitel seiner monumentalen Geschichte des College schrieb. Und im Garten der Lodge, vor Kittys Fenster, berieselte er den uralten Baum, unter dem vor dreihundert Jahren Könige und Dichter beim Trunk gesessen hatten; nun aber war er halb umgesunken und mußte durch eine Stange in der Mitte gestützt werden.

»Einen Schirm, Miss?« fragte Hiscock und bot Kitty einen Schirm an, als sie am folgenden Nachmittag später, als sie hätte sollen, wegging. In der Luft war eine Kühle, die sie froh machte, als sie eine Gesellschaft in weißen und gelben Sommerkleidern und mit Bootskissen zum Fluß gehen sah, daß sie heute nicht in einem Boot sitzen würde. Keine Gesellschaften heute, dachte sie, keine Gesellschaften heute. Aber sie hatte sich verspätet, so mahnte die Uhr sie.

Sie ging weiter, bis sie zu den ordinär aussehenden roten Villen kam, die ihr Vater so verabscheute, daß er stets einen Umweg machte, um ihren Anblick zu vermeiden. Aber da in einer dieser ordinären Villen Miss Craddock wohnte, sah Kitty sie in einer Gloriole von Romantik. Ihr Herz schlug schneller, als sie bei der neuen Kapelle um die Ecke bog und die Türstufen des Hauses erblickte, in dem Miss Craddock wirklich und leibhaftig wohnte. Lucy ging diese Stufen jeden Tag hinauf und hinunter; dies war ihr Fenster; dies war ihre Glocke. Der Glockenzug kam mit einem Ruck heraus, als sie ihn zog, aber ging nicht wieder hinein, denn alles war verwahrlost an Lucys Haus; aber alles war romantisch. Lucys Schirm hier in dem Ständer, auch der war nicht wie andre Schirme; er hatte einen Papageienkopf als Griff. Aber als sie die steile, blinkende Treppe hinaufstieg, mischte sich Angst in ihre Erregung: wieder einmal hatte sie ihre Arbeit geschludert; sie hatte sich diese Woche wieder nicht »ganz darein versenkt«!

Heute kommt sie! dachte Miss Craddock und hielt mit der Feder in der Luft inne. Ihre Nasenspitze war rot; ihre Augen, um die sich gelbliche Vertiefungen zogen, hatten etwas Eulenhaftes. Da tönte die Glocke. Die Feder war in rote Tinte getaucht worden; sie hatte Kittys Aufsatz korrigiert. Nun hörte sie ihren Schritt auf der Treppe. Sie kommt! dachte sie mit einem kleinen Atemstocken und legte die Feder hin.

»Es tut mir schrecklich leid, Miss Craddock«, sagte Kitty, ihre Sachen ablegend und sich an den Tisch setzend. »Aber wir hatten Gäste bei uns wohnen.«

Miss Craddock fuhr sich mit dem Handrücken über den Mund, wie es ihre Art war, wenn sie sich enttäuscht fühlte.

»Ach so«, sagte sie, »also haben Sie diese Woche wieder nichts gearbeitet.«

Miss Craddock ergriff ihre Feder und tauchte sie in die rote Tinte. Dann wandte sie sich dem Aufsatz zu.

»Er war des Korrigierens nicht wert«, bemerkte sie und hielt, die Feder in der Luft, inne. »Ein zehnjähriges Kind hätte sich seiner geschämt.« Kitty wurde dunkelrot.

»Und das Verwunderliche ist«, sagte Miss Craddock und

legte die Feder hin, als die Stunde zu Ende war, »daß Sie ganz gut zu selbständigem Denken fähig sind.«

Kitty errötete vor Freude.

»Aber Sie machen keinen Gebrauch davon«, sagte Miss Craddock. »Warum tun Sie's nicht?« fügte sie hinzu und sah sie mit ihren klugen grauen Augen an.

»Wissen Sie, Miss Craddock«, begann Kitty eifrig, »meine Mutter – «

»Hm... hm... hm...« unterbrach Miss Craddock sie. Sich Konfidenzen anzuhören, war nicht das, wofür Dr. Malone sie bezahlte. Sie stand auf.

»Sehn Sie sich meine Blumen an«, sagte sie mit dem Gefühl, das Mädchen allzu streng abgefertigt zu haben. Eine Schale mit Blumen stand auf dem Tisch; kleinen blauen und weißen, in ein Polster von feuchtem grünem Moos gesteckt.

»Meine Schwester hat sie mir aus den Bergen geschickt«, sagte sie.

»Aus den Bergen?« wiederholte Kitty. »Welchen Bergen?« Sie beugte sich vor und berührte die kleinen Blumen zärtlich. Wie lieblich sie ist, dachte Miss Craddock; denn sie war sentimental, was Kitty betraf. Aber ich will nicht sentimental sein, sagte sie sich.

»In der Nähe von Scarborough«, erklärte sie. »Wenn man das Moos feucht hält, aber nicht zu feucht, bleiben sie wochenlang frisch«, fügte sie, auf die Blumen blickend, hinzu.

»Feucht, aber nicht zu feucht.« Kitty lächelte. »Das ist leicht in Oxford, sollte ich meinen. Hier regnet es immer.« Sie blickte zum Fenster. Milder Regen fiel.

»Wenn ich dort oben leben könnte, Miss Craddock, – « begann sie und griff nach ihrem Schirm. Aber sie hielt inne. Die Stunde war vorbei.

»Sie würden es sehr langweilig finden«, sagte Miss Craddock, sie anblickend. Kitty zog ihren Mantel an. Gewiß, sie sah sehr lieblich aus, wie sie so ihren Mantel anzog.

»Als ich in Ihrem Alter war«, fuhr Miss Craddock fort, sich ihrer Lehrerinnenrolle erinnernd, »hätte ich alles darum gegeben, die Gelegenheiten zu haben, die Sie haben, mit den Leuten zusammenzukommen, mit denen Sie zusammenkommen; die Leute zu kennen, die Sie kennen.«

»Den alten Chuffy?« fragte Kitty, weil sie sich an Miss Craddocks innige Bewunderung für diese Leuchte der Wissenschaft erinnerte.

»Sie respektloses Mädel!« wies Miss Craddocks sie zurecht. »Der größte Geschichtsschreiber seiner Zeit!«

»Na, zu mir spricht er nicht von Geschichte«, sagte Kitty, die sich des feuchtwarmen Gefühls einer schweren Hand auf ihrem Knie erinnerte.

Sie zögerte; aber die Stunde war vorbei. Gleich käme eine andre Schülerin. Sie blickte sich in dem Zimmer um. Eine Schüssel Orangen stand auf einem Stoß glänzender Schulhefte; daneben eine Büchse, die aussah, als enthielte sie Keks. War dieses ihr einziges Zimmer? fragte sie sich. Schlief sie auf dem beulig aussehenden Sofa mit dem darübergeworfenen indischen Schal? Es war kein Spiegel da, und sie setzte sich den Hut ziemlich schief auf und dachte dabei, daß Miss Craddock Kleider verachtete.

Aber Miss Craddock dachte, wie wundervoll es sei, jung und lieblich zu sein und hervorragend begabte Männer kennenzulernen.

»Ich gehe zum Tee zu den Robsons«, sagte Kitty, ihr die Hand hinstreckend. Die Tochter, Nelly Robson, war Miss Craddocks Lieblingsschülerin; die einzige, pflegte sie zu sagen, die wisse, was arbeiten heißt.

»Gehen Sie zu Fuß?« fragte Miss Craddock, Kittys Kleidung musternd. »Es ist ziemlich weit, wissen Sie. Die Ringmer Road hinunter, am Gaswerk vorbei.«

»Ja, ich gehe zu Fuß«, sagte Kitty, während sie einander die Hand reichten.

»Und ich werde mich bemühen, diese Woche tüchtig zu arbeiten«, sagte sie und blickte mit Augen voll Liebe und Bewunderung auf die andre hinab. Dann ging sie die steile Treppe hinunter, deren Linoleum hell glänzte vor Romantik, und warf im Vorbeigehn einen Blick auf den Schirm, der als Griff einen Papageienkopf hatte.

Der Sohn des Professors (dazu hatte der es ganz allein gebracht, »eine äußerst anerkennenswerte Leistung«, um Dr. Malone zu zitieren) besserte im Hintergarten des Hauses in der Prestwich Terrace, einem zerscharrten kleinen Stückchen Grund, den Hühnerstall aus. Tam, tam, tam, hämmerte er ein Brett auf das faulende Dach. Seine Hände waren weiß, nicht so wie die seines Vaters, und die seinen hatten lange, schmale Finger. Er liebte es keineswegs, solche Arbeiten selber zu machen. Sein Vater aber flickte am Sonntag die Schuhe der

Familie. Wieder schlug der Hammer auf. Er werkte drauflos, hämmerte auf die langen glänzenden Nägel, die manchmal das Holz spalteten oder am Rand hinausfuhren. Denn es war faulig. Er haßte auch die Hennen, diese blöden Vögel mit ihrem Sichaufplustern, die ihn aus ihren roten Knopfaugen ansahn. Sie scharrten den Gartenweg auf; ließen kleine Federkringel überall auf den Beeten, für die er mehr übrig hatte. Aber es wuchs nichts auf ihnen. Wie sollte man Blumen ziehn wie andre Leute, wenn man Hühner hielt? Die Klingel schrillte.

»Verflucht! Da kommt wieder so eine alte Schachtel zum Tee«, sagte er, mit dem Hammer in der Luft innehaltend; und dann ließ er ihn auf den Nagel hinabsausen.

Als sie auf den Türstufen stand und die billigen Spitzenvorhänge und die blauen und orangefarbenen Glasscheiben gewahrte, versuchte sich Kitty zu erinnern, was ihr Vater über Nellys Vater gesagt hatte. Aber da ließ ein kleines Dienstmädchen sie ein. Ich bin viel zu groß, dachte Kitty, als sie einen Augenblick lang in dem Zimmer stand, in das das Mädchen sie geführt hatte. Es war ein kleines Zimmer und von Sachen überfüllt. Und ich bin zu gut angezogen, dachte sie, sich in dem Spiegel über dem Kamin betrachtend. Aber da kam ihre Freundin Nelly herein. Sie war klein und dicklich; vor den großen grauen Augen trug sie eine Stahlbrille, und ihr rohleinener Arbeitskittel schien ihr Aussehen nach unbedingter Wahrhaftigkeit zu verstärken.

»Wir nehmen den Tee im Hinterzimmer«, sagte sie, Kitty von oben bis unten betrachtend. Womit ist sie nur beschäftigt gewesen? Warum hat sie einen Arbeitskittel an? dachte Kitty, während sie ihr in das Zimmer folgte, wo die andern schon beim Tee saßen.

»Sehr erfreut, Sie zu sehn«, sagte Mrs. Robson förmlich und blickte dabei über die Schulter. Aber niemand schien im geringsten erfreut zu sein, sie zu sehn. Zwei Kinder aßen bereits. Sie hielten Butterbrote in den Händen, aber sie führten sie nicht zum Mund und starrten Kitty an, während sie sich setzte.

Sie schien das ganze Zimmer auf einmal zu sehn. Es war fast kahl und doch gedrängt voll. Der Tisch war zu groß; harte grüne Plüschsessel umstanden ihn; doch das Tischtuch war grob; in der Mitte geflickt; und das Porzellan von billiger

Art, mit seinen schreienden roten Rosen. Sie fühlte das Licht außerordentlich grell in ihren Augen. Ein Hämmern tönte aus dem Garten. Sie sah hinaus; es war ein aufgescharrter, erdiger Garten ohne Blumenbeete; und am Ende stand ein Schuppen, von dem der Klang des Hämmerns kam.

Sie sind auch alle so klein, dachte Kitty mit einem Blick auf Mrs. Robson. Deren Schultern reichten grade über das Teegeschirr; aber die Schultern waren massig. Sie sah ein wenig wie Bigge aus, die Köchin daheim in der Lodge; nur einschüchternder. Sie warf noch einen kurzen Blick auf Mrs. Robson und begann dann, die Handschuhe auszuziehen, heimlich, schnell, unter dem Schutz des Tischtuchs. Aber warum redet niemand? dachte sie nervös. Die Kinder hielten die Augen mit einem Ausdruck feierlicher Verwunderung auf sie gerichtet. Dieses eulenhafte Anstarren glitt unnachgiebig an ihr auf und nieder. Zum Glück, bevor sie ihre Mißbilligung ausdrücken konnten, befahl ihnen Mrs. Robson scharf, weiterzuessen; und die Butterbrote hoben sich langsam abermals zum Mund.

Warum sagen sie denn nicht irgend etwas? dachte Kitty wiederum, mit einem Blick auf Nelly. Sie wollte grade zu sprechen beginnen, als ein Schirm in der Halle scharrte und Mrs. Robson aufblickte und zu ihrer Tochter sagte:

»Da ist Papa!«

Im nächsten Augenblick trottete ein schmächtiger Mann herein, der so klein war, daß es aussah, als hätte sein Rock eine Schuljungenjacke und sein Kragen ein Etonkragen sein sollen. Er trug auch eine sehr dicke Uhrkette aus Silber, wie die eines Schuljungen. Aber seine Augen blickten scharf und ungestüm, sein Schnurrbart war borstig, und er sprach mit einem merkwürdigen Akzent.

»Freut mich, Sie zu sehn«, sagte er und ergriff ihre Hand mit einem festen Druck. Er setzte sich, steckte sich eine Serviette unters Kinn, und seine schwere silberne Uhrkette verschwand unter dem steifen weißen Schild. Tam, tam, tam, tönten die Hammerschläge vom Garten her.

»Sag Jo, der Tee steht auf dem Tisch«, sagte Mrs. Robson zu Nelly, die eine zugedeckte Schüssel hereingebracht hatte. Der Deckel wurde abgehoben. Sie waren wahrhaftig im Begriff, gebackenen Fisch und Kartoffeln zur Teezeit zu essen, so gewahrte Kitty.

Aber Mr. Robson hatte seine fast beunruhigend blauen

Augen auf sie gerichtet. Sie erwartete, er werde fragen: »Wie geht es Ihrem Vater, Miss Malone?«

Aber er fragte: »Sie studieren Geschichte mit Lucy Craddock?«

»Ja«, antwortete sie. Ihr gefiel die Art, wie er »Lucy Craddock« sagte, als schätzte er sie. So viele von den akademischen Würdenträgern sahn auf sie hinab. Sie hatte es auch nicht ungern, daß er ihr das Gefühl gab, niemands Besondern Tochter zu sein.

»Sie interessieren sich für Geschichte?« fragte er und wandte sich seinem Teller voll Fisch und Kartoffeln zu.

»Ich liebe Geschichte«, sagte sie. Seine hellblauen Augen, die sie geradewegs und fast ungestüm ansahn, schienen sie zu zwingen, ganz kurz zu sagen, was sie meinte.

»Aber ich bin schrecklich faul«, fügte sie hinzu. Da sah Mrs. Robson sie fast streng an und reichte ihr eine dicke Schnitte Butterbrot auf der Spitze eines Messers.

Jedenfalls haben sie einen schauderhaften Geschmack, sagte sie sich wie aus Rache dafür, was, wie sie fühlte, als Verweis gemeint gewesen war. Sie richtete ihre Augen auf ein Bild gegenüber – eine ölige Landschaft in schwerem Goldrahmen. Rechts und links davon hing je ein blau und roter japanischer Teller. Alles war häßlich, besonders die Bilder.

»Die Berge hinter unserm Haus«, sagte Mr. Robson, der bemerkte, daß sie ein Bild ansah.

Es wurde Kitty bewußt, daß der Akzent, mit dem er sprach, der von Leuten aus Yorkshire war. Bei der Bemerkung über das Bild hatte er sich verstärkt.

»In Yorkshire?« fragte sie. »Wir kommen auch von dort. Die Familie meiner Mutter, meine ich«, fügte sie hinzu.

»Die Familie Ihrer Mutter?« fragte Mrs. Robson.

»Rigby«, sagte sie, leicht errötend.

»Rigby?« wiederholte Mr. Robson aufblickend. »Ich *orr*beitete bei einer Miss Rigby, bef*orr* ich geheiratet hab'.«

Was für eine Art von *Orr*beit hatte Mrs. Robson verrichtet? fragte sich Kitty. Sam erklärte:

»Meine Frau war Köchin, Miss Malone, bevor wir heirateten.« Wieder verstärkte er seinen Akzent, als wäre er stolz darauf. Ich hatte einen Großonkel, der war Zirkusreiter, fühlte sie sich versucht zu sagen, und eine Tante, die heiratete einen ... Aber Mrs. Robson unterbrach sie.

»Holunderheim hieß das Haus«, sagte sie. »Zwei sehr alte Damen; Miss Ann und Miss Matilda.« Ihr Ton war weicher. »Aber die beiden müssen längst gestorben sein«, schloß sie. Zum erstenmal lehnte sie sich zurück, und dann rührte sie ihren Tee, genau so wie der alte Snap auf der Farm, dachte Kitty, seinen Tee um und um rührt.

»Sag Jo, wir knapsen nicht mit dem Kuchen!« rief Mr. Robson, sich eine Schnitte von dem zerklüftet aussehenden Ding absägend; und Nelly verließ abermals das Zimmer. Das Hämmern im Garten hörte auf. Die Tür öffnete sich. Kitty, die ihre Augen auf den kleinen Wuchs der Familie Robson eingestellt hatte, erlebte eine Überraschung. Der junge Mann erschien ungeheuer groß in diesem kleinen Zimmer. Er war ein hübscher junger Mann. Er fuhr sich mit den Fingern durchs Haar, als er hereinkam, denn Holzspäne waren darin hängengeblieben.

»Unser Jo«, sagte Mrs. Robson vorstellend. »Geh und bring den Kessel, Jo«, fügte sie hinzu; und er ging sogleich, als wäre er gewohnt, es zu tun. Als er mit dem Kessel zurückkam, begann Sam ihn mit dem Hühnerhaus zu necken.

»Du brauchst aber hübsch lange, mein Sohn, um ein Hühnerhaus zu flicken«, sagte er. Es gab da offenbar einen Familienscherz über das Flicken von Schuhen und Hühnerhäusern, den Kitty nicht verstand. Sie sah Jo zu, wie er unter den Neckereien seines Vaters stetig weiteraß. Er sah nicht nach Eton oder Harrow aus oder Rugby oder Winchester, weder nach Studium noch nach Sport. Er erinnerte sie an Alf, den Taglöhner oben auf Carters Farm, der sie hinter dem Heuschober geküßt hatte, als sie fünfzehn war, und wie dann plötzlich der alte Carter aufgetaucht war, der einen Stier an einem Nasenring führte und rief: »Laß das bleiben!« Sie senkte wieder den Blick. Sie hätte es ganz gern, wenn Jo sie küßte; lieber, als von Edward geküßt zu werden, dachte sie plötzlich. Sie wurde sich ihres Äußern bewußt, an das sie gar nicht mehr gedacht hatte. Er gefiel ihr. Ja, sie gefielen ihr alle, sagte sie sich; sehr gut; wirklich sehr gut. Sie hatte das Gefühl, ihrer Bonne entwischt und allein weggelaufen zu sein.

Dann begannen die Kinder von ihren Stühlen zu krabbeln; die Mahlzeit war vorbei. Sie tastete unter dem Tisch nach ihren Handschuhen.

»Sind's die?« fragte Jo, sie vom Boden aufhebend. Sie nahm sie und knüllte sie in der Hand.

Er warf einen schnellen, mürrischen Blick auf sie, wie sie so in der Tür stand. Die ist zum Anbeißen, sagte er sich, aber, meiner Treu, sie spielt sich auf!

Mrs. Robson führte sie in das kleine Zimmer, wo sie sich vor dem Tee in dem Spiegel besehen hatte. Es war überfüllt von Sachen. Da waren Bambustischchen; in Samt gebundene Bücher mit Messingscharnieren; marmorne, schräg sich streckende Gladiatoren auf dem Kaminsims, und unzählige Bilder... Aber Mrs. Robson deutete mit einer Geste, die genau einer Geste Mrs. Malones glich, wenn sie auf den Gainsborough wies, der nicht ganz sicher ein Gainsborough war, auf einen riesigen, silbernen Präsentierteller mit einer Inschrift.

»Den haben seine Schüler meinem Mann geschenkt«, sagte Mrs. Robson, auf die Inschrift weisend. Kitty begann sie laut abzulesen.

»Und das...« sagte Mrs. Robson, sobald Kitty zu Ende war, und wies auf ein Schriftstück, das gerahmt, wie ein Bibelspruch, an der Wand hing.

Da aber trat Sam vor, der im Hintergrund gestanden und an seiner Uhrkette gezupft hatte, und deutete mit seinem spachteligen Zeigefinger auf die Daguerreotypie einer alten Frau, die in dem Photographenstuhl fast überlebensgroß aussah.

»Meine Mutter«, sagte er und verstummte. Er stieß ein sonderbares glucksendes Lachen aus.

»Ihre Mutter?« wiederholte Kitty und neigte sich vor, um das Bild zu betrachten. Die unförmige alte Frau, die da in der ganzen Steifheit ihres besten Kleids posiert war, sah in höchstem Grad unschön aus. Und doch fühlte Kitty, daß Bewunderung erwartet wurde.

»Sie sehn ihr sehr ähnlich, Mr. Robson«, war alles, was sie zu sagen finden konnte. Tatsächlich hatten die beiden dasselbe stämmige Aussehn; denselben durchdringenden Blick; und sie waren beide sehr unschön. Er stieß sein glucksendes Lachen aus.

»Freut mich, daß Sie das bemerken«, sagte er. »Hat uns alle aufgezogen. Keins von uns kann ihr das Wasser reichen, allerdings.« Wieder stieß er sein sonderbares glucksendes Lachen aus.

Dann wandte er sich an seine Tochter, die hereingekommen war und in ihrem Arbeitskittel dastand.

»Kann ihr nicht das Wasser reichen«, wiederholte er und kniff Nelly in die Schulter. Wie Nelly so dastand, die Hand ihres Vaters auf der Schulter, unter dem Bild ihrer Großmutter, überkam Kitty ein jähes Selbstbedauern. Wenn sie die Tochter von Leuten wie die Robsons wäre, dachte sie, wenn sie oben im Norden gelebt hätte – aber es war klar, daß sie wollten, sie solle schon gehn. Niemand setzte sich je in diesem Zimmer. Sie standen alle umher. Niemand drängte sie, zu bleiben. Als sie sagte, sie müsse gehn, kamen sie alle mit ihr in den kleinen Flur hinaus. Sie warteten alle darauf, weiter zu tun, was ein jedes zu tun hatte, so fühlte sie. Nelly war im Begriff, in die Küche zu gehn und das Teegeschirr abzuwaschen; Jo ging zu seinem Hühnerhaus zurück; die Kinder würden von der Mutter zu Bett gebracht werden; und Sam – was hatte er vor? Sie sah ihn an, wie er da stand mit seiner schweren Uhrkette wie die eines Schuljungen. Du bist der netteste Mann, dem ich je begegnet bin, dachte sie, ihm die Hand hinstreckend.

»Hat mich sehr gefreut, Ihre Bekanntschaft zu machen«, sagte Mrs. Robson auf ihre würdevolle Art.

»Hoffe, Sie werden bald wiederkommen«, sagte Mr. Robson und drückte ihr sehr fest die Hand.

»Oh, ich käme furchtbar gern!« rief sie und drückte ihnen allen die Hand, so fest sie konnte. Wußten sie, wie sehr sie sie alle bewunderte? Das hätte sie sie gern gefragt. Würden sie sie akzeptieren, trotz ihrem Hut und ihren Handschuhen? hätte sie gern gefragt. Aber sie wollten alle an ihre Arbeit gehn. Und ich gehe heim, um mich fürs Dinner umzukleiden, dachte sie, als sie die kleinen Türstufen hinunterging und die hellen Glacéhandschuhe in der Hand knüllte.

Die Sonne schien wieder; die feuchten Gehsteige glänzten; ein Windstoß warf die nassen Äste der Mandelbäume in den Villengärten hoch; kleine Zweiglein und Blütenbüschel wirbelten auf den Gehsteig und blieben da kleben. Als sie an einem Straßenübergang für eine Sekunde stehnblieb, schien auch sie aus ihrer gewohnten Umgebung hochgeworfen zu werden. Sie vergaß, wo sie war. Der Himmel, zu einer blauen offenen Weite geblasen, schien hier nicht auf Straßen und Häuser herabzublicken, sondern auf offenes Land, wo der Wind über die Berge strich und Schafe mit grauem, gezaustem Vlies an Steinwällen Schutz suchten. Sie konnte beinahe sehn, wie die Berge sich erhellten und verdunkelten, wenn die Wolken über sie hinglitten.

Aber dann, nach zwei Schritten, wurde die unvertraute Straße wieder die Straße, die sie stets gekannt hatte. Hier war wieder der gepflasterte Durchgang; hier waren die alten Raritätenläden mit ihrem blauen Porzellan und ihren kupfernen Wärmpfannen; und im nächsten Augenblick war sie draußen auf der berühmten gekrümmten Straße mit all ihren Kuppeln und Türmen. Das Sonnenlicht lag in breiten Streifen querüber. Da waren die Mietwagen und die Sonnenplachen und die Buchhandlungen; die alten Herren in schwarzen, sich blähenden Talaren; die jungen Frauen und Mädchen in rosa und blau flatternden Kleidern; und die jungen Männer mit steifen Strohhüten, die Bootkissen unter dem Arm trugen. Aber für einen Augenblick erschienen sie ihr alle überholt, frivol, nichtig. Der gewöhnliche Student in Barett und Talar, mit Büchern unter dem Arm, sah albern aus. Und die gewichtigen alten Herren mit ihren überscharfen Gesichtszügen sahn aus wie Wasserspeier: gemeißelt, mittelalterlich, unwirklich. Sie waren alle wie Leute, die kostümiert waren und Rollen spielten, dachte sie. Nun stand sie vor ihrer eignen Haustür und wartete, daß Hiscock, der Butler, die Füße vom Kaminvorsatz zöge und aus dem Souterrain heraufwatschelte. Warum kannst du nicht reden wie ein menschliches Wesen? dachte sie, als er ihr den Schirm abnahm und seine übliche Bemerkung über das Wetter murmelte.

Langsam, als wäre auch in ihre Füße ein Gewicht geraten, ging sie die Treppe hinauf und sah durch offene Fenster und offene Türen den glatten Rasen, den halb umgefallenen Baum und die verblaßten Kattunüberzüge. Sie ließ sich auf den Bettrand sinken. Es war sehr schwül im Zimmer. Eine Schmeißfliege surrte rundum und rundum; ein Rasenmäher quietschte im Garten unten. Weit weg gurrten Tauben. Gurr nur zu, du... Gurr nur zu... Ihre Augen schlossen sich halb. Es war ihr, als säße sie auf der Terrasse eines italienischen Wirtshauses. Und da saß ihr Vater und preßte Enzianblüten auf ein rauhes Blatt Löschpapier. Der See unten plätscherte und glitzerte. Sie faßte Mut und sagte zu ihrem Vater: »Vater...« Er blickte sehr gütig über die Brille auf. Er hielt die kleine blaue Blume zwischen Daumen und Zeigefinger. »Ich möchte...« begann sie und glitt von der Balustrade, auf der sie saß, herab. Aber da schlug eine Uhr. Sie stand auf und ging zum Waschtisch. Was würde Nelly davon denken? dachte sie, kippte die schön polierte Messingkanne und tauchte die Hände in das warme Wasser. Noch eine Uhr schlug. Sie ging zum Toilettetisch hinüber. Die Luft, die vom Garten hereinkam, war voll von Gesumm und Gegurr. Holzspäne, dachte sie, als sie nach Kamm und Bürste griff, – er hatte Holzspäne im Haar. Ein Diener ging unten vorbei, einen Turm Blechschüsseln auf dem Kopf. Tauben gurrten. Gurr nur zu, du... Gurr nur zu... Aber da ertönte die Dinnerglocke. Und im Nu hatte sie ihr Haar aufgesteckt, ihr Kleid angezogen und zugehakt und lief schon die glattgetretene Treppe hinunter, die Handfläche auf dem Geländer gleiten lassend, wie sie es immer getan, wenn sie als Kind sich beeilt hatte. Und hier waren sie alle.

Ihre Eltern standen in der Halle. Ein hochgewachsener Mann stand bei ihnen. Sein Talar war zurückgeschlagen, und ein letzter Sonnenstrahl beleuchtete sein lebhaftes, gebieterisches Gesicht. Wer war das? Kitty konnte sich nicht erinnern.

»Sapperlott!« rief er aus, bewundernd zu ihr emporblickend.

»Das ist doch Kitty, nicht wahr?« fragte er. Dann ergriff er ihre Hand und drückte sie.

»Wie Sie gewachsen sind!« rief er. Er sah sie an, als betrachtete er nicht sie, sondern seine eigene Vergangenheit.

»Sie erinnern sich nicht an mich?« fügte er hinzu.

»Chingachgook!« rief sie, da ihr eine kindliche Erinnerung kam.

»Aber er ist jetzt *Sir* Richard Norton«, sagte ihre Mutter und gab ihm einen stolzen kleinen Klaps auf die Schulter; und die beiden Herren wandten sich zum Gehn, denn sie aßen diesen Abend im Refektorium.

Wie fade der Fisch schmeckt, dachte Kitty; die Teller fast kalt; und wie fade das Brot, in kärgliche Scheiben geschnitten! Die Farbigkeit, die Lebenslust der Prestwich Terrace war noch in ihren Augen, in ihren Ohren. Sie gab zu, als sie umhersah, daß das Porzellan und das Silber in der Lodge unvergleichlich besser waren; und die japanischen Teller waren scheußlich gewesen; aber dieses Eßzimmer hier, mit seinen hängenden Schlingpflanzen und seinen riesigen krakelierten Ölgemälden, war so düster. In der Prestwich Terrace war das Zimmer voller Licht gewesen; das Tam-tam-tam von Hammerschlägen tönte noch immer in ihren Ohren. Sie blickte hinaus auf die verblassenden Schattierungen von Grün im Garten. Zum tausendsten Mal echote sie ihren Kinderwunsch, der Baum möge sich entweder hinlegen oder aufstehn, statt keins von beiden zu tun. Es regnete nicht wirklich. Aber Böen von Weiße schienen durch den Garten zu wehn, wenn der Wind die dicken Blätter der Lorbeersträucher bewegte.

»Hast du's nicht bemerkt?« wurde sie plötzlich von ihrer Mutter gefragt.

»Was, Mama?« Sie hatte nicht zugehört.

»Wie sonderbar der Fisch schmeckt.«

»Ich schein's nicht bemerkt zu haben«, sagte sie, und Mrs. Malone sprach weiter mit dem Butler. Die Teller wurden gewechselt; der nächste Gang wurde aufgetragen. Aber Kitty war nicht hungrig. Sie zerbiß eine der grünen Süßigkeiten, die ihr serviert wurden, und dann war die bescheidene, aus den Überresten des gestrigen Gastmahls für die Damen zusammengestellte Mahlzeit vorbei, und sie folgte ihrer Mutter in den Salon.

Er war zu groß, wenn sie beide allein waren. Aber sie saßen immer hier. Die Bilder schienen hinabzusehn auf die leeren Stühle, und die leeren Stühle schienen hinaufzusehn zu den Bildern. Der alte Herr dort, der das College vor mehr als hundert Jahren regiert hatte, schien bei Tag zu verschwinden, aber er kam wieder, wenn die Lampen angezündet waren. Ein mildes, gediegenes Gesicht, das lächelte; es ähnelte ganz eigenartig dem Gesicht Mr. Malones, der, wäre ein Rahmen um ihn getan worden, ebenfalls über dem Kamin hätte hängen können.

»Es ist nett, einmal in der Zeit einen ruhigen Abend zu haben – einerseits«, sagte Mrs. Malone, »obgleich die Fripps...« Ihre Stimme verlor sich, während sie die Brille aufsetzte und nach der »Times« griff. Dies war ihr Augenblick der Entspannung und Erholung nach ihrem Tagwerk. Sie unterdrückte ein leises Gähnen, während sie die Spalten der Zeitung überflog.

»Was für ein reizender Mensch er war«, bemerkte sie nebenhin, als sie einen Blick auf die Geburts- und Todesanzeigen geworfen hatte. »Man hätte ihn kaum für einen Amerikaner gehalten.« Kitty rief ihre Gedanken zurück. Sie hatte an die Robsons gedacht. Ihre Mutter sprach von den Fripps.

»Mir hat auch sie gefallen«, sagte sie unüberlegt. »War sie nicht wunderhübsch?«

»Hm-m-m, ein wenig zu auffallend angezogen für meinen Geschmack«, sagte Mrs. Malone trocken. »Und dieser Akzent – « fuhr sie fort und überflog dabei weiter die Zeitung, »ich habe manchmal kaum verstanden, was sie sagte.«

Kitty schwieg. Hierin waren sie verschiedener Meinung; wie in so vielem andern.

Plötzlich sah Mrs. Malone auf: »Ja, genau was ich heute morgen der Köchin sagte.« Sie legte die Zeitung hin.

»Was, Mama?« fragte Kitty.

»Dieser Mann – da im Leitartikel«, sagte Mrs. Malone. Sie tippte mit dem Finger darauf.

»›Mit dem besten Fleisch, Fisch und Geflügel der Welt‹«, las sie vor, »›können wir nichts Rechtes herstellen, weil wir niemand haben, der es zubereiten kann‹, – was ich eben heute morgen der Köchin sagte.« Sie stieß ihren schnellen kleinen Seufzer aus. Grade wenn man Eindruck auf Leute machen wollte, wie auf diese Amerikaner, ging irgend etwas schief. Diesmal war es der Fisch gewesen. Sie kramte in ihrem Arbeitskorb, und Kitty ergriff die Zeitung.

»Es steht im Leitartikel«, sagte Mrs. Malone. Dieser Mann sagte fast immer genau das, was sie selbst dachte, und das tröstete sie und gab ihr ein Gefühl der Sicherheit in einer Welt, die sich, so kam ihr vor, zum Schlechtern veränderte.

»›Vor der strikten und nun allgemeinen Einführung des Schulzwangs...?‹« las Kitty laut.

»Ja. Das ist es«, sagte Mrs. Malone, öffnete ihre Nähkassette und suchte nach der Schere.

»›... hatten die Kinder reichlich Gelegenheit, beim Kochen zuzusehen, und so unzulänglich das auch war, gab es ihnen doch einen gewissen Vorgeschmack und eine Ahnung von Kenntnissen. Heute sehen und tun sie nichts anderes als lesen, schreiben, rechnen, nähen oder stricken‹«, las Kitty vor.

»Ja, ja«, sagte Mrs. Malone. Sie entrollte den langen Streifen von Stickerei, auf den sie ein Muster von Vögeln, die an Früchten pickten, stickte – kopiert nach einem Grabmal in Ravenna. Die Stickerei war für das Gästeschlafzimmer bestimmt.

Der Leitartikel mit seinem geläufigen Bombast langweilte Kitty. Sie suchte nach irgendeiner kleinen Neuigkeit, die ihre

Mutter interessieren könnte. Mrs. Malone hatte es gern, wenn jemand mit ihr sprach oder ihr vorlas, während sie arbeitete. Abend für Abend diente ihre Stickerei dazu, das Gespräch nach dem Essen zu einer angenehmen Harmonie zu verweben. Man sagte etwas und machte einen Stich; blickte auf die Vorzeichnung, wählte eine andersfarbene Seide und stickte weiter. Manchmal las Dr. Malone aus Dichtern vor – Pope, Tennyson. Heute abend wäre es ihr lieb gewesen, wenn Kitty mit ihr gesprochen hätte. Aber sie war sich immer mehr bewußt, daß es schwierig wurde mit Kitty. Warum? Sie warf einen Blick auf sie. Was war es? fragte sie sich. Sie stieß ihren schnellen kleinen Seufzer aus.

Kitty wandte die großen Seiten um. Schafe hatten Leberegel; Türken verlangten Religionsfreiheit; die Wahlen standen bevor.

»Mr. Gladstone – « begann sie.

Mrs. Malone fand ihre Schere nicht. Es ärgerte sie.

»Wer kann sie nur wieder genommen haben?« begann sie. Kitty kniete auf den Teppich hin, um nach ihr zu suchen. Mrs. Malone wühlte in ihrer Nähkassette; dann fuhr sie mit der Hand in den Spalt zwischen dem Sitzkissen und der Stuhllehne und brachte nicht nur die Schere zum Vorschein, sondern auch ein kleines Papiermesser aus Perlmutter, das schon Gott weiß wie lange vermißt worden war. Die Entdeckung war ärgerlich; sie bewies, daß Ellen die Kissen nie ordentlich aufschüttelte.

»Hier ist sie, Kitty«, sagte sie. Sie schwiegen beide. Es war jetzt immer eine gewisse Gezwungenheit zwischen ihnen.

»Hast du dich gut unterhalten bei den Robsons, Kitty?« fragte sie, ihre Stickerei wieder aufnehmend. Kitty antwortete nicht. Sie blätterte in der Zeitung.

»Da ist ein Experiment gemacht worden«, sagte sie. »Ein Experiment mit elektrischem Licht. ›Man sah plötzlich‹«, las sie vor, »›ein blendendes Licht hervorschießen, das einen durchdringenden Strahl über das Wasser zum Felsen von Gibraltar sandte. Alles dort war hell beleuchtet wie bei Tag.‹« Sie hielt inne. Sie sah das helle Licht von den Schiffen auf dem Salonstuhl ihr gegenüber. Aber da öffnete sich die Tür, und Hiscock kam herein, mit einem Billett auf einem Präsentierteller.

Mrs. Malone nahm es und las schweigend.

»Keine Antwort«, sagte sie. An dem Ton, in dem die

Mutter das sagte, erkannte Kitty, daß etwas geschehn war. Die Mutter saß und hielt das Briefblatt in der Hand. Hiscock schloß die Tür hinter sich.

»Rose ist gestorben!« sagte Mrs. Malone. »Meine Cousine Rose.«

Das Billett lag offen auf ihrem Schoß.

»Es ist von Edward«, sagte sie.

»Tante Rose ist gestorben?« fragte Kitty. Vor einem Augenblick hatte sie an helles Licht auf einem rötlichen Felsen gedacht. Nun sah alles aschgrau aus. Eine Pause. Ein Schweigen. Der Mutter standen Tränen in den Augen.

»Grade wenn die Kinder sie am meisten brauchen«, sagte sie und steckte die Nadel in ihre Stickerei fest. Sie begann sie sehr langsam einzurollen. Kitty faltete die »Times« zusammen und legte sie auf ein Tischchen, langsam, damit sie nicht rasche. Sie hatte Tante Rose nur ein- oder zweimal gesehn. Sie fühlte sich unbehaglich.

»Bring mir mein Vormerkbuch!« sagte ihre Mutter endlich. Kitty holte es.

»Wir müssen unsre Gesellschaft für Montag abend absagen«, sagte Mrs. Malone, ihre Vormerkungen durchsehend.

»Und den Lathoms für ihre am Mittwoch«, murmelte Kitty, die der Mutter über die Schulter blickte.

»Wir können nicht alles absagen«, sagte ihre Mutter scharf, und Kitty fühlte sich zurechtgewiesen.

Aber es mußten Billette geschrieben werden. Sie schrieb sie nach dem Diktat der Mutter.

Warum ist sie so bereit, alle unsre Verabredungen abzusagen? dachte Mrs. Malone, die sie beim Schreiben beobachtete. Warum freut es sie nicht mehr, mit mir auszugehn? Sie überlas die Briefchen, die ihre Tochter ihr brachte.

»Warum nimmst du nicht regeren Anteil an allem hier, Kitty?« fragte sie gereizt und schob die Briefchen beiseite.

»Aber Mama –« begann Kitty, die übliche Auseinandersetzung zu verhindern suchend.

»Was willst du denn eigentlich tun?« fragte ihre Mutter beharrlich weiter. Sie hatte die Stickerei weggelegt; sie saß aufrecht, sie sah sehr einschüchternd aus.

»Dein Vater und ich wollen nicht, daß du etwas andres tust, als was du selbst willst«, fuhr sie fort.

»Mama, bitte, liebe Mama –«

»Du könntest deinem Vater helfen, wenn es dich langweilt, mir zu helfen. Papa sagte mir erst neulich, daß du jetzt nie zu ihm kommst.« Sie meinte damit, wie Kitty wußte, seine Geschichte des College. Er hatte vorgeschlagen, daß sie ihm dabei helfen solle. Wieder sah sie – sie hatte eine ungeschickte Bewegung mit dem Ellbogen gemacht – die Tinte über fünf Generationen von Oxfordstudenten fließen und viele Stunden der wunderschönen Handschrift ihres Vaters unleserlich machen; und hörte ihn wieder mit seiner gewohnten höflichen Ironie sagen: »Die Natur hat dich nicht zur Gelehrsamkeit bestimmt, meine Liebe«, während er das Löschblatt darüber legte.

»Ich weiß«, sagte sie jetzt schuldbewußt. »Ich bin in letzter Zeit nicht bei Papa gewesen. Aber es gibt auch immer so viel andres...« Sie zögerte.

»Natürlich«, sagte Mrs. Malone, »bei einem Mann in der Stellung deines Vaters...« Kitty saß schweigend da. Beide saßen sie schweigend da. Beiden waren diese kleinlichen Reibereien zuwider; beide verabscheuten diese immer wiederkehrenden Szenen; und doch schienen sie unvermeidlich zu sein. Kitty stand auf, nahm die Billette, die sie geschrieben hatte, und legte sie in die Halle hinaus.

Was will sie nur? fragte sich Mrs. Malone, zu dem Bild aufblickend, ohne es zu sehen. Als ich in ihrem Alter war... dachte sie und lächelte. Wie gut sie sich erinnerte, wie sie an einem solchen Frühlingsabend daheim, oben in Yorkshire, gesessen hatte, meilenweit von überall. Der Hufschlag eines Pferdes auf der Landstraße war schon aus weitester Entfernung zu hören. Sie konnte sich erinnern, ihr Schlafzimmerfenster hochgeschoben und auf die dunkeln Sträucher im Garten hinausgesehn und ausgerufen zu haben: »Ist das das Leben?« Und im Winter der Schnee. Sie konnte noch immer den Schnee von den Bäumen im Garten herabplumpsen hören. Und hier war nun Kitty und lebte in Oxford, mitten drin in allem.

Kitty kam in den Salon zurück und gähnte ein ganz klein wenig. Sie hob die Hand mit einer unbewußten Geste der Müdigkeit, die ihre Mutter rührte, vor den Mund.

»Müde, Kitty?« fragte sie. »Es war ein langer Tag. Du siehst blaß aus.«

»Und du siehst auch müde aus«, sagte Kitty.

Die Turmuhren begannen zu schlagen, eine nach der andern, eine in die andre hinein, durch die feuchte, schwere Luft.

»Geh schlafen, Kitty«, sagte Mrs. Malone. »Da! Es schlägt schon zehn.«

»Aber kommst du nicht auch schon, Mama?« fragte Kitty, neben deren Armsessel stehnbleibend.

»Papa wird nicht so bald zurück sein«, sagte Mrs. Malone und setzte ihre Brille wieder auf.

Kitty wußte, es war zwecklos, sie überreden zu wollen. Es gehörte zum mysteriösen Ritual des Lebens ihrer Eltern. Sie beugte sich hinab und gab ihrer Mutter einen kleinen Pflichtkuß, der das einzige Zeichen der Zuneigung war, das sie äußerlich einander je gaben. Und doch hatten sie einander sehr gern; und dennoch stritten sie immer.

»Gute Nacht und schlaf gut!« sagte Mrs. Malone. »Ich seh' es nicht gern, wenn deine Wangen die Farbe verlieren«, fügte sie hinzu und schlang diesmal den Arm um sie.

Sie saß ganz still, als Kitty gegangen war. Rose ist tot, dachte sie, – Rose, die ungefähr in ihrem eignen Alter war. Sie las das Billett nochmals. Es war von Edward. Und Edward, sann sie, ist verliebt in Kitty, aber ich weiß nicht, ob ich möchte, daß sie ihn heiratet, dachte sie, nach der Sticknadel greifend. Nein, nicht Edward... Da war dieser junge Lord Lasswade... Das wäre eine gute Partie. Nicht, daß mir an Reichtum für sie liegt und auch nicht an Rang, dachte sie, die Nadel einfädelnd. Nein, aber er könnte ihr alles geben, was sie nur will... Und was war das?... Spielraum, Ellbogenfreiheit, entschied sie und begann zu sticken. Dann wandten sich ihre Gedanken abermals Rose zu. Rose war tot. Rose, die ungefähr in ihrem Alter war. Das mußte das erste Mal gewesen sein, daß er ihr einen Antrag machte, dachte sie, damals an dem Tag, wo wir das Picknick in den Bergen hatten. Es war ein Frühlingstag. Sie saßen alle im Gras. Sie konnte Rose sehn, in einem schwarzen Hut mit einer Hahnenfeder auf ihrem hellroten Haar. Sie konnte sie noch immer sehn, wie sie errötete und außerordentlich hübsch aussah, als Abel ganz überraschend herangeritten kam – er war in Scarborough in Garnison – an dem Tag, wo sie das Picknick in den Bergen hatten.

In dem Haus in der Abercorn Terrace war es sehr dunkel. Es roch stark nach Frühlingsblumen. Seit einigen Tagen schon türmten sich Kränze auf dem Hallentisch. In dem Dämmerlicht – alle Rollgardinen waren herabgezogen – schimmerten die Blumen; und die Halle duftete mit der verliebten Heftigkeit eines Treibhauses. Kranz auf Kranz wurde abgeliefert. Lilien mit breiten Stäbchen von Gold im Innern; andre mit geflecktem Schlund, klebrig von Seim; weiße Tulpen, weißer Flieder – Blumen aller Arten, manche mit Blütenblättern so dick wie Samt, andre durchscheinend, papierdünn; aber alle weiß und zusammengedrängt, Kopf an Kopf, zu Kreisen, zu Ovalen, zu Kreuzen, so daß sie kaum noch aussahn wie Blumen. Schwarzgeränderte Karten waren an ihnen befestigt: »Mit innigem Beileid von Major und Mrs. Brand«; »Mit liebevoller Anteilnahme, Mrs. Elkin«; »Meiner liebsten Rose von Susan«. Jede Karte trug ein paar darauf geschriebene Worte.

Sogar jetzt noch, wo der Furgon schon vor der Tür stand, klingelte es; ein Botenjunge brachte noch mehr Lilien. Er nahm sein Käppi ab, als er da in der Halle stand, denn die Männer von Whiteley kamen mit dem Sarg die Treppe herabgeschwankt. Rosie in tiefem Schwarz, von der Kinderfrau angeleitet, trat vor und legte ihr Veilchensträußchen auf den Sarg. Aber es glitt herab, als der Sarg auf den schrägen Schultern der Männer hinunterschwankte über die von der Sonne hell beleuchteten Türstufen. Die Familie folgte hinterdrein.

Es war ein unsicherer Tag mit vorüberziehenden Schatten und huschenden Strahlen hellen Sonnenscheins. Das Leichenbegängnis begann im Schritt. Delia, die mit Milly und Edward in den zweiten Wagen stieg, bemerkte, daß im Haus gegenüber die Gardinen aus Mitgefühl herabgelassen waren, aber ein Dienstmädchen spähte hinter ihnen hervor. Die andern, so bemerkte sie, schienen dies nicht zu sehn; sie dachten an die Mutter. Als sie in die breite Straße gelangten, beschleunigte sich das Tempo, denn es war eine lange Fahrt bis zum Friedhof. Durch den Spalt des Wagenvorhangs bemerkte Delia Hunde, die sich balgten; ein Bettler, der sang; Männer, die den Hut hoben, als der Leichenwagen an ihnen vorbeifuhr. Aber als dann ihr eigener Wagen vorbeikam, waren die Hüte schon wieder auf den Köpfen. Männer schritten lebhaft und unbekümmert den Gehsteig entlang. Die Schaufenster waren schon bunt von Frühjahrskleidern; Frauen blieben stehn und betrachteten sie. Aber sie selbst würden nichts als Schwarz tragen dürfen, den ganzen Sommer, dachte Delia, auf Edwards kohlschwarze Hose blickend.

Sie sprachen kaum oder nur in förmlichen Sätzchen, als nähmen sie bereits an der Zeremonie teil. Irgendwie hatten sich ihrer aller Beziehungen verändert. Sie waren alle rücksichtsvoller und gaben sich auch ein wenig gewichtiger, als hätte ihnen der Tod der Mutter neue Verantwortungen auferlegt. Aber die andern wußten, wie sich benehmen; nur sie mußte sich dazu anstrengen. Sie blieb außerhalb, und auch ihr Vater blieb außerhalb, dachte sie. Als Martin beim Tee plötzlich mit einem Lachen herausgeplatzt war und dann verstummte und schuldbewußt dreinsah, da hatte sie gefühlt – das ist es, was Papa täte, das ist es, was ich selbst täte, wenn wir aufrichtig wären.

Sie blickte wieder durch das Wagenfenster hinaus. Wieder hob ein Mann den Hut – ein hochgewachsener Mann, ein Mann in einem Gehrock, aber sie nahm sich vor, nicht an Mr. Parnell zu denken, bis das Begräbnis vorbei wäre.

Endlich erreichten sie den Friedhof. Als sie ihren Platz in der kleinen Gruppe hinter dem Sarg einnahm und durch das Kirchenschiff nach vorn ging, entdeckte sie mit Erleichterung, daß sie von einer verallgemeinerten und feierlichen Gemütsbewegung überkommen war. Leute standen zu beiden Seiten in der Kirche, und sie fühlte alle diese Augen auf sich. Dann begann die Zeremonie. Ein Geistlicher, ein Verwandter, nahm sie vor. Die ersten Worte kamen wie ein Aufrauschen außerordentlicher Schönheit. Als Delia so hinter ihrem Vater stand, bemerkte sie, wie er sich zusammenraffte und die Schultern zurücknahm.

»Ich bin die Auferstehung und das Leben.«

Nach diesen Tagen des Zusammengepferchtseins in dem nur halberhellten Haus, das nach Blumen roch, erfüllten die offen ausgesprochenen Worte sie mit seligem Triumph. Ja, das konnte sie aufrichtig empfinden; das war etwas, das sie selbst sagte. Aber dann, als Cousin James weiterlas, entglitt etwas. Der Sinn verwischte sich. Sie konnte mit ihrem Verstand nicht folgen. Dann kam, mitten in der Beweisführung, wieder ein Schwall vertrauter Schönheit. »Und schwindet jäh dahin wie das Gras, das grün ist am Morgen und wachset; und ist am Abend abgemähet und welket und verdorret.« Die Schönheit, die darin lag, die konnte sie empfinden. Wieder war es wie Musik; aber dann schien Cousin James zu hasten, als glaubte er nicht so recht an das, was er sagte. Er schien von Bekanntem auf Unbekanntes überzugehn; von dem, was er glaubte, auf das, was er nicht glaubte; sogar seine Stimme änderte sich. Er sah sauber aus, er sah gestärkt und gebügelt aus wie sein Gewand. Aber was meinte er mit dem, was er sagte? Sie gab es auf. Entweder man verstand es oder man verstand es nicht. Ihre Gedanken schweiften ab.

Aber ich will nicht an ihn denken, bis es vorbei ist, dachte sie und sah dabei einen hochgewachsenen Mann, der neben ihr auf einer Rednertribüne stand und grüßend seinen Hut lüpfte. Sie richtete den Blick auf ihren Vater. Sie beobachtete ihn, wie er ein großes weißes Taschentuch an die Augen drückte und es dann in die Tasche steckte; dann zog er es hervor und betupfte sich abermals die Augen damit. Dann verstummte die Stimme; er steckte sein Taschentuch endgültig in die Tasche; und wieder formierten sie sich alle, die kleinen Gruppen der Familie, hinter dem Sarg, und wieder erhoben sich zu beiden Seiten die dunklen Gestalten und sahn ihnen zu und ließen sie vorausgehn und folgten hinterdrein.

Es war eine Erlösung, zu fühlen, wie ihr die weiche, feuchte Luft ihren laubigen Geruch ins Gesicht wehte. Aber nun, da sie im Freien war, begann sie wieder Dinge wahrzunehmen. Sie gewahrte, wie die schwarzen Trauerpferde ungeduldig stampften; sie scharrten kleine Gruben in den gelben Kies. Sie erinnerte sich, gehört zu haben, daß Trauerpferde aus Belgien kämen und sehr bösartig seien. Sie sahen bösartig aus, dachte sie; ihre schwarzen Hälse waren von Schaum gefleckt – aber sie rief ihre Gedanken zurück. Alle gingen sie nun, einzeln und zu zweit, einen Weg entlang bis zu einem frischen Hügel gelber Erde, der neben einer Grube aufgehäuft war; und hier wieder gewahrte sie, wie die Totengräber in einiger Entfernung standen, ein wenig hinten, mit ihren Spaten.

Es entstand eine Pause; immer noch kamen Leute und stellten sich hinzu, einige ein wenig höher, einige ein wenig tiefer. Sie beobachtete eine ärmlich aussehende, schäbige Frau, die am Außenrand umherschlich, und sie versuchte sich zu erinnern, ob sie irgendein alter Dienstbote sei, aber es fiel ihr kein Name ein. Ihr Onkel Digby, der Bruder ihres Vaters, stand ihr gerade gegenüber, mit seinem Zylinderhut, den er wie ein geweihtes Gefäß zwischen den Händen hielt, ein Bild ernsten Anstands. Einige von den Frauen weinten; aber die Männer nicht. Die Männer hatten alle eine bestimmte Pose; die Frauen hatten eine andre, so gewahrte sie. Dann begann das Ganze von neuem. Der prächtige Schwall von Musik durchwehte sie alle – »der Mensch, vom Weibe geboren«; die Zeremonie hatte sich erneuert; abermals waren sie gruppiert, vereint. Die Familie drängte sich ein wenig näher an das Grab und blickte starr auf den Sarg, der mit seiner Politur und seinen Messinggriffen da unten in der Erde lag, um für immer begraben zu werden. Er sah zu neu aus, um für immer begraben zu werden. Sie sah in das Grab hinunter. Dort lag ihre Mutter; in diesem Sarg – sie, für die sie soviel Liebe, soviel Haß empfunden hatte. Es flimmerte ihr vor den Augen. Sie fürchtete, ohnmächtig zu werden; aber sie mußte schauen; sie mußte fühlen; es war die letzte Gelegenheit. Erde kollerte auf den Sarg; drei Kiesel fielen auf den harten, glänzenden Deckel; und als sie fielen, ergriff sie ein Gefühl von etwas ewig Dauerndem; vom Leben, das sich mit dem Tod mischte, von Tod, der Leben wurde. Denn während sie schaute, hörte sie Spatzen lebhafter und lebhafter zwitschern; sie hörte Räder in der Ferne lauter und lauter rollen. Das Leben kam näher und näher...

»Wir danken dir von Herzen«, sagte die Stimme, »daß es dir gefallen hat, unsere Schwester zu erlösen aus dem Elend dieser sündigen Welt –«

Welche Lüge! rief sie innerlich. Welche verdammenswerte Lüge! Nun hatte er sie des einzigen Gefühls beraubt, das echt war; er hatte ihr ihren einen Augenblick des Verstehens verdorben.

Sie sah auf. Sie erblickte Morris und neben ihm Eleanor; ihre Gesichter waren verschwommen; ihre Nasen waren gerötet; die Tränen liefen ihnen herunter; und ihr Vater – er stand so steif und starr da, daß sie ein krampfhaftes Verlangen verspürte, laut aufzulachen. Niemand kann so fühlen, dachte sie. Er übertreibt es. Keins von uns fühlt überhaupt etwas, dachte sie; wir tun alle nur so.

Dann entstand eine allgemeine Bewegung; der Versuch zu innerer Sammlung war vorbei. Die Leute entfernten sich hierhin und dorthin; bemühten sich nun nicht mehr, einen Zug zu bilden; kleine Gruppen kamen zusammen; Leute schüttelten einander zwischen den Gräbern ein wenig verstohlen die Hand und lächelten sogar.

»Wie gütig von Ihnen, zu kommen!« sagte Edward dem alten Sir James Graham, der ihm leicht auf die Schulter klopfte, die Hand drückend. Sollte sie nicht auch hingehn und ihm danken? Die Gräber machten es schwierig. Das Ganze wurde eine verhüllte und gedämpfte Vormittagsgesellschaft hier zwischen den Gräbern. Sie zögerte – sie wußte nicht, was sie als nächstes tun sollte. Ihr Vater war weitergegangen. Sie blickte zurück. Die Totengräber waren herangekommen; sie häuften die Kränze säuberlich einen auf den andern; und die umherschleichende Frau hatte sich zu ihnen gefunden und bückte sich und las die Namen von den Karten ab. Die Zeremonie war vorbei; es begann zu regnen.

# 1891

Der Herbstwind wehte über England hin. Er zupfte die Blätter von den Bäumen, und hernieder sanken sie, rot und gelb gepfleckt, oder ließ sie in weitem Bogen flattern und fliegen, ehe sie ihren Ruheplatz fanden. In den Städten kam der Wind in Stößen um die Ecken; hier trug er einen Hut hinweg, dort hob er einen Schleier hoch über einen Frauenkopf. Geld war in lebhaftem Umlauf. Die Straßen waren voller Leute. An den schrägen Pulten im Umkreis von St. Paul's hielten die Kontoristen mit der Feder auf der rot und blau linierten Seite inne. Wieder zu arbeiten nach dem Urlaub, war schwer. Margate, Eastbourne und Brighton hatten sie rotgebrannt und gebräunt. Vom Dachrand rund um St. Martin's ließen die Spatzen und die Stare ihr unstimmiges Schwatzen ertönen und weißten die Köpfe der glatten Statuen mit ihren Kommandostäben oder Papierrollen auf dem Parliament Square.

Der Wind blies hinter dem Hafenexpreß drein, rauhte den Ärmelkanal, rüttelte an den Trauben in der Provence und ließ den trägen Fischerjungen, der in seinem Boot im Mittelmeer auf dem Rücken lag, zur Seite kollern und sich an ein Tau klammern.

In England aber, im nördlichen, war es kalt. Kitty, Lady Lasswade, saß auf der Terrasse neben ihrem Mann und seinem Spaniel und zog den Mantel enger um die Schultern. Sie blickte zur Höhe des Hügels hinauf, wo kegelförmig, wie ein Lichthütchen, das Denkmal, das der alte Earl errichtet hatte, stand und den Schiffen auf See als Landmarke diente. Über den Wäldern lag leichter Nebel. Die steinernen Damen hier auf der Terrasse trugen scharlachrote Blumen in ihren Urnen. Über die flammenden Dahlien, deren langgestreckte Beete sich bis zum Fluß hinabzogen, trieb dünner blauer Rauch. »Da wird dürres Laub verbrannt«, sagte sie. Dann tappte es an die Glastür, und ihr kleiner Junge stolperte heraus. Er trug ein rosa Kleidchen und hielt ein scheckiges Holzpferd im Arm.

In Devonshire jedoch, wo die gerundeten roten Hügel und steilen Täler die Meerluft horteten, war das Laub an den

Bäumen noch dicht – zu dicht, sagte Hugh Gibbs beim Frühstück. Zu dicht fürs Wildtaubenschießen, meinte er, und Milly, seine Frau, ließ ihn hier am Tisch sitzen und dann zu seinem Jagdtreffen gehn. Den Korb am Arm, schritt sie den sauber gehaltenen, gepflasterten Gartenweg entlang, mit den schwankenden Bewegungen der Schwangeren. Da hingen die gelben Birnen an der Mauer des Obstgartens und waren schon so dick, daß sie die Blätter über ihnen hoben. Aber die Wespen hatten sich an sie herangemacht – die Schale war geplatzt. Die Hand auf einer der Früchte, blieb sie stehn. Es knallte in den fernen Wäldern. Jemand jagte.

Der Rauch hing in Schleiern über die Türme und Kuppeln der Universitätsstädte. Hier stopfte er einem Wasserspeier das Maul, dort legte er sich an gelblich abblätternde Mauern. Edward, der flotten Schritts seinen täglichen Spaziergang machte, nahm Gerüche, Töne und Farben wahr; was einem nahelegte, wie vielfältig zusammengesetzt jeder Eindruck war; wenige Dichter verdichteten genug. Aber irgendeine lateinische oder griechische Zeile mußte es geben, dachte er, die die Gegensätze zusammenfaßte – da kam Mrs. Lathom vorbei, und er lüpfte sein Barett.

Auf den Steinfliesen zwischen den Gerichtsgebäuden lagen die Blätter dürr und zackig. Morris erinnerte sich an seine Kindheit und durchpflügte sie auf dem Weg zu seiner Kanzlei mit den Füßen, und sie stoben auseinander und blieben seitlich, in den Rinnsteinen, liegen. Noch nicht niedergetrampelt, lagen sie in Kensington Gardens, und die Kinder, die im Laufen knirschende Schneckenhäuschen zertraten, schaufelten eine Handvoll Laub auf und rannten mit ihren Reifen weiter durch den herbstlichen Dunst der Alleen.

Auf dem Land fuhr der Wind über die Hügel und blies große Schattenringe, die sich wieder in Grün auflösten. In London aber preßten Straßen die Wolken zusammen; im Eastend, an der Themse, hing dick der Nebel; er ließ die Stimmen der Männer, die »Altes Eisen zu verkaufen? Altes Eisen?« riefen, wie von weitem klingen; und in den Vorstädten dämpfte er die Drehorgeln. Der Wind trieb Rauch vor sich her – denn in jedem Hintergarten, im Winkel der efeubewachsenen Mauern, die noch die letzten paar Geranien schützten, war dürres Laub aufgehäuft, das Flammen mit gierigen Fängen verzehrten –, er trieb ihn auf die Straße hinaus und in Salonfenster hinein, die wieder allmorgendlich offenstanden. Denn es war Oktober, der wahre Beginn des Jahres.

Eleanor saß an ihrem Schreibtisch, den Federstiel in der Hand. Das ist doch sonderbar, dachte sie und berührte mit der Feder das tintenverätzte Borstenbüschel auf dem Rücken von Martins Walroß, daß dieses Ding da alle die Jahre überdauert hat. Dieses feste Ding würde vielleicht sie alle überleben. Auch wenn sie es wegwürfe, irgendwo würde es weiterbestehn. Aber sie hatte es nicht weggeworfen, denn es war ein Teil von andern – ihrer Mutter zum Beispiel... Sie zeichnete auf ihr Löschpapier; einen Punkt und rundherum ausstrahlende Striche. Dann blickte sie auf. Im Hintergarten wurde dürres Laub verbrannt; ein Rauchschwaden zog sich hin; ein bitterer, stechender Geruch; und Blätter fielen. Weiter oben in der Straße spielte eine Drehorgel. »*Sur le pont d'Avignon*« summte sie mit. Wie ging es doch – das Lied, das Pippy immer gesungen hatte, wenn sie einem mit einem ölig-glitschigen Lappen von Flanell die Ohren auswischte?

»*Ron, ron, ron et plon, plon, plon*«, summte sie. Dann hörte die Melodie auf. Die Drehorgel war weitergefahren. Sie tauchte die Feder in die Tinte.

»Dreimal acht«, murmelte sie, »sind vierundzwanzig«, sagte sie mit Entschiedenheit, schrieb eine Zahl unten auf die Seite, raffte die roten und blauen Büchlein zusammen und nahm sie mit ins Arbeitszimmer ihres Vaters.

»Da kommt die Haushälterin!« sagte er gutgelaunt, als sie eintrat. Er saß in seinem ledergepolsterten Armsessel und las eine blaßrote Finanzzeitung.

»Da kommt die Haushälterin«, wiederholte er und blickte über die Brille zu ihr auf. Er wird immer langsamer, dachte sie; und sie hatte es eilig. Aber sie kamen außerordentlich gut miteinander aus; sie waren fast wie Bruder und Schwester. Er legte die Zeitung hin und ging zum Schreibtisch.

Ach, wenn du dich nur beeilen wolltest, Papa! dachte sie, während sie ihm zusah, wie er mit bedächtigen Bewegungen die Lade aufschloß, in der er sein Scheckbuch verwahrte; ich komme sonst zu spät.

»Die Molkereirechnung ist sehr hoch«, sagte er und tippte auf das Büchlein mit der goldenen Kuh.

»Ja, das machen die Eier im Oktober«, sagte sie.

Während er mit äußerster Bedächtigkeit den Scheck ausschrieb, sah sie sich im Zimmer um. Mit den vollen Aktenmappen und den Dokumentenschachteln sah es wie eine Anwaltskanzlei aus, nur daß neben dem Kamin Trensen und Stangen hingen und oben der Silberpokal stand, den er im Polo gewonnen hatte. Würde er den ganzen Vormittag hier sitzen, die Finanzzeitungen lesen und seine Kapitalsanlagen erwägen? Er hörte auf zu schreiben.

»Und wohin gehst du wohl jetzt?« fragte er mit seinem schlauen kleinen Lächeln.

»Ein Komitee«, sagte sie.

»Ein Komitee«, wiederholte er und setzte seine feste, gewichtige Unterschrift hin. »Schön; also stell deinen Mann, laß sie dir nicht auf den Kopf steigen, Nell!« Er schrieb eine Zahl ins Kassabuch.

»Kommst du heute nachmittag mit mir, Papa?« fragte sie, als er die Zahl eingetragen hatte. »Du weißt doch, der Fall, den Morris führt, kommt heute zur Verhandlung.«

Er schüttelte den Kopf.

»Nein, ich muß um drei in der City sein«, sagte er.

»Dann seh' ich dich also zu Mittag«, sagte sie und wandte sich zum Gehn, doch er hob die Hand. Er hatte etwas zu sagen, aber er zögerte. Sein Gesicht wurde recht plump, fiel ihr auf; kleine bläuliche Äderchen zogen sich über seine Nase; zu rot wurde es und zu plump.

»Ich hab' daran gedacht, zu den Digbys hinzuschauen«, sagte er endlich. Er stand auf und ging zum Fenster; sah in den Hintergarten hinaus. Sie machte eine ungeduldige Bewegung.

»Wie die Blätter fallen!« sagte er.

»Ja«, sagte sie. »Und überall wird dürres Laub verbrannt.«

Einen Augenblick stand er so und sah dem Rauch zu.

... dürres Laub verbrannt«, sagte er und verstummte.

»Maggie hat Geburtstag.« Endlich sprach er es aus. »Ich dachte, ich könnte ihr irgendein kleines Geschenk mitbringen –.« Er hielt inne. Sie wußte, er meinte, *sie* solle es kaufen.

»Was möchtest du ihr schenken?« fragte sie.

»Tja«, sagte er unschlüssig, »irgend etwas Hübsches, weißt du, – etwas zum Tragen.«

Eleanor dachte nach – Maggie, ihre kleine Cousine; war sie sieben oder acht?

»Eine Halskette? Eine Brosche? So etwas?« fragte sie schnell.

»Ja, so etwas«, sagte ihr Vater und ließ sich wieder in seinen Sessel nieder. »Etwas Hübsches, etwas, das sie tragen kann, weißt du.« Er öffnete seine Zeitung und nickte ihr zu. »Dank' dir, meine Liebe«, sagte er, als sie das Zimmer verließ.

Auf dem Tisch in der Halle, zwischen einem silbernen Präsentierteller voll Visitenkarten – einige mit umgebogenen Ecken, einige groß, andre klein – und einem Lappen aus violettem Plüsch, mit dem der Oberst seinen Zylinder glättete, – lag ein dünnes ausländisches Kuvert mit »England« in Großbuchstaben in der Ecke. Eleanor, die hastig die Treppe herabkam, fegte den Brief im Vorübereilen in ihren Beutel. Dann eilte sie in eigentümlich schlingerndem Trott die Abercorn Terrace entlang. An der Ecke blieb sie stehn und blickte besorgt die Straße hinauf. Unter dem übrigen Verkehr nahm sie ein massiges Gebilde wahr. Gottlob, es war gelb; gottlob, sie hatte ihren Bus erwischt! Sie winkte ihm zu halten und erklomm das Verdeck. Mit einem Seufzer der Erleichterung zog sie das Schutzleder über die Knie. Alle Verantwortung hatte nun der Kutscher. Sie ließ sich erschlaffen; sie atmete die weiche Londoner Luft ein; sie hörte mit Genuß das dumpfe Dröhnen Londons. Sie blickte die Straße entlang und freute sich am Anblick der Hansoms, der Fuhrwerke und Kutschen, die vorübertrabten, jedes mit einem bestimmten Ziel. Sie kam gern im Oktober zurück in das volle bewegte Leben, das sich nach Ende des Sommers regte. Sie war in Devonshire gewesen, bei den Gibbs. Die hat sich ja sehr gut gemacht, sagte sie sich bei dem Gedanken an die Ehe ihrer Schwester mit Hugh Gibbs und sah Milly mit ihren Kleinen vor sich. Und Hugh – sie lächelte. Der ritt auf einem hohen Schimmel herum und hob Jungfüchse aus. Aber es gibt zu viele Bäume und Kühe dort und zu viele Hügel und keinen einzigen Berg, dachte sie. Sie mochte Devonshire nicht. Sie war froh, wieder zurück in London zu sein, oben auf dem gelben Bus, ihren Beutel mit Schriftstücken vollgestopft, und im Oktober, wo alles wieder begann. Sie hatten das Wohnviertel verlassen; die Häuser begannen anders auszusehn; wurden zu Kaufläden. Das war ihre Welt; hier war sie in ihrem Element. Die Straßen waren voll von Menschen; die Frauen schwärmten mit ihren Einkaufskörben bei den Kaufläden aus und ein. Darin lag etwas Gewohntes, etwas Rhythmisches, dachte sie; wie Krähen in ein Feld einfallen, steigen und sich wieder sinken lassen.

Auch sie begab sich zur Arbeit – sie drehte die Uhr am Handgelenk nach oben, ohne hinzublicken. Nach dem Komitee: Dickson; nach Dickson: Duffus. Dann Lunch; und zur Gerichtsverhandlung... dann Lunch und zur Verhandlung um zwei Uhr dreißig, wiederholte sie. Der Omnibus rollte die Bayswater Road entlang. Bald wurden die Straßen immer ärmlicher.

Vielleicht hätte ich den Auftrag nicht Duffus geben sollen, sagte sie sich – sie dachte an die Peter Street, wo sie Häuser hatte bauen lassen; das eine Dach war wieder undicht; aus dem Ausguß kam ein übler Geruch – doch da hielt der Omnibus; Leute stiegen aus und ein; der Omnibus fuhr weiter – aber es ist besser, die Arbeit einem kleinen Mann zu geben, dachte sie beim Anblick der mächtigen Spiegelscheiben eines großen Kaufladens, als zu einer von diesen Riesenfirmen zu gehn. Immer waren da kleine Läden dicht neben großen. Es war ihr rätselhaft. Wie brachten es die kleinen fertig, einen Lebensunterhalt abzuwerfen? fragte sie sich. Aber wenn Duffus, dachte sie – da hielt der Omnibus; sie sah auf, sie erhob sich – »wenn Duffus glaubt, er kann mich kleinkriegen«, sagte sie halblaut, während sie die Stufen hinabstieg, »wird er entdecken, daß er sich irrt.«

Sie schritt eilig den Schlackenweg entlang zu der kleinen Halle aus verzinktem Wellblech, in der die Sitzung stattfand. Sie kam spät; da waren sie schon alle. Es war die erste Sitzung nach den Ferien, und sie lächelten ihr alle zu. Judd nahm sogar den Zahnstocher aus dem Mund – ein Zeichen der Anerkennung, das ihr schmeichelte. Da wären wir also alle wieder, dachte sie, als sie ihren Platz einnahm und die Schriftstücke auf den Tisch legte.

Sie meinte jedoch »sie«, nicht sich. Sie selbst existierte gar nicht; sie war überhaupt niemand. Aber da waren sie alle – Brocket, Cufnell, Miss Sims, Ramsden, Major Porter und Mrs. Lazenby. Der Major, der Organisation predigte; Miss Sims (ehemals Textilarbeiterin), die Herablassung witterte; Mrs. Lazenby, die sich erbötig machte, ihrem Cousin, Sir John, zu schreiben, worauf Judd, der Kleinkaufmann im Ruhestand, ihr eine Abfuhr erteilte; sie lächelte, als sie sich wieder setzte; Miriam Parrish verlas Briefe. Aber warum ißt sie nicht genug? fragte sich Eleanor, während sie ihr zuhörte; sie war magerer denn je.

Sie sah sich in dem Raum um, während die Briefe vorgelesen wurden. Ein Ball hatte hier stattgefunden. Rote und gelbe Papiergirlanden spannten sich unterhalb der Decke. Das kolorierte Bild der Prinzessin von Wales hatte Schleifen von gelben Rosen an den Ecken; ein meergrünes Band quer über die Brust, einen kugelrunden gelben Hund auf dem Schoß und seitlich geknotete Perlenschnüre um den Hals. Ihre Miene war heiter gleichmütig; ein seltsamer Kommentar zu den Parteiungen hier unten, kam es Eleanor in den Sinn; sie repräsentierte etwas, das die Lazenbys verehrten; das Miss Sims verspottete; das Judd mit hochgezogenen Augenbrauen betrachtete und dabei in den Zähnen stocherte. Wenn er einen Sohn gehabt hätte, so hatte er ihr einmal anvertraut, den hätte er auf die Universität geschickt. Aber sie sammelte sich. Major Porter hatte sich an sie gewendet.

»Nun, Miss Pargiter«, sagte er und zog sie in die Diskussion, weil sie beide derselben Gesellschaftsklasse angehörten, »Sie haben uns noch nicht Ihre Meinung gesagt.«

Sie nahm sich zusammen und sagte sie ihm. Sie hatte eine Meinung – eine sehr bestimmte sogar. Sie räusperte sich und begann.

Der Rauch, der durch die Peter Street wehte, hatte sich in der Enge zwischen den Häusern zu einem feinen grauen Schleier verdichtet, aber die Häuser zu beiden Seiten waren deutlich sichtbar. Mit Ausnahme von zweien mitten in der Zeile waren sie alle genau gleich – gelbgraue Kisten mit Schieferzelten obenauf. Nicht das Geringste ging vor; ein paar Kinder spielten auf der Straße; zwei Katzen wendeten etwas in der Gosse mit den Pfoten um. Dennoch spähte eine Frau, die sich aus dem Fenster beugte, hierhin und dorthin, die Straße hinauf und hinunter, als durchstöberte sie jede Ritze nach irgendeinem Fraß. Ihre Augen, räuberisch, gierig wie die eines Raubvogels, waren zugleich auch grämlich und schläfrig, als hätten sie nichts, ihren Hunger daran zu stillen. Nichts ging vor, nicht das Geringste. Dennoch spähte sie weiter auf und ab mit ihren trägen, unzufriedenen Blicken. Dann bog eine leichte Kutsche um die Ecke. Sie beobachtete sie. Sie hielt vor den gegenüberliegenden Häusern, die sich, da sie grüne Fenstersimse und über der Tür eine Plakette mit einer Sonnenblume darauf hatten, von den andern Häusern unterschieden. Ein kleiner Mann mit einer Tweedmütze stieg ab und klopfte an die Tür. Sie wurde von einer Frau geöffnet, die offenbar bald ein Kind kriegte. Die Frau schüttelte den Kopf, blickte die Straße hinauf und hinunter und schloß dann die Tür. Der Mann wartete. Das Pferd stand geduldig da, mit schlaffen Zügeln und gesenktem Kopf. Eine zweite Frau erschien an dem Fenster; sie hatte ein bleiches Gesicht mit mehrfachem Kinn und einer Unterlippe, die wie eine Leiste vorstand. Nebeneinander ins Fenster gelehnt, beobachteten die beiden Frauen den Mann. Er war krummbeinig; er rauchte. Sie machten eine Bemerkung über ihn. Er ging auf und ab, als wartete er auf jemand. Nun warf er seine Zigarette weg. Sie beobachteten ihn. Was würde er nun tun? Würde er sein Pferd füttern? Aber da kam eine hochgewachsene Frau in einem grauen Tweedkostüm eilig um die Ecke; und der kleine Mann wandte sich um und griff an die Mütze.

»Tut mir leid, daß ich mich verspätet habe«, rief Eleanor, und Duffus griff an die Mütze, mit dem freundlichen Lächeln, das sie immer freute.

»Das macht nichts, Miss Pargiter«, sagte er. Sie hoffte stets, daß er nicht das Gefühl habe, sie sei die gewöhnliche Art von Auftraggeberin.

»Nun wollen wir's uns ansehn«, sagte sie. Es war ihr zuwider, aber es mußte getan werden.

Die Tür wurde von Mrs. Toms, der untern Wohnpartei, geöffnet.

Du meine Güte, dachte Eleanor, als sie die Wölbung ihrer Schürze sah, wieder eins unterwegs – nach allem, was ich ihr gesagt habe.

Sie gingen von Zimmer zu Zimmer des kleinen Hauses, Mrs. Toms und Mrs. Grove hinterher. Hier war ein Riß, dort ein Fleck. Duffus hatte einen Zollstab in der Hand, mit dem er den Verputz beklopfte. Das Ärgste daran ist, dachte sie und überließ Mrs. Toms das Reden, daß er mir trotz allem sympathisch ist. Es war zum Großteil sein waliser Akzent. Er war ein charmanter Halunke. Er war glatt wie ein Aal, das wußte sie, aber wenn er so redete, in diesem Singsang, der sie an walisische Täler erinnerte... Aber er hatte sie bei allem und jedem beschwindelt. Hier war ein Loch im Gipsverputz, daß man den Finger durchstecken konnte.

»Sehn Sie nur, Mr. Duffus«, sagte sie, bückte sich und stocherte mit dem Finger. Er leckte an seinem Bleistift. Sie ging gern mit ihm auf seinen Lagerplatz und sah zu, wie er Bretter und Ziegel abschätzte; sie liebte seine Fachausdrücke für Sachen, seine kurzen, harten Wörter.

»Gehn wir jetzt hinauf«, sagte sie. Er kam ihr wie eine Fliege vor, die sich abzappelt, um aus einer Untertasse herauszukommen. Es war ein Hazardspiel für kleine Unternehmer wie Duffus; sie konnten sich herauszappeln und die Judds ihrer Zeit werden und ihre Söhne auf die Universität schicken, oder sie konnten sich abfinden, und dann – Er hatte eine Frau und fünf Kinder; sie hatte sie gesehn, im Zimmer hinter seiner Kanzlei, wie sie da mit Zwirnspulen auf dem Boden spielten. Und immer hoffte sie, daß er sie hineinbitten werde... Aber nun waren sie oben, wo die alte Mrs. Potter krank zu Bett lag. Sie klopfte an; sie rief laut, in munterem Ton: »Dürfen wir hineinkommen?«

Keine Antwort. Die alte Frau war stocktaub; also gingen sie hinein. Da lag sie, wie gewöhnlich, ohne sich mit etwas zu beschäftigen, von Kissen gestützt im Eck ihres Betts.

»Ich habe Mr. Duffus mitgebracht, damit er sich Ihre Zimmerdecke ansieht«, schrie ihr Eleanor zu.

Die alte Frau blickte auf und begann mit den Händen herumzuzupfen wie ein großer zerzauster Affe. Sie sah die beiden an, verstört, mißtrauisch.

»Die Decke, Mr. Duffus«, sagte Eleanor. Sie wies auf einen gelben Fleck an der Decke. Das Haus war erst vor fünf Jahren gebaut, und schon mußte alles ausgebessert werden. Duffus schob das Fenster hoch und beugte sich hinaus. Mrs. Potter packte Eleanors Hand, als argwöhnte sie, man wolle ihr wehtun.

»Wir sind gekommen, um uns die Zimmerdecke anzusehn«, wiederholte Eleanor sehr laut. Aber die Worte vermittelten nichts. Die alte Frau stimmte ein weinerliches Gejammer an; ihre Worte flossen zu einer Litanei ineinander, die halb Klagen, halb Fluchen war. Wenn nur der Herr sie zu sich nehmen wollte. Jeden Abend, sagte sie, flehte sie zu ihm, sie ziehen zu lassen. Alle ihre Kinder seien tot.

»Wenn ich aufwache am Morgen...« fing sie an.

»Ja, ja, Mrs. Potter«, suchte Eleanor sie zu beruhigen. Aber ihre Hände blieben fest umklammert.

»... bete ich zu Ihm, daß er mich ziehen läßt«, fuhr Mrs. Potter fort.

»Es sind die Blätter in der Dachrinne«, sagte Duffus, der seinen Kopf wieder einzog.

»Und die Schmerzen – « Mrs. Potter streckte die Hände aus; sie waren knotig und rissig wie die knorrigen Wurzeln eines Baums.

»Ja, ja«, sagte Eleanor. »Aber es ist irgendwo undicht. Es ist nicht nur das abgefallene Laub«, sagte sie zu Duffus.

Duffus steckte abermals den Kopf hinaus.

»Wir werden es Ihnen behaglicher machen«, schrie Eleanor der alten Frau zu. Die war nun kriecherisch und schöntuerisch geworden; hatte nun Eleanors Hand an ihre Lippen gedrückt.

Duffus zog abermals den Kopf ein.

»Haben Sie gefunden, wo der Schaden sitzt?« fragte ihn Eleanor scharf. Er schrieb etwas in sein Notizbuch. Sie wäre gern schon gegangen. Mrs. Potter forderte sie auf, ihre Schulter zu betasten. Sie betastete sie. Ihre Hand war immer noch umklammert. Medizin stand auf dem Tisch; Miriam Parrish kam jede Woche. Warum tun wir das? fragte sie sich, während Mrs. Potter weiterredete. Warum zwingen wir sie, zu leben? fragte sie sich beim Anblick der Medizin auf dem Tisch. Sie konnte es nicht länger aushalten. Sie zog die Hand zurück.

»Leben Sie wohl, Mrs. Potter!« schrie sie. Sie war unaufrichtig; sie war herzlich. »Wir werden Ihre Zimmerdecke schon wieder dicht machen«, schrie sie. Sie schloß die Tür. Mrs. Grove watschelte vor ihr her, um ihr den Ausguß in der Küche zu zeigen. Gelbliche Strähnen hingen hinter ihren schmutzigen Ohren nieder. Wenn ich das alle Tage meines Lebens tun müßte, dachte Eleanor, während sie den beiden in die Küche hinab folgte, würde ich nur Haut und Knochen werden wie Miriam, mit einer Kette aus bunten Kugeln um den Hals... Und welchen Zweck hat das? dachte sie und beugte sich vor, um an dem Ausguß zu riechen.

»Nun, Duffus«, fragte sie, als die Besichtigung vorüber war, den Kanalgeruch noch immer in der Nase, und sah ihm ins Gesicht, »was gedenken Sie dagegen zu tun?«

Zorn stieg in ihr auf; es war großenteils seine Schuld. Er hatte sie beschwindelt. Aber als sie ihm so gegenüberstand und seinen unterernährten schmächtigen Körper sah, und wie ihm seine Fertiggebundene über den Kragen gerutscht war, fühlte sie sich unbehaglich.

Er redete herum und wand sich; sie spürte, daß ihr die Geduld reißen werde.

»Wenn Sie das nicht ordentlich machen können«, sagte sie barsch, »dann werde ich wen andern beauftragen.« Sie nahm den Ton der Oberstentochter an, den Ton der Oberschicht, den sie verabscheute. Sie sah ihn vor ihren Augen mürrisch werden. Aber sie rieb es ihm unter die Nase.

»Sie sollten sich schämen«, sagte sie. Es machte Eindruck auf ihn, das konnte sie sehn. »Adieu!« sagte sie kurz.

Das gewinnende Lächeln wurde nicht wieder für sie aufgesetzt, so bemerkte sie. Aber man muß sie kujonieren, sonst verachten sie einen, dachte sie, während Mrs. Toms ihr die Haustür öffnete und sie nochmals die Wölbung ihrer Schürze sah. Eine Schar Kinder stand herum und gaffte Duffus' Pony an. Aber keins von ihnen, so fiel ihr auf, getraute sich, dem Pony die Nase zu streicheln.

Es war spät geworden. Sie warf einen Blick auf die Sonnenblume auf der Terrakottaplakette. Dieses Symbol ihrer einstigen Mädchensentimentalität belustigte sie jetzt grimmig. Sie hatte gewollt, es solle Blumen, Wiesen im Herzen von London bedeuten, aber nun hatte es einen Sprung bekommen. Sie verfiel in ihren gewohnten schlingernden Trott. Die Bewegung schien die unangenehme Kruste zu zerbrechen; den Griff der alten Frau abzuschütteln, der immer noch um ihr Handgelenk lag. Sie lief; sie wich aus. Einkaufende Weiber kamen ihr in den Weg. Sie rannte auf die Fahrbahn und schwenkte zwischen den Karren und Pferden die Hand. Der Schaffner sah sie, umfaßte sie und zog sie hinauf. Sie hatte ihren Bus erwischt.

Sie trat einem Mann in der Ecke auf die Zehen und setzte sich zwischen zwei ältliche Frauen. Sie keuchte ein wenig; ihre Frisur hatte sich gelockert; sie war rot vom Laufen. Sie warf einen Blick auf die andern Fahrgäste. Sie sahn alle gesetzt aus, ältlich, als hätten sie alle ganz gefestigte Anschauungen. Aus irgendeinem Grund hatte sie in einem Omnibus immer das Gefühl, die Jüngste zu sein, aber heute, da sie bei ihrem Geplänkel mit Judd gesiegt hatte, fühlte sie, daß sie nun erwachsen war. Die graue Zeile der Häuser hüpfte vor ihren Augen auf und nieder, während der Omnibus die Bayswater

Road entlangrumpelte. Die Läden verwandelten sich in Häuser. Es gab große Häuser und kleine Häuser, Wirtshäuser und Privathäuser. Und hier reckte eine Kirche ihren Filigranturm. Unter der Erde liefen Rohre, Drähte, Kanäle ... Ihre Lippen begannen sich zu bewegen. Sie sprach mit sich selbst. Immer ist ein Wirtshaus da, eine Bücherei und eine Kirche, murmelte sie.

Der Mann, dem sie auf die Zehen getreten war, musterte sie prüfend: Ein wohlbekannter Typ; mit einem Beutel; Philantropin; wohlgenährt; unverheiratet; noch Jungfrau; und, wie alle Weiber ihrer Klasse, kalt; ihre Sinnlichkeit nie geweckt; dennoch nicht reizlos; und jetzt lachte sie. Da hob sie den Blick und fing den seinen auf. Sie hatte laut mit sich selbst gesprochen, in einem Omnibus. Sie mußte sich das abgewöhnen. Das alles mußte warten bis zum Zähneputzen. Aber zum Glück hielt der Bus. Sie sprang ab. Sie ging schnell Melrose Place entlang. Sie fühlte sich kräftig und jung. Nach Devonshire sah sie alles mit neuen Augen. Sie überblickte die langgestreckte, säulenreiche Perspektive der Abercorn Terrace. Die Häuser mit ihren Säulen und Vorgärten sahen alle höchst respektabel aus; ihr war, als sähe sie in jedem Eßzimmer einen Stubenmädchenarm über den Tisch langen und ihn zum Lunch decken. In einigen setzte man sich schon zum Essen; sie konnte es durch die zeltartigen Vorhangspalten sehn. Sie würde zu ihrem eigenen Lunch zu spät kommen, dachte sie, während sie die Türstufen hinauflief und den Schlüssel ins Schloß steckte. Dann formten sich Worte in ihrem Kopf, als spräche jemand. »Etwas Hübsches, etwas zum Tragen.« Den Schlüssel schon im Schloß, hielt sie inne. Maggies Geburtstag; Papas Geschenk; sie hatte es vergessen. Sie stand still. Sie wandte sich um und lief die Stufen wieder hinunter. Sie mußte zu Lamley gehn.

Mrs. Lamley, die in diesen letzten Jahren korpulent geworden war, kaute im Hinterzimmer soeben an einem Mundvoll kalten Hammelbratens, als sie durch die Glastür Miss Eleanor erblickte.

»Guten Tag, Miss Eleanor –« begann sie im Herauskommen und schluckte.

»Etwas Hübsches, etwas zum Tragen«, keuchte Eleanor. Sie sah sehr gut aus – ganz braun von den Ferien, so gewahrte Mrs. Lamley.

»Für meine Nichte – ich meine, Cousine. Sir Digbys kleines Mädel«, brachte Eleanor hervor.

Mrs. Lamley äußerte ihr Bedauern, daß ihre Sachen von so billiger Qualität seien. Da gab es Spielzeugkähne, Puppen, goldene Uhren um zwei Pence – aber nichts, das hübsch genug gewesen wäre für Sir Digbys kleines Mädel. Doch Miss Eleanor hatte es eilig.

»Die hier«, sagte sie und wies auf ein Kartonblatt mit Halskettchen aus bunten Kugeln; »so eins wird genügen.«

Es sah nach ein wenig zu billig aus, dachte Mrs. Lamley, ein Halskettchen, blau mit goldflimmernden Spritzern, herunterlangend, aber Miss Eleanor war in solcher Eile, daß sie es nicht einmal in Papier verpackt haben wollte.

»Ich komm' ohnehin schon zu spät, Mrs. Lamley«, sagte sie mit einem muntern Schwenken der Hand; und weg war sie.

Mrs. Lamley konnte sie gut leiden. Sie war immer so freundlich. Schade, daß sie nicht heiratete – wie verfehlt, die jüngere Schwester vor der älteren heiraten zu lassen. Aber sie mußte sich ja um den Oberst kümmern, und der wurde jetzt alt, schloß Mrs. Lamley ihren Gedankengang und begab sich zurück in den Hinterraum zu ihrem Hammelbraten.

»Miss Eleanor muß jeden Augenblick kommen«, sagte der Oberst, als Crosby die Schüsseln hereinbrachte. »Lassen Sie die Deckel drauf.« Er stand mit dem Rücken gegen den Kamin und wartete auf sie. Ja, dachte er, ich wüßte nicht, warum nicht. »Ich wüßte nicht, warum nicht«, wiederholte er, den Deckel der einen Schüssel ansehend. Mira war wieder auf der Bildfläche erschienen; der andre Mann hatte sich, wie er das ja vorausgesehn hatte, als ein Lump erwiesen. Und wie sollte er für Mira sorgen? Was sollte er da also tun? Es war ihm plötzlich bewußt, daß er die ganze Angelegenheit gern mit Eleanor besprechen würde. Schließlich, warum nicht? Sie ist kein Kind mehr, dachte er; und er hatte das nicht gern, dieses – dieses – Dinge in Laden wegschließen müssen. Aber er empfand einige Scheu bei dem Gedanken, seiner eignen Tochter davon zu erzählen.

»Da ist sie«, sagte er unvermittelt zu Crosby, die stumm dastand und wartete.

Nein, nein, sagte er sich mit plötzlicher Überzeugung, als

Eleanor eintrat. Ich kann das nicht tun. Aus irgendeinem Grund wurde ihm bei ihrem Anblick klar, daß er es ihr nicht erzählen konnte. Und schließlich, dachte er, als er bemerkte, wie rotwangig, wie unbekümmert sie aussah, hat sie ihr eignes Leben zu leben. Ein Aufzucken von Eifersucht durchfuhr ihn. Sie hat an ihre eignen Angelegenheiten zu denken, dachte er, während sie sich setzten.

Sie schob ihm über den Tisch ein Halskettchen hin.

»Na, was ist denn das?« fragte er und sah es verständnislos an.

»Das Geschenk für Maggie, Papa«, sagte sie. »Ich hab' nichts Besseres gefunden... Ich fürchte, es ist recht gewöhnlich.«

»Ja, das eignet sich sehr gut«, sagte er und streifte es mit einem zerstreuten Blick. »Genau, was ihr gefallen wird«, setzte er hinzu und schob es beiseite. Er begann das Huhn zu zerlegen.

Sie hatte großen Appetit; sie war immer noch sehr außer Atem. Sie fühlte sich ein wenig »herumgewirbelt«, wie sie das im stillen nannte. Um was wirbelte man Sachen herum? fragte sie sich, während sie sich von der Brotsauce nahm, – um ein Pivot? Die Szene hatte so oft gewechselt heute vormittag, und auf jede Szene mußte man sich anders einstellen; einiges hervorkehren, andres in die Tiefe versenken. Und nun fühlte sie sich nichts; bloß hungrig; bloß eine Huhnesserin; leer. Und während des Essens drängte sich ihr das Wesen des Vaters auf. Sie hatte seine Wuchtigkeit gern, wie er ihr da gegenübersaß und methodisch an seinem Stück Huhn kaute. Was hatte er heute vormittag getan? Hatte er Aktien aus einer Gesellschaft herausgenommen und in eine andre getan? Er raffte sich auf.

»Na, also wie war's im Komitee?« fragte er. Sie erzählte und strich dabei ihren Triumph über Judd heraus.

»Recht so! Stell deinen Mann, Nell. Laß sie dir nicht auf den Kopf steigen«, sagte er. Er war auf seine Weise stolz auf sie, und sie hatte es gern, wenn er stolz auf sie war. Aber sie erwähnte nichts von Duffus und den Häusern in der Peter Street. Er hatte nichts übrig für Leute, die in Geldsachen töricht waren, und ihr blieb nie auch nur ein Penny Ertrag; alles ging für Reparaturen drauf. Sie lenkte das Gespräch auf Morris und seinen Fall bei Gericht. Sie sah abermals auf ihre Uhr. Ihre Schwägerin Celia hatte ihr gesagt, sie solle sie pünktlich um zwei Uhr dreißig im Gerichtsgebäude treffen.

»Ich werde mich beeilen müssen.«

»Ach, diese Juristen wissen immer alles in die Länge zu ziehn«, meinte der Oberst. »Wer ist der Richter?«

»Sanders Curry«, antwortete Eleanor.

»Dann wird es bis zum Jüngsten Tag dauern«, sagte der Oberst. »In welchem Saal findet die Verhandlung statt?« fragte er.

Eleanor wußte es nicht.

»Hören Sie, Crosby – « rief der Oberst. Er ließ sich von Crosby die »Times« bringen. Er begann die großen Blätter mit seinen unbeholfenen Fingern umzuwenden, während Eleanor ihr Stück Torte herunterschlang. Als sie dann den Kaffee einschenkte, hatte er herausgefunden, in welchem Saal der Fall zur Verhandlung kam.

»Und du gehst in die City, Papa?« fragte sie, als sie ihre Tasse hinstellte.

»Ja, zu einer Sitzung«, erwiderte er. Er ging gern in die City, was immer er dort zu tun hatte.

»Komisch, daß der Fall grade vor Curry kommt«, sagte sie im Aufstehn. Sie waren unlängst bei ihm zum Abendessen gewesen, in einem düstern großen Haus in der Nähe des Queen's Gate.

»Erinnerst du dich an den Abend bei ihm?« fragte sie, einen Augenblick stehnbleibend. »Die alten Eichensachen?« Curry sammelte Eichentruhen.

»Alles Fälschungen, glaub' ich«, sagte der Oberst. »Hetz dich nicht ab«, mahnte er. »Nimm ein Hansom, Nell! Wenn du Kleingeld brauchst – « Er begann mit seinen verstümmelten Fingern nach Silbergeld zu tasten. Beim Zusehn hatte Eleanor das alte kindliche Gefühl, daß seine Taschen unerschöpfliche Silberbergwerke seien, aus denen endlos Halbkronenstücke gefördert werden konnten.

»Also«, sagte sie und nahm die Münzen, »dann sehn wir uns beim Tee.«

»Nein«, erinnerte er sie, »ich geh' auf einen Sprung zu den Digbys.«

Er nahm die Halskette in seine große, behaarte Hand. Das Ding sah ein wenig gewöhnlich aus, befürchtete Eleanor.

»Und wie wär's mit einer Schachtel für die da, wie?« fragte er.

»Crosby, such eine Schachtel für die Halskette!« sagte

Eleanor. Und Crosby, die plötzlich Wichtigkeit ausstrahlte, lief ins Tiefgeschoß hinab.

»Also dann beim Dinner«, sagte sie zu ihm. Das will heißen, dachte sie erleichtert, daß ich nicht zum Tee zurück sein muß.

»Ja, beim Dinner«, sagte er. Er hielt einen Papierfidibus in der Hand, hielt ihn ans Ende seiner Zigarre. Er paffte. Ein kleines Rauchwölkchen stieg von der Zigarre auf. Sie hatte Zigarrengeruch gern. Sie stand einen Augenblick still und atmete ihn ein.

»Und grüß Tante Eugénie von mir«, sagte sie. Er nickte, während er weiterpaffte.

Es war ein Hochgenuß, ein Hansom zu nehmen, – es ersparte einem fünfzehn Minuten. Sie lehnte sich, als die Klappen über ihren Knien zuschlugen, mit einem kleinen Seufzer der Zufriedenheit in die Ecke zurück. Eine Minute dachte sie an absolut gar nichts. Sie saß da in ihrer Wagenecke und genoß den Frieden, die Ruhe, die Entspannung von allen Anstrengungen. Im Dahinrollen fühlte sie sich losgelöst, als Zuschauerin. Der Vormittag war eine Hetzjagd gewesen; die Dinge hatten sich überstürzt. Nun konnte sie, bis sie zum Gerichtsgebäude kam, ruhig dasitzen und nichts tun. Es war ein langer Weg; und das Pferd war ein behäbiges Pferd, ein Pferd mit rötlichem, langhaarigem Fell. Es blieb durch die ganze Bayswater Road in seinem gleichmäßigen langsamen Trab. Der Verkehr war sehr spärlich; die Leute saßen noch bei Tisch. Ein weicher grauer Nebel erfüllte die Ferne; die Glöckchen bimmelten; die Häuser zogen vorbei. Sie achtete nicht mehr darauf, an was für Häuser sie vorbeikamen. Sie schloß die Augen halb, und dann sah sie unwillkürlich, wie ihre Hand einen Brief vom Tisch in der Halle nahm. Wann? Heute vormittag. Wo hatte sie ihn hingetan? In den Beutel? Ja, da war er, ungeöffnet; ein Brief von Martin aus Indien. Sie wollte ihn jetzt im Fahren lesen. Er war auf sehr dünnes Papier geschrieben, in Martins kleiner Schrift. Er war länger als sonst; Martin schrieb von einem Abenteuer mit jemand, der Renton hieß. Wer war Renton? Es fiel ihr nicht ein. »Wir brachen im Morgengrauen auf«, las sie.

Sie sah aus dem Fenster. Sie waren beim Marble Arch, vom Verkehr aufgehalten. Herrschaftswagen kamen aus dem

Park. Ein Pferd bäumte sich, aber der Kutscher hatte es fest in der Hand.

Sie las weiter: »Ich befand mich allein, mitten im Dschungel...«

Sie sah ihren Bruder vor sich; sein rotes Haar; das runde Gesicht und den ein wenig rauflustigen Ausdruck, der sie immer hatte befürchten lassen, er werde eines Tags in Schwierigkeiten geraten. Und das war anscheinend nun der Fall gewesen.

»Ich hatte mich verirrt; und die Sonne war im Untergehn«, las sie.

»Die Sonne war im Untergehn...« wiederholte Eleanor und blickte vor sich hin, die Oxford Street entlang. Die Sonne schien auf Kleider in einem Schaufenster. Ein Dschungel war ein sehr dichter Wald, vermutete sie, aus verkrüppelten kleinen Bäumen, von dunkelgrüner Farbe. Martin war im Dschungel, er war allein und die Sonne im Untergehn. Was geschah dann? »Ich hielt es für besser zu bleiben, wo ich war.« Also stand er dort, allein, zwischen den kleinen Bäumen, mitten im Dschungel; und die Sonne war im Untergehn. Die Straße vor ihr verlor alle Einzelheiten. Es wird wohl kalt gewesen sein, dachte sie, nachdem die Sonne untergegangen war. Sie las weiter. Er mußte ein Feuer machen. »Ich suchte in meiner Tasche und entdeckte, daß ich nur noch zwei Streichhölzer hatte... Das erste erlosch.« Sie sah einen Haufen trockenen Reisigs vor sich und Martin, allein, wie er das Streichholz erlöschen sah. »Dann zündete ich das andre an, und es war das reinste Glück, daß es mit dem gelang.« Das Papier begann zu brennen; das Reisig fing Feuer; ein Fächer von Flammen loderte auf. Sie übersprang weiter einiges, in ängstlicher Hast, zum Schluß zu kommen. »...einmal glaubte ich, irgendwo Stimmen rufen zu hören, aber sie verklangen.«

»Sie verklangen!« sagte Eleanor laut.

Sie hatten bei der Chancery Lane anhalten müssen. Ein Polizist führte eine alte Frau über die Straße; aber die Straße war ein Dschungel.

»Sie verklangen«, sagte sie. »Und dann?«

»...ich kletterte auf einen Baum... ich sah die Wegspur... die Sonne ging auf... Sie hatten mich aufgegeben, dachten, ich sei tot.«

Der Wagen hielt. Einen Augenblick blieb Eleanor sitzen. Sie sah nichts als verkrüppelte kleine Bäume und ihren Bruder, wie er die Sonne über dem Dschungel aufgehn sah. Die Sonne ging auf. Flammen züngelten einen Augenblick lang über das massige Mausoleum des Gerichtsgebäudes. Es war das zweite Streichholz, mit dem's gelang, sagte sie sich, während sie den Kutscher entlohnte und hineinging.

»Ah, da bist du ja!« rief eine kleine Frau im Pelzmantel, die an einer der Türen stand.

»Ich hatte es schon aufgegeben, dich zu sehn. Grade wollte ich hineingehn.« Sie war eine zarte Frau mit einem Katzengesicht. In Unruhe, aber sehr stolz auf ihren Mann.

Sie schoben sich durch die schweren Schwingtüren in den Gerichtssaal, in dem der Fall zur Verhandlung kam. Anfänglich schien er dunkel und voller Leute zu sein. Männer in Perücke und Talar standen auf und setzten sich und kamen und gingen wie ein Schwarm von Vögeln, die sich dort und da auf ein Feld niederlassen. Alle sahen sie befremdlich aus; sie konnte Morris nirgends erblicken. Sie sah umher und versuchte, ihn zu entdecken.

»Dort ist er«, flüsterte Celia.

Einer der Barrister in der ersten Reihe wandte den Kopf. Es war Morris; aber wie merkwürdig er aussah mit seiner gelblichen Perücke! Sein Blick glitt über sie hinweg, ohne ein Zeichen des Erkennens. Auch sie lächelte ihm nicht zu; die feierlich fahle Atmosphäre ließ solche persönliche Regungen nicht aufkommen; alles hatte etwas Zeremoniöses. Von ihrem Sitzplatz konnte sie sein Gesicht im Profil sehn; die Perücke machte seine Stirn vierkantig und ließ ihn wie eingerahmt erscheinen, wie ein Bild. Noch nie hatte sie ihn so vorteilhaft aussehn gefunden; mit einer solchen Stirn, einer solchen Nase. Sie warf einen Blick rundum. Sie sahen alle wie Bilder aus; alle diese Juristen sahen sehr eindrucksvoll aus, scharf umrissen, wie Porträts aus dem achtzehnten Jahrhundert an einer Wand. Noch immer standen welche auf und setzten sich, lachten, plauderten... Plötzlich wurde eine Tür aufgerissen. Der Gerichtsdiener gebot Schweigen für Seine Lordschaft. Es wurde ganz still; alles erhob sich; und der Richter trat ein. Er verneigte sich einmal und nahm seinen Sitz ein, unter dem Löwen und dem Einhorn. Eleanor spürte, wie ein kleiner ehrfürchtiger Schauer sie überlief. Das war der alte Curry. Aber wie verwandelt! Letztesmal, daß sie ihn sah, hatte er am obern Ende einer Abendtafel gesessen; ein langer gelber Streifen Stickerei hatte die Mitte entlang geschimmert;

und er hatte sie, eine Kerze in der Hand, im Salon umhergeführt, um ihr seine alten Eichenmöbel zu zeigen. Jetzt aber saß er dort, ehrfurchteinflößend, amtsgewaltig, in seiner Robe.

Einer der Barrister war aufgestanden. Sie bemühte sich, den Worten dieses Mannes mit der großen Nase zu folgen; aber es war schwer, sich jetzt hineinzufinden. Sie hörte dennoch zu. Alsbald stand ein anderer auf, ein schmächtiger Mann mit einer Hühnerbrust, der einen goldenen Zwicker trug. Er verlas irgendein Schriftstück; dann begann auch er zu argumentieren. Sie konnte Teile dessen, was er sagte, verstehn; aber was es mit dem Fall zu tun hatte, wußte sie nicht. Wann würde Morris sprechen? Noch nicht, allem Anschein nach. Wie Papa gesagt hatte, diese Juristen verstanden sich darauf, alles in die Länge zu ziehn. Es war nicht nötig gewesen, sich mit dem Essen so zu beeilen; und ein Omnibus hätte auch genügt. Sie heftete ihren Blick auf Morris. Er scherzte grade über irgend etwas mit dem sandblonden Mann neben ihm. Das waren seine Kollegen, dachte sie; das war sein Leben. Sie erinnerte sich der Leidenschaft, die er schon als Knabe für die Juristerei gehabt hatte. Sie war es gewesen, die Papa überredet hatte; eines Vormittags hatte sie sich ein Herz gefaßt und war zu ihm in sein Arbeitszimmer gegangen... Aber nun wurde es aufregend, denn Morris stand auf.

Sie spürte, wie ihre Schwägerin vor Nervosität erstarrte und ihr Täschchen umklammerte. Morris sah sehr groß aus und sehr schwarz-weiß, als er zu sprechen begann. Die eine Hand umfaßte die Kante des Talars. Wie vertraut ihr diese Bewegung Morris' war, dachte sie – etwas gepackt zu halten, so daß man die weiße Narbe sehen konnte, wo er sich einmal beim Baden geschnitten hatte. Aber die andre Geste war ihr nicht vertraut – diese Art, wie er den Arm vorschwenkte. Die gehörte zu seinem öffentlichen Leben, seinem Leben in den Gerichtssälen. Und seine Stimme war ihr ungewohnt. Aber dann, als er sich bei seiner Rede erwärmte, klang immer wieder ein Ton in seiner Stimme mit, der sie lächeln machte; das war seine Privatstimme. Sie konnte sich nicht davon zurückhalten, sich halb ihrer Schwägerin zuzuwenden, als wollte sie sagen: Wie echt Morris! Aber Celia starrte unentwegt gerade vor sich hin auf ihren Mann. Auch Eleanor versuchte, sich auf seine Beweisführung zu konzentrieren. Er sprach außerordentlich klar; er phrasierte seine Worte wunderbar. Plötzlich unterbrach ihn der Richter:

»Verstehe ich recht, Mr. Pargiter, daß Sie der Ansicht sind...« sagte er in zuvorkommendem und doch ehrfurchtgebietendem Ton; und Eleanor durchzuckte es, zu sehn, wie Morris sogleich abbrach; wie respektvoll er den Kopf neigte, als der Richter sprach.

Aber wird er die Antwort wissen? dachte sie, als wäre er ein Kind, und rückte auf ihrem Sitz vor Nervosität, daß er steckenbliebe. Aber er hatte die Antwort parat. Ohne Hast oder Fahrigkeit schlug er ein Buch auf; fand die Stelle; las einen Absatz vor; woraufhin der alte Curry nickte und etwas in den Folianten schrieb, der aufgeschlagen vor ihm lag. Sie fühlte sich ungeheuer erleichtert.

»Wie gut er das gemacht hat!« flüsterte sie. Ihre Schwägerin nickte; aber sie hielt ihr Täschchen immer noch fest umklammert. Eleanor fühlte, daß sie sich entspannen konnte. Sie sah in dem Saal umher. Es herrschte eine sonderbare Mischung von Feierlichkeit und Ungezwungenheit. Anwälte kamen und gingen die ganze Zeit. Sie lehnten an der Wand. In dem fahlen Licht, das von oben kam, sahen ihre Gesichter alle pergamentfarben aus; ihre Züge schienen alle ganz scharf geschnitten zu sein. Das Gas war angezündet worden. Sie blickte auf den Richter selbst. Er saß jetzt weit zurückgelehnt in seinem großen, geschnitzten Stuhl unter dem Löwen und dem Einhorn und hörte zu. Er sah unendlich traurig und weise aus, als ob Worte seit Jahrhunderten auf ihn eingehämmert hätten. Nun hob er die schweren Augenlider, runzelte die Stirn, und die kleine Hand, die gebrechlich aus der riesigen Ärmelöffnung hervorkam, schrieb einige Worte in den Folianten. Dann sank er wieder mit halb geschlossenen Augen zurück in seine ewige Wacht über den Zwist unglücklicher Menschenkinder. Ihre Gedanken schweiften. Sie lehnte sich zurück, an die harte Holzlehne, und ließ die Flut des Vergessens alles um sie wegschwemmen. Szenen aus ihrem Vormittag begannen sich zu formen; sich vorzudrängen. Judd in der Sitzung; Papa, wie er Zeitung las; die alte Frau, die an ihrer Hand zerrte; das Stubenmädchen, das Eßbesteck über den Tisch verteilte; und Martin, wie er das zweite Streichhölzchen im Dschungel entzündete...

Sie wurde unruhig. Die Luft war dumpfig; das Licht trüb; und der Richter sah nun, nach dem Verblassen des ersten Glanzes, ein wenig sorgenvoll aus; nicht mehr gefeit gegen menschliche Schwäche; und mit einem Lächeln erinnerte sie sich, wie leichtgläubig er war, dort in seinem scheußlichen Haus in Queen's Gate, was seine antiken Eichenmöbel betraf. »Dieses Stück hab' ich in Whitby aufgegabelt«, hatte er gesagt. Und es war eine Fälschung. Sie hätte gern gelacht; hätte sich gern ein wenig Bewegung gemacht. Sie stand auf und flüsterte:

»Ich geh' jetzt.«

Ihre Schwägerin murmelte etwas, vielleicht einen Einspruch. Aber Eleanor nahm, so leise sie konnte, ihren Weg durch den Saal, durch die Schwingtüren, hinaus auf die Straße.

Der Aufruhr, der Wirrwarr, die Weite des Strand kamen als schockartige Erleichterung. Sie spürte, wie sie selbst sich weitete. Hier war noch Tageslicht; ein Drängen, ein Wimmeln, ein Tumult bunten Lebens stürmten auf sie ein. Es war, als wäre etwas losgebrochen, in ihr, in der Welt. Sie schien nach ihrer Gesammeltheit verstreut zu werden, umhergeworfen. Sie schlenderte durch den Strand, betrachtete mit Vergnügen die an ihr vorbeirasende Straße; die Läden voller blinkender Kettchen, voller Lederkoffer; die weißen Fassaden der Kirchen; die unregelmäßigen, zackigen Dächer, kreuz und quer mit Drähten verschnürt. Über allem war das blendende Licht eines wässerigen, aber glimmenden Himmels. Der Wind wehte ihr ins Gesicht. Sie atmete einen Schluck frischer, feuchter Luft. Und dieser Mann, ging es ihr durch den Kopf, und sie dachte an den dunkeln kleinen Gerichtssaal mit seinen wie ausgeschnittenen Gesichter, der muß den ganzen Tag dort drin sitzen, jeden Tag. Sie sah wieder Sanders Curry vor sich, zurückgelehnt in seinen großen Stuhl, mit diesem Gesicht, das wie in eherne Falten gelegt war; täglich, von früh bis spät, dachte sie, und über Gesetzesauslegungen argumentieren. Wie konnte Morris das aushalten? Aber er hatte immer zum Barreau wollen!

Mietwagen, Lieferwagen, Omnibusse strömten vorbei; sie schienen ihr die Luft ins Gesicht zu treiben; sie spritzten Schlamm auf den Gehsteig. Die Leute zwängten und drängten sich, und sie ging schneller, im Gleichschritt mit ihnen. Sie wurde durch ein Fuhrwerk aufgehalten, das in eins der steilen Gäßchen bog, die zur Themse hinabführten. Sie blickte auf und sah zwischen den Dächern, wie die Wolken zogen, dunkle Wolken, regengeschwellt; wandernde, gleichgültige Wolken. Sie ging weiter.

Wieder wurde sie aufgehalten, bei der Einfahrt zum Charing-Cross-Bahnhof. Hier spannte sich der Himmel weit. Sie sah eine Kette von Vögeln fliegen, hoch oben, alle miteinander; quer über den Himmel. Sie sah ihnen nach. Dann ging sie wieder weiter. Menschen zu Fuß, Menschen in Wagen wurden eingesogen, gleich Strohhalmen um die Pfeiler einer Brücke; sie mußte warten. Mietwagen, hoch mit Koffern beladen, kamen an ihr vorbei.

Sie beneidete diese Menschen. Sie wünschte, sie ginge auf Reisen; nach Italien, nach Indien... Dann spürte sie irgendwie, daß sich etwas ereignete. Die Zeitungsjungen an den Toren händigten die Abendblätter ungewöhnlich schnell aus. Männer entrissen sie ihnen und öffneten und lasen sie im Weitergehen. Sie blickte auf ein Plakat, das sich um die Beine eines Jungen knitterte. »Tot« stand darauf in riesigen schwarzen Lettern.

Dann wehte der Wind das Plakat glatt, und sie las ein zweites Wort: »Parnell.«

»Tot...« wiederholte sie. »Parnell.« Einen Augenblick war sie wie betäubt. Wie konnte er tot sein – Parnell? Sie kaufte eine Zeitung. Hier stand es...

»Parnell ist tot!« sagte sie laut. Sie blickte auf und sah wieder den Himmel; Wolken zogen darüber; sie blickte hinab, auf die Straße. Ein Mann wies mit dem Zeigefinger auf die Nachricht. Parnell ist tot, sagte er, sagte es schadenfroh. Aber wie konnte er tot sein? Es war, als verbliche etwas am Himmel.

Sie ging langsam weiter, gegen den Trafalgar Square, die Zeitung in der Hand. Auf einmal erstarrte die ganze Szene. Ein Mann war an einer Säule gefügt; ein Löwe war an einen Mann gefügt; sie schienen, so verbunden, zur Ruhe gebracht zu sein, als würden sie sich nie wieder regen.

Sie ging über die Straße auf den Trafalgar Square. Von irgendwo kam schrilles Vogelgezwitscher. Sie blieb beim Springbrunnen stehn und sah hinunter in das große Becken voller Wasser. Das Wasser kräuselte sich schwärzlich, vom Wind gerauht. Spiegelungen waren im Wasser: Zweige und ein blasser Streifen Himmel. Ein Traum, murmelte sie, ein Traum... Aber jemand stieß sie an. Sie wandte sich ab; sie müßte zu Delia gehn. Auch Delia hatte ihn geträumt. Hatte ihn leidenschaftlich geträumt. Was hatte sie nur immer gesagt – und damals, als sie aus dem Haus gestürzt war, sie alle sein lassen hatte, um der Sache willen, um dieses Mannes willen? Gerechtigkeit, Freiheit? Sie müßte zu ihr gehn. Dies war gewiß das Ende aller ihrer Träume. Sie wandte sich um und rief ein Hansom.

Sie beugte sich über den Wagenschlag und sah hinaus. Die Gegend, durch die sie fuhr, war schrecklich ärmlich; und nicht nur ärmlich, dachte sie, sondern auch lasterhaft. Hier waren das Laster, der Unflat, die Wirklichkeit Londons. Alles sah fahl aus im abendlichen Zwielicht. Laternen wurden angezündet. Zeitungsjungen riefen: Parnell... Parnell. Er ist tot, sagte sie sich, immer noch der zwei Welten bewußt; der einen hoch oben in weiten Schwüngen flutenden, der andern in engem Kreis auf dem Pflaster trippelnden und trappelnden. Aber hier war sie schon... Sie streckte die Hand hoch. Sie ließ das Hansom gegenüber der kleinen Reihe von Pflökken eines Durchgangs halten. Sie stieg aus und ging hindurch auf den Square.

Das Geräusch des Verkehrs war abgedämpft. Es war sehr still hier. An diesem Oktobernachmittag, mit den fallenden dürren Blättern, sah der alte, verblichene Square armselig und hinfällig aus und war voller Nebeldunst. Die Häuser waren unterteilt vermietet, als Büros, an Vereine, an Leute, deren Namen an die Türpfosten geheftet waren. Die ganze Umgebung erschien ihr fremdartig und unheimlich. Sie kam zu der alten Haustür mit dem üppig geschnitzten Vordach aus der Zeit Königin Annas und drückte auf die oberste der sechs oder sieben Klingeln. Über jeder stand ein Name, manchmal nur auf einer Visitenkarte. Niemand kam. Sie stieß die Haustür auf und trat ein; sie stieg die Holztreppe mit dem geschnitzten Geländer hinauf, die ihrer einstigen Würde entkleidet zu sein schien. Milchkrüge, unter denen Rechnungszettel lagen, standen auf den tiefen Fenstersitzen. Einige der Scheiben waren zerbrochen. Auch vor Delias Tür, ganz oben, stand ein Milchkrug, aber er war leer. Ihre Karte war mit einem Reißnagel an der Türfüllung befestigt. Sie klopfte und wartete. Kein Laut. Sie drehte den Türknauf. Die Tür war verschlossen. Einen Augenblick stand sie und horchte. Ein kleines Fenster an der Seite ging auf den Square. Tauben gurrten in den Baumwipfeln. Der Verkehr summte in weiter Ferne. Sie konnte grade noch hören, wie Zeitungsjungen ausriefen: Tot... tot... tot. Die Blätter fielen. Sie wandte sich und ging die Treppe hinunter.

Sie schlenderte durch die Straßen. Kinder hatten den Gehsteig mit Kreide in Quadrate eingeteilt; Frauen lehnten aus den obern Fenstern, mit raubgierigem, unzufriedenem Starren. Zimmer waren zu vermieten, nur an alleinstehende Herren. Kartonschilder staken in den Fenstern, mit »Möblierte Appartements« oder »Bett und Frühstück« darauf. Sie versuchte sich vorzustellen, was für ein Leben das war, das sich da hinter diesen dicken, dunkelgelben Vorhängen abspielte. Und das war die Umgebung, in der ihre Schwester lebte, dachte sie und kehrte um; hier mußte sie oft spät abends allein heimkommen. Sie ging zurück auf den Square, die Treppe hinauf und rüttelte an der Tür. Aber von innen kam kein Laut. Einen Augenblick blieb sie stehn und sah zu, wie die Blätter fielen; sie hörte die Zeitungsjungen rufen und die Tauben in den Baumwipfeln. Gurr nur zu, du; gurr nur zu, du; gurr... Dann fiel ein Blatt.

Der Verkehr bei Charing Cross wurde dichter, als der Nachmittag vorrückte. Menschen, die zu Fuß gingen, Menschen, die in Wagen fuhren, wurden von den Gittertoren des Bahnhofs eingesogen. Männer hasteten mit langen Schritten eilig dahin, als wäre ein Dämon in dem Bahnhof, der in Zorn geriete, wenn sie ihn warten ließen. Dennoch hielten sie im Vorbeieilen inne und griffen nach einer Zeitung. Die Wolken teilten sich und ballten sich, ließen das Licht scheinen und verschleierten es wieder. Der Schlamm, bald schwärzlichbraun, bald flüssiges Gold, wurde von den Rädern und Hufen hochgespritzt, und in all dem Getriebe und Getöse ging das schrille Zwitschern der Vögel auf den Dachrändern unter. Die Hansoms bimmelten vorbei; bimmelten vorbei. Unter all den bimmelnden Wagen kam auch einer, in dem ein beleibter Herr mit rotem Gesicht saß, der eine in Seidenpapier gehüllte Blüte in der Hand hielt, – der Oberst.

»He!« rief er, als das Hansom am Tor vorbeifuhr, und stieß mit der einen Hand das Türchen im Wagendach auf, damit der Kutscher halte. Dann beugte er sich hinaus, und eine Zeitung wurde ihm hinaufgereicht.

»Parnell!« rief er aus und tastete nach seiner Brille. »Tot, wahrhaftig!«

Das Hansom trabte weiter. Er las die Nachricht zweimal,

dreimal. Er ist tot, dachte er und nahm die Brille ab. Ein Schock von etwas wie Erleichterung, von etwas, das eine Tönung von Triumph hatte, durchfuhr ihn, und er lehnte sich in die Ecke zurück. Also, sagte er sich, er ist tot – dieser gewissenlose Abenteurer – dieser Aufwiegler, der das alles angestiftet hat; dieser... Ein Gefühl, das mit seiner Tochter zu tun hatte, formte sich dabei; er konnte nicht genau sagen, was für eins, aber es machte ihn finster dreinblicken. Jedenfalls ist er jetzt tot, dachte er. Wie war er gestorben? Hatte er sich umgebracht? Es wäre nicht verwunderlich... Jedenfalls war er tot, und das war das Ende davon. Er saß da und hielt in der einen Hand die zerknitterte Zeitung, in der andern die in Seidenpapier gehüllte Blüte, und der Wagen fuhr durch Whitehall... Man konnte Achtung vor ihm haben, dachte er, als der Wagen am Parlament vorbeikam, und das war mehr, als sich von einigen andern dieser Kerle hier sagen ließ... Und über den Scheidungsprozeß war eine Menge dummes Zeug geschwatzt worden. Er blickte hinaus. Der Wagen näherte sich einer Gasse zur Rechten, wo er vor Jahren halten zu lassen und sich umzublicken pflegte. Er wandte sich und warf einen Blick in die Gasse. Aber ein Mann im öffentlichen Leben kann sich so etwas nicht erlauben, dachte er. Er nickte vor sich hin, als das Hansom weiterfuhr. Und jetzt hat sie geschrieben und mich um Geld gebeten, dachte er. Der andre hatte sich, wie er das ja vorausgewußt hatte, als ein Lump erwiesen. Sie hatte nichts mehr von ihrem frühern Aussehn; war sehr korpulent geworden. Na, er konnte es sich leisten, generös zu sein. Er setzte wieder die Brille auf und las den Börsenbericht.

Wird gar keinen Unterschied machen, dachte er, Parnells Tod jetzt. Wenn er weitergelebt hätte, wenn der Skandal vergessen gewesen wäre – er blickte auf. Der Wagen nahm den langen Umweg, wie gewöhnlich. »Nach links«, rief er, »links!« als der Kutscher, wie sie das immer taten, falsch einbog.

In dem recht dunkeln Souterrain in der Browne Street las der italienische Diener in Hemdärmeln gerade die Zeitung, als das Hausmädchen mit einem Hut in der Hand hereingetänzelt kam.

»Schau nur, was sie mir geschenkt hat!« rief sie. Um sie für das Durcheinander im Salon zu entschädigen, hatte Lady

Pargiter ihr einen Hut geschenkt. »Bin ich nicht schick?« fragte sie und blieb vor dem Spiegel stehn, den breitrandigen Hut aus italienischem Stroh, das aussah wie gesponnenes Glas, schief auf dem Kopf. Und Antonio mußte die Zeitung hinlegen und sie um die Taille fassen, aus purer Galanterie, denn sie war keine Schönheit, und ihr Gehaben war bloß eine Parodie dessen, was ihm aus den Hügelstädten der Toskana in Erinnerung war. Aber ein Hansom hielt vor dem Gitter, zwei Hosenbeine standen da, und er mußte sich losmachen, seine Jacke anziehn und hinaufgehn, um auf das Klingelzeichen die Tür zu öffnen.

Der läßt sich Zeit, dachte der Oberst, als er wartend auf den Türstufen stand. Der Schock der Todesnachricht war fast einverleibt; er schwang immer noch in ihm nach, aber das hinderte ihn nicht, hier im Stehn zu vermerken, daß sie die Ziegel der Fassade hatten abschleifen lassen; aber woher nahmen sie das Geld dazu, mit den drei Jungen, die ordentlich erzogen werden mußten, und den zwei kleinen Mädchen? Eugénie war freilich eine kluge Frau, aber er wünschte, sie würde ein richtiges Stubenmädchen aufnehmen, statt dieser italienischen Makkaronipampfer. Da wurde ihm geöffnet, und im Hinaufgehn war ihm, als hörte er irgendwo aus dem Hintergrund ein lautes Auflachen.

Eugénies Salon gefällt mir immer, dachte er, als er hier stand und wartete. Aber das Zimmer war in großer Unordnung. Holzwolle lag umher, von etwas, das auf dem Fußboden ausgepackt worden war. Sie waren in Italien gewesen, erinnerte er sich. Ein Spiegel stand auf dem Tisch. Der war wahrscheinlich eins von den Dingern, die sie dort aufgegabelt hatten, so ein Ding, wie man's eben in Italien aufgabelt. Ein alter Spiegel, mit Flecken bedeckt. Er zog seine Krawatte davor zurecht.

Aber mir ist ein Spiegel, in dem man sich sehn kann, lieber, dachte er und wandte sich ab. Das Fortepiano stand offen; und der Tee – er lächelte – die eine Tasse halb voll, wie gewöhnlich; und Zweige staken überall im Zimmer, Zweige mit welkendem rotem und gelbem Laub. Sie hatte Blumen gern. Er war froh, daß er sich erinnert hatte, ihr eine gewohnte Gabe mitzubringen. Er hielt die Blüte in dem Seidenpapier vor sich hin. Aber warum war das Zimmer so voll beizenden Rauchs? Ein Schwaden wehte herein. Beide Fenster im hintern Teil des Zimmers standen offen, und der Rauch kam vom Garten. Verbrannten sie dürres Laub? fragte er sich. Er trat ans Fenster und sah hinaus. Ja, dort waren sie – Eugénie und die beiden kleinen Mädel. Ein Reisigfeuer brannte. Grade als er hinsah, warf Magdalena, die ältere, die sein Liebling war, einen ganzen Armvoll dürren Laubs darauf. Sie schleuderte es, so hoch sie konnte, und das Feuer loderte auf. Ein großer Fächer roter Flammen entbreitete sich.

»Das ist gefährlich!« rief er hinunter.

Eugénie zog die Kinder zurück. Die hüpfen vor Aufregung. Die jüngere, Sally, duckte sich unter dem Arm der Mutter, packte noch einen Armvoll Laub und warf abermals. Ein großer Fächer roter Flammen entbreitete sich. Dann trat der italienische Diener hinzu und meldete ihn. Er klopfte ans Fenster. Eugénie wandte sich um und erblickte ihn. Sie hielt die Kinder mit der einen Hand zurück und winkte grüßend mit der andern.

»Bleib nur!« rief sie. »Wir kommen schon!«

Eine Rauchwolke quoll ihm gerade ins Gesicht; sie trieb ihm die Tränen in die Augen, und er wandte sich ab und setzte sich in den Sessel neben dem Sofa. Gleich darauf kam Eugénie und eilte mit ausgestreckten Händen auf ihn zu. Er erhob sich und ergriff beide.

»Wir haben ein Feuer im Garten gemacht«, sagte sie. Ihre Augen leuchteten; ihr Haar hing lose. »Darum bin ich so zerzaust«, fuhr sie fort und griff an ihre Frisur. Sie war unordentlich, aber dennoch überaus hübsch, dachte Abel. Eine schöne, stattliche Frau; sie wurde füllig, bemerkte er beim Händeschütteln, aber es paßte zu ihr. Er bewunderte diesen Typ mehr als den der rosig-weißen hübschen Engländerin. Das Fleisch floß über Eugénie wie warmes gelbes Wachs; sie hatte große, fremdländisch dunkle Augen und eine Nase mit einer kleinen Welle darin. Er hielt ihr den Kamelienzweig hin, seine gewohnte Gabe. Mit einem leisen Ausruf nahm sie die Blüte aus dem Seidenpapier und setzte sich.

»Das ist sehr lieb von dir«, sagte sie, hielt sie einen Augenblick vor sich hin und tat dann, was er sie oft mit einer Blume hatte tun sehn – steckte den Stengel zwischen die Lippen. Ihre Bewegungen bezauberten ihn wie immer.

»Ein Freudenfeuer zum Geburtstag?« fragte er . . »Nein,

nein, nein«, lehnte er ab, »ich mag keinen Tee.«

Sie hatte ihre Tasse ergriffen und nippte von dem kalten Tee, der darin zurückgeblieben war. Beim Zusehn stieg eine Erinnerung an den Osten in ihm auf; so saßen Frauen in heißen Ländern auf der Türschwelle in der Sonne. Aber augenblicklich war es sehr kalt, da das Fenster offen stand und der Rauch hereinwehte. Er hielt immer noch die Zeitung in der Hand; er legte sie auf den Tisch.

»Schon die Nachricht gelesen?« fragte er.

Sie stellte die Tasse hin und öffnete die großen dunklen Augen ein wenig weiter. Unermeßliche Gefühlsreserven schienen in ihnen verborgen zu sein. Während sie schwieg, bis er weiterspräche, hob sie die Hand wie in Erwartung.

»Parnell«, sagte Abel kurz. »Er ist tot.«

»Tot?« wiederholte Eugénie. Sie ließ dramatisch die Hand sinken.

»Ja. In Brigthon. Gestern.«

»Parnell ist tot!« sagte sie noch einmal.

»Hier steht's«, sagte der Oberst. Ihr Gefühlsüberschwang bewirkte immer, daß er sehr sachlich wurde; aber er hatte ihn gern. Sie ergriff die Zeitung.

»Armes Ding!« rief sie aus und ließ sie sinken.

»Armes Ding!« wiederholte er. Ihre Augen waren voll Tränen. Er war verblüfft. Meinte sie Kitty O'Shea? Er hatte gar nicht an sie gedacht.

»Sie hat ihm seine Karriere ruiniert«, sagte er mit einem kleinen Schnauben.

»Ach, aber wie sie ihn geliebt haben muß!« murmelte sie.

Sie fuhr sich mit der Hand über die Augen. Der Oberst blieb einen Augenblick still. Ihre Rührung schien ihm in gar keinem Verhältnis zum dem Anlaß zu stehn; aber sie war echt. Er hatte das gern.

»Ja«, sagte er ziemlich steif. »Ja, vermutlich.« Eugénie ergriff wieder den Kamelienzweig, hielt ihn und quirlte ihn zwischen den Fingern. Sie war merkwürdig geistesabwesend bisweilen, aber er fühlte sich bei ihr immer wohl. Sein Körper entspannte sich. Er fühlte sich in ihrer Gegenwart wie von etwas Hinderlichem befreit.

»Wie Menschen leiden! ...« murmelte sie, die Blume ansehend. »Wie sie leiden, Abel!« sagte sie. Sie wandte sich ihm zu und sah ihm voll ins Gesicht.

Ein großer Rauchschwaden wehte vom Garten herein.

»Stört dich die Zugluft nicht?« fragte er mit einem Blick auf das Fenster. Als er sich umwandte, war sie aufgestanden, trat vor den Spiegel und richtete sich die Haare.

»Wir haben ein Freudenfeuer zu Maggies Geburtstag angezündet«, murmelte sie, während sie sich in dem venezianischen Spiegel betrachtete, der mit Flecken besät war. »Deshalb – deshalb –« sie glättete ihre Haare und befestigte die Kamelie an ihrem Kleid, »bin ich so ...«

Sie legte den Kopf ein wenig schief, als wollte sie sehn, wie die Blume an ihrem Kleid wirkte. Der Oberst setzte sich wieder und wartete. Er warf einen Blick in die Zeitung.

»Es scheint, daß sie etwas vertuschen«, sagte er.

»Du meinst doch nicht –« begann Eugénie; aber da ging die Tür auf, und die Kinder kamen herein. Maggie, die ältere, kam zuerst; die kleinere, Sally, hielt sich hinter ihr.

»Hallo!« rief der Oberst. »Da seid ihr ja!« Er wandte sich ihnen zu. Er hatte Kinder sehr gern. »Alles Gute zum Geburtstag, Maggie!« Er langte in die Tasche nach der Halskette, die Crosby in ein Schächtelchen verpackt hatte. Maggie kam zu ihm und streckte die Hand danach aus. Ihr Haar war gebürstet worden, und sie hatte ein frischgewaschenes gestärktes Kleidchen an. Sie nahm das Päckchen und öffnete es; sie ließ das blaugoldne Halskettchen vom Zeigefinger baumeln. Einen Augenblick wußte der Oberst nicht recht, ob es ihr gefiel. Es sah ein wenig kraß aus, als Maggie es so vom Finger baumeln ließ. Und sie sagte nichts. Ihre Mutter sprang sogleich mit den Worten ein, die sie hätte sagen sollen.

»Wie entzückend, Maggie! Wirklich entzückend!« Maggie hielt die Halskette in der Hand und sagte nichts.

»Bedank dich doch bei Onkel Abel für das entzückende Kettchen!« drängte die Mutter.

»Danke für das Kettchen, Onkel Abel«, sagte Maggie. Sie sprach geradeheraus und deutlich, aber der Oberst verspürte eine neuerliche Regung von Zweifel. Einen Stich der Enttäuschung, der in gar keinem Verhältnis zu dem Anlaß stand. Ihre Mutter aber legte es ihr um den Hals; dann wandte sie sich ab und Maggies Schwesterchen zu, die hinter einem Sessel hervorguckte.

»Komm, Sally!«, sagte ihre Mutter. »Komm und sag schön: ›Guten Tag, wie geht's dir?‹«

Sie streckte die Hand aus, teils um die Kleine heranzulokken, teils, so vermutete Abel, um die geringfügige Entstellung zu verbergen, die ihm immer Unbehagen verursachte. Sally war als Baby fallen gelassen worden; die eine Schulter war etwas höher als die andre; das gab ihm immer ein unbehagliches Gefühl. Er konnte an einem Kind nicht die kleinste Entstellung ertragen. Aber sie beeinträchtigte Sallys gute Laune nicht. Sie hopste zu ihm hin, drehte sich auf der Zehenspitze und gab ihm einen leichten Kuß auf die Wange. Dann zupfte sie die Schwester am Kleid, und beide liefen sie kichernd ins Hinterzimmer.

»Die werden jetzt dein entzückendes Geschenk bewundern, Abel«, sagte Eugénie. »Wie du sie verwöhnst! – Und mich auch«, setzte sie hinzu und berührte die Kamelie an ihrem Ausschnitt.

»Ich hoffe, es hat ihr gefallen?« sagte er. Eugénie antwortete nicht. Sie hatte wieder die Tasse mit dem erkalteten Tee ergriffen und nippte daran auf ihre lässige, südländische Art.

»Und jetzt«, sagte sie und lehnte sich bequem zurück, »erzähl mir alles, was es bei euch Neues gibt.«

Auch der Oberst lehnte sich in seinen Sessel zurück. Er überlegte einen Augenblick. Was gab es bei ihm Neues? Es fiel ihm jetzt nichts ein. Eugénie wollte er überdies immer mit etwas Eindruck machen; sie verlieh allem immer Glanz. Während er noch zögerte, begann sie selbst:

»Wir hatten es wundervoll in Venedig. Ich hab' die Kinder mitgenommen. Deshalb sind wir alle so braun. Unsre Zimmer waren nicht unmittelbar am Canale Grande – ich kann den Canale Grande nicht leiden – aber ganz in der Nähe. Zwei Wochen strahlende Sonne. Und diese Farben –« sie zögerte – »wundervoll!« rief sie aus. »Wundervoll!« Sie schwenkte die Hand hoch. Sie hatte außerordentlich ausdrucksvolle Gebärden. So putzt sie alles heraus, dachte er. Aber er hatte das gern an ihr.

Er war seit Jahren nicht mehr in Venedig gewesen.

»Irgendwelche nette Leute dort?« fragte er.

»Keine Menschenseele«, erwiderte sie. »Keine Menschenseele. Niemand außer einer schrecklichen Miss Soundso. Eins von diesen Frauenzimmern, die einen schamrot machen für sein eigenes Land«, sagte sie energisch.

»Die Sorte kenn' ich«, sagte er mit einem kehligen Auflachen.

»Aber abends vom Lido zurückzukommen«, nahm sie den

Faden wieder auf, »und oben die Wolken und unten das Wasser – wir hatten einen Balkon; dort saßen wir immer.« Sie machte eine Pause.

»War Digby mit euch?« fragte der Oberst.

»Nein. Der arme Digby! Er hat seine Ferien zeitiger genommen, im August. Er war oben in Schottland, mit den Lasswades, zur Jagd. Es tut ihm gut, weißt du.« Da, schon wieder putzt sie alles heraus, dachte er.

Aber sie sprach weiter.

»Nun erzähl mir von der Familie. Von Martin und Eleanor, Hugh und Milly, Morris und ...« Sie stockte; er vermutete, sie habe vergessen, wie Morris' Frau hieß.

»Celia«, sagte er. Er hielt inne. Er wollte ihr von Mira erzählen. Aber er erzählte ihr von der Familie; von Hugh und Milly; Morris und Celia. Und von Edward.

»Man scheint viel von ihm zu halten in Oxford«, knurrte er. Er war sehr stolz auf Edward.

»Und Delia?« fragte Eugénie. Sie warf einen Blick auf die Zeitung. Sogleich verlor der Oberst seine Umgänglichkeit. Er sah mürrisch und bedrohlich drein, wie ein alter Stier mit gesenkten Hörnern, dachte sie.

»Vielleicht wird das sie zur Vernunft bringen«, sagte er streng. Einen Augenblick schwiegen sie beide. Aus dem Garten schallte Lachen herauf.

»O diese Kinder!« rief sie. Sie stand auf und ging ans Fenster. Der Oberst folgte ihr. Die Kinder hatten sich in den Garten zurückgeschlichen. Das Feuer brannte lichterloh. Eine helle Flammensäule stieg mitten im Garten auf. Die kleinen Mädchen umtanzten sie lachend und kreischend. Ein schäbig gekleideter alter Mann, der wie ein heruntergekommener Stallknecht aussah, stand mit einem Rechen in der Hand daneben. Eugénie schob das Fenster hoch und rief etwas hinunter. Aber sie tanzten weiter. Auch der Oberst beugte sich hinaus; sie sahen aus wie wilde Geschöpfe mit ihren wehenden Haaren. Er wäre gern hinuntergegangen und über das Feuer gesprungen, aber er war zu alt. Die Flammen schlugen hoch auf – reines Gold, helles Rot.

»Bravo!« rief er und klatschte in die Hände. »Bravo!«

»Kleine Teufel«, sagte Eugénie. Sie war genau so aufgeregt wie die Kinder, gewahrte er. Sie beugte sich aus dem Fenster und rief dem alten Mann mit dem Rechen zu:

»Noch! Noch! Lassen Sie's lodern!«

Aber schon zerrte der Alte das Feuer mit dem Rechen auseinander. Die Flammen sanken zusammen.

Der Alte drängte die Kinder weg.

»Also, jetzt ist's aus«, sagte Eugénie aufseufzend. Sie wandte sich um. Jemand war ins Zimmer gekommen.

»Ach, Digby, ich hab' dich gar nicht gehört!« rief sie. Und da stand Digby, eine Aktentasche in der Hand.

»Hallo, Digby!« sagte Abel beim Händeschütteln.

»Woher kommt der viele Rauch?« fragte Digby und sah umher.

Er ist ein wenig gealtert, dachte Abel. Da stand er in seinem Gehrock, die oberen Knöpfe offen. Der Rock war eine Spur abgetragen, und Digbys Haare waren oben am Scheitel weiß. Aber er sah sehr schlank und stattlich aus; neben ihm kam sich der Oberst derb, wettergezaust und wuchtig vor. Er schämte sich ein wenig, ertappt worden zu sein, wie er sich aus dem Fenster gelehnt und in die Hände geklatscht hatte. Er sieht älter aus, dachte er, als sie so nebeneinander standen; und doch ist er fünf Jahre jünger als ich. Er war auf seine Weise ein hervorragender Mann, auf der höchsten Sprosse oben, geadelt und so weiter. Aber ist nicht so reich wie ich, erinnerte er sich mit Befriedigung; denn von ihnen beiden war er selbst immer der Erfolglose gewesen.

»Du siehst so abgespannt aus, Digby!« rief Eugénie und setzte sich. »Er sollte sich noch einmal wirkliche Ferien nehmen«, wandte sie sich an Abel. »Ich wollte, du würdest ihm das sagen.« Digby streifte einen weißen Faden ab, der an seiner Hose hängengeblieben war. Er hüstelte. Das Zimmer war voller Rauch.

»Woher kommt der viele Rauch?« fragte er seine Frau.

»Wir haben ein Freudenfeuer gehabt zu Maggies Geburtstag«, sagte sie wie sich entschuldigend.

»Ach so«, sagte er.

Abel ärgerte sich; Maggie war sein Liebling; ihr Vater hätte an ihren Geburtstag denken müssen.

»Ja«, sagte Eugénie wieder zu Abel gewendet, »alle andern läßt er Ferien haben, aber er selbst gönnt sich nie welche. Und dann, wenn er den ganzen Tag lang im Amt gearbeitet hat, kommt er nach Hause, die Tasche voller Schriftstücke –« Sie wies auf die Aktentasche.

»Du solltest nach dem Dinner nicht mehr arbeiten«, sagte

Abel. »Das ist eine schlechte Gewohnheit.« Er sah wirklich ein wenig blaß aus, dachte er.

Digby fegte solche weibliche Übertriebenheit beiseite.

»Hast du's schon gelesen?« fragte er seinen Bruder und deutete auf die Zeitung.

»Ja, wahrhaftig!« sagte Abel. Er sprach gern mit seinem Bruder über Politik, obgleich dessen offizielles Gehabe ihm ein wenig gegen den Strich ging – als könnte er mehr sagen, dürfe aber nicht. Und dann stand es alles am nächsten Tag in der Zeitung, dachte er. Dennoch, sie unterhielten sich immer über Politik. Eugénie, in ihre Ecke zurückgelehnt, ließ sie immer reden; nie unterbrach sie. Zuletzt aber stand sie auf und begann Papier und Holzwolle wegzuräumen, die aus der Kiste gefallen waren. Digby hielt im Reden inne und sah ihr zu. Er betrachtete den Spiegel.

»Gefällt er dir?« fragte Eugénie, die Hand auf dem Rahmen.

»Ja«, sagte Digby; aber es lag ein Unterton von Kritik in seiner Stimme. »Ein ganz hübsches Stück.«

»Er ist bloß für mein Schlafzimmer«, sagte sie schnell. Digby sah ihr zu, wie sie Stücke Papier in die Kiste stopfte.

»Vergiß nicht«, sagte er, »daß wir heute abend bei den Chathams zum Dinner sind.«

»Ich weiß.« Wieder griff sie sich an die Frisur. »Ich werde mich zurechtmachen müssen«, sagte sie.

Wer waren »die Chathams«? fragte sich Abel. Hohe Tiere, Mandarine, mutmaßte er halb geringschätzig. Sie bewegten sich sehr viel in jener Welt. Er faßte es als Wink auf, sich zu verabschieden. Sie waren mit dem, was sie einander zu sagen hatten, zu Ende – er und Digby. Er hoffte aber immer noch, allein mit Eugénie sprechen zu können.

»Und diese Sache in Afrika –« begann er, sich auf eine andre Frage besinnend, – da kamen die Kinder herein; sie kamen, um gute Nacht zu sagen, – Maggie trug sein Halskettchen, und es sah sehr hübsch aus, dachte er; oder war sie es, die so hübsch aussah? Aber die Kleidchen der beiden, ihre frischen Kleidchen, das blaue und das rosa, waren verdrückt; sie waren beschmutzt von dem rußigen Londoner Laub, das die beiden in den Armen gehalten hatten.

»Ihr schmierigen kleinen Wildlinge!« sagte Sir Digby und lächelte sie an. »Warum tragt ihr eure besten Kleider zum Spielen im Garten?« fragte er, als er Maggie einen Kuß gab.

Er fragte es scherzhaft, aber in seinem Ton lag eine Andeutung von Mißbilligung. Maggie gab keine Antwort. Ihr Blick haftete wie angenietet an der Kamelie, die ihre Mutter am Kleid trug. Sie ging auf Eugénie zu, blieb stehn und sah sie an.

»Und du – wie ein kleiner Rauchfangkehrer!« sagte Sir Digby, auf Sally weisend.

»Es ist Maggies Geburtstag«, sagte Eugénie und streckte abermals den Arm aus, wie um die Kleine zu beschützen.

»Das wäre ein Grund, sollte ich meinen«, sagte Sir Digby, die beiden Kinder musternd, »seine Gewohnheiten zu – hm – zu – hm – reformieren.« Er stolperte bei dem Versuch, seine Worte scherzhaft klingen zu lassen; sie kamen, wie gewöhnlich, wenn er zu den Kindern sprach, lahm und ein wenig bombastisch heraus.

Sally sah den Vater an, als dächte sie über ihn nach.

»Seine Gewohnheiten zu – hm – zu – hm – reformieren«, wiederholte sie. Sie hatte den Rhythmus seiner, aller Bedeutung entleerten Worte ganz genau getroffen. Die Wirkung war höchst komisch. Der Oberst lachte; aber Digby, das merkte er, ärgerte sich. Er tätschelte Sally bloß den Kopf, als sie gute Nacht sagte; aber er küßte Maggie, als sie an ihm vorbeikam.

»Netten Geburtstag gehabt?« fragte er und zog sie an sich.

Abel nahm die Gelegenheit wahr, sich zu verabschieden.

»Aber du mußt doch nicht schon gehn, Abel?« widersprach Eugénie, als er ihr die Hand hinstreckte.

Sie hielt seine Hand fest, als wollte sie ihn vom Weggehn abhalten. Was meinte sie? Wollte sie, er solle bleiben, oder wollte sie, er solle gehn? Ihre großen dunklen Augen ließen es ungewiß.

»Ihr geht doch aus zum Dinner?« sagte er.

»Ja«, antwortete sie und ließ seine Hand los, und da sie nichts weiter sagte, blieb wohl nichts andres übrig, dachte er – er mußte sich verziehen.

»Ach, ich finde schon allein hinaus«, sagte er und verließ das Zimmer.

Er ging die Treppe recht langsam hinunter. Er fühlte sich bedrückt und enttäuscht. Er hatte sie nicht allein sprechen können, er hatte ihr nichts erzählt. Vielleicht würde er nie jemand etwas erzählen. Schließlich und endlich, dachte er, während er langsam, schwerfällig die Stufen hinabstieg, betraf es nur ihn selbst; es bedeutete sonst keinem Menschen etwas. Man muß sein dürres Laub selber verbrennen, dachte er und langte nach seinem Hut. Er blickte umher.

Ja ... das Haus war voll von hübschen Dingen. Sein Blick streifte einen großen, karminrot bezogenen Armsessel mit vergoldeten Klauen, der in der Halle stand. Er beneidete Digby um sein Haus, um seine Frau, um seine Kinder. Er wurde alt, das spürte er. Seine eigenen Kinder waren erwachsen; sie hatten ihn verlassen. Er blieb auf der Türstufe stehn und sah auf die Straße hinaus. Es war schon dunkel; Laternen brannten; die Herbsttage wurden immer kürzer. Und als er die dunkle, windige Straße entlangschritt, die jetzt von Regentropfen gefleckt war, wehte ihm eine Rauchwolke voll ins Gesicht; und Blätter fielen.

# 1907

Es war Hochsommer; und die Nächte waren heiß. Wo der Mond auf Wasser schien, machte er es weißlich, unergründlich, ob tief oder seicht. Wo das Licht aber auf Festes fiel, gab es ihm einen silberigen Glanz, daß sogar das Laub an ländlichen Straßen wie mit Lack überzogen aussah. Überall auf den stillen ländlichen Straßen nach London stapften Marktkarren, die eisernen Zügel fest in den eisernen Händen; denn Gemüse, Obst und Blumen reisen langsam. Hochbeladen mit runden Lattenkörben voller Kohlköpfe, Kirschen, Gartennelken, glichen sie Karawanen, bepackt mit der Habe wandernder Stämme auf der Suche nach Wasser, von Feinden getrieben, neue Weidegründe zu finden. So stapften sie dahin, auf dieser Straße, auf jener Straße, hielten sich dicht am Rand. Sogar die Pferde, wären sie blind gewesen, hätten das Summen von London schon aus der Ferne hören können, und die Kutscher, die dösenden, sahen doch aus halb geschlossenen Augen den feurigen Mull der ewig brennenden Stadt. Bei Morgengrauen, in Covent Garden, luden sie ihre Lasten ab; Tische und Gestelle und auch die Pflastersteine waren, wie aus einer himmlischen Wäscherei, bekraust mit Kohlköpfen, Kirschen und Gartennelken.

Alle Fenster standen offen. Musik erklang. Hinter dunkelroten Vorhängen hervor, durchscheinend geworden und manchmal im Luftzug sich teilenden, drangen die Klänge des ewigen Walzers – »Wenn dann das Fest zu Ende, wenn dann der Ball vorbei« – gleich einer Schlange, die sich in den Schwanz beißt, denn von Hammersmith bis Shoreditch war der Ring geschlossen. Wieder und wieder erklang er aus Posaunen vor den Schenken; Laufburschen pfiffen ihn, in jedem Saal, wo Leute tanzten, spielte ihn die Kapelle; und dort in Wapping, wo sie an kleinen Tischen in dem romantischen Wirtshaus saßen, das über die Themse hing, zwischen Holzlagern und Speichern, vor denen Frachtkähne vertäut lagen; und hier wiederum in Mayfair, wo auf jedem Tisch eine Lampe stand, ein Baldachin von straffer roter Seide, und die Blumen, die noch am Mittag Feuchtigkeit aus der Erde gesogen hatten, sich in den Vasen entspannten und weit ihre

Blätter öffneten. Jeder Tisch hatte seine Pyramide von Erdbeeren, seine blaßbraune, feiste Wachtel. Und Martin fand es – nach Indien, nach Afrika – aufregend, zu einem Mädchen mit bloßen Schultern zu sprechen, zu einer Frau mit grünschillernden Käferflügeln im Haar; auf eine Art zu sprechen, die der Walzer verzieh und halb verbarg unter seinem verliebten Geschmeichel. Kam es darauf an, was man sagte? Denn sie hörte nur halb zu und blickte über die Schulter, als ein Herr eintrat, der Orden trug, und eine Dame, in Schwarz mit Diamanten, ihn in eine verschwiegene Ecke winkte.

Indes die Nacht verging, legte sich ein zartes blaues Licht auf die Marktwagen, die noch immer dicht am Randstein dahinstapften, vorbei an Westminster, vorbei an den gelben runden Uhren, den fliegenden Kaffeeschenken und den Statuen, die da so steif in der frühen Morgendämmerung standen und ihre Kommandostäbe oder Papierrollen hielten. Und hinterdrein kamen die Straßenkehrer und schwemmten die Gehsteige. Zigarettenenden, Stanniolpapierschnitzel, Orangenschalen – der ganze Abfall des Tages wurde weggefegt, und noch immer stapften die Marktkarren, und die Mietwagen trabten unermüdlich an den vernachlässigten Gehsteigen von Kensington und unter den funkelnden Lichtern von Mayfair dahin und trugen Damen mit hohen Frisuren und Herren in weißer Weste die hufgehämmerten trockenen Straßen entlang, die im Mondlicht aussahn wie mit Silber plattiert.

»Schau!« rief Eugénie, als der offene Wagen im sommerlichen Zwielicht über die Brücke im Hyde Park trabte. »Ist das nicht entzückend?«

Sie wies auf das Wasser. Sie fuhren über die Serpentine; aber ihr Ausruf war nur eine Nebenbemerkung; sie hörte zu, was ihr Mann sagte.

Ihre Tochter Magdalena war mit ihnen; und sie folgte mit dem Blick der Handbewegung der Mutter. Da lag der langgewundene Teich rötlich im Licht der untergehenden Sonne; die Bäume standen in Gruppen, wie skulptiert, ihre Einzelheiten verlierend; und die geisterhafte Architektur des kleinen Steinstegs, des weißen, dort am Ende, schloß die Szene ab. Das Licht – das Sonnenlicht und das künstliche – war seltsam gemischt.

»... hat natürlich die Regierung in eine Klemme gebracht«,

sagte Sir Digby grade. »Aber das ist es ja, was er will.«

»Ja ... er wird sich einen Namen machen, dieser junge Mann«, erwiderte Lady Pargiter.

Der Wagen war über die Brücke. Er kam in den Schatten der Bäume. Nun verließ er den Park, reihte sich in die lange Kette von Wagen, die gegen den Marble Arch strömten und Leute in Abendkleidern zu den Theatern, zu Gesellschaften trugen. Das Licht wurde immer künstlicher, immer gelber.

Eugénie neigte sich vor und berührte etwas am Kleid ihrer Tochter. Maggie sah auf. Sie hatte gedacht, die beiden sprächen noch immer von Politik.

»So!« sagte ihre Mutter, nachdem sie ihr die Blume vorn am Kleid zurechtgezupft hatte. Sie legte den Kopf ein wenig schief und sah ihre Tochter beifällig an. Sie lachte auf und warf die Hand hoch. »Weißt du, was mich so aufgehalten hat?« sagte sie. »Dieser Kobold Sally ...«

Aber ihr Mann unterbrach sie. Er hatte eine beleuchtete Uhr erblickt.

»Wir werden zu spät kommen«, sagte er.

»Aber acht Uhr fünfzehn heißt doch für acht Uhr dreißig«, sagte Eugénie, während sie in eine Seitenstraße einbogen.

Alles war still in dem Haus in der Browne Street. Ein Strahl von der Straßenlampe fiel durch die fächerförmige Lünette über der Haustür und beleuchtete, fast launenhaft, ein Tablett mit Gläsern auf dem Hallentisch; einen Zylinderhut; einen Armsessel mit vergoldeten Klauen. Der Sessel, der leer stand, als wartete er auf jemand, hatte ein zeremoniöses Aussehen; als stünde er auf dem gesprungenen Terrazzoboden eines italienischen Vorsaals. Aber alles war still. Antonio, der Diener, schlief; Mollie, das Hausmädchen, schlief; unten im Souterrain klappte eine Tür zu und wieder zu – sonst war alles still.

Sally in ihrem Schlafzimmer ganz oben im Haus drehte sich auf die Seite und lauschte angespannt. Sie glaubte die Haustür einschnappen gehört zu haben. Ein jäher Schwall von Tanzmusik kam durchs offene Fenster und machte es unmöglich, etwas zu hören.

Sie setzte sich im Bett auf und spähte durch den Spalt neben der Rollgardine. Durch die Öffnung konnte sie ein Stück Himmel sehn; dann Dächer; dann den Baum im Garten; dann die Rückseiten von Häusern, die gegenüber in langer Zeile standen. Eins war hell erleuchtet, und aus den hohen offenen

Fenstern kam Tanzmusik. Die tanzten Walzer dort. Sie sah Schatten hinter dem Vorhang vorbeiwirbeln. Es war unmöglich, zu lesen; unmöglich, zu schlafen. Erst diese Musik; dann ein plötzlicher Schwall von Gespräch; dann kamen Leute in den Garten heraus; Stimmen schwirrten; dann begann die Musik von neuem.

Es war eine heiße Sommernacht, und obgleich es schon spät war, schien die ganze Welt voller Leben zu sein; das Hasten des Verkehrs klang fern, aber unablässig.

Ein verblaßtes braunes Buch lag auf ihrem Bett; als hätte sie darin gelesen. Aber es war unmöglich, zu lesen; unmöglich, zu schlafen. Sie ließ sich auf das Kissen zurücksinken, die Hände unter dem Kopf.

»Und er behauptete«, murmelte sie, »die Welt sei nichts als...« Was behauptete er? Nichts als etwas Gedachtes? fragte sie sich, als hätte sie es schon vergessen. Also gut, da es unmöglich war, zu lesen, unmöglich, zu schlafen, wollte sie sich etwas Gedachtes *sein* lassen. Es war leichter, etwas durch Tun zu sein, als durch Denken. Beine, Rumpf, Hände, alles an ihr müßte passiv daliegen, um an diesem Alldenken teilzunehmen, von dem der Mann behauptete, es sei die Welt, wie sie lebte. Sie streckte sich aus. Wo fing das Gedachtsein an?

In den Füßen? fragte sie sich. Dort waren sie, ragten unter der leichten Decke auf. Sie schienen ganz für sich zu sein, sehr weit weg. Sie schloß die Augen. Dann wurde wider ihren Willen etwas in ihr fest. Es war unmöglich, Gedachtsein zu *tun*. Sie wurde etwas; eine Wurzel; eingesenkt in die Erde; Adern schienen die kalte Masse zu durchziehn; der Baum streckte Äste aus; die Äste trugen Blätter.

»– die Sonne scheint durch die Blätter«, sagte sie und ließ die Finger spielen. Sie öffnete die Augen, um sich von der Sonne auf den Blättern zu überzeugen, und sah den wirklichen Baum draußen im Garten stehn. Weit davon, daß ihn Sonnenlicht sprenkelte, waren gar keine Blätter zu sehn. Für einen Augenblick hatte sie das Gefühl, widerlegt worden zu sein. Denn der Baum war schwarz, ganz schwarz.

Sie stützte den Ellbogen aufs Fensterbrett und sah hinaus auf den Baum. Ein verworrenes Geräusch, ein Händeklatschen, kam aus dem Raum dort, wo der Ball gegeben wurde. Die Musik hatte ausgesetzt. Leute begannen die eiserne Treppe herunterzukommen, in den Garten, dessen Umriß blaue und gelbe Lampen längs der Mauer punktierten. Die

Stimmen wurden lauter. Noch mehr Leute kamen heraus und noch mehr. Das punktierte Viereck von Grün war voll von den wallenden blassen Gestalten der Damen in Abendkleidern, den aufrechten schwarzweißen der Herren im Frack. Sie sah zu, wie sie sich durcheinander bewegten. Sie plauderten und lachten, aber sie waren zu weit weg, als daß sie hören konnte, was sie sagten. Manchmal tönte ein einzelnes Wort oder ein Lachen hervor, und dann war alles wieder nur ein Stimmengewirr. Hier im eigenen Garten war es ganz leer und still. Eine Katze schlich verstohlen auf einer Mauer oben dahin, hielt inne und glitt dann weiter, als zöge es sie zu einem geheimen Ziel. Die Musik setzte von neuem ein.

»Immer wieder, immer und immer wieder!« rief sie ungeduldig. Die Luft, vom sonderbaren, trockenen Geruch der Londoner Erde erfüllt, hauchte ihr ins Gesicht und blähte die Gardine. Sie streckte sich im Bett aus und sah den Mond; er schien ungeheuer hoch über ihr zu hängen. Kleine Dunstwölkchen zogen vor ihm vorbei. Nun teilten sie sich, und und sie sah Gravierungen auf der weißen Scheibe. Was waren sie? fragte sie sich – Berge? Täler? Und wenn Täler, sagte sie sich, die Augen halb schließend, dann weiße Bäume; und eisige Mulden; und Nachtigallen, zwei Nachtigallen, die einander rufen, einander rufen und Antwort geben über die Täler hin. Der Walzer nahm die Worte »einander rufen und Antwort geben« und wirbelte sie herum, aber wie er sie so immer im gleichen Rhythmus wiederholte, vergröberte er sie, zerstörte er sie. Die Tanzmusik mischte sich in alles. Anfangs erregend, dann langweilig und zuletzt unerträglich. Und es war erst zwanzig Minuten vor eins.

Ihre Oberlippe zog sich hoch wie bei einem Pferd, das beißen will. Das kleine braune Buch ödete sie an. Sie langte über den Kopf und holte von dem Bord mit den zerlesenen Bänden ein andres herunter, ohne hinzublicken. Sie öffnete es aufs Geratewohl; aber ihr Blick wurde von einem der Paare festgehalten, das immer noch im Garten saß, obwohl die andern alle hineingegangen waren. Was redeten die beiden? dachte sie. Etwas glitzerte dort im Gras, und soviel sie sehn konnte, bückte sich die schwarzweiße Gestalt und hob es auf.

»Und während er es aufhebt«, flüsterte sie und sah hinaus, »sagt er zu der Dame neben sich: ›Sehn Sie doch, Miss Smith, was ich hier im Gras gefunden habe – einen Splitter von meinem Herzen; von meinem gebrochenen Herzen‹, sagte er.

›Ich hab' es gefunden im Gras; und ich trag' es an meiner Brust‹« – sie summte die Worte im Takt zu der melancholischen Walzerweise – »›Mein gebrochenes Herz, diesen Splitter von Glas, denn Liebe –‹« sie hielt inne und warf einen Blick in das Buch. Auf dem Vorsatzblatt stand geschrieben:
»Sally Pargiter von ihrem Cousin Edward Pargiter.«
»...›denn Liebe‹«, schloß sie, »›ist höchste Lust‹.«
Sie schlug das Titelblatt auf.
»Die Antigone des Sophokles, in englische Verse gebracht von Edward Pargiter«, las sie.

Wiederum blickte sie aus dem Fenster. Die zwei saßen nicht mehr dort. Sie gingen die Eisentreppe hinauf. Ihr Blick folgte ihnen. Sie gingen hinein. »Und angenommen, mitten im Tanz«, flüsterte sie, »zieht sie's hervor und sieht es an und sagt: ›Was ist denn das?‹, und es ist ja bloß ein Stückchen zerbrochenes Glas – zerbrochenes Glas ...« Sie blickte wieder auf das Buch nieder.

»Die Antigone des Sophokles«, las sie. Das Buch war nagelneu; es knackte beim Öffnen; dies war das erste Mal, daß sie es öffnete.

»Die Antigone des Sophokles, in englische Verse gebracht von Edward Pargiter«, las sie abermals. Er hatte es ihr in Oxford geschenkt, an einem heißen Nachmittag, als sie durch Kapellen und Bibliotheken gezogen waren. »Gezogen, verflogen«, summte sie weiterblätternd, »und er sagte zu mir und stand aus dem tiefen Armsessel auf und fuhr sich mit der Hand durchs Haar« – sie blickte zum Fenster hinaus – »›meine Jugend vergeudet, meine Jugend vergeudet‹.« Der Walzer klang nun noch eindringlicher, noch schwermütiger. »Er nahm's in die Hand«, summte sie im Takt mit, »dies zerbrochene Glas, dies verblichene Herz, und er sagte zu mir ...« Da hörte die Musik auf. Händeklatschen folgte; die Paare kamen wieder in den Garten heraus.

Sie überflog die Seiten. Zuerst las sie hier und da ein paar Zeilen, wahllos; dann formten sich Szenen aus dem Durcheinander abgerissener Worte, flüchtig, ungenau, im Überfliegen. Dort lag der unbestattete Leichnam eines ermordeten Mannes; wie ein gestürzter Baum, wie eine Statue lag er da, den einen Fuß starr in der Luft. Geier sammelten sich. Hinunter plumpsten sie auf den silberigen Sand. Wankend, schwankend kamen die übergewichtigen Vögel gewatschelt; mit pendelnden Lappen an den kahlen Kehlen hopsten sie – sie tappte beim Lesen mit der Hand auf die Bettdecke – zu dem Klumpen dort. Pick, pick, pick, mit schnellen Schnäbeln hieben sie auf das faulende Fleisch. Ja. Sie warf einen Blick auf den Baum draußen im Garten. Der unbestattete Leichnam des ermordeten Mannes lag auf dem Sand. Dann kam, in einer gelben Wolke herangewirbelt, – wer? Sie schlug schnell die Seite um. Antigone? Sie kam aus der Staubwolke gewirbelt, dorthin, wo die Geier schwankten, und streute weißen Sand über den schwarz gewordenen Fuß. Da stand sie und ließ weißen Staub über den schwarzen Fuß fallen. Und hier kamen noch mehr Wolken; dunkle Wolken; die Reiter sprangen ab; sie wurde ergriffen; ihre Handgelenke wurden mit Weidenruten zusammengebunden; und sie brachten sie so gebunden – wohin?

Schallendes Gelächter kam aus dem Garten. Sie sah auf. Wohin brachten sie sie? fragte sie sich. Der Garten war voller Leute. Sie konnte kein Wort von dem, was sie sagten, verstehn. Die Gestalten bewegten sich durcheinander.

»An den hochansehnlichen Hof des ehrfurchtgebietenden Herrschers?« murmelte sie, ein paar Worte aufs Geratewohl aufgreifend, denn sie sah immer wieder in den Garten hinaus. Der König hieß Kreon. Er ließ sie lebendig begraben. Es war eine mondhelle Nacht. Die Blätterklingen der Kakteen waren scharfrandiges Silber. Der Mann im Lendenschurz schlug dreimal scharf mit seinem Schlegel auf die Ziegeldecke. Sie wurde lebendig begraben. Die Grabstätte war ein Ziegelgewölbe. Es war nur grade Platz, daß sie ausgestreckt liegen konnte. Ausgestreckt in einem gemauerten Grab, dachte sie; und das ist das Ende. Sie gähnte und klappte das Buch zu.

Sie streckte sich, bahrte sich auf unter dem kühlen, glatten Linnen und zog sich das Kissen um die Ohren. Das Leintuch mit der leichten Decke darüber schmiegte sich weich um sie. Am Fußende des Betts war eine lange Strecke kühlfrischer Matratze. Die Tanzmusik klang jetzt gedämpft. Ihr Körper sank plötzlich, erreichte dann Grund. Ein dunkler Fittich streifte ihren Geist, hinterließ eine Pause; einen blanken Raum. Alles – die Musik, die Stimmen – dehnte sich, wurde ununterscheidbar. Das Buch fiel zu Boden. Sie war eingeschlafen.

»Was für eine herrliche Nacht!« sagte das Mädchen, als sie mit ihrem Partner die Eisentreppe hinaufging. Sie ließ ihre

Hand auf dem Geländer ruhn. Es fühlte sich sehr kalt an. Sie sah auf; ein breiter Ring gelblichen Lichts lag rund um den Mond; es schien ihn mit einem Lächeln zu umgeben. Ihr Partner sah auch hinauf, dann stieg er eine Stufe höher, ohne etwas zu sagen, denn er war schüchtern.

»Auch beim Match morgen?« fragte er steif, denn sie kannten einander kaum.

»Wenn mein Bruder rechtzeitig abkommt, um mich hinzubringen«, antwortete sie und stieg auch eine Stufe höher. Dann, als sie den Tanzsaal betraten, machte er ihr eine kleine Verbeugung und verließ sie; denn seine Tänzerin wartete schon.

Der Mond, nun von Wolken frei, schwamm in einer blanken Weite, als hätte das Licht alle Schwere des Gewölks aufgesogen und einen reingefegten Estrich hinterlassen, einen Tanzboden für Lustbarkeit. Eine Weile blieb das schillernde Schimmern des Himmels ungetrübt. Dann kam ein Windhauch; und ein Wölkchen glitt über den Mond.

In dem Schlafzimmer entstand ein Geräusch, Sally drehte sich herum.

»Wer ist das?« murmelte sie. Sie setzte sich auf und rieb sich die Augen.

Es war ihre Schwester. Sie stand an der Tür, zögerte.

»Schläfst du?« fragte sie leise.

»Nein«, sagte Sally. Sie rieb sich die Augen. »Ich bin wach«, sagte sie und öffnete die Lider.

Maggie kam durchs Zimmer und setzte sich auf den Bettrand. Die Gardine blähte sich; die Decke glitt vom Bett. Einen Augenblick war sie ganz benommen. Nach dem Ballsaal sah es hier so unordentlich aus. Ein Becher mit einer Zahnbürste darin stand auf dem Waschtisch; das Handtuch hing verknüllt über den Ständer; und ein Buch war zu Boden gefallen. Sie bückte sich und hob es auf. Drüben fing die Musik wieder an. Sie hielt die Gardine beiseite. Die Frauen in blassen Kleidern, die Männer in Schwarzweiß drängten die Treppe hinauf in den Raum, wo getanzt wurde. Fetzchen von Gespräch und Gelächter wurden über den Garten hergeweht.

»Ist da wo ein Ball?« fragte sie.

»Ja. In einem der Häuser drüben«, antwortete Sally.

Maggie blickte hinaus. Aus dieser Entfernung klang die Musik romantisch, geheimnisvoll, und die Farben flossen ineinander, weder rosa, noch weiß, noch blau.

Maggie streckte sich und nestelte die Blume los, die sie trug. Die hing welk; die weißen Blütenblätter hatten schwarze Flecke bekommen. Sie blickte wieder zum Fenster hinaus. Das Gemisch der Lichter war sehr seltsam; das eine Blatt ein geisterhaftes Grün, das andre daneben ein grelles Weiß. Die Äste überschnitten einander in verschiedener Höhe. Dann lachte Sally.

»Hat dir wer einen Glassplitter überreicht«, sagte sie, »und dabei zu dir gesagt: ›Miss Pargiter, hier haben Sie mein gebrochnes Herz‹?«

»Nein«, sagte Maggie, »warum denn auch?« Die Blume fiel von ihrem Schoß zu Boden.

»Ich hab' nur gedacht«, sagte Sally. »Die Leute dort im Garten ...«

Sie schwenkte die Hand gegen das Fenster. Beide schwiegen sie einen Augenblick und lauschten der Tanzmusik.

»Und wer war dein Tischherr?« fragte Sally nach einer Weile.

»Ein Herr in goldbesticktem Frack«, sagte Maggie.

»Goldbestickt?« wiederholte Sally.

Maggie schwieg. Sie gewöhnte sich an das Zimmer; das Gefühl des Gegensatzes zwischen diesem Durcheinander hier und dem schimmernden Ballsaal verließ sie. Sie beneidete ihre Schwester, die hier im Bett lag, bei offenem Fenster, durch das die kühle Luft hereinwehte.

»Weil er nachher auf einen Empfang ging«, sagte sie. Und verstummte. Etwas hatte ihren Blick gefangen. Ein Zweig schwankte in der leichten Brise auf und nieder. Maggie hielt die Gardine so, daß das Fenster unverhüllt war. Nun konnte sie den ganzen Himmel sehn und die Häuser und die Äste im Garten.

»Das macht der Mond«, sagte sie. Es war der Mond, der die Blätter weiß machte. Sie blickten beide zu ihm auf, der glänzte wie eine Silbermünze, makellos poliert, scharfrandig und hart.

»Aber wenn sie nicht sagen: Oh, mein gebrochenes Herz«, fragte Sally, »was sonst sagen sie auf so einem Abend?«

Maggie schnippte ein weißes Fitzchen weg, das vom Handschuh an ihrem Arm haften geblieben war.

»Die einen sagen dies«, antwortete sie aufstehend, »und die andern das.«

Sie ergriff das kleine braune Buch, das auf dem Bett lag, und strich die Decke glatt. Sally nahm ihr das Buch aus der Hand.

»Der Mann da«, sagte sie und klopfte auf den verblaßten kleinen braunen Band, »behauptet, die Welt ist nichts als etwas Gedachtes, Maggie.«

»Wirklich?« sagte Maggie und legte das Buch auf den Waschtisch. Es war ein Kniff, das wußte sie, damit sie bleibe und mit ihr rede.

»Glaubst du, ist es wahr?« fragte Sally.

»Vielleicht«, sagte Maggie, ohne zu wissen, was sie sagte. Sie streckte die Hand nach der Gardine aus.

»Die Welt ist nichts als etwas Gedachtes, sagt er?« wiederholte sie und hielt die Gardine zur Seite.

Sie hatte etwas Ähnliches gedacht, als der Wagen über die Brücke der Serpentine fuhr; da hatte die Mutter sie unterbrochen. Sie hatte gedacht: Bin ich dies oder bin ich das? Sind wir eins oder sind wir getrennt – irgend so was Ähnliches.

»Wie ist's dann mit den Bäumen und Farben?« fragte sie, sich umwendend.

»Mit den Bäumen und Farben?« wiederholte Sally.

»Gäbe es Bäume, wenn wir sie nicht sähen?« fragte Maggie. »Was ist das: ›Ich‹? ... ›Ich‹ ...« Sie brach ab. Sie wußte nicht, was sie meinte. Es war Unsinn, was sie da redete.

»Ja«, sagte Sally, »was ist ›ich‹?« Sie hielt die Schwester am Kleid fest, als wollte sie sie nur hindern, schon zu gehn, oder als wollte sie die Frage weiter besprechen.

»Was ist ›ich‹?« wiederholte sie.

Doch da raschelte es vor der Tür, und die Mutter kam herein.

»Aber Kinder«, rief sie aus, »noch immer nicht im Bett? Immer noch plaudern?«

Sie kam durchs Zimmer, strahlend, glühend, als wäre sie noch immer angeregt von der Abendgesellschaft. Schmuck funkelte an ihrem Hals und ihren Armen. Sie war außerordentlich hübsch. Sie blickte umher.

»Und die Blume liegt auf dem Boden, und alles ist so unordentlich«, sagte sie. Sie hob die Blume auf, die Maggie hatte fallen lassen, und hielt sie an die Lippen.

»Weil ich gelesen hab', Mama; weil ich gewartet hab'«, sagte Sally. Sie ergriff die Mutter an der Hand und streichelte ihr den bloßen Arm. Sie ahmte die Manier der Mutter so genau nach, daß Maggie lächelte. Sie waren vollkommene Gegensätze – Lady Pargiter so weich gerundet, Sally so eckig. Doch es hat gewirkt, dachte sie, als Lady Pargiter sich auf das Bett niederziehn ließ. Die Nachahmung war haargenau gewesen.

»Aber du mußt einschlafen, Sal«,. wandte die Mutter ein. »Was hat der Doktor gesagt? Geradeliegen, stilliegen, hat er gesagt.« Sie drückte sie auf das Kissen zurück.

»Ich liege gerade und still«, sagte Sally. »Also« – sie blickte zu ihr auf – »erzähl mir von der Soirée!«

Maggie stand aufrecht am Fenster. Sie sah zu, wie die Paare die Eisentreppe herunterkamen. Bald war der Garten voll von Weiß und Rosa, die sich durcheinander bewegten. Sie hörte mit halbem Ohr, wie die beiden hinter ihr von der Gesellschaft sprachen.

»Es war eine sehr hübsche Soirée«, sagte ihre Mutter soeben.

Maggie blickte zum Fenster hinaus. Das Geviert des Gartens war voll von verschieden getönten Farben. Sie schienen durcheinanderzurieseln, bis sie in den schrägen Streifen kamen, auf den das Licht aus dem Haus fiel, und da wurden sie plötzlich zu Damen und Herren in großer Abendkleidung.

»Kein Fischbesteck?« hörte sie Sally fragen.

Sie wandte sich um.

»Wer war mein Tischherr?« fragte sie.

»Sir Matthew Mayhew«, antwortete Lady Pargiter.

»Wer ist Sir Matthew Mayhew?« fragte Maggie.

»Ein sehr distinguierter Mann!« sagte die Mutter, die Hand hochwerfend.

»Ein sehr distinguierter Mann«, sprach Sally ihr nach.

»Aber er ist's wirklich«, wiederholte Lady Pargiter und lächelte der Tochter zu, die sie besonders liebte, vielleicht der Schulter wegen.

»Es war eine große Ehre, neben ihm zu sitzen, Maggie«, fuhr sie fort. »Eine große Ehre«, sagte sie verweisend. Sie hielt inne, als sähe sie eine kleine Szene. Sie blickte auf.

»Und dann«, fing sie wieder an, »als Mary Palmer zu mir sagt, welche ist Ihre Tochter? da seh' ich Maggie, meilenweit weg, am andern Ende des Saals, und sie spricht mit Martin, den sie jeden Tag in einem Omnibus treffen kann!«

Sie betonte die Worte so stark, daß sie zu steigen und zu fallen schienen. Sie unterstrich den Rhythmus noch, indem sie mit den Fingern auf Sallys bloßen Arm tippte.

»Aber ich treffe Martin nicht jeden Tag«, widersprach Maggie. »Ich hab' ihn doch noch gar nicht gesehn, seit er aus Afrika zurück ist.«

Die Mutter unterbrach sie. »Aber du gehst nicht auf Gesellschaften, meine liebe Maggie, um dich mit deinen eigenen Cousins zu unterhalten. Du gehst auf Gesellschaften und Bälle, um –«

Da schmetterte die Tanzmusik los. Die ersten Akkorde schienen von frenetischer Energie besessen zu sein, als riefen sie die Tänzer gebieterisch zur Rückkehr. Lady Pargiter verstummte mitten im Satz. Sie seufzte; ihr Körper nahm etwas lässig Weiches an. Die schweren Lider senkten sich ein wenig über die großen dunklen Augen. Langsam wiegte sie den Kopf im Takt der Musik.

»Was spielen sie nur?« flüsterte sie. Sie summte die Melodie und schlug mit der Hand den Takt. »Danach hab' ich früher einmal getanzt.«

»Tanz *jetzt*, Mama!« bat Sally.

»Ja, Mama, zeig uns, wie du getanzt hast!« drängte Maggie.

»Aber ohne Partner –?« wandte Lady Pargiter ein.

Maggie schob einen Stuhl aus dem Weg.

»Stell dir einen Partner vor!« drängte Sally.

»Schön«, sagte Lady Pargiter. Sie erhob sich. »So ähnlich war es«, sagte sie. Sie stand einen Augenblick; mit der einen, ausgestreckten Hand hielt sie ihr Kleid; in der andern, den Arm leicht gebeugt, hielt sie die Blume; sie drehte und drehte sich auf der Stelle in dem Raum, den Maggie freigemacht hatte. Ihre Bewegungen hatten etwas außerordentlich Anmutiges. Alle ihre Glieder schienen sich zu biegen und zu fluten mit dem Flug und Schwung der Musik, die lauter und deutlicher zu werden schien, als sie dazu tanzte. Ein und aus um die Stühle und das Tischchen tanzte sie, und dann, als die Musik aufhörte, rief sie: »So!« und ihr Körper schien sich zusammenzufalten, sich ganz zu schließen, als sie dieses »So!« hauchte und aus dem letzten Schwung heraus auf den Bettrand niedersank.

»Herrlich!« rief Maggie. Ihre Augen ruhten bewundernd auf ihrer Mutter.

»Unsinn!« lachte Lady Pargiter, ein wenig außer Atem. »Ich bin schon viel zu alt zum Tanzen; aber als ich jung war, als ich in euerm Alter war –« Sie saß da und atmete heftig.

»Und du bist aus dem Haus auf die Terrasse hinausgetanzt und hast ein kleines Billett in deinem Bouquet gefunden –« sagte Sally und streichelte der Mutter den Arm. »Erzähl uns die Geschichte, Mama!«

»Nicht heute nacht«, sagte Lady Pargiter. »Hört ihr? Da schlägt die Uhr!«

Die Westminsterabtei war so nahe, daß der Stundenschlag das Zimmer füllte; sanft, verworren, wie das Flattern sanfter Seufzer, hintereinander hereilend, aber dennoch etwas Hartes verbergend. Lady Pargiter zählte. Es war sehr spät.

»Ich erzähle euch die wahre Geschichte nächstens einmal«, sagte sie und beugte sich nieder, um ihrer Tochter einen Gutenachtkuß zu geben.

»Nein, jetzt! Jetzt!« rief Sally und hielt sie fest.

»Nein, nicht jetzt – nicht jetzt!« lachte Lady Pargiter und zog schnell die Hand weg. »Da! – Papa ruft mich!«

Sie hörten Schritte draußen auf dem Gang und dann Sir Digbys Stimme vor der Tür.

»Eugénie! Es ist sehr spät, Eugénie!« hörten sie ihn sagen.

»Ich komm' schon!« rief sie. »Ich komm' schon!«

Sally erwischte sie an der Schleppe. »Du hast uns die Geschichte von dem Bouquet noch nicht erzählt, Mama!«

»Eugénie!« rief Sir Digby. Seine Stimme klang gebieterisch. »Hast du die Küchentür abge–«

»Ja, ja, ja«, rief Eugénie. »Ich werd' euch die wahre Geschichte ein andermal erzählen«, sagte sie und befreite sich aus dem Griff ihrer Tochter. Sie küßte die beiden schnell und ging aus dem Zimmer.

»Sie will sie uns nicht erzählen«, sagte Maggie und griff nach ihren Handschuhen. Sie sagte es mit einiger Bitterkeit.

Sie lauschten den Stimmen auf dem Gang. Sie konnten die Stimme des Vaters hören. Er machte der Mutter Vorhaltungen. Seine Stimme klang zänkisch und ärgerlich.

»Auf und ab pirouettierte er, den Degen zwischen den Beinen«, sagte Sally und boxte zornig ihr Kissen.

Die Stimmen entfernten sich die Treppe hinunter.

»Von wem war das Billett, glaubst du?« fragte Maggie.

Sie hielt inne und sah ihrer Schwester zu, die sich in das Kissen vergrub.

»Das Billett? Was für ein Billett?« fragte Sally. »Ach, das Billett in dem Bouquet? Ich kann mich nicht erinnern«, sagte sie. Sie gähnte.

Maggie schloß das Fenster und den Vorhang, aber sie ließ einen Lichtspalt frei.

»Zieh ihn ganz vor, Maggie«, sagte Sally reizbar. »Daß der Lärm draußen bleibt!«

Sie rollte sich ein, mit dem Rücken gegen das Fenster. Sie hatte neben dem Kopf einen Gupf aus dem Kissen gemacht, wie um sich von der Tanzmusik abzuschließen, die immer noch weiterspielte. Sie drückte das Gesicht in eine Kissenkluft. Wie die Puppe eines Insekts sah sie aus, eingehüllt in die scharfen weißen Falten der Bettdecke. Nur ihre Nasenspitze war sichtbar. Unter der dünnen Decke ragte ihre Hüfte auf und, am Ende des Betts, ihre Füße. Sie tat einen tiefen Seufzer, der fast ein Schnarchen war; und schon schlief sie.

Maggie ging durch den Gang. Dann sah sie, daß unten Licht brannte. Sie blieb stehn und blickte über das Geländer hinunter. Die Halle war beleuchtet. Sie konnte den großen italienischen Armsessel mit den vergoldeten Klauen sehn. Die Mutter hatte ihr Abendcape darüber geworfen, so daß es in weichen goldenen Falten über den dunkelroten Bezug fiel. Sie konnte ein Tablett mit Whisky und einer Syphonflasche auf dem Hallentisch sehn. Dann hörte sie die Stimmen der Eltern, die die Treppe von der Küche heraufkamen. Sie waren unten im Tiefgeschoß gewesen; in der Straße hier war eingebrochen worden; die Mutter hatte versprochen, ein neues Schloß an der Eingangstür zur Küche anbringen zu lassen, aber sie hatte es vergessen. Maggie konnte den Vater sagen hören:

» ... sie würden's einschmelzen; wir würden unser Silber nie wieder zurückkriegen.«

Maggie stieg einige Stufen höher.

»Es tut mir so leid, Digby«, sagte Eugénie, als sie in die Halle kamen. »Ich mach' mir einen Knoten ins Taschentuch; morgen vormittag geh' ich hin, gleich nach dem Frühstück ... Ja«, sagte sie und raffte ihr Cape über den Arm, »ich werd' selbst hingehn und ich werd' sagen: ›Ich hab' genug von Ihren Ausreden, Mr. Toye. Nein, Mr. Toye, Sie haben mich einmal zu oft enttäuscht. Und nach all den Jahren!‹«

Dann folgte eine Pause. Maggie konnte das Spritzen von Sodawasser hören; das Klingen eines Glases; und dann erlosch das Licht.

# 1908

Es war März, und der Wind wehte. Aber er »wehte« nicht. Er puffte, er peitschte. Er war so grausam, so unkleidsam. Nicht genug, daß er Gesichter bleichte und Nasen rötete; er schlug Röcke hoch, entblößte dicke Waden; zwang Hosen, spindelige Schienbeine zu enthüllen. Er hatte nichts Rundendes, Reifendes. Er war eher wie der Schwung einer Sense, die schneidet – aber nicht Korn, nicht fruchtbringend; sondern zerstörend in eitel Zwecklosigkeit schwelgt. Mit einem einzigen Pusten blies er alle Farbe aus – sogar einen Rembrandt in der Nationalgalerie, sogar einen großen Rubin in einem Schaufenster der Bond Street: ein Pusten, und weg waren sie. Er hatte keine Kinderstube, höchstens auf der Hunde-Insel unter Blechbüchsen, die neben einer Armenhausschlumpe am besudelten Uferrand einer Großstadt lagen. Modernde Blätter wirbelte er hoch, gab ihnen eine neue Frist verkommenen Daseins, schmähte, verspottete sie und hatte doch nichts an die Stelle der geschmähten, der verspotteten zu setzen. Nieder fielen sie. Der Unschöpferische, Unfruchtbare johlte seine Lust am Zerstören, seine Macht, die Borke abzublättern und den Blust, das bare Gebein bloßzulegen; er ließ jedes Fenster erblassen; trieb alte Herren tiefer und tiefer in die nach Leder riechenden Nischen der Klubs und zwang alte Damen, leerblickende, pergamentwangige, freudlose, inmitten der Quasten und Möbelschoner ihres Zimmers mit Küche zu bleiben. Triumphierend in seinem Mutwillen, verödete er die Straßen, fegte Fleisch und Blut vor sich her, und in vollem Hui an einen Kehrichtkarren vor den Army & Navy Stores anprallend, verstreute er über den Gehsteig einen Wust alter Briefumschläge, zusammengedrehter Haare, schon mit Blut beschmierter, gelb beschmierter, von Druckerschwärze bedeckter Papiere und trieb die schlitternden, sich um Beine zu breiten, um Laternenpfähle und Briefkastensäulen und wie rasend die Gitterstäbe vor den Lichtschächten der Kellergeschosse zu umklammern.

Matty Stiles, die Hauswächterin, die zusammengekauert in dem Souterrain in der Browne Street saß, blickte auf. Der

Staub prasselte den Gehsteig entlang. Er erzwang sich seinen Weg unter den Türen, zwischen Scheiben und Fensterrahmen durch auf die Anrichten und Kommoden. Aber das war ihr gleich. Sie war eine von denen, die kein Glück hatten. Sie hatte gedacht, es sei ein sicherer Posten, jedenfalls bis über den Sommer. Die Dame war gestorben; der Herr auch. Sie hatte den Posten durch ihren Sohn, den Polizisten, bekommen. Das Haus mit seinem Tiefgeschoß würde vor Weihnachten bestimmt keinen Mieter finden – so hatte man ihr gesagt. Sie hätte bloß Leute herumzuführen, die einen Zettel vom Häuservermittler vorwiesen. Und sie erwähnte immer das Tiefgeschoß – wie feucht es sei. »Sehn Sie nur den Fleck an der Decke.« Und dort war er auch, wie nur je. Aber was konnte sie tun, der Herr aus China hatte einen Narren daran gefressen. Es passe ihm, hatte er gesagt. Er habe in der City zu tun. Sie war eine von denen, die kein Glück hatten, – nach drei Monaten wieder hinaus zu müssen und zu ihrem Sohn nach Pimlico, hinterm Viktoriabahnhof.

Die Klingel schrillte. Der konnte lang klingeln; sie würde niemand mehr öffnen. Dort stand er, auf der Türstufe. Sie konnte ein Paar Beine durch die Geländerstäbe sehn. Mochte er klingeln, solang er wollte. Das Haus war verkauft. Sah er denn den Streifen auf dem Brett nicht? Konnte er nicht lesen? Hatte er keine Augen? Sie kauerte sich näher ans Feuer, das von fahler Asche bedeckt war. Sie konnte seine Beine dort stehn sehn, auf der Türstufe, zwischen dem pendelnden Kanarienkäfig und der Schmutzwäsche auf dem Tisch, die sie hatte waschen wollen, aber von diesem Wind tat ihr die Schulter so jämmerlich weh. Mochte er von ihr aus klingeln, bis das Haus einstürzte!

Martin stand dort.

»Verkauft«, kündete ein grellroter Papierstreifen, der schräg über das Schild des Realitätenhändlers klebte.

»So bald!« dachte Martin. Er hatte einen kleinen Umweg gemacht, um das Haus in der Browne Street wiederzusehn. Und es war schon verkauft. Der rote Streifen war ein Schock für ihn. Schon verkauft, und Digby war erst drei Monate tot – und Eugénie nicht viel länger als ein Jahr. Er stand einen Augenblick und sah die schwarzen Fenster an, die jetzt von Staub verschmiert waren. Es war ein Haus, das Charakter hatte, irgendwann im achtzehnten Jahrhundert erbaut. Eugénie war stolz darauf gewesen. Und ich bin gern hergekommen, dachte er. Aber nun lag ein Fetzen alter Zeitung auf der Türstufe; Strohhalme hatten sich in dem Lichtschachtgeländer verfangen; und er konnte – es waren keine Gardinen mehr da – in ein leeres Zimmer sehn. Eine Frau spähte aus dem Tiefgeschoß zu ihm herauf, durch die Stäbchen eines Vogelkäfigs. Es hatte keinen Sinn, zu klingeln. Er wandte sich ab. Ein Gefühl, daß etwas ausgelöscht worden war, kam über ihn, als er die Straße entlangschritt.

Ein besudeltes, ein schäbiges Ende ist das, dachte er; ich bin immer so gern hergekommen. Aber er hing nicht gern unangenehmen Gedanken nach. Was half das? fragte er sich.

»Des Königs von Spanien Tochter«, summte er, als er um die Ecke bog, »die kam zu mir im Traum ...«

»Und wie lange«, fragte er sich, als er vor der Tür des Hauses in der Abercorn Terrace stand und nochmals auf die Klingel drückte, »wird mich die gute Crosby noch warten lassen?« Der Wind war sehr kalt.

Er stand da und betrachtete die gelbliche Front des großen, architektonisch unbedeutenden, aber zweifellos für eine Familie bequemen Hauses, in welchem sein Vater und seine Schwester noch immer wohnten. »Sie braucht jetzt schon recht lange auf ihre alten Tage«, dachte er, im Wind fröstelnd. Aber da ging die Tür auf, und Crosby erschien.

»Hallo, Crosby!« sagte er.

Sie sah ihn strahlend an, so daß ihr Goldzahn sichtbar wurde. Er sei immer ihr Liebling gewesen, sagten die andern, und der Gedanke tat ihm heute wohl.

»Wie geht's, wie steht's?« fragte er, als er ihr seinen Hut reichte.

Sie war ganz die alte – noch mehr verrunzelt, noch mehr einer Mücke gleichend, und ihre blauen Augen standen weiter hervor denn je.

»Plagt dich das Rheuma?« fragte er, als sie ihm aus dem Mantel half. Sie lächelte still und tapfer. Er fühlte sich ihr zugetan. Er war froh, sie so gar nicht verändert zu finden. »Und Miss Eleanor?« fragte er, die Tür ins Wohnzimmer öffnend. Das Zimmer war leer. Sie war nicht da. Aber sie war dagewesen, denn es lag ein Buch auf dem Tisch. Er war froh zu sehn, daß nichts verändert worden war. Er blieb vor dem Kaminfeuer stehn und sah das Bild der Mutter an. Im Lauf der letzten paar Jahre hatte es aufgehört, seine Mutter zu sein;

es war ein Kunstwerk geworden. Aber es war verschmutzt.

Dort war doch immer eine Blume im Gras gewesen, dachte er und spähte in die sehr dunkle Ecke; aber jetzt war dort nichts als schmutzigbraune Farbe. Und was hatte Eleanor gelesen? Er war neugierig. Er nahm das Buch, das gegen die Teekanne lehnte, und sah nach dem Titel. Renan, las er. »Warum Renan?« fragte er sich und fing an zu lesen, während er wartete.

»Mr. Martin, Miss«, sagte Crosby, die Tür zum Arbeitszimmer öffnend. Eleanor sah sich um. Sie stand neben dem Sessel ihres Vaters und hatte die Hände voller langer Zeitungsausschnitte, als hätte sie sie vorgelesen. Ein Schachbrett lag vor ihm; die Figuren waren zum Spielen aufgestellt, aber er saß zurückgelehnt in seinem Sessel. Er sah teilnahmslos und recht verdüstert drein.

»Räum sie weg ... heb sie irgendwo auf«, sagte er mit einer Daumenbewegung gegen die Zeitungsausschnitte. Das war ein Zeichen, daß er sehr gealtert war, dachte Eleanor, – Zeitungsausschnitte aufbewahrt haben zu wollen. Er war träg und schwer beweglich geworden nach seinem Schlaganfall; rote Äderchen zeigten sich auf seiner Nase und auf seinen Wangen. Auch sie fühlte sich alt, schwerfällig und stumpf.

»Mr. Martin ist gekommen«, wiederholte Crosby.

»Martin ist hier«, sagte Eleanor. Ihr Vater schien nicht zu hören. Er saß regungslos, den Kopf auf die Brust gesenkt.

»Martin«, wiederholte Eleanor lauter. »Martin ...«

Wollte er ihn sehn, oder wollte er ihn nicht sehn? Sie wartete, daß gleichsam ein schwerflüssiger Gedanke aufsteige. Endlich gab er einen kleinen Knurrlaut von sich; aber sie war nicht sicher, was der bedeutete.

»Ich werde ihn dir nach dem Tee hereinschicken«, sagte sie. Sie wartete einen Augenblick. Er raffte sich auf und begann an den Schachfiguren herumzufingern. Er hatte immer noch Mut, gewahrte sie mit Stolz. Er bestand immer noch darauf, Dinge selber zu tun.

Sie ging in das Wohnzimmer und fand Martin vor dem gelassen lächelnden Bild der Mutter stehn. Er hielt ein Buch in der Hand.

»Warum Renan?« fragte er, als sie eintrat. Er klappte das Buch zu und küßte sie. »Warum Renan?« wiederholte er. Sie errötete ein wenig. Es machte sie aus irgendeinem Grund verlegen, daß er das Buch da gefunden hatte, aufgeschlagen. Sie setzte sich und legte die Zeitungsausschnitte auf den Teetisch.

»Wie geht's Papa?« fragte er. Sie hat etwas von ihren frischen Farben eingebüßt, dachte er, als er sie ansah. Und in ihrem Haar ist eine graue Strähne.

»Er ist recht verdüstert«, sagte sie mit einem Blick auf die Zeitungsausschnitte. »Ich möchte wissen«, fügte sie hinzu, »wer solches Zeug schreibt?«

»Was für Zeug?« fragte Martin. Er nahm einen der geknitterten Streifen vom Tisch und begann ihn zu lesen: ›»... ein Mann von besonderen Fähigkeiten für den Staatsdienst ... mit vielseitigen Interessen ...‹ Ach, Digby«, sagte er. »Nachrufe. Ich bin heute nachmittag an dem Haus vorbeigekommen. Es ist verkauft.«

»So bald?« sagte Eleanor.

»Es hat sehr verschlossen und verödet ausgesehn«, setzte er hinzu. »Eine schlampige alte Vettel saß unten im Souterrain.«

Eleanor zog eine Haarnadel heraus und begann den Docht unter dem Kessel zu zerzupfen. Martin sah ihr einen Augenblick schweigend zu.

»Ich bin immer gern hingegangen«, sagte er endlich. »Ich hab' Eugénie gern gehabt.«

Eleanor schwieg.

»Ja ...« sagte sie dann zweifelnd. Sie hatte sich mit ihr nie ganz unbefangen gefühlt. »Sie hat immer so übertrieben«, fügte sie hinzu.

»Ja, natürlich.« Martin lachte. Und dann erinnerte er sich an etwas und lächelte. »Sie hat weniger Wahrheitssinn gehabt als eine – Das nützt überhaupt nichts, Nell«, unterbrach er sich, nervös gemacht von ihrem Herumbasteln an dem Docht.

»Aber ja«, widersprach sie. »Mit der Zeit wird es schon kochen.«

Sie hielt inne; langte nach der Teebüchse und maß den Tee ein. »Eins, zwei, drei, vier«, zählte sie.

Sie benützte noch immer die hübsche alte Silberbüchse mit dem Schiebedeckel, so gewahrte er. Er sah ihr zu, wie sie den Tee methodisch einmaß – eins, zwei, drei, vier. Er schwieg.

»Wir können nicht mit einer Lüge unsere Seele retten«, sagte er unvermittelt.

Warum sagt er das? fragte sich Eleanor.

»Als ich mit ihnen in Italien war –« sagte sie, aber da ging die Tür auf, und Crosby brachte eine Schüssel mit irgendwas. Sie ließ die Tür nur angelehnt, und ein Hund zwängte sich hinter ihr herein.

»Ich wollte –« fuhr Eleanor fort, aber sie konnte nicht sagen, was sie sagen wollte, weil Crosby im Zimmer herumhantierte.

»Wär' schon Zeit, daß Miss Eleanor einen neuen Kessel kauft, nicht?« sagte Martin und wies auf den alten Messingkessel mit seinem schwach eingeritzten Rosenmuster, den er nie hatte ausstehn können.

»Crosby ist nicht für Neuerungen«, sagte Eleanor, immer noch mit ihrer Haarnadel herumstochernd. »Crosby vertraut sich nicht der Untergrundbahn an, nicht wahr, Crosby?«

Crosby schmunzelte. Sie sprachen immer in der dritten Person zu ihr, weil sie nie antwortete, sondern nur lächelte. Der Hund schnupperte zu der Schüssel hinauf, die sie soeben auf den Tisch gestellt hatte. »Crosby läßt dieses Hundevieh viel zu fett werden«, sagte Martin.

»Das sag' ich ihr auch immer«, sagte Eleanor.

»Wenn ich du wäre, Crosby«, meinte Martin, »ich gäbe ihm weniger zu fressen und liefe jeden Morgen mit ihm eine flotte Runde im Park.« Crosby sperrte den Mund auf.

»Oh, aber Mr. Martin!« verwahrte sie sich, so entsetzt über seine rohe Zumutung, daß sie sogar Worte fand.

Der Hund folgte ihr aus dem Zimmer.

»Crosby ist dieselbe geblieben«, sagte Martin.

Eleanor hatte den Deckel des Kessels gehoben und sah hinein. Es zeigten sich noch immer keine Bläschen auf dem Wasser.

»Dieser verdammte Kessel«, sagte Martin. Er griff nach einem der Zeitungsausschnitte und begann einen Fidibus daraus zu drehn.

»Nein, nicht, Papa will, daß sie aufbewahrt werden«, sagte Eleanor. »Aber er war nicht so«, sagte sie und legte die Hand auf die Zeitungsausschnitte. »Ganz und gar nicht.«

»Wie war er denn?« fragte Martin.

Eleanor schwieg. Sie konnte ihren Onkel ganz deutlich vor sich sehn; er hielt seinen Zylinderhut in der Hand; er legte ihr die andere auf die Schulter, und sie blieben vor einem Bild stehn. Aber wie konnte sie ihn beschreiben?

»Er hat mich öfters in die Nationalgalerie geführt«, sagte sie.

»Sehr kultiviert natürlich«, sagte Martin. »Aber er war so ein gräßlicher Snob.«

»Nur an der Oberfläche«, sagte Eleanor.

»Und immer hat er an Eugénie so belanglose Kleinigkeiten auszusetzen gefunden«, fuhr Martin fort.

»Aber stell dir vor, mit ihr zu leben!« sagte Eleanor. »Diese Manier –« Sie warf die Hand hoch; aber nicht so, wie Eugénie die Hand hochwarf, dachte Martin.

»Ich hab' sie gut leiden können«, sagte er. »Ich bin gern hingegangen.« Er sah das unordentliche Zimmer vor sich; das Klavier offen; das Fenster offen; ein Windstoß blähte die Vorhänge, und seine Tante kam mit offenen Armen auf ihn zu. »Wie ich mich freue, Martin! Wie ich mich freue!« hatte sie immer gesagt. Wie war's mit ihrem geheimen Leben gewesen, fragte er sich, – ihren Liebesaffären? Sie mußte welche gehabt haben – selbstverständlich, selbstverständlich.

»War da nicht irgendeine Geschichte mit einem Brief?« begann er. Er wollte sagen: Hatte sie nicht eine Affäre mit jemand? Aber es fiel ihm schwerer, mit seiner Schwester offen zu sein, als mit andern Frauen, denn sie behandelte ihn immer noch, als wäre er ein kleiner Junge. War Eleanor jemals verliebt gewesen? fragte er sich und sah sie an.

»Ja«, sagte sie. »Da war so eine Geschichte –«

Aber in diesem Augenblick begann die elektrische Klingel zu schrillen.

»Papa«, sagte sie. Sie erhob sich halb.

»Nein«, sagte Martin. »Laß mich ...« Er stand auf. »Ich hab' ihm eine Schachpartie versprochen.«

»Dank dir, Martin. Das wird ihm Freude machen«, sagte Eleanor erleichtert, als er das Zimmer verließ und sie allein blieb.

Sie lehnte sich in den Sessel zurück. Wie schrecklich das Alter war, dachte sie; alle Fähigkeiten streifte es einem ab, eine nach der anderen, aber etwas in der Mitte ließ es am Leben; es ließ – sie raffte die Zeitungsausschnitte zusammen – eine Schachpartie übrig, eine Ausfahrt in den Park, einen Abendbesuch vom alten General Arbuthnot.

Besser, man starb, wie Eugénie und Digby, in den besten Jahren, im Vollbesitz aller Fähigkeiten. Aber *so* war er nicht gewesen, dachte sie mit einem Blick auf die Zeitungsausschnitte. »Ein Mann von ausnehmend stattlicher Erscheinung ... Jäger, Angler und Golfspieler.« Nein, nicht im mindesten so. Er war ein sonderbarer Mensch gewesen; schwach; sensitiv; hatte viel für Titel übrig gehabt; für Bilder; und war oft bedrückt gewesen von der Überschwenglichkeit seiner Frau, so vermutete sie. Sie schob die Ausschnitte beiseite und griff nach dem Buch. Seltsam, dachte sie, wie verschieden derselbe Mensch zwei verschiedenen Menschen erscheinen kann: ihm, Martin, der Eugénie gern hatte, und ihr, die Digby gern hatte. Sie begann zu lesen.

Sie hatte immer über das Christentum mehr wissen wollen – wie es begann, was es ursprünglich bedeutete. Gott ist die Liebe ... Das Himmelreich ist in uns; Worte wie diese, dachte sie, was bedeuteten sie? Die Worte waren sehr schön. Aber wer hatte sie gesprochen – und wann? Dann puffte der Schnabel des Teekessels Dampf auf sie, und sie drehte ihn weg. Der Wind ließ die Fenster im Zimmer erklirren; er bog die kleinen Büsche; sie hatten noch immer keine Blätter. Ein Mann hatte die Worte unter einem Feigenbaum gesprochen, auf einem Berg, dachte sie. Und dann hatte ein andrer sie niedergeschrieben. Aber wie, wenn das, was der andre sagte, ebenso falsch war wie das, was dieser Mann hier – sie tappte mit dem Löffel auf die Zeitungsausschnitte – über Digby sagt? Und hier sitze ich, dachte sie, in diesem Wohnzimmer, sehe das Porzellan in der holländischen Vitrine an und empfange ein Fünkchen von dem, was irgendwer vor so vielen Jahren gesagt hat, – da kommt es (das Blau des Porzellans verfärbte sich zu Bläulichweiß) über alle diese Berge, über alle die Meere gesprungen. Sie fand die Stelle und begann wieder zu lesen.

Aber ein Geräusch in der Halle unterbrach sie. Kam jemand? Sie lauschte. Nein, es war der Wind. Der Wind war schrecklich. Er drückte sich an das Haus, packte es fest, dann ließ er es wieder los. Oben schlug eine Tür zu. Im Schlafzimmer über ihr mußte ein Fenster offen sein. Eine Rollgardine klapperte. Es war schwer, sich auf Renan zu konzentrieren. Aber sie tat es gern. Sie konnte selbstverständlich mühelos Französisch lesen; und Italienisch und ein wenig Deutsch. Aber was für gewaltige Lücken, dachte sie, sich zurücklehnend, was für leere Strecken gab es in ihrem Wissen. Wie wenig sie von irgend etwas wußte! Diese Teetasse zum Beispiel; sie hielt sie vor sich hin. Woraus bestand sie? Aus Atomen? Und was waren Atome, und wie hielten sie zusammen? Die glatte, harte Oberfläche des Porzellans mit den roten Blümchen erschien ihr für eine Sekunde als ein geheimnisvolles Wunder. Aber da entstand wieder ein Geräusch in der Halle. Es war der Wind, aber es war auch eine Stimme, die sprach. Es mußte Martin sein. Aber zu wem mochte er sprechen, fragte sie sich. Sie lauschte, aber sie konnte des Windes wegen nicht hören, was er sagte. Und warum, fragte sie sich, hatte er gesagt: Wir können nicht mit einer Lüge unsre Seele retten? Er hatte an sich selbst gedacht; man merkte es immer, wenn jemand an sich selbst dachte; am Ton der Stimme. Vielleicht hatte er sich dafür rechtfertigen wollen, daß er aus der Armee ausgetreten war. Das war mutig gewesen, dachte sie; aber war es nicht sonderbar, überlegte sie weiter, den Stimmen lauschend, daß er dabei so ein Dandy war? Er trug einen neuen blauen Anzug mit dünnen weißen Streifen. Und er hatte sich den Schnurrbart wegrasiert. Er hätte nie Soldat werden sollen, dachte sie; er war ohnedies viel zu streitlustig ... Die zwei redeten immer noch. Sie konnte nicht hören, was er sagte, aber beim Klang seiner Stimme überkam sie das Gefühl, daß er eine Menge Liebesaffären haben mußte. Ja, das wurde ihr völlig klar, als sie so, durch die Tür, seiner Stimme lauschte, – daß er eine Menge Liebesaffären hatte. Aber mit wem? Und warum hielten Männer Liebesaffären für so wichtig? fragte sie sich; doch da ging die Tür auf.

»Hallo, Rose!« rief sie aus, überrascht, auch ihre Schwester hereinkommen zu sehn. »Ich dachte, du bist in Northumberland!«

»Du dachtest, ich bin in Northumberland?« lachte Rose und küßte sie. »Aber warum? Ich sagte doch, am Achtzehnten.«

»Aber ist heute nicht der Elfte?« fragte Eleanor.

»Du bist nur eine Woche hinter der Zeit zurück, Nell«, sagte Martin.

»Dann muß ich alle meine Briefe falsch datiert haben!« rief Eleanor. Sie warf einen besorgten Blick auf ihren Schreibtisch. Das Walroß mit der abgenutzten Stelle der Borsten stand nicht mehr dort.

»Möchtest du Tee?« fragte sie.

»Nein. Ein Bad möchte ich«, erwiderte Rose. Sie warf

ihren Hut hin und fuhr sich mit den Fingern durchs Haar.

»Du siehst sehr gut aus«, sagte Eleanor und dachte, wie hübsch sie aussah. Aber sie hatte eine Schramme am Kinn.

»Eine richtige Schönheit, was?« lachte Martin sie an.

Rose warf den Kopf hoch, fast wie ein Pferd. Sie zankten sich immer, dachte Eleanor, – Martin und Rose. Rose war hübsch, aber wenn sie sich nur besser anziehn wollte! Sie trug ein grünes, rauhhaariges Kostüm mit Lederknöpfen und dazu eine Glanzledertasche. Sie hatte im Norden Versammlungen abgehalten.

»Ich möchte ein Bad«, wiederholte Rose. »Ich bin schmutzig. Und was ist das alles?« fragte sie, auf die Zeitungsausschnitte weisend. »Ach, Onkel Digby«, sagte sie dann leichthin und schob sie beiseite. Er war schon ein paar Monate tot; und die Papierstreifen waren schon vergilbt und rollten sich ein.

»Martin sagt, das Haus ist verkauft«, sagte Eleanor.

»So?« erwiderte sie gleichgültig. Sie brach ein Stück Kuchen ab und begann es zu pampfen. »Ich verderbe mir den Appetit aufs Dinner«, sagte sie, »aber ich hab' keine Zeit für ein Lunch gehabt.«

»Welch eine Frau der Tat!« hänselte Martin.

»Und die Versammlungen?« fragte Eleanor.

»Ja, was geht im Norden vor?« fragte Martin.

Sie begannen von Politik zu reden. Sie hatte bei einer Ersatzwahl gesprochen. Ein Stein war auf sie geworfen worden. Sie faßte sich ans Kinn. Aber sie hatte das Ganze genossen.

»Ich glaube, wir haben ihnen was zum Nachdenken gegeben,« sagte sie und brach sich noch ein Stück Kuchen ab.

*Sie* hätte der Soldat sein müssen, dachte Eleanor. Sie sah genau so aus wie der alte Onkel Pargiter auf dem Bild, Pargiter von Pargiters Reiterei. Martin, nun da er sich den Schnurrbart wegrasiert hatte und man seine Lippen sah, hätte – was hätte er sein müssen? Vielleicht Architekt, dachte sie. Er ist so – sie blickte auf. Jetzt hagelte es. Weiße Stäbe schrägten am Hinterfenster vorbei. Ein starker Windstoß fuhr drein; die kleinen Büsche erbleichten darunter und bogen sich. Und oben, im Schlafzimmer der Mutter, ratterte ein Fenster. Vielleicht sollte ich hinaufgehn und es schließen, dachte sie. Es wird hereinregnen.

»Eleanor –« sagte Rose. »Eleanor –« wiederholte sie.

Eleanor schrak auf.

»Eleanor ist brütig«, sagte Martin.

»Nein, gar nicht – gar nicht«, widersprach sie. »Wovon redet ihr?«

»Ich hab' dich gefragt«, sagte Rose, »ob du dich an die Szene erinnerst, als das Mikroskop in Stücke ging? Ich hab' nämlich diesen Jungen – diesen ekligen Jungen mit dem Frettchengesicht – Erridge – oben im Norden getroffen.«

»Er war nicht eklig«, sagte Martin.

»Doch«, dabei beharrte Rose. »Ein ekliger kleiner lügnerischer Angeber. Er tat so, als hätte ich das Mikroskop zerbrochen, und dabei hatte er es zerbrochen ... Erinnerst du dich an die Szene, die es gab?« wandte sie sich an Eleanor.

»Nein, ich erinnere mich nicht an die Szene«, sagte Eleanor. »Es gab so viele.«

»Die war eine der ärgsten«, sagte Martin.

»Jawohl«, bestätigte Rose. Sie verkniff die Lippen. Eine Erinnerung schien ihr gekommen zu sein. »Und als sie vorüber war«, sagte sie, zu Martin gewandt, »bist du ins Kinderzimmer heraufgekommen und hast wollen, daß ich mit dir Käferfangen gehe, im Rundteich. Erinnerst du dich?«

Sie verstummte. Da hatte es etwas mit dieser Erinnerung, das merkte Eleanor. Rose sprach merkwürdig erregt.

»Und du hast gesagt, ›ich frag' dich dreimal; und wenn du beim dritten Mal nicht antwortest, geh' ich allein‹. Und ich hab' mir geschworen, ›ich lass' ihn allein gehn‹.« Ihre blauen Augen flammten.

»Ich seh' dich noch vor mir«, sagte Martin. »In einem rosa Kleidchen, ein Messer in der Hand.«

»Und dann bist du gegangen«, sagte Rose; sie sprach mit unterdrückter Leidenschaft. »Und ich bin ins Badezimmer und hab' mir hier diesen Schnitt gemacht« – sie hielt ihr Handgelenk hin. Eleanor sah es an. Eine dünne weiße Narbe war da, dicht oberhalb des Knöchels.

Wann hatte sie das getan? dachte Eleanor nach. Sie konnte sich nicht erinnern. Rose hatte sich mit einem Messer im Badezimmer eingeschlossen und sich ins Handgelenk geschnitten. Und sie hatte nichts davon gewußt. Sie sah die schmale weiße Narbe an. Es mußte geblutet haben.

»Ach, Rose war immer ein Hitzkopf!« sagte Martin. Er stand auf. »Sie war immer jähzornig wie der Teufel«, setzte er hinzu. Er stand einen Augenblick da und sah sich im Zimmer um, das überladen war mit ein paar scheußlichen Möbelstükken, die er abgeschafft hätte, wäre er an Eleanors Stelle gewesen, dachte er, und hätte hier leben müssen. Aber vielleicht machte ihr so etwas nichts.

»Bist du wo zum Dinner?« fragte sie ihn. Er war jeden Abend wo zum Dinner. Sie hätte ihn gern gefragt, wo er hingehe.

Er nickte nur. Er kam mit allen möglichen Leuten zusammen, die sie nicht kannte, überlegte sie; und er wollte von ihnen nicht erzählen. Er hatte sich dem Kamin zugewendet.

»Das Bild müßte gereinigt werden«, sagte er, auf das Bild der Mutter weisend.

»Es ist ein hübsches Bild«, setzte er hinzu und betrachtete es kritisch. »Aber war da nicht immer ein Blume im Gras?«

Eleanor blickte hin. Sie hatte es seit Jahren nicht mehr so angeblickt, daß sie es wirklich sah.

»So?« sagte sie.

»Ja. Eine kleine blaue Blume. Ich kann mich an sie erinnern, als ich ein Kind war...«

Er wandte sich um. Eine andre Erinnerung an seine Kindheit kam ihm, als er Rose dort am Teetisch sitzen sah, die Faust immer noch geballt. Er sah sie mit dem Rücken zur Tür des Lernzimmers stehn; hochrot im Gesicht, die Lippen so verpreßt wie jetzt. Sie hatte von ihm wollen, er solle irgend etwas tun. Und er hatte ein Stück Papier in der Hand zusammengeknüllt und nach ihr geworfen.

»Wie gräßlich das Leben für Kinder ist!« sagte er mit einer Handbewegung zu ihr hin, während er durchs Zimmer ging. »Nicht wahr, Rose?«

»Ja«, sagte Rose. »Und sie können es niemand sagen.«

Wieder kam ein Windstoß und dann der Klang von splitterndem Glas.

»Miss Pyms Wintergarten?« fragte Martin, innehaltend. die Hand auf dem Türknauf.

»Miss Pym?« wiederholte Eleanor. »Die ist schon zwanzig Jahre tot!«

# 1910

Auf dem Land war es ein ganz gewöhnlicher Tag; einer von der großen Haspel der Tage, die im Ablauf des Jahres von Grün zu Gelbrot wechseln; von Saat zu Ernte. Es war weder heiß noch kalt; ein englischer Frühlingstag, heiter genug, doch eine violettblaue Wolke hinter dem Hügel mochte Regen bedeuten. Die Halme waren von Schatten gewellt und dann wieder von Sonnenlicht.

In London aber machte sich schon das Gedränge und Getriebe der Season fühlbar, besonders im Westend, wo Flaggen flatterten, Spazierstöcke aufklopften, helle Kleider sich schmiegten und frisch gestrichene Häuser Markisen vorstreckten und Körbchen roter Geranien baumeln ließen. Auch die großen Gärten – St. James's Park, Green Park, Hyde Park – rüsteten sich. Schon am Morgen, bevor der tägliche Korso begann, wurden zwischen den gewölbten braunen Beeten mit ihren lockigen Hyazinthen die grünen Stühle aufgestellt, als warteten sie darauf, daß sich etwas ereigne; daß ein Vorhang aufgehe; daß Königin Alexandra durchs Tor komme, immer wieder grüßend den Kopf neigend, das Gesicht wie ein Blütenblatt, und immer mit ihrer rosa Nelke am Kleid.

Männer lagen ins Gras gestreckt, den Hemdkragen aufgeknöpft, und lasen Zeitung; auf dem kahlgetretenen Fleck beim Marble Arch fanden sich schon die Redner ein; Kindermädchen starrten sie mit ausdruckslosem Blick an, und Mütter saßen im Gras und sahn ihren Kindern beim Spielen zu. Durch die Park Lane und Piccadilly glitten Lieferwagen, Autos und Omnibusse, als wären die Straßen Schlitze; blieben stehn, fuhren an, blieben stehn, als würde ein Zusammensetzspiel fertig und würde dann wieder zerlegt; denn die Season hatte begonnen, und die Straßen waren voller Gedränge. Die Wolken über Park Lane und Piccadilly wahrten ihre Freiheit, wanderten nach Laune dahin, vergoldeten Fenster, verdunkelten Fenster, zogen vorüber und verschwanden, obgleich Marmor in Italien, wo er gelbgeädert in den Steinbrüchen schimmerte, nicht fester aussah als die Wolken über Park Lane.

Wenn der Bus hier hielte, dachte Rose, seitlich hinunterblickend, wollte sie aussteigen. Der Bus hielt, und sie stieg aus. Schade, dachte sie, als sie auf dem Gehsteig im Schaufenster eines Schneiders plötzlich ihr Spiegelbild erblickte, schade, daß sie nicht besser angezogen war, nicht hübscher aussah; nie andre als Konfektionskleider trug, Tailor-mades aus dem Warenhaus. Aber das sparte Zeit, und schließlich brachten einen die Jahre – sie war über vierzig – so weit, daß man sich sehr wenig darum kümmerte, was die Leute von einem dachten. Warum heiratest du nicht? pflegten sie zu fragen. Warum tust du nicht dies oder jenes? so mischten sie sich ein. Nun aber nicht mehr.

Sie blieb aus alter Gewohnheit in einer der kleinen Nischen in dem steinernen Brückengeländer stehn. Die Leute blieben immer stehn und schauten auf den Fluß. Die Strömung war stark heute vormittag, wie schlammiges Gold, mit glatten Flächen und mit welligen, denn es war Flutzeit. Und hier kam, wie gewöhnlich, einer dieser Schleppdampfer, hinter sich einen Schwanz von Frachtkähnen mit schwarzen Teertüchern, die Getreide sehn ließen. Das Wasser wirbelte um die Brückenpfeiler. Als sie so stand und hinuntersah, begann ein begrabenes Gefühl den Fluß in einen Zusammenhang einzuordnen. Der war schmerzhaft. Sie erinnerte sich, wie sie am Abend einer gewissen Verabredung hier gestanden und geweint hatte; und ihre Tränen waren ins Wasser gefallen; auch ihr Glück, so schien ihr, war ins Wasser gefallen. Dann hatte sie sich umgewendet – so, wie sie sich jetzt umwandte, – und hatte die Kirchtürme und Kuppeln erblickt, die Masten und die Dächer der Stadt. Es bleibt immer noch das, hatte sie sich gesagt. Wirklich, es war ein herrlicher Anblick ... Sie schaute, dann wandte sie sich nach der andern Seite. Dort stand das Parlament. Ein sonderbarer Ausdruck, halb Stirnrunzeln, halb Lächeln, erschien auf ihrem Gesicht, und sie warf den Oberkörper ein wenig zurück, als führte sie eine Armee an und zöge den Säbel.

»Verdammte Spiegelfechter!« sagte sie laut und schlug mit der Faust auf die Balustrade. Ein vorbeikommender Kontorist sah sie erstaunt an. Sie lachte. Sie sprach oft laut mit sich selbst. Warum nicht? Auch das war eine ihrer Tröstungen, wie ihr Tailor-made nach Männerschnitt und der Hut, den sie ohne einen Blick in den Spiegel aufsetzte. Wenn die Leute sie auslachen wollten – mochten sie! Sie ging weiter. Sie aß heute in Hyams Place, bei ihren Cousinen, zu Mittag. Sie hatte sich selber eingeladen, einer Augenblickslaune folgend, als sie Maggie in einem Kaufladen traf. Zuerst hatte sie eine Stimme gehört, dann eine Hand gesehn. Und es war seltsam, wenn man bedachte, daß sie die beiden so wenig kannte – sie hatten im Ausland gelebt –, wie stark sie, als sie so vor dem Ladentisch saß und noch bevor Maggie sie sah, einfach auf den Klang ihrer Stimme hin etwas empfunden hatte – sie nahm an, es war wohl Zuneigung –, das einem Gefühl der Blutsverwandschaft entspringen mußte. Sie war aufgestanden und hatte gesagt: Kann ich euch besuchen kommen? – obwohl sie doch so viel zu tun hatte und es haßte, ihren Tag mitten durch zu zerreißen. Sie ging weiter. Die beiden wohnten in Hyams Place – auf dem andern Ufer –, in Hyams Place, dem kleinen Halbrund alter Häuser mit dem Namen in der Mitte in Stein gehauen, an dem sie so oft vorbeigegangen war, als sie selbst dort in der Nähe gewohnt hatte. Damals, in jenen längstvergangenen Tagen, hatte sie sich immer gefragt: Wer war Hyam? Aber sie hatte die Frage nie zu ihrer Zufriedenheit gelöst. Sie ging weiter, dem andern Ufer zu.

Die schäbige Gasse auf der Südseite der Themse war sehr lärmend. Dann und wann löste sich eine Stimme aus dem lauten Wirrwarr. Eine Frau rief ihrer Nachbarin etwas zu; ein Kind greinte. Ein Mann, der einen Karren schob, riß den Mund auf und plärrte im Vorbeigehen etwas zu den Fenstern hinauf. Bettgestelle, Kaminroste und allerlei verbeultes Eisenzeug lagen auf seinem Karren. Doch ob er altes Eisen verkaufen oder altes Eisen kaufen wollte, war unmöglich zu erkennen; der Rhythmus währte fort, aber die Worte waren fast völlig verwischt.

Der Schwall von Geräuschen, das Getümmel des Verkehrs, die Rufe der Straßenverkäufer, die einzelnen Schreie und das allgemeine Geschrei drangen in das Zimmer oben in dem Haus in Hyams Place, wo Sally Pargiter am Klavier saß. Sie sang. Dann hörte sie auf; sah ihrer Schwester beim Tischdecken zu.

»Such in jedem grünen Tal«, murmelte sie, während sie ihr zusah, »brich die Rosen allzumal.« Sie hielt inne. »Der ist sehr nett«, fügte sie träumerisch hinzu. Maggie hatte einen Strauß Blumen ergriffen, hatte den enggewickelten dünnen Bindfaden durchgeschnitten, der sie zusammenhielt, hatte sie nebeneinander auf den Tisch gelegt und ordnete sie nun in einem irdenen Krug. Sie waren von verschiedener Farbe, blau, weiß und purpurrot. Sally sah ihr zu, wie sie sie anordnete. Sie lachte plötzlich auf.

»Worüber lachst du?« fragte Maggie geistesabwesend. Sie tat noch eine rote Blume hinzu und betrachtete das Ganze.

»Verzückt und entrückt«, sagte Sally, »die Augen mit morgentaufeuchten Pfauenfedern beschattend –« sie wies auf den Tisch – »sprach Maggie in Gedanken –« sie sprang auf und tanzte im Zimmer umher – »drei sind soviel wie zwei; drei sind soviel wie zwei!« Sie wies auf den Tisch, auf dem drei Gedecke lagen.

»Aber wir *sind* drei«, sagte Maggie. »Rose kommt.«

Sally blieb stehn. Sie machte ein langes Gesicht.

»Rose kommt?« wiederholte sie.

»Ich hab's dir doch erzählt«, sagte Maggie. »Ich hab' dir gesagt, Rose kommt Freitag zum Lunch. Heute ist Freitag. Und Rose kommt zum Lunch. Muß jede Minute hier sein«, sagte sie. Sie stand auf und begann ein Stück Stoff zusammenzufalten, das am Boden lag.

»Es ist Freitag, und Rose kommt zum Lunch«, wiederholte Sally.

»Ich hab's dir erzählt«, sagte Maggie. »Ich war in einem Laden, etwas kaufen. Und jemand –« sie hielt inne, um den Stoff genauer zu falten, »tauchte an dem Ladentisch auf und sagte: ›Ich bin deine Cousine. Ich bin Rose‹, sagte sie. ›Kann ich euch besuchen kommen? Welchen Tag, welche Zeit ihr wollt‹, sagte sie, also sagte ich –« sie legte den Stoff auf einen Stuhl – »zum Lunch.«

Sie blickte im Zimmer umher, ob alles bereit war. Stühle fehlten. Sally schob einen Stuhl heran.

»Rose kommt«, sagte sie, »und hier wird sie sitzen.« Sie stellte den Stuhl, dem Fenster gegenüber, an den Tisch. »Und sie wird die Handschuhe abziehn, und den einen wird sie hier links hinlegen und den andern hier rechts. Und sie wird sagen: ›Ich war noch nie in diesem Teil von London‹.«

»Und dann?« fragte Maggie, mit einem Blick auf den Tisch.

»Wirst du sagen: ›Es ist so bequem nah von den Theatern‹.«

»Und dann?« fragte Maggie.

»Und dann wird sie fast sehnsüchtig sagen und dabei lächeln und den grauen Kopf schief legen: ›Geht ihr oft ins Theater, Maggie?‹«

»Nein«, sagte Maggie. »Rose hat noch immer rotes Haar.«

»Noch rotes?« rief Sally. »Ich dachte, es ist grau – eine kleine Strähne, die unter einem schwarzen Kapotthut hervorhängt«, fügte sie hinzu.

»Nein«, sagte Maggie. »Sie hat sehr dichtes Haar; und es ist rot.«

»Rotes Haar, rote Rose«, rief Sally. Sie drehte sich wirbelnd auf der Fußspitze. »Rose des flammenden Herzens; Rose der brennenden Brust; Rose der todmüden Welt – du rote, rote Rose!«

Eine Tür fiel unten zu; sie hörten Schritte die Treppe hinaufkommen. »Da ist sie«, sagte Maggie.

Die Schritte hielten inne. Eine Stimme fragte: »Noch höher hinauf? Ganz oben? Danke.« Dann kamen die Schritte weiter die Treppe herauf.

»Das ist die ärgste Qual ...« begann Sally theatralisch, die Hände ringend und sich dann an die Schwester klammernd, »daß das Leben ...«

»Sei kein solcher Affe«, sagte Maggie und schob sie weg, als die Tür aufging.

Rose kam herein.

»Es ist eine Ewigkeit, seit wir uns gesehn haben«, sagte sie, ihnen die Hand schüttelnd.

Sie fragte sich, was sie bewogen haben mochte, herzukommen. Alles war anders, als sie erwartet hatte. Das Zimmer war recht ärmlich; der Teppich bedeckte den Boden nicht ganz; in der Ecke stand eine Nähmaschine. Und auch Maggie sah anders aus, als sie in dem Laden ausgesehn hatte. Aber hier stand ein dunkelrot bezogener, vergoldeter Armsessel; sie erkannte ihn erleichtert.

»Der hat immer in der Halle gestanden, nicht wahr?« sagte sie und legte ihr Handtäschchen auf den Sessel.

»Ja«, sagte Maggie.

»Und dieser Spiegel –« sagte Rose und sah den alten italienischen Spiegel mit den blinden Flecken an, der zwischen den Fenstern hing, »war der nicht auch dort?«

»Ja«, sagte Maggie, »in Mutters Schlafzimmer.«

Eine Pause folgte. Es gab anscheinend nichts zu sagen.

»Was für eine nette Wohnung ihr gefunden habt!« begann

Rose wieder, um Konversation zu machen. Es war ein geräumiges Zimmer, und die Türstöcke hatten kleine Schnitzereien. »Aber findet ihr es nicht recht lärmend?« fuhr sie fort.

Der Eisentrödler rief jetzt genau unter dem Fenster. Sie sah zum Fenster hinaus. Gegenüber war eine Reihe von Schieferdächern, die aussahn wie halb geöffnete Regenschirme, und, hoch über sie aufragend, ein großes Gebäude, das bis auf die dünnen schwarzen Striche, die kreuzweise darüber hinliefen, ganz aus Glas zu sein schien. Es war eine Fabrik. Wieder grölte der Mann unten auf der Straße.

»Ja, sie ist lärmend«, sagte Maggie. »Aber sehr bequem gelegen.«

»Sehr bequem für die Theater«, sagte Sally und stellte die Fleischschüssel auf den Tisch.

»Das hab' ich auch immer gefunden, erinnere ich mich«, sagte Rose, sich nach ihr umwendend, »als ich hier wohnte.«

»Du hast hier gewohnt?« fragte Maggie, während sie die Koteletts auszuteilen begann.

»Nicht hier. Um die Ecke. Mit einer Freundin.«

»Wir dachten, du wohntest in der Abercorn Terrace«, sagte Sally.

»Kann man nicht an mehr als einem Ort wohnen?« fragte Rose mit einem unbestimmten Gefühl von Gereiztheit, denn sie hatte an vielen Orten gewohnt, viele Leidenschaften gefühlt und viele Dinge getan.

»Ich erinnere mich noch an das Haus in der Abercorn Terrace«, sagte Maggie. Sie hielt inne. »Da war ein langes Zimmer; und ein Baum am Ende; und ein Bild über dem Kamin, ein Mädchen mit rotem Haar?«

Rose nickte. »Mama, als sie jung war«, sagte sie.

»Und ein runder Tisch in der Mitte?« fuhr Maggie fort.

Rose nickte.

»Und ihr hattet ein Stubenmädchen mit sehr vorstehenden blauen Augen?«

»Crosby. Die haben wir immer noch.«

Sie aßen schweigend.

»Und dann?« fragte Sally, als wäre sie ein Kind, das um eine Geschichte bettelt.

»Und dann?« wiederholte Rose. »Ja, dann –« Sie sah Maggie an und dachte an sie als das kleine Mädchen, das zum Tee gekommen war.

Sie sah sie alle um den Tisch herum sitzen, und eine Einzelheit fiel ihr ein, an die sie seit Jahren nicht mehr gedacht hatte, – wie Milly immer ihre Haarnadel genommen und den Docht unter dem Teekessel zerrupft hatte. Und sie sah Eleanor mit ihren Rechnungsbüchern dasitzen; und sie sah sich selbst zu ihr hingehn und sagen: »Eleanor, ich möchte zu Lamley gehn.«

Ihre Vergangenheit schien über der Gegenwart aufzusteigen. Und aus irgendeinem Grund wollte sie von ihrer Vergangenheit reden; ihnen etwas von sich erzählen, was sie noch nie jemand erzählt hatte, – etwas Verborgenes. Sie schwieg und blickte, ohne sie zu sehn, auf die Blumen, die mitten auf dem Tisch standen. Es war eine blaue Schleife unter der gelben Glasur, gewahrte sie.

»Ich erinnere mich an Onkel Abel«, sagte Maggie. »Er schenkte mir eine Halskette; eine blaue Halskette mit goldenen Tupfen.«

»Er lebt noch«, sagte Rose.

Sie redeten, dachte sie, als wäre die Abercorn Terrace eine Szene in einem Theaterstück. Sie redeten, als sprächen sie von Leuten, die zwar wirklich waren, aber nicht so, wie sie spürte, daß sie selbst wirklich war. Das kam ihr rätselhaft vor; es erweckte ihr ein Gefühl, zwei verschiedene Personen zugleich zu sein; als lebte sie im selben Augenblick zu zwei verschiedenen Zeiten. Sie war ein kleines Mädel in einem rosa Kleidchen; und hier saß sie jetzt, in diesem Zimmer. Da ertönte ein gewaltiges Rattern unter dem Fenster. Ein Rollwagen fuhr dröhnend vorüber. Die Gläser auf dem Tisch klirrten. Sie schrak ein wenig zusammen, aufgestört aus den Gedanken an ihre Kindheit, und schob die Gläser auseinander.

»Aber findet ihr es nicht recht lärmend hier?« fragte sie.

»Ja. Aber sehr bequem für die Theater gelegen«, sagte Sally.

Rose sah auf. Sie hatte wieder dasselbe gefragt. Sally hält mich für eine Närrin, dachte sie, die zweimal dieselbe Bemerkung macht. Sie errötete ein wenig.

Was nützt das, dachte sie, zu versuchen, andern von der eigenen Vergangenheit zu erzählen? Was ist die eigene Vergangenheit? Sie starrte auf die lose geknüpfte blaue Schleife unter der gelben Glasur. Wozu bin ich hergekommen, dachte sie, wenn sie nur lachen über mich?

Sally stand auf und räumte die Teller weg.

»Und Delia –?« begann Maggie, während sie warteten. Sie zog den Krug zu sich heran und begann die Blumen zu ordnen. Sie hörte nicht zu; sie verfolgte ihre eigenen Gedanken. Sie gemahnte Rose, die ihr zusah, an Digby – vertieft in das Ordnen eines Blumenstraußes, so, als wäre es das Wichtigste von der Welt, Blumen zu ordnen, eine weiße neben eine blaue zu stecken.

»Sie hat einen Irländer geheiratet«, sagte sie.

Maggie ergriff eine blaue Blume und steckte sie neben eine weiße. »Und Edward?« fragte sie.

»Edward...« begann Rose, da kam Sally mit dem Pudding.

»Edward!« rief sie aus, das Wort auffangend.

»O blinde Augen ihr der Schwester meiner toten Ehegattin – verdorrte Stütze meines Greisenalters...«

Sie stellte den Pudding auf den Tisch. »Da habt ihr Edward«, sagte sie. »Ein Zitat aus einem Buch, das er mir schenkte. ›Meine Jugend vergeudet – meine Jugend vergeudet...‹« Es war Edwards Stimme; Rose konnte es ihn sagen hören. Denn er hatte so diese Art, sich herabzusetzen, während er in Wirklichkeit eine sehr hohe Meinung von sich hatte.

Aber das war nicht der ganze Edward. Und sie wollte ihn nicht bespötteln lassen, denn sie hatte ihren Bruder sehr gern und war stolz auf ihn.

»Daß er ›seine Jugend vergeudet‹ hat, merkt man Edward jetzt nicht sehr an«, sagte sie.

»Das hab' ich mir gedacht«, sagte Sally und setzte sich ihr gegenüber.

Sie schwiegen. Rose sah abermals die Blumen an. Wozu war sie hergekommen? fragte sie sich immer wieder. Warum hatte sie sich ihren Tag zerrissen, ihr Tagwerk unterbrochen, wenn es doch klar war, daß die beiden sie gar nicht hatten sehn wollen?

»Erzähl weiter, Rose«, sagte Maggie und verteilte den Pudding. »Erzähl uns weiter von den Pargiters!«

»Von den Pargiters?« wiederholte Rose. Sie sah sich im Laternenschein durch die breite Avenue laufen.

»Die sind ganz gewöhnliche Leute«, sagte sie. »Eine große Familie, die in einem großen Haus wohnt...« Und doch fand sie, daß sie selbst sehr interessant gewesen war. Sie hielt inne. Sally sah sie an.

»Sie sind keine gewöhnlichen Leute! Die Pargiters –« Sie hielt die Gabel in der Hand und zog damit eine Linie auf dem Tischtuch. »Die Pargiters«, wiederholte sie, »gehn immer weiter und weiter und weiter« – ihre Gabel stieß an ein Salzfaß – »bis sie an einen Felsen kommen«, sagte sie; »und dann gibt Rose« – sie sah sie wieder an; Rose straffte sich ein wenig – »gibt Rose ihrem Pferd die Sporen und reitet schnurstracks an einen Mann in goldenem Waffenrock heran und schreit: ›Verflucht! Wo hast du deine Augen?‹ Ist das nicht Rose, Maggie?« fragte sie und sah ihre Schwester an, als hätte sie Roses Bild auf das Tischtuch gezeichnet.

Das ist wahr, dachte Rose, ihren Pudding essend. Das bin ich. Wieder hatte sie das seltsame Gefühl, zwei Personen gleichzeitig zu sein.

»So!« sagte Maggie, ihren Teller wegschiebend. »Komm und setz dich in den Lehnstuhl, Rose!«

Sie ging zum Kamin hinüber und rückte einen Lehnstuhl zurecht, dessen Sitz, so gewahrte Rose, ringförmige Abdrücke der Spiralfedern zeigte.

Sie sind arm, dachte Rose, um sich blickend. Deshalb haben sie eine Wohnung in diesem Haus genommen – weil sie billig war. Sie kochen selber – Sally ist in die Küche gegangen, den Kaffee zuzubereiten. Sie zog ihren Sessel neben Maggies.

»Du machst dir deine Kleider selber?« fragte sie, auf die Nähmaschine in der Ecke weisend. Obenauf lag ein Stück zusammengefalteter Seide.

»Ja«, sagte Maggie mit einem Blick auf die Nähmaschine.

»Für eine Gesellschaft?« fragte Rose. Es war ein Seidenstoff, grün, mit bläulichen Moiréwellen.

»Morgen abend«, sagte Maggie. Sie hob die Hand mit einer seltsamen Gebärde ans Gesicht, als wollte sie etwas verbergen. Sie will sich vor mir verstecken, dachte Rose, so wie ich mich vor ihr verstecken will. Sie beobachtete sie. Maggie war aufgestanden, hatte den Seidenstoff und die Nähmaschine herangeholt und fädelte den Faden ein. Ihre Hände waren groß, mager und kräftig, bemerkte Rose.

»Ich konnte mir nie selber Kleider machen«, sagte sie und sah zu, wie Maggie den Seidenstoff unter der Nadel glattzog. Sie begann sich unbefangen zu fühlen. Sie nahm ihren Hut ab und ließ ihn auf den Boden fallen. Maggie sah sie wohlgefällig an. Sie war hübsch, auf eine verwüstete Art, mehr wie ein Mann, nicht wie eine Frau.

»Aber dafür«, sagte Maggie und begann vorsichtig die Kurbel zu drehn, »hast du andres getan.« Sie sprach im Ton eines Menschen, der davon, was seine Hände tun, ganz in Anspruch genommen ist. Die Nähmaschine gab ein behagliches Surren von sich, während die Nadel durch die Seide stichelte.

»Ja, ich hab' andres getan«, sagte Rose und streichelte die Katze, die sich buckelnd an ihrem Schienbein rieb, »als ich hier in der Gegend wohnte.«

»Aber das war vor Jahren«, setzte sie hinzu, »als ich jung war. Ich hab' hier mit einer Freundin gewohnt.« Sie seufzte. »Und kleine Diebe unterrichtet.«

Maggie sagte nichts, sie ließ die Maschine surren, drehte und drehte die Kurbel.

»Mir waren Diebe immer lieber als andre Leute«, fügte Rose nach einer Weile hinzu.

»Ja«, sagte Maggie.

»Ich war nie gern daheim. Ich war viel lieber selbständig.«

»Ja«, sagte Maggie.

Rose sprach weiter.

Es war ganz einfach, zu sprechen, fand sie, ganz einfach. Und es war gar nicht nötig, etwas Gescheites zu sagen oder von seinem Ich zu sprechen. Sie sprach von der Waterloo Road, wie sie sie in Erinnerung hatte; da kam Sally mit dem Kaffee.

»Was erzählst du da von einem dicken Mann, an dem du dich in der Campagna festhieltst?« fragte sie und stellte das Tablett ab.

»In der Campagna?« sagte Rose. »Ich hab' nichts von der Campagna erzählt.«

»Durch eine Tür gehört«, sagte Sally und schenkte den Kaffee ein, »klingt ein Gespräch sehr sonderbar.« Sie reichte Rose eine Tasse. »Ich glaubte, ihr sprecht von Italien; von der Campagna ... im Mondschein.«

Rose schüttelte den Kopf. »Wir haben von der Waterloo Road gesprochen«, sagte sie. Aber wovon hatte sie wirklich gesprochen? Nicht nur von der Waterloo Road. Vielleicht hatte sie Unsinn geredet. Sie hatte das Erstbeste gesagt, das ihr durch den Kopf ging.

»Jedes Gespräch wäre vermutlich Unsinn, wenn man es niederschriebe«, sagte sie und rührte in ihrem Kaffee.

Maggie hielt die Nähmaschine einen Augenblick an und lächelte. »Und sogar, wenn nicht«, sagte sie.

»Aber es ist die einzige Art, wie wir einander kennenlernen können«, widersprach Rose. Sie sah auf ihre Uhr. Es war später, als sie gedacht hatte. Sie stand auf.

»Ich muß gehn«, sagte sie. »Aber warum kommt ihr nicht mit?« fügte sie hinzu, einer plötzlichen Eingebung folgend.

Maggie blickte zu ihr auf. »Wohin?« fragte sie.

Rose schwieg. »Zu einer Sitzung«, sagte sie endlich. Sie wollte das, was sie am meisten interessierte, verbergen; sie fühlte sich ungewöhnlich scheu. Und doch wollte sie, daß sie mitkämen. Aber warum? fragte sie sich, während sie unbeholfen zögerte. Es entstand eine Pause.

»Ihr könntet oben warten«, sagte sie dann plötzlich. »Und ihr würdet Eleanor treffen; ihr würdet Martin treffen – die Pargiters, wie sie leiben und leben«, fuhr sie fort. Sallys Worte fielen ihr ein. »Die Karawane auf dem Zug durch die Wüste«, sagte sie.

Sie sah Sally an. Die balancierte auf der Armlehne eines Sessels, nippte von ihrem Kaffee und wippte mit dem Fuß.

»Soll ich mitkommen?« fragte sie vag, immer noch mit dem Fuß wippend.

Rose zuckte die Achseln. »Wenn du magst«, sagte sie.

»Aber würde ich sie mögen ...« fuhr Sally fort, immer noch mit dem Fuß wippend, »... diese Sitzung? Was meinst du, Maggie?« fragte sie, bei der Schwester Rat suchend. »Soll ich gehn, soll ich nicht gehn? Soll ich gehn, soll ich nicht gehn?« Maggie sagte nichts.

Dann stand Sally auf, trat ans Fenster, blieb dort einen Augenblick stehn und summte eine Melodie. »Such in jedem grünen Tal, brich die Rosen allzumal«, summte sie. Unten kam wieder der Mann vorbei; er rief: »Altes Eisen? Altes Eisen?« Mit einem plötzlichen Schwung drehte sie sich herum.

»Ich komme mit«, sagte sie, als hätte sie einen Entschluß gefaßt. »Ich zieh' mich ganz schnell um und komm'.«

Sie eilte hüpfend ins Schlafzimmer. Sie ist wie einer dieser Vögel im Zoo, dachte Rose, die nie fliegen, sondern nur geschwind über den Rasen hopsen.

Sie wandte sich zum Fenster. Eine bedrückende Gasse,

dachte sie. An der Ecke war eine Kneipe. Die Häuser gegenüber sahen sehr verwahrlost aus, und es war sehr lärmend hier. »Altes Eisen zu verkaufen?« rief der Mann unter dem Fenster. »Altes Eisen?« Kinder kreischten auf der Gasse; sie spielten ein Spiel mit Kreidestrichen auf dem Gehsteig. Sie stand und blickte auf sie hinunter.

»Arme kleine Hascher!« sagte sie. Sie hob ihren Hut auf und durchstach ihn energisch mit zwei Hutnadeln. »Findet ihr es nicht recht unangenehm«, fragte sie, in den Spiegel blickend und ihrem Hut auf der einen Seite einen kleinen Schubs versetzend, »wenn ihr manchmal spät abends nach Hause kommt, – die Kneipe dort an der Ecke?«

»Betrunkene, meinst du?« fragte Maggie.

»Ja«, sagte Rose. Sie schloß die Reihe Lederknöpfe an ihrem Schneiderkostüm und gab sich hier und dort einen leichten Klaps, als machte sie sich damit fertig.

»Und wovon redet ihr jetzt?« fragte Sally, die mit ihren Schuhen in der Hand hereinkam. »Wieder von einer Italienreise?«

»Nein«, sagte Maggie. Sie sprach undeutlich, denn sie hielt Stecknadeln zwischen den Lippen. »Von betrunkenen Männern, die einem nachgehn.«

»Von betrunkenen Männern, die einem nachgehn«, wiederholte Sally. Sie setzte sich und begann ihre Schuhe anzuziehen.

»Aber mir gehn sie nicht nach«, sagte sie. Rose lächelte. Das war nicht verwunderlich. Sally war gelblich blaß, eckig und sah nach nichts aus. »Ich kann zu jeder Tages- und Nachtzeit über die Waterloo-Brücke gehn«, sagte sie, an den Schuhbändern zerrend, »und niemand schert sich.« Das Schuhband war verknotet; sie fingerte daran herum. »Aber ich kann mich erinnern«, fuhr sie fort, »daß mir einmal eine Frau erzählte – eine sehr schöne Frau – sie sah aus wie ...«

»Beeil dich!« unterbrach Maggie sie. »Rose wartet.«

»... Rose wartet – also, die Frau hat mir erzählt, als sie in den Regent's Park ging, um ein Eis zu essen« – sie stand auf und versuchte, mit dem Fuß in den Schuh hineinzukommen, – »ein Eis zu essen an einem dieser kleinen runden Tischchen unter den Bäumen, einem dieser runden Tischchen mit einem Tuch darauf unter den Bäumen« – sie hopste umher, den einen Schuh an, den andern noch nicht, – »da kamen Augen«, sagte sie, »zwischen jedem Blatt hindurch, wie die Pfeile der Sonne; und ihr Eis ist davon geschmolzen ... ihr Eis ist geschmolzen!« wiederholte sie, ihrer Schwester auf die Schulter tippend, während sie auf der Fußspitze herumwirbelte.

Rose streckte die Hand aus. »Und du bleibst hier und nähst dein Kleid fertig?« fragte sie. »Du magst nicht mit uns kommen?« Maggie war diejenige, von der sie wollte, daß sie mitkomme.

»Nein, ich komme nicht mit«, erwiderte Maggie und gab ihr die Hand. »Mir wär's zuwider«, setzte sie hinzu und lächelte Rose mit verblüffender Offenheit an.

Hat sie *mich* gemeint? dachte Rose, während sie die Treppe hinunterging. Hat sie gemeint, daß ich ihr zuwider bin? Während sie mir doch so gut gefallen hat!

Quer über das schmale Gäßchen, das von Holborn zu dem alten Square führte, zog sich eine Reihe Pflöcke, und hier stand ein ältlicher Mann, verwittert und rotnasig, als hätte er viele Jahre an Straßenecken überdauert, und verkaufte Veilchen. Die Sträußchen, jedes mit grüner Blätterkrause um die recht verwelkten Blumen und fest umschnürt, lagen nebeneinander gereiht auf seinem Tragbrett, denn er hatte nur wenige verkauft.

»Schöne Vei'chen, frische Vei'chen«, wiederholte er mechanisch, wenn Leute kamen. Die meisten gingen vorbei, ohne hinzusehn. Aber er leierte immer wieder die Worte: »Schöne Vei'chen, frische Vei'chen«, fast als erwartete er gar keine Käufer. Dann kamen zwei Damen, und er hielt ihnen seine Veilchen hin und sagte abermals: »Schöne Vei'chen, frische Vei'chen.« Die eine von ihnen ließ zwei Kupfermünzen auf sein Tragbrett klimpern, und er blickte auf. Die andre blieb stehn, legte die Hand auf einen der Pflöcke und sagte: »Hier trennen sich unsre Wege.« Worauf die erste, die kleiner und untersetzt war, ihr auf die Schulter schlug und sagte: »Sei kein solcher Affe!« Und die größere stieß ein gackelndes Lachen aus, nahm ein Veilchensträußchen von dem Tragbrett, als hätte *sie* dafür bezahlt, – und weiter gingen sie. Das ist dir eine komische Kundin, dachte er, – nimmt die Veilchen und hat gar nicht gezahlt für sie. Er sah den beiden nach, wie sie um die Gartenanlage des Platzes gingen; dann begann er wieder zu brummeln: »Schöne Vei'chen, frische Vei'chen.«

»Also hier kommt ihr zusammen?« fragte Sally, während sie dem Gitter der Gartenanlage entlangschritten.

Es war sehr still hier. Der Verkehrslärm war verstummt. Die Bäume waren noch nicht voll belaubt, und Tauben trippelten in den Wipfeln hin und her und gurrten. Dürre Zweiglein fielen auf den Gehsteig, wenn sich die Vögel im Geäst umherbewegten. Ein leises Lüftchen wehte ihnen beiden ins Gesicht. Sie gingen weiter, ganz um den Platz.

»Das ist das Haus, dort drüben«, sagte Rose und wies hin. Sie blieb stehn, als sie ein Haus mit geschnitztem Türstock und vielen Namen auf dem Pfosten erreichten. Die Fenster im Erdgeschoß standen offen; die Vorhänge blähten sich, und zwischen ihnen konnten sie eine Reihe Köpfe sehn, als säßen Leute um einen Tisch und redeten.

Rose blieb auf den Türstufen stehn. »Kommst du mit hinein«, fragte sie, »oder nicht?«

Sally zögerte. Sie spähte hinein. Dann schwenkte sie ihr Veilchensträußchen Rose unter die Nase. »Also gut!« rief sie. »Reit mir voran!«

Miriam Parrish las einen Brief vor. Eleanor füllte auf ihrer Löschunterlage Quadrate mit Strichen. Ich hab' das alles schon so oft gehört, so oft getan, dachte sie. Sie blickte um den Tisch. Sogar die Gesichter von Leuten schienen sich zu wiederholen. Die dort ist der Lazenby-Typus, und der ist der Judd-Typus, und dort ist Miriam, dachte sie und kritzelte auf das Löschpapier. Ich weiß, was er sagen wird, ich weiß, was sie sagen wird, dachte sie und bohrte ein kleines Loch ins Löschpapier. Da trat Rose ein. Aber wer kam da mit ihr? fragte sich Eleanor. Sie erkannte sie nicht. Wer immer sie war, sie wurde von Rose auf einen Stuhl in der Ecke gewiesen, und die Sitzung nahm ihren Fortgang. Warum müssen wir das tun? dachte Eleanor und zeichnete eine Speiche von der Lochnabe in der Mitte aus. Sie blickte auf. Jemand ließ einen Stock draußen über die Gitterstäbe rattern und pfiff dabei; die Äste eines Baums drüben in dem Garten schaukelten auf und ab. Die Blätter entfalteten sich schon ... Miriam legte ihre Schriftstücke hin; Mr. Spicer stand auf.

Es geht wohl nicht anders, dachte sie und griff wieder nach ihrem Bleistift. Sie schrieb sich etwas auf, während Mr. Spicer sprach. Sie gewahrte, daß ihr Bleistift ganz richtige Notizen machen konnte, während sie selbst an etwas andres dachte. Sie schien sich in zwei Personen teilen zu können. Die eine folgte der Diskussion – und er sagt das sehr gut, dachte sie; und die andre – denn es war ein schöner Nachmittag, und sie hatte nach Kew gehn wollen, in den Botanischen Garten – schritt über eine grüne Lichtung und blieb vor einem blühenden Baum stehn. Ist das eine Magnolie? fragte sie sich, oder blühn die jetzt gar nicht mehr? Magnolien, so erinnerte sie sich, haben noch keine Blätter, aber schon eine Menge weißer Blüten ... Sie zog einen Strich auf dem Löschpapier.

Nun ist's Pickford ... sagte sie sich und blickte auf. Mr. Pickford sprach. Sie zeichnete noch mehr Speichen; füllte sie schwarz aus. Dann blickte sie wieder auf, denn die Stimme klang jetzt anders.

»Ich kenne Westminster sehr gut«, sagte Miss Ashford.

»Ich auch!« entgegnete Mr. Pickford. »Ich wohne dort seit vierzig Jahren.«

Eleanor war überrascht. Sie hatte immer geglaubt, er wohne in Ealing. Er wohnte also in Westminster, wirklich? Er war ein glattrasierter, adretter kleiner Mann, den sie in Gedanken immer mit einer Zeitung unterm Arm laufen sah, um einen Zug zu erreichen. Also er wohnte wirklich in Westminster? Sonderbar, dachte sie.

Und die Diskussion ging weiter. Das Gurren der Tauben wurde vernehmlich. Gurr nur zu, du, gurr nur zu, du, gurr ... ging das. Martin sprach. Und er spricht sehr gut, dachte sie ... Aber er sollte nicht so sarkastisch sein; das bringt die Leute auf. Sie zog noch einen Strich.

Dann fuhr draußen ein Auto vor; es hielt vor dem Fenster. Martin hörte auf zu reden. Einen Augenblick herrschte Stille. Dann öffnete sich die Tür, und herein kam eine hochgewachsene Dame in Abendkleidung. Alle blickten auf.

»Lady Lasswade!« sagte Mr. Pickford, stand auf und schob seinen Stuhl zurück.

»Kitty!« rief Eleanor. Sie erhob sich halb, aber setzte sich wieder. Es entstand ein wenig Bewegung. Ein Stuhl wurde für sie herangeschoben. Lady Lasswade setzte sich, Eleanor gegenüber.

»Es tut mir sehr leid«, entschuldigte sie sich, »daß ich so spät komme. Und in diesem lächerlichen Aufzug.« Sie berührte ihren Abendmantel. Sie sah befremdlich aus, in großer Toilette am hellichten Tag. Etwas leuchtete in ihrem Haar.

»In die Oper?« fragte Martin, als sie sich neben ihn gesetzt hatte.

»Ja«, erwiderte sie kurz. Sie legte ihre weißen Handschuhe geschäftsmäßig auf den Tisch. Ihr Mantel öffnete sich, und darunter zeigte sich der Schimmer eines Silberkleids. Sie sah wirklich befremdlich aus, verglichen mit den andern; aber es ist sehr nett von ihr, herzukommen, dachte Eleanor, sie betrachtend, wenn sie doch eigentlich in die Oper will. Die Sitzung ging wieder weiter.

Wie lange ist sie schon verheiratet? fragte sich Eleanor. Wie lange ist es her, daß wir miteinander in Oxford die Schaukel zerbrochen haben? Sie zog noch einen Strich auf dem Löschblatt. Der dicke Punkt war jetzt rundum von Speichen umgeben.

»... und wir haben die ganze Angelegenheit in aller Aufrichtigkeit miteinander besprochen«, sagte Kitty. Eleanor hörte zu. Das ist die Art, die ich gern habe, dachte sie. Kitty hatte Sir Richard bei einem Dinner getroffen ... Das ist die Art der großen Dame, dachte Eleanor, voll Autorität und dabei ganz natürlich. Sie hörte wieder zu. Die Art der großen Dame bezauberte Mr. Pickford, aber sie irritierte Martin, das wußte sie. Er pfiff auf Sir Richard und seine Aufrichtigkeit. Dann sprach wieder Mr. Spicer, und Kitty sprach mit. Dann Rose. Alle waren sie verschiedener Meinung. Eleanor hörte zu. Es machte sie immer gereizter. Alles lief doch nur auf »Ich hab' recht, und ihr habt unrecht« hinaus. Dieses Gezänk war bloß Zeitvergeudung. Wenn wir nur auf etwas kommen könnten, dachte sie, auf etwas Tieferes, Tieferliegendes, dachte sie und bohrte den Bleistift in das Löschpapier. Auf einmal erkannte sie den einzig wesentlichen Punkt. Die Worte lagen ihr auf der Zunge. Sie öffnete den Mund zum Sprechen, aber grade als sie sich räusperte, raffte Mr. Pickford seine Schriftstücke zusammen und erhob sich. Wollten sie ihn entschuldigen? sagte er. Er müsse noch ins Gerichtsgebäude. Er erhob sich und ging.

Die Sitzung zog sich weiter. Die Aschenschale mitten auf dem Tisch füllte sich mit Zigarettenenden; die Luft wurde dick von Rauch; dann ging Mr. Spicer; dann Miss Bodham; Miss Ashford schlang einen Schal eng um den Hals, ließ ihre Aktentasche einschnappen und marschierte aus dem Zimmer. Miriam Parrish nahm ihren Zwicker ab und befestigte ihn an einem Haken, der vorn in ihr Kleid eingenäht war. Alle gingen sie; die Sitzung war zu Ende. Eleanor stand auf. Sie wollte mit Kitty sprechen. Aber Miriam fing sie ab.

»Oh, ich soll doch Mittwoch zu Ihnen kommen –« begann sie.

»Ja?« sagte Eleanor.

»Ich hab' mich grade erinnert, ich muß eine meiner Nichten zum Zahnarzt führen«, sagte Miriam.

»Samstag würde mir ebensogut passen«, sagte Eleanor.

Miriam überlegte. »Wäre Ihnen statt dessen Montag recht?« fragte sie.

»Ich schreibe Ihnen«, sagte Eleanor mit einer Gereiztheit, die sie nie verbergen konnte, obgleich Miriam ein solcher Engel war; und Miriam flatterte mit schuldbewußter Miene davon.

Eleanor wandte sich um. Die andern debattierten immer noch.

»Eines Tags wirst du mir recht geben«, sagte Martin grade.

»Niemals, niemals!« rief Kitty und klatschte mit ihren Handschuhen auf den Tisch. Sie sah sehr hübsch aus; aber auch ein wenig lächerlich in ihrem Abendkleid.

»Warum hast *du* nicht gesprochen, Nell?« fragte sie, sich ihr zuwendend.

»Weil – « begann Eleanor, »ich weiß nicht«, sagte sie dann ziemlich kleinlaut. Sie kam sich mit einmal schäbig und unscheinbar vor neben Kitty, die in großer Abendkleidung dastand, mit irgend etwas Leuchtendem im Haar.

»Also«, sagte Kitty, »ich muß gehn. Aber kann ich jemand von euch mitnehmen?« fragte sie, zum Fenster weisend. Dort draußen stand ihr Wagen.

»Was für ein prachtvolles Auto!« sagte Martin hinblickend, Spott in der Stimme.

»Es gehört Charlie«, bemerkte Kitty ziemlich scharf. »Was ist's mit dir, Nell?« fragte sie.

»Gerne«, sagte Eleanor, » – einen Augenblick.«

Sie hatte ihre Sachen durcheinandergebracht; ihre Handschuhe irgendwo hingelegt; hatte sie einen Schirm mitgehabt oder nicht? Sie fühlte sich schusselig und unscheinbar, als wäre sie plötzlich ein Schulmädel. Da stand das prachtvolle Auto und wartete, und der Chauffeur, eine Decke über den Arm, hielt den Schlag offen.

»Steig ein«, sagte Kitty. Und sie stieg ein, und der Chauffeur breitete ihr die Decke über die Knie.

»Lassen wir sie bei ihren Kabalen«, sagte Kitty mit einer wegwerfenden Handbewegung. Der Wagen fuhr schon.

»So eine Gesellschaft von Dickköpfen!« sagte Kitty, sich zu Eleanor wendend. »Zwingen ist immer ein Unrecht – stimmst du mir nicht bei? – immer ein Unrecht!« wiederholte sie, die Decke über die Knie heraufziehend. Sie war noch immer unter dem Eindruck der Sitzung. Doch sie wollte mit Eleanor plaudern. Sie trafen einander so selten; sie konnte sie so gut leiden. Aber sie war befangen, wie sie so dasaß in diesem lächerlichen Aufzug, und sie konnte ihre Gedanken, die noch immer in den Gleisen der Sitzung weiterliefen, nicht mit einmal herausreißen.

»So eine Gesellschaft von Dickköpfen!« wiederholte sie. »Erzähl' mir doch ...« begann sie dann.

Es gab so viel, wonach sie fragen wollte, aber der Motor war stark; der Wagen flitzte so glatt durch den Verkehr; ehe sie noch Zeit gefunden hatte, etwas von alledem zu fragen, streckte Eleanor schon die Hand nach der Klinke, denn sie hatten die Station der Untergrundbahn erreicht.

»Kann er hier halten?« fragte sie und erhob sich.

»Aber mußt du wirklich schon aussteigen?« entgegnete Kitty. Sie hatte so viel mit ihr sprechen wollen.

»Ich muß, ich muß«, sagte Eleanor, »Papa erwartet mich.« Sie fühlte sich wieder wie ein Kind, neben dieser großen Dame und dem Chauffeur, der den Schlag offenhielt.

»Komm mich doch besuchen – wir müssen bald wieder zusammenkommen, Nell«, sagte Kitty und ergriff ihre Hand.

Das Auto fuhr weiter. Lady Lasswade setzte sich in die Ecke zurück. Sie hätte Eleanor gern öfter gesehn, dachte sie; aber sie konnte sie nie dazu bewegen, zum Dinner zu kommen. Immer hieß es, »Papa erwartet mich«, oder es gab eine andere Ausrede, dachte sie mit einiger Bitterkeit. Sie waren so verschiedene Wege gegangen, ihr Leben war so verschieden gewesen seit Oxford ... Das Auto fuhr langsamer. Es mußte sich in die lange Kette von Wagen einreihen, die sich im Fußgängertempo, nun ganz stehnbleibend, nun wieder ruckweise weiterfahrend, durch die enge, von Gemüsekarren verstopfte Gasse zum Opernhaus vorwärtsschoben. Herren im Frack, Damen in großer Abendtoilette gingen den Gehsteig entlang. Sie sahen befangen und verlegen aus, wie sie sich so im Glast der Nachmittagssonne zwischen den Handwagen der Straßenverkäufer durchschlängelten, mit ihren hochgetürmten Haaren und Abendmänteln, ihren Knopflochblumen und weißen Westen. Die Damen trippelten mühsam auf ihren hohen Absätzen; manchmal griffen sie sich an die Frisur. Die Herren hielten sich dicht bei ihnen, wie um sie zu beschützen. Es ist absurd, dachte Kitty; es ist lächerlich, sich um diese Tageszeit in großer Abendkleidung zu zeigen. Sie lehnte sich in die Ecke zurück. Covent-Garden-Verlader, unsauber aussehende Magazineure und Kontoristen in ihren gewöhnlichen Arbeitsanzügen, derb aussehende Weiber in Schürzen glotzten zu ihr herein. Es roch stark nach Orangen und Bananen. Aber ihr Wagen war nun am Ziel. Er fuhr unter dem Portiko vor; sie stieß die schwingende Glastür auf und ging hinein.

Sogleich war ihr wohler. Nun, da das Tageslicht ausgelöscht war und die Luft gelb und rötlich leuchtete, hatte sie nicht mehr das Gefühl, lächerlich zu wirken. Im Gegenteil, sie fühlte sich ganz am Platz. Die Damen und Herren, die die Treppe hinaufstiegen, waren genau so gekleidet wie sie selbst. Der Geruch von Orangen und Bananen war von einem andern Geruch verdrängt – einem einschmeichelnden Gemisch von Kleidern und Handschuhen und Blumen, das sie wohlig umfing. Der Teppich war dick und weich unter ihren Füßen. Sie schritt durch den Gang, bis sie zu ihrer Loge mit ihrer Visitenkarte daran kam. Sie trat ein, und das ganze Opernhaus tat sich vor ihr auf. Sie war doch nicht zu spät gekommen. Das Orchester stimmte noch; die Musiker lachten, plauderten miteinander und wandten sich auf ihren Sitzen um, während sie eifrig an ihren Instrumenten herumfingerten. Sie stand an der Logenbrüstung und sah hinunter. Das Parkett des Hauses war in großer Bewegung. Die Leute gingen auf ihre Plätze; sie setzten sich und standen wieder auf; sie nahmen ihre Abendmäntel ab und winkten Bekannten. Sie waren wie Vögel, die sich auf ein Feld niederlassen. In den Logen erschienen da und dort weiße Gestalten; weiße Arme ruhten auf der Brüstung; Hemdbrüste leuchteten weiß neben ihnen. Das ganze Haus erglühte – rot, golden, cremefarben – und roch nach parfümierten Kleidern und nach Blumen und widerhallte vom Quieken und Trillern der Instrumente und vom Gesumm und Gemurmel der Stimmen. Sie warf einen

Blick auf den Theaterzettel, der auf die Logenbrüstung gelegt worden war. Man gab »Siegfried« – ihre Lieblingsoper. Auf einem kleinen freien Raum innerhalb der breiten, verschnörkelten Randleiste standen die Namen der Besetzung. Sie bückte sich, um sie zu lesen. Dann kam ihr plötzlich ein Gedanke, und sie warf einen Blick auf die Hofloge. Sie war leer. Während sie hinsah, öffnete sich die Tür ihrer Loge und zwei Herren traten ein; der eine war ihr Cousin Edward; der andre ein junger Mensch, ein Verwandter ihres Mannes.

»Also nicht abgesagt?« sagte er, als sie einen Händedruck tauschten. »Ich fürchtete schon ...« Er war irgend etwas im Außenministerium; hatte einen hübschen Römerkopf.

Sie blickten alle unwillkürlich zur Hofloge hin. Programme lagen auf der Brüstung; aber es war kein Strauß von rosa Nelken da. Die Loge war leer.

»Die Ärzte haben ihn aufgegeben«, sagte der junge Mann und sah sehr wichtig drein. Die glauben alle, daß sie alles wissen, dachte Kitty und lächelte über seinen Nimbus von Eingeweihtheit.

»Aber wenn er stirbt?« fragte sie und blickte zur Hofloge hinüber. »Glaubst du, wird die Vorstellung abgebrochen werden?«

Der junge Mann zuckte die Achseln. Darüber konnte er offenbar nichts Bestimmtes sagen. Das Haus füllte sich. Lichter blitzten auf den Armen der Damen, wenn sie sie bewegten; Gefunkel von Licht rieselte, erstarrte und rieselte in entgegengesetzter Richtung, wenn sie den Kopf wandten.

Nun aber zwängte sich der Dirigent durch das Orchester zu seinem erhöhten Sitz. Kurzer Applaus brach aus; er wandte sich her, verbeugte sich vor dem Publikum; wandte sich wieder um, alle die Lichter verglühten; das Vorspiel hatte begonnen.

Kitty lehnte sich an die Logenwand zurück; ihr Gesicht war von den Falten des Vorhangs überschattet. Sie war froh, daß sie im Schatten saß. Während des Vorspiels sah sie Edward an. Sie konnte in dem rötlichen Dämmer nur die Umrisse seines Gesichts sehn; es war plumper als früher, aber er sah geistvoll aus und hübsch und ein wenig entrückt, wie er so zuhörte. Nein, es hätte nichts getaugt; ich bin viel zu ... Sie dachte den Satz nicht zu Ende. Er hat nicht geheiratet, und ich ja. Und ich habe drei Buben. Ich war in Australien, ich war in Indien. Die Musik ließ sie an sich und an ihr Leben denken, wie sie es sonst selten tat. Die Musik erhöhte sie, warf ein schmeichelhaftes Licht auf sie, auf ihr vergangenes Leben. Aber weshalb hat Martin sich lustig gemacht über mich, daß ich ein Auto habe? dachte sie. Welchen Sinn hat das, sich lustig zu machen?

Da ging der Vorhang auf. Sie neigte sich vor und blickte auf die Bühne. Der Zwerg hämmerte auf das Schwert los. Tam-ta-ta-ta, Ta-ta-tam-ta-ta-ta ging es, mit kurzen, scharfen Schlägen. Sie lauschte. Die Musik klang jetzt anders. *Der,* dachte sie mit einem Blick auf den gut aussehenden jungen Mann, weiß genau, was die Musik bedeutet; er war bereits restlos besessen von der Musik. Ihr gefiel der Ausdruck völliger Versunkenheit, der sich über seine makellose Respektabilität gebreitet hatte und ihn fast unnahbar ernst erscheinen ließ ... Aber hier war Siegfried. Sie beugte sich vor. Mit Leopardenfellen bekleidet, sehr dick, mit nußbraunen Oberschenkeln, einen Bären führend, – hier war er. Ihr gefiel der dicke, springlebendige junge Mann mit der flachsblonden Perücke; er hatte eine prachtvolle Stimme. Tam-ta-ta-ta ging es. Sie lehnte sich wieder zurück. Woran erinnerte sie das? An einen jungen Burschen, der in ein Zimmer trat, mit Hobelscharten im Haar ... als sie sehr jung war. In Oxford? ... Ja, sie war zum Tee zu ihnen gegangen; hatte auf einem harten Sessel gesessen; in einem sehr hellen Zimmer; und aus dem Garten hatten Hammerschläge geklungen. Und dann kam ein Bursch herein, Holzspäne im Haar. Und sie hatte sich gewünscht, daß er sie küsse. Oder war es der Taglöhner gewesen, oben auf Carters Farm, als plötzlich der alte Carter großmächtig aufgetaucht war, mit einem Stier an der Kette, der einen Ring durch die Nase hatte?

»So ein Leben möcht' ich führen«, dachte sie und ergriff ihr Opernglas. »So bin ich eben ...« Sie hob das Opernglas an die Augen. Die Szene wurde plötzlich hell und nah; das Gras schien aus dicker grüner Wolle zu sein; sie konnte Siegfrieds fleischige braune Arme von Schminke glänzen sehn. Sein Gesicht glänzte. Sie ließ das Glas sinken und lehnte sich in ihre Ecke zurück.

Und die gute Lucy Craddock – sie sah Lucy an einem Tisch sitzen, mit ihrer roten Nasenspitze und ihren geduldigen, gütigen Augen. »Also Sie haben diese Woche schon wieder nichts gearbeitet, Kitty!« sagte sie vorwurfsvoll. Wie ich sie geliebt habe! dachte Kitty. Und dann nach Hause, in die

Lodge; und der Baum dort mit der Stützstange; und ihre Mutter steif aufrecht dasitzend. Ich wollte, ich hätte nicht so viel mit Mutter gestritten, dachte sie, plötzlich von dem Gefühl überkommen, wie die Zeit dahinging und wie tragisch das war. Dann wurde die Musik wieder anders.

Sie blickte auf die Bühne. Der Wanderer war aufgetreten. Er saß auf einer Böschung, in einem langen grauen Schlafrock; und ein Haarbausch wackelte über dem einen seiner Augen. Er sang und sang. Ihre Aufmerksamkeit ließ nach. Sie blickte in dem rötlich dämmerigen Raum umher; sie konnte nur weiße Ellbogen sehn, die spitz auf Logenbrüstungen ruhten; da und dort zeigte sich ein scharfer Lichtpunkt, wo jemand den Klavierauszug mit einer Taschenlampe mitlas. Edwards schönes Profil hielt wieder ihren Blick fest. Er lauschte; kritisch, gespannt. Es hätte nichts getaugt, dachte sie, es hätte ganz und gar nichts getaugt.

Endlich war der Wanderer abgegangen. Und jetzt? fragte sie sich und beugte sich vor. Siegfried tollte herein. Da war er wieder, in seine Leopardenfelle gehüllt, lachend und singend. Die Musik erregte sie; sie war prachtvoll. Siegfried packte die Stücke des zerbrochenen Schwerts, fachte das Feuer an und hämmerte, hämmerte, hämmerte. Das Singen, das Hämmern und das Hüpfen der Flammen, das ging alles zugleich. Rascher und rascher, rhythmischer und rhythmischer, immer triumphierender hämmerte er, bis er endlich das Schwert hoch über seinen Kopf schwang und es niedersausen ließ – krach! Der Amboß barst entzwei. Und dann schwenkte er sein Schwert über dem Kopf und jubelte und sang; und die Musik schwoll und schwoll; und der Vorhang fiel.

Die Lichter oben in der Mitte taten sich auf. Alle Farben kehrten zurück. Das ganze Opernhaus erwachte sprungartig wieder zum Leben, mit all den Gesichtern, den Diamanten, all den Menschen. Sie klatschten und schwenkten ihre Programme. Das ganze Haus schien von den weißen Papierrechtecken durchflattert zu sein. Der Vorhang teilte sich und wurde von baumlangen Lakaien in Kniehosen gerafft gehalten. Kitty stand auf und klatschte. Abermals schloß sich der Vorhang; abermals teilte er sich. Die Lakaien wurden von den schweren Falten, die sie zurückzuhalten hatten, beinahe umgerissen. Wieder und wieder hielten sie den Vorhang gerafft; und sogar als sie ihn losgelassen hatten und die Sänger verschwunden waren und das Orchester seine Plätze verließ, standen die Leute immer noch da, klatschten und schwenkten ihre Programmhefte.

Kitty wandte sich dem jungen Mann in ihrer Loge zu. Er lehnte über die Brüstung. Er klatschte immer noch. Er rief: »Bravo! Bravo!« Er hatte sie vergessen. Er hatte sich selbst vergessen.

»War das nicht wundervoll?« sagte er endlich und wandte sich her.

Ein seltsamer Ausdruck lag auf seinem Gesicht, als wäre er in zwei Welten zugleich und müßte sie erst zusammenziehn.

»Wundervoll!« stimmte sie ihm bei. Sie blickte ihn mit einem Stich von Neid an.

»Und jetzt«, sagte sie, ihre Sachen zusammensuchend, »wollen wir essen gehn.«

In Hyams Place waren sie mit dem Essen fertig. Der Tisch war abgeräumt; nur ein paar Krümel blieben übrig, und der Krug mit den Blumen stand mitten auf dem Tisch wie ein Wachtposten. Der einzige Laut im Zimmer war das Sticheln einer Nadel, die Seide durchstach, denn Maggie nähte. Sally hockte vorgebeugt auf dem Klavierschemel, aber sie spielte nicht.

»Sing etwas!« sagte Maggie plötzlich. Sally wandte sich um und schlug ein paar Töne an.

»Schwingend und schwenkend mein Schwert in der Hand ...« sang sie. Die Worte waren der Text irgendeines pompösen Marsches aus dem achtzehnten Jahrhundert, aber ihre Stimme war dünn und schnarrend. Ihre Stimme brach. Sie verstummte.

Schweigend saß sie da, die Hände auf den Tasten. »Wozu singen, wenn man keine Stimme hat?« murmelte sie. Maggie nähte weiter.

»Was hast du heute getan?« fragte sie nach einer Weile, jäh aufblickend.

»Mit Rose weggegangen«, antwortete Sally.

»Und was habt ihr getan, du und Rose?« fragte Maggie. Sie sprach geistesabwesend. Sally wandte sich her und warf einen Blick auf sie. Dann begann sie wieder zu spielen. »Standen auf der Brücke und blickten ins Wasser«, murmelte sie.

»Standen auf der Brücke und blickten ins Wasser«, summte sie im Takt der Melodie. »Eilendes Wasser, fließendes Wasser. Mag mein Gebein zu Korallen werden; mögen die Fische Laternlein entzünden; ihre grünen Laternelein entzünden in den Augen mein.« Sie wandte sich halb und sah sich nach Maggie um. Aber die gab nicht acht. Sally verstummte. Sie blickte wieder auf die Tasten. Aber sie sah nicht die Tasten, sie sah einen Garten; Blumen; und ihre Schwester; und einen jungen Mann mit langer Nase, der sich bückte, um eine Blume zu pflücken, die im Dunkel schimmerte. Und er hielt ihr die Blume hin, im Mondschein ... Maggie unterbrach sie.

»Du bist mit Rose gegangen«, sagte sie nochmals. »Wohin?«

Sally trat vom Klavier weg und blieb vor dem Kamin stehn.

»Wir stiegen in einen Bus und fuhren nach Holborn«, sagte sie. »Und wir gingen eine Straße entlang«, fuhr sie fort; »und auf einmal –« sie schnellte die flache Hand vor – »fühlte ich einen Schlag auf meiner Schulter. ›Verdammte Lügnerin!‹ sagte Rose und packte mich und schleuderte mich an die Wand eines Wirtshauses!«

Maggie nähte schweigend weiter.

»Ihr seid in einen Bus gestiegen und nach Holborn gefahren«, wiederholte sie nach einer Weile mechanisch. »Und dann?«

»Dann gingen wir in ein Zimmer«, fuhr Sally fort, »und da waren Leute drin – Scharen von Leuten. Und ich sagte zu mir ...« Sie hielt inne.

»Eine Sitzung?« murmelte Maggie. »Wo?«

»In einem Zimmer«, antwortete Sally. »Blasses, grünliches Licht. Eine Frau im Hintergarten hing Wäsche an eine Leine, und jemand ging vorüber und ließ seinen Stock über die Gitterstäbe rattern.«

»Aha«, sagte Maggie. Sie nähte emsig weiter.

»Ich sagte zu mir«, begann Sally wieder, »wessen Köpfe sind das ...« sie hielt inne.

»Eine Sitzung«, unterbrach Maggie sie. »Wozu? Worüber?«

»Tauben gurrten«, fuhr Sally fort. »Gurr nur zu, du, gurr nur zu, du, gurr ... Und dann verdunkelte ein Fittich die Luft und herein kam Kitty, in Sternenlicht gekleidet, und setzte sich auf einen Stuhl.«

Sie machte wieder eine Pause. Maggie schwieg. Sie nähte eine Weile weiter.

»Wer kam herein?« fragte sie dann.

»Eine sehr schöne Frau; in Sternenlicht gekleidet; mit etwas Grünem im Haar«, sagte Sally. »Worauf« – ihre Stimme verändernd, ahmte sie den Tonfall nach, in dem mutmaßlich ein Mann aus dem Mittelstand eine Dame der eleganten Welt begrüßen mochte, – »Mr. Pickford aufspringt und sagt: ›Oh, Lady Lasswade, wollen Sie nicht hier Platz nehmen?‹«

Sie schob einen Stuhl vor sich her.

»Und dann«, fuhr sie fort, die Hände schwenkend, »läßt Lady Lasswade sich nieder, legt ihre Handschuhe auf den Tisch« – sie tätschelte ein Kissen – »so ...«

Maggie blickte von ihrer Näherei auf. Sie hatte einen allgemeinen Eindruck von einem Raum voller Leute; Stöcken, die über Gitterstäbe ratterten; Wäsche, die zum Trocknen aufgehängt war, und jemand, der hereinkam, mit leuchtenden Käferflügeln im Haar.

»Was geschah dann?« fragte sie.

»Dann? Die welke Rose, die stachelige Rose, die bräunliche Rose, die dornige Rose«, lachte Sally heraus, »vergoß eine Träne.«

»Nein, nein!« sagte Maggie. Etwas stimmte nicht mit der Geschichte; etwas war unmöglich. Sie sah auf. Der Schein eines vorüberfahrenden Autos glitt über die Zimmerdecke. Es wurde zu dunkel, um zu sehn. Die Lampe von der Kneipe gegenüber verbreitete einen gelblichen Glast im Zimmer; an der Decke zitterte ein wässeriges Muster von wogendem Licht. Der Lärm lauten Streitens kam von der Straße. Ein Schlurfen und Trampeln, als schleppten Polizisten jemand, der sich sträubte, die Gasse entlang. Stimmen schimpften und schrien hinterdrein.

»Wieder eine Balgerei?« murmelte Maggie und stach die Nadel in den Stoff.

Sally stand auf und trat ans Fenster. Leute hatten sich vor der Kneipe angesammelt. Ein Mann war hinausgeworfen worden. Da kam er, schwankend. Er taumelte gegen einen Laternenpfahl und umklammerte ihn. Die Szene war vom gelben Licht der Lampe über der Tür der Kneipe beleuchtet. Sally blieb einen Augenblick am Fenster stehn und sah zu. Dann wandte sie sich her; ihr Gesicht sah im Dämmer leichenhaft und verbraucht aus, als wäre sie schon ein altes Weib, ausgelaugt von einem Leben voller Kindbetten, Ausschweifungen und Verbrechen. Sie stand mit hochgezogenen Schultern da, mit verkrampften Händen.

»In künftiger Zeit«, sagte sie und sah ihre Schwester an, »werden die Menschen, wenn sie in dieses Zimmer blicken – in diese Höhle, diese winzige Grotte, aus Dreck und Dung gehöhlt, sich die Nase zuhalten« – sie hielt sich die Nase mit zwei Fingern zu – »und sagen: ›Puh! Sie stinken!‹«

Sie ließ sich auf einen Stuhl fallen.

Maggie sah sie an. Mit den Füßen um die Sesselbeine, mit dem Haar, das ihr übers Gesicht fiel, und den ineinander verkrampften Händen sah sie aus wie ein großer Affe, der da in einer kleinen Höhle aus Dreck und Dung hockte. »Puh«, wiederholte Maggie vor sich hin, »sie stinken ...« Sie stach die Nadel mit einem Schauder des Ekels durch den Stoff. Es war wahr, dachte sie; lauter widerliche kleine Geschöpfe, von unbeherrschbaren Gelüsten getrieben. Die Nacht war erfüllt von Gebrüll und Gefluche; von Gewalt und Unrast; und auch von Schönheit und Freude. Sie stand auf, das Kleid in der Hand. Die Seidenfalten fielen bis auf den Boden, und sie strich mit der Hand über sie hin.

»So! Das wäre fertig«, sagte sie und legte das Kleid auf den Tisch. Nun gab es nichts mehr für ihre Hände zu tun. Sie faltete das Kleid und legte es weg. Die Katze, die geschlafen hatte, erhob sich sehr langsam, machte einen hohen Buckel und streckte sich dann zu ihrer vollen Länge.

»Du willst dein Nachtmahl, was?« sagte Maggie. Sie ging in die Küche und kam mit einer Untertasse voll Milch zurück. »Da, da, meine Miez«, sagte sie und stellte die Tasse auf den Boden. Sie stand und sah zu, wie die Katze die Milch aufleckte, ein Maulvoll nach dem andern. Dann streckte sich das Tier wieder mit außerordentlicher Anmut.

Sally stand ein wenig abseits und beobachtete Maggie. Dann ahmte sie sie nach.

»Da, da, meine Miez«, wiederholte sie. »Und schaukelst dabei die Wiege, Maggie«, fügte sie hinzu.

Maggie hob die Arme, wie um ein unerbittliches Schicksal abzuwehren; und ließ sie sinken. Sally sah ihr zu und lächelte; dann stiegen Tränen auf, quollen über und liefen ihr langsam die Wangen hinunter. Aber als sie die Hand hob, um sie wegzuwischen, ertönte ein Hämmern. Jemand schlug mit der Faust an die Haustür nebenan. Das Hämmern hörte auf. Dann fing es wieder an – tam, tam, tam.

Sie horchten.

»Parker ist betrunken heimgekommen und will eingelassen werden«, sagte Maggie. Das Hämmern hörte auf. Dann fing es wieder an.

Sally trocknete sich die Augen, ärgerlich und energisch.

»Zieh deine Kinder groß auf einer wüsten Insel, wo Schiffe nur bei Vollmond landen!« rief sie.

»Oder hab gar keine?« sagte Maggie fragend. Ein Fenster wurde aufgestoßen. Eine Frauenstimme wurde hörbar, die den Mann kreischend beschimpfte. Er grölte schwerzüngig, mit trunkener Stimme, von den Türstufen zurück. Dann schlug die Tür zu.

Sie horchten.

»Jetzt wird er gegen die Wand taumeln und sich erbrechen«, sagte Maggie. Sie konnte schwere Tritte hören, die im Nebenhaus die Treppe hinaufstapften. Dann war es still.

Maggie ging zum Fenster, um es zu schließen. Die großen Fenster der Fabrik gegenüber waren alle erleuchtet; sie sah aus wie ein gläserner Palast mit einander kreuzenden dünnen schwarzen Stäben. Ein gelber Lichtschein erhellte die unteren Hälften der Häuser gegenüber; die Schieferdächer schimmerten bläulich; der Himmel hing als schwerer Baldachin von gelbem Licht nieder. Schritte hallten auf dem Gehsteig, denn es gingen immer noch Leute durch die Gasse. Irgendwo, weit weg, rief jemand etwas. Maggie beugte sich hinaus. Die Nacht war windig und warm.

»Was ruft der dort?« fragte sie.

Die Stimme kam immer näher.

»Tot...?« sagte sie.

»Tot...?« fragte Sally. Sie beugten sich beide hinaus. Aber sie konnten die übrigen Worte nicht verstehen. Dann rief ein Mann, der einen Handkarren die Gasse entlangschob, zu ihnen herauf:

»Der König ist tot!«

# 1911

Die Sonne ging auf. Sehr langsam kam sie über den Himmelsrand und verstreute Licht. Aber der Himmel war so weiträumig, so wolkenleer, daß ihn mit Licht zu füllen Zeit brauchte. Ganz allmählich verwandelten sich die wenigen Wolken in Blau; Blätter an Waldbäumen blinkten; unten leuchtete eine Blume; Augen von Tieren – Tigern, Affen, Vögeln – funkelten. Langsam hob sich die Welt aus Dunkel. Das Meer wurde wie die Haut eines zahllos beschuppten Fisches, glitzerndes Gold. Dort, im Süden von Frankreich, wurde das Licht von den gefurchten Weingärten aufgefangen; die kleinen Trauben wurden purpurn und gelb; die Sonne kam zwischen den Latten der Jalousien herein und strichelte die weißen Wände. Maggie, die in den Hof hinabblickte, sah das Buch ihres Mannes krakeliert vom Schatten der Reblaube; und das Glas neben ihm glühte gelb. Rufe der arbeitenden Weinbauern kamen durch das offene Fenster.

Hier, den Ärmelkanal querend, schlug die Sonne vergeblich auf die dichte, wollige Decke von Seenebel. Licht drang langsam durch den Dunst über London; traf die Statuen auf dem Parliament Square und den Buckingham Palace, wo die Flagge wehte, obgleich der König, unter einem blau-weiß-roten Union-Jack dorthin getragen, in der Felsengruft bei Windsor ruhte. Es war heißer denn je. Die Nüstern der Pferde zischten beim Trinken aus den Trögen; unter ihren Hufen entstanden kleine Grate und Wülste auf den Landstraßen und wurden spröd wie Gips. Brände rasten über die Hochmoore und hinterließen verkohlte Zweige. Es war August, es war Ferienzeit. Die Glasdächer der großen Bahnhöfe waren weißglühende Globen von Licht. Reisende blickten nach den Zeigern der runden gelben Uhren, während sie mit Hunden an der Leine den Trägern folgten, die Portmanteaux vor sich her karrten. In allen Bahnhöfen standen Züge bereit, sich über England hin ihren Weg zu bohren; nach dem Norden, nach dem Süden, nach dem Westen. Nun ließ der Schaffner, der mit erhobener Hand dastand, seine kleine Flagge sinken, und die Tee-Urne glitt vorüber. Hinaus rollten die Züge, zwischen den öffentlichen Gärten mit den Asphaltwegen; vorbei an den Fabriken; hinaus ins offene Land. Männer, die angelnd auf Brücken standen, blickten auf; Pferde auf Weiden begannen zu galoppieren; Frauen traten unter Haustüren und beschatteten die Augen; Rauch trieb über das Getreide, schlang sich nieder und umwand einen Baum. Und vorbei und immer weiter fuhren sie.

Auf dem Vorplatz des Bahnhofs von Wittering stand Mrs. Chinnerys altes Visavis und wartete. Der Zug hatte Verspätung; es war sehr heiß. William, der Gärtner, saß auf dem Kutschbock, in seinem beigefarbenen Mantel mit den versilberten Knöpfen, und schnellte die Peitsche nach den Fliegen. Die Fliegen waren eine Plage. Sie sammelten sich in schwarzen Klümpchen um die Ohren der Pferde. Er schnellte die Peitsche; der alte Gaul stampfte mit den Hufen und schüttelte die Ohren, denn die Fliegen hatten sich schon wieder niedergelassen. Es war sehr heiß. Die Sonne brannte auf den Bahnhofsvorplatz, auf die hochrädrigen Karren und die Herrschafts- und die Mietwagen, die den Zug erwarteten. Endlich sank der Signalarm; ein Rauchschwall wehte über die Hecke; und eine Minute später kamen Leute auf den Vorplatz heraus, und da war auch Miss Pargiter, ihre Reisetasche und einen weißen Schirm in der Hand. William griff an den Hut.
»Tut mir leid, daß ich so spät komme«, sagte Eleanor, zu ihm auflächelnd, denn sie kannte ihn; sie kam jedes Jahr.
Sie stellte die Reisetasche auf den Sitz und lehnte sich zurück in den Schatten ihres weißen Sonnenschirms. Das Leder der Polsterung glühte in ihrem Rücken; es war sehr heiß – heißer sogar als in Toledo. Sie bogen in die Hauptstraße ein; die Hitze schien alles schläfrig und stumm zu machen. Die breite Straße war voller Kutschierwagen und Karren mit schlaff hängenden Zügeln und Pferden, die die Köpfe gesenkt hielten. Wie still alles zu sein schien nach dem Lärm der ausländischen Marktplätze! Männer in Ledergamaschen lehnten an Häusermauern; die Läden hatten ihre Sonnenplachen aufgespannt; Blöcke von Schatten lagen auf dem Gehsteig. Sachen waren abzuholen. Sie hielten beim Fischhändler; und ein feuchtes weißes Paket wurde ihnen heraufgereicht. Sie hielten vor der Eisenhandlung; und William kam mit einer Sichel wieder. Dann hielten sie beim Drogisten; aber hier mußten sie warten, denn die Tinktur war noch nicht fertig.

Eleanor lehnte sich im Schatten ihres weißen Schirms zurück. Die Luft schien vor Hitze zu sirren. Es roch nach Seife und Chemikalien. Wie gründlich sich die Leute in England waschen, dachte sie beim Anblick der gelben, der grünen, der rosa Seifen im Schaufenster des Drogisten. In Spanien hatte sie sich fast überhaupt nicht gewaschen; sie hatte sich mit einem Taschentuch abgetrocknet, auf den weißen, heißen Steinen des Guadalquivirs stehend. In Spanien war alles ausgedörrt und verschrumpft gewesen. Hier aber – sie blickte die Hauptstraße entlang – war jeder Laden voll von Gemüse; oder silbrig glänzenden Fischen; oder gelbkralligen, weichbrüstigen Hühnern; oder Eimern, Rechen und Schubkarren. Und wie freundlich die Leute waren!

Sie gewahrte, wie oft Finger an Hüte faßten; Hände ergriffen wurden; Leute stehnblieben und miteinander plauderten, mitten auf der Straße. Nun aber kam der Drogist heraus, mit einer großen, in Seidenpapier gewickelten Flasche. Sie wurde unter der Sichel verstaut.

»Sehr arg, die Mücken, heuer, William?« fragte sie, die Tinktur erkennend.

»Grausam arg, Miss, grausam«, sagte er und hob den Finger an den Hutrand. Seit dem Jubiläumsjahr war keine solche Dürre mehr gewesen, entnahm sie seinen Worten, aber sein Dorsetshiredialekt, sein singender Rhythmus machten es ihr schwer, zu verstehn, was er sagte. Dann schnalzte er mit der Peitsche, und sie fuhren weiter; am Marktkreuz vorüber; am Rathaus, mit seinen roten Ziegeln und weißen Arkaden; und vorüber an einer Zeile von Häusern aus dem achtzehnten Jahrhundert mit Runderkern, den Wohnsitzen von Ärzten und Anwälten; am Teich vorüber, wo Ketten weiße Pfosten miteinander verbanden und ein Pferd trank; und weiter so, aufs Land hinaus. Die Straße war mit weichem weißem Staub bedeckt; auch die Hecken, von Girlanden der Waldrebe behangen, schienen dick bestaubt zu sein. Der alte Gaul verfiel in seinen zuckelnden Trab, und Eleanor saß zurückgelehnt unter ihrem weißen Schirm.

Jeden Sommer kam sie Morris im Haus seiner Schwiegermutter besuchen. Siebenmal, achtmal war sie gekommen, zählte sie; aber dieses Jahr war es anders. Dieses Jahr war alles anders. Der Vater war gestorben; das Haus in der Abercorn Terrace war geschlossen; sie hatte im Augenblick nirgends eine Bindung. Im Dahinrütteln auf den heißen, heckenbesäumten Straßen dachte sie dösig: Was soll ich nun tun? Hier wohnen? dachte sie, als sie an einer gar nicht üblen georgianischen Villa vorbeikamen. Aber nein, nicht mitten in einer Ortschaft! Sie trabten durch das Dorf. Wie wär's also mit diesem Haus hier? fragte sie sich, ein Haus mit einer Veranda zwischen ein paar Bäumen betrachtend. Dann aber dachte sie, sie würde eine grauhaarige Dame werden, die mit einer Schere Blumen abschnitt und arme Kleinhäusler besuchen ging. Sie hatte keine Lust, Kleinhäusler zu besuchen. Und der Geistliche – ein Geistlicher schob sein Rad die Steigung hinauf – würde zu ihr zum Tee kommen. Aber sie hatte keine Lust, den Geistlichen zum Tee bei sich zu sehn. Wie blitzblank es alles ist! dachte sie; denn sie fuhren noch immer durch das Dorf. Die Gärtchen waren bunt von roten und gelben Blumen. Dann begannen ihnen Einwohner des Dorfs entgegenzukommen; eine ganze Prozession. Einige der Frauen trugen Pakete; ein glänzender Silbergegenstand lag auf der Steppdecke eines Kinderwagens; ein alter Mann hielt den behaarten Kopf einer Kokosnuß an die Brust gedrückt. Es war wohl irgendwo ein Fest gewesen, vermutete sie; und hier waren sie nun alle auf dem Heimweg. Sie wichen an den Straßenrand aus, als der Wagen vorübertrabte, und warfen lange, neugierige Blicke auf die Dame, die unter dem grünlichweißen Schirm darin saß. Nun ging es durch ein offenstehendes weißes Gattertor, sie trabten flott durch eine kurze Allee und fuhren mit einem Peitschenschnalzen vor zwei schlanken Säulen vor; vor Fußabstreifern, die stacheligen Igeln glichen; und vor einer weit offenen Haustür.

Sie wartete einen Augenblick in der Halle. Ihre Augen waren geblendet nach dem Glast der Straße. Alles erschien fahl und schmal und freundlich. Die Teppiche waren verblaßt; die Bilder waren verblaßt. Sogar der Admiral mit seinem Dreispitz dort über dem Kamin trug ein seltsames Aussehn verblaßter Umgänglichkeit zur Schau. In Griechenland war man immer zweitausend Jahre zurückversetzt. Hier war es immer das achtzehnte Jahrhundert. Wie alles Englische, dachte sie, als sie ihren Sonnenschirm auf den alten Schragentisch legte, neben die Porzellanschale mit getrockneten Rosenblättern, war auch die Vergangenheit etwas Nahes, Heimeliges, Freundliches.

Die Tür ging auf. »Ach, Eleanor!« rief ihre Schwägerin und kam in flatterndem leichtem Sommerkleid in die Halle gelaufen. »Wie nett, dich wiederzusehn! Wie braun du bist! Komm hinein ins Kühle!«

Sie führte sie ins Wohnzimmer. Auf dem Klavier lag weiße Babywäsche verstreut; Obst schimmerte rot und grün in Einmachgläsern.

»Wir haben ein solches Durcheinander«, sagte Celia, auf das Sofa sinkend. »Lady St. Austell ist erst vor kaum einer Minute weggegangen, und der Bischof.«

Sie fächelte sich mit einem Blatt Papier.

»Aber es war ein großer Erfolg. Wir hatten den Basar im Garten. Es wurde auch etwas aufgeführt.« Das Blatt Papier, mit dem sie sich fächelte, war ein Programm.

»Ein Stück?« fragte Eleanor.

»Ja, eine Szene aus Shakespeare«, antwortete Celia. »Aus ›Sommernachtstraum‹ ... ›Wie es euch gefällt‹ ... Ich weiß nicht mehr, was. Miss Green hat es einstudiert. Ein Glück, daß so schönes Wetter ist. Voriges Jahr hat's gegossen. Aber wie mir die Füße weh tun!« Die Glastür ging auf den Rasen. Eleanor konnte Leute Tische schleppen sehn.

»Was für eine Wirtschaft!« sagte sie.

»Und ob!« Celia atmete noch immer heftig. »Wir hatten Lady St. Austell hier und den Bischof; Kokosnüsse und ein Ferkel; aber ich glaube, es hat alles sehr gut geklappt. Die Leute haben sich unterhalten.«

»Für die Kirche?« fragte Eleanor.

»Ja, den neuen Turm«, sagte Celia.

»So eine Schererei!« sagte Eleanor wieder. Sie blickte hinaus auf den Rasen. Das Gras war schon verdorrt und gelb; die Lorbeerbüsche sahen verrunzelt aus. Tische standen an die Lorbeerbüsche gerückt. Morris kam vorüber; er schleppte einen Tisch.

»War es schön in Spanien?« fragte Celia. »Hast du wundervolle Dinge gesehn?«

»O ja!« rief Eleanor. »Ich sah ...« Sie verstummte. Sie hatte wundervolle Dinge gesehn – Bauten, Berge, eine rote Stadt in einer Ebene. Aber wie könnte sie sie beschreiben?

»Du mußt mir später alles erzählen«, sagte Celia und stand auf. »Es ist Zeit, daß wir uns fertigmachen. Aber ich fürchte«, sagte sie, während sie sich ein wenig schmerzhaft die breite Treppe hinaufmühte, »ich muß dich bitten, mit dem Wasser zu sparen, wir sind sehr knapp. Der Brunnen ...« Der Brunnen, erinnerte sich Eleanor, versiegte immer in einem heißen Sommer. Sie gingen miteinander durch den breiten Gang, an dem alten gelben Globus vorbei, unter dem hübschen Bild aus dem achtzehnten Jahrhundert, auf dem alle die kleinen Chinnerys in langen Unterhöschen und Nankingbeinkleidern im Garten um ihre Eltern herumstanden. Celia blieb stehn, die Hand auf dem Knauf einer Schlafzimmertür. Das Gurren von Tauben kam durchs offene Fenster.

»Wir haben dich diesmal im blauen Zimmer untergebracht«, sagte sie. Gewöhnlich hatte Eleanor das rosa Zimmer. Celia tat einen Blick hinein. »Ich hoffe, du hast alles –«

»Ja, ich hab' bestimmt alles«, sagte Eleanor, und Celia verließ sie.

Das Mädchen hatte ihre Sachen schon ausgepackt. Hier lagen sie – auf dem Bett. Eleanor zog das Kleid aus, stand in ihrem weißen Unterrock da und wusch sich dann, methodisch, aber sparsam, weil sie knapp mit dem Wasser waren. Die englische Sonne machte ihr Gesicht noch immer überall dort prickeln, wo die spanische es verbrannt hatte. Ihr Hals war von der Brust abgegrenzt, als wäre er braun angestrichen, dachte sie, während sie vor dem Spiegel in ihr Abendkleid schlüpfte. Sie drehte ihr dichtes Haar mit der grauen Strähne mitten darin rasch zu einem Knoten; hängte sich das Schmuckstück um, einen roten Klecks wie gestockte Himbeerkonfitüre mit einem goldenen Samenkorn mitten darin; und warf einen Blick auf die Frau, die ihr seit fünfundfünfzig Jahren so vertraut war, daß sie sie gar nicht mehr sah: Eleanor Pargiter. Daß sie alt wurde, war offensichtlich; da waren Falten quer über ihre Stirn; Höhlungen und Furchen, wo das Fleisch immer fest gewesen war.

Und was war das Beste an mir? fragte sie sich und fuhr sich mit dem Kamm nochmals durchs Haar. Meine Augen? Ihre Augen lachten ihr entgegen, als sie sie ansah. Meine Augen, ja, dachte sie. Jemand hatte einmal ihre Augen gerühmt. Sie zwang sich, sie weit zu öffnen, statt sie zusammenzukneifen. Rund um jedes Auge zeigten sich mehrere weiße Strahlen, wo sie es zusammengekniffen hatte, um das grelle Licht abzuhalten, auf der Akropolis, in Neapel, in Granada und Toledo. Aber das ist vorbei, dachte sie, daß Leute meine Augen rühmen, und beendete ihre Toilette.

Sie blieb einen Augenblick stehn und sah auf den versengten Rasen hinunter. Das Gras war fast gelb; die Ulmen begannen braun zu werden; rotbraun und weiß gescheckte Kühe käuten jenseits der versengten Hecke. Aber England war enttäuschend, dachte sie; es war klein; es war niedlich; sie verspürte keine Zuneigung zu ihrem Heimatland – nicht die geringste. Dann ging sie hinunter, denn sie wollte womöglich Morris allein sprechen.

Aber er war nicht allein. Er stand auf, als sie eintrat, und machte sie mit einem etwas korpulenten, stark angegrauten Herrn im Smoking bekannt.

»Ihr kennt einander, nicht wahr?« fragte Morris. »Eleanor – Sir William Whatney.« Er setzte einen kleinen humorigen Akzent auf das »Sir«, der Eleanor einen Augenblick verwirrte.

»Wir pflegten uns früher einmal zu kennen«, sagte Sir William mit einem Lächeln, als er auf sie zukam und ihre Hand ergriff.

Sie sah ihn an. Konnte das William Whatney sein – Dideldums –, der vor vielen Jahren, in der Abercorn Terrace, immer zu ihnen gekommen war? Er war es. Sie hatte ihn nicht gesehn, seit er nach Indien gegangen war.

Aber sind wir alle so geworden? fragte sie sich und blickte von dem ergrauten Kopf und verknitterten rot-und-gelben Gesicht des Jungen, den sie gekannt hatte – er besaß fast gar keine Haare mehr – auf ihren Bruder Morris. Der sah kahlköpfig und hager aus; aber er war doch gewiß in den besten Jahren, so wie sie selbst? Oder waren sie plötzlich alle alte Tatter geworden wie Sir William? Dann kamen ihr Neffe Norman und ihre Nichte Peggy mit der Mutter herein, und sie gingen alle ins Eßzimmer. Der alten Mrs. Chinnery wurde oben serviert.

Wie ist nur aus Dideldums Sir William Whatney geworden? fragte sie sich und sah ihn an, während sie den Fisch aßen, der in dem feuchten Paket mitgebracht worden war. Wann hatte sie ihn zuletzt gesehn – in einem Boot auf der Themse? Sie waren picknicken gefahren; sie hatten auf einer Insel mitten im Fluß gegessen. Bei Maidenhead? Ja.

Sie redeten über das Fest. Craster hatte das Ferkel gewonnen; Mrs. Grice hatte den silbernen Präsentierteller gewonnen.

»Also das war's, was ich auf dem Kinderwagen gesehn hab'«, sagte Eleanor. »Ich traf die Festgäste auf ihrem Rückweg«, erklärte sie. Sie beschrieb die Prozession. Und sie redeten über das Fest.

»Beneiden Sie nicht meine Schwägerin?« fragte Celia, sich an Sir William wendend. »Sie ist grade von einer Griechenlandreise zurück.«

»Tatsächlich?« sagte Sir William. »Welcher Teil von Griechenland?«

»Wir sind nach Athen, dann nach Olympia, dann nach Delphi«, begann Eleanor das gewohnte Sprüchlein herzusagen. Sie standen offenbar auf förmlichem Fuß miteinander – sie und Dideldums.

»Mein Schwager Edward«, erklärte Celia, »führt diese herrlichen Exkursionen.«

»Du erinnerst dich doch an Edward?« fragte Morris. »Warst du nicht zur selben Zeit in Oxford?«

»Nein, er war jünger als ich«, sagte Sir William. »Aber ich habe von ihm gehört, natürlich. Er ist – warte mal – was ist er nur? – eine große Kapazität, nicht wahr?«

»Oh, er ist eine Leuchte seines Fachs«, sagte Morris.

Er war nicht eifersüchtig auf Edward, dachte Eleanor; aber es war ein gewisser Ton in seiner Stimme, der ihr verriet, daß er seine Karriere mit der Edwards verglich.

»Die haben ihn alle angebetet«, sagte sie. Sie lächelte; sie sah Edward, wie er Trüppchen andächtiger Lehrerinnen auf der Akropolis Vorträge hielt. Heraus mit den Notizbüchern und jedes Wort, das er sagte, aufgeschrieben! Aber er war sehr großmütig gewesen, sehr gütig; er hatte sich die ganze Zeit um sie, Eleanor, gekümmert.

»Haben Sie wen von der Botschaft kennengelernt?« fragte Sir William sie. Dann verbesserte er sich. »Ist aber gar keine Botschaft, nicht?«

»Nein. Athen hat keine Botschaft«, sagte Morris. Hier schweiften sie ab; was sei der Unterschied zwischen einer Botschaft und einer Gesandtschaft? Dann begannen sie die Lage auf dem Balkan zu besprechen.

»Dort wird's bald einmal was geben«, sagte Sir William. Er wandte sich an Morris; sie besprachen die Lage auf dem Balkan.

Eleanors Aufmerksamkeit schweifte ab. Was hat er getan? fragte sie sich. Gewisse Worte und Bewegungen riefen ihn ihr wieder zurück, wie er vor dreißig Jahren gewesen war. Es waren Reste von Dideldums da, wenn man die Augen halb zumachte. Sie machte die Augen halb zu. Auf einmal erinnerte sie sich – er, ja, *er* hatte die Augen gerühmt. »Deine Schwester hat die leuchtendsten Augen, die ich je gesehn habe«, hatte er gesagt. Morris hatte es ihr erzählt. Und auf der Heimfahrt im Zug hatte sie ihr Gesicht hinter der Zeitung versteckt, um ihre Freude zu verbergen. Sie sah ihn wieder an. Er erzählte. Sie hörte zu. Er schien zu groß zu sein für das stille, sehr englische Eßzimmer; seine Stimme dröhnte. Er brauchte sein Publikum.

Er erzählte eine Geschichte. Er sprach in knappen, nervösen Sätzen, als wäre ein Ring um sie herum, – ein Stil, den sie bewunderte, aber sie hatte den Anfang überhört. Sein Glas war leer.

»Schenk Sir William noch Wein ein!« flüsterte Celia dem befangenen Mädchen zu. Es folgte einiges Hantieren mit Karaffen auf der Anrichte. Celia runzelte die Stirn. Ein Mädchen aus dem Dorf, das sich nicht auskennt, dachte Eleanor. Die Geschichte erreichte ihren Höhepunkt; aber sie hatte einiges Verbindende überhört.

» ... und da stand ich plötzlich in einem alten Paar Reithosen unter einem Schirm aus Pfauenfedern; und alle die guten Leutchen lagen vor mir auf den Knien und berührten mit der Stirn den Boden. ›Guter Gott‹, sagte ich mir, ›wenn die wüßten, wie idiotisch ich mir vorkomme!‹« Er hielt sein Glas zum Nachfüllen hin. »So hat man uns in jenen Tagen unsre Aufgabe beigebracht«, fügte er hinzu.

Er prahlte selbstverständlich; das war nur natürlich. Er kam nach England zurück, nachdem er ein Gebiet regiert hatte, »ungefähr so groß wie Irland«, wie sie alle immer sagten; und niemand hatte je von ihm gehört. Ihr schwante, daß sie während dieses Wochenendes noch eine Menge Geschichten zu hören bekäme, die alle mit schöner Unbefangenheit sein Lob sängen. Aber er erzählte sehr gut. Er hatte viel Interessantes getan. Sie wünschte, Morris erzählte auch Geschichten. Sie wünschte, er brächte sich zur Geltung, statt sich zurückzulehnen und sich mit der Hand – der Hand mit der Schnittwunde – über die Stirn zu streichen.

Hätte ich ihn drängen sollen, zum Barreau zu gehn? dachte sie. Der Vater war dagegen gewesen. Und nun war's schon einmal so: er heiratete; die Kinder kamen; er mußte weitermachen, ob er wollte oder nicht. Wie unwiderruflich alles ist, dachte sie. Wir machen unsre Experimente; dann macht das Leben seine mit uns. Sie betrachtete ihren Neffen Norman und ihre Nichte Peggy. Sie saßen ihr gegenüber, die Sonne im Gesicht. Ihre durch und durch gesunden glatten Gesichter sahen außerordentlich jung aus. Peggys blaues Kleid stand steif ab wie das Musselinkleidchen eines kleinen Mädchens; Norman war noch ein braunäugiger kricketspielender Junge. Er hörte aufmerksam zu; Peggy sah auf ihren Teller hinab; sie hatte die unverbindliche Miene, die wohlerzogene Kinder haben, wenn sie den Gesprächen Erwachsener zuhören. Unterhielt sie sich oder langweilte sie sich? Eleanor hätte es nicht mit Sicherheit sagen können.

»Da kommt sie«, sagte Peggy, plötzlich aufblickend. »Die Eule ...« sagte sie, Eleanors Blick auffangend. Eleanor wandte sich, um zum Fenster hinauszusehn. Sie verpaßte die Eule; sie sah die massigen Bäume, golden in der untergehenden Sonne; und die Kühe, die sich langsam, käuend, durchs Gras bewegten.

»Man kann die Uhr nach ihr stellen«, sagte Peggy, »so pünktlich ist sie.« Dann griff Celia ein.

»Wollen wir die Herren ihrer Politik überlassen«, sagte sie, »und den Kaffee auf der Terrasse trinken?« Und sie schlossen die Tür zwischen sich und den Herren und ihrer Politik.

»Ich werde meinen Feldstecher holen«, sagte Eleanor; und sie ging hinauf.

Sie wollte die Eule sehn, bevor es dunkel würde. Sie begann sich mehr und mehr für Vögel zu interessieren. Vermutlich ein Anzeichen des Alters, dachte sie, während sie in ihr Schlafzimmer ging. Eine alte Jungfer, die sich methodisch wäscht und Vögel beobachtet, sagte sie sich mit einem Blick in den Spiegel. Dort waren ihre Augen – sie kamen ihr immer noch recht leuchtend vor, trotz den Fältchen um sie herum, – ihre Augen, die sie im Eisenbahnabteil hinter der Zeitung versteckt hatte, weil Dideldums sie bewundert hatte. Aber jetzt hab' ich mein Etikett, dachte sie; eine alte Jungfer, die sich methodisch wäscht und Vögel beobachtet. Das, glauben sie, bin ich. Aber ich bin's nicht – ich bin ganz und gar nicht so, dachte sie. Sie schüttelte den Kopf und wandte sich vom Spiegel ab. Es war ein nettes Zimmer; schattig, geschmackvoll, kühl nach den Zimmern in ausländischen Gasthöfen mit Klecksen an der Wand, wo jemand Wanzen zerquetscht hatte, und mit raufenden Männern unterm Fenster. Aber wo war ihr Feldstecher? In eine Lade weggelegt? Sie begann ihn zu suchen.

»Hat nicht der Vater einmal erzählt, Sir William war in sie verliebt?« fragte Peggy, während sie auf der Terrasse warteten.

»Oh, davon weiß ich nichts«, sagte Celia. »Aber ich wollte, sie hätten einander geheiratet. Ich wollte, sie hätte Kinder. Und dann hätten sie sich hier niederlassen können«, setzte sie hinzu. »Er ist so ein reizender Mensch.«

Peggy schwieg. Es entstand eine Pause.

Celia begann von neuem:

»Ich hoffe, du warst höflich zu den Robinsons heute nachmittag, wenn sie auch gräßlich sind ...«

»Immerhin geben sie gloriose Gesellschaften«, sagte Peggy.

»Gloriose, gloriose!« beklagte sich ihre Mutter, aber halb lachend. »Ich wollte, du würdest nicht den ganzen Schuljargon deines Bruders aufschnappen, meine Liebe! Ah, hier ist Eleanor ...«

Eleanor kam mit ihrem Feldstecher auf die Terrasse und setzte sich neben Celia. Es war noch sehr warm; es war noch hell genug, die Hügel in der Ferne zu sehn.

»Sie wird gleich wieder da sein«, sagte Peggy und zog einen Stuhl heran. »Sie wird diese Hecke entlang gestrichen kommen.«

Sie wies auf den dunklen Streifen der nur wenig aus dem Graben ragenden Hecke, der sich quer über die Wiese zog. Eleanor stellte ihr Glas ein und wartete.

»Also«, sagte Celia, den Kaffee einschenkend, »es gibt so vieles, was ich dich fragen will.« Sie machte eine Pause. Sie hatte immer einen Haufen Fragen zu stellen; sie hatte Eleanor seit April nicht gesehn. In vier Monaten sammelten sich Fragen an. Und hervor kamen sie, Tropfen auf Tropfen.

»Vor allem«, begann sie. »Nein ...« Sie drängte diese Frage zugunsten einer andern zurück.

»Was ist das alles mit Rose?« fragte sie.

»Was?« fragte Eleanor geistesabwesend, ihr Glas anders einstellend. »Es wird schon zu dunkel«, sagte sie; das Blickfeld blieb verschwommen.

»Morris erzählte, sie ist vor ein Polizeigericht gekommen«,

177

sagte Celia. Sie senkte ihre Stimme ein wenig, obwohl sie unter sich waren.

»Sie hat einen Ziegelstein geworfen –« sagte Eleanor. Sie richtete den Feldstecher wieder auf die Hecke. Sie hielt ihn so, für den Fall, daß die Eule wieder dort vorbeikäme.

»Wird sie sitzen müssen?« fragte Peggy schnell.

»Nicht dieses Mal«, sagte Eleanor. »Das nächste Mal – ah, da ist sie schon!« unterbrach sie sich. Der stumpfköpfige Vogel kam längs der Hecke herangestrichen. Er sah fast weiß aus in der Dämmerung. Eleanor bekam ihn in den Bereich ihrer Linsen. Er hielt einen kleinen schwarzen Punkt vor sich her.

»Sie hält eine Maus in den Fängen!« rief sie.

»Sie hat ihr Nest im Kirchturm«, sagte Peggy. Die Eule huschte aus dem Blickfeld.

»Jetzt kann ich sie nicht mehr sehn«, sagte Eleanor. Sie senkte das Glas. Einen Augenblick schwiegen sie alle und tranken ihren Kaffee. Celia dachte an ihre nächste Frage; Eleanor kam ihr zuvor.

»Erzähl mir von William Whatney«, bat sie. »Als ich ihn zuletzt sah, war er ein schlanker junger Mann in einem Boot.«

Peggy lachte los. »Das muß Ewigkeiten her sein!« sagte sie.

»Nicht so sehr lange«, sagte Eleanor. Sie fühlte sich einigermaßen auf den Fuß getreten. »Also – « rechnete sie nach, »zwanzig Jahre – fünfundzwanzig Jahre vielleicht.«

Es kam ihr wie eine sehr kurze Zeitspanne vor; aber doch, dachte sie, war es vor Peggys Geburt. Peggy konnte jetzt nicht mehr als sechzehn oder siebzehn sein.

»Ist er nicht ein reizender Mensch?« rief Celia. »Er war in Indien, weißt du. Nun hat er sich zur Ruhe gesetzt, und wir hoffen sehr, er wird sich hier niederlassen; aber Morris glaubt, er würde es zu langweilig finden.«

Schweigend saßen sie so eine kleine Weile und blickten über die Wiese hin. Die Kühe husteten dann und wann beim Wiederkäuen und gingen einen Schritt weiter durch die Wiese. Ein guter Geruch von Kühen und Gras kam hergezogen.

»Morgen wird wieder ein heißer Tag sein«, sagte Peggy. Der Himmel war glatt; er schien aus zahllosen graublauen Atomen von der Farbe eines italienischen Offiziersmantels gemacht zu sein; bis an den Rand, wo ein langer Streifen von reinem Grün lag. Alles sah sehr ausgeglichen aus; sehr still;

sehr rein. Nicht eine einzige Wolke war zu sehen, und die Sterne zeigten sich noch nicht.

Es war alles niedlich; es war schmuck; es war kleinlich nach Spanien, und dennoch hatte es nun, da sie Sonne untergegangen und die Bäume ohne gesonderte Blätter zusammengeballt waren, seine eigene Schönheit, dachte Eleanor. Die Hügel sahen größer und einfacher aus; sie wurden ein Teil des Himmels.

»Wie lieblich das ist!« rief sie, als leistete sie England Abbitte, nach Spanien.

»Wenn nur die Robinsons nicht bauen!« seufzte Celia, und Eleanor erinnerte sich – die waren die Geißel des Orts; reiche Leute, die zu bauen drohten. »Ich habe mich sehr bemüht, heute beim Basar höflich zu ihnen zu sein«, fuhr Celia fort. »Einige Leute wollen sie nicht einladen; aber ich sage immer, man muß höflich sein zu seinen Nachbarn, auf dem Land ...«

Dann hielt sie inne. »Es gibt so vieles, was ich dich fragen möchte«, sagte sie. Die Flasche wurde wieder gekippt. Eleanor wartete fügsam.

»Hast du schon ein Angebot auf das Haus gehabt?« wollte Celia wissen. Gluck, gluck, gluck, kamen die Fragen.

»Noch nicht«, sagte Eleanor. »Der Agent will, ich soll es in Wohnungen unterteilen lassen.«

Celia überlegte. Dann sprang sie weiter.

»Und Maggie – für wann wird das Baby erwartet?«

»Im November, glaub' ich«, sagte Eleanor. »In Paris«, fügte sie hinzu.

»Ich hoffe, es wird alles gut gehn«, sagte Celia. »Aber ich wünschte, es hätte in England auf die Welt kommen können.« Sie dachte abermals nach. »Ihre Kinder werden Franzosen sein, vermutlich?« fragte sie.

»Ja; Franzosen, vermutlich«, sagte Eleanor. Sie sah den grünen Streifen an; er verblich; er wurde blau. Es wurde Nacht.

»Alle sagen, er ist ein sehr netter Mensch«, sagte Celia. »Aber René – René –« ihre Aussprache war schlecht » – es klingt gar nicht wie ein Männername.«

»Du kannst ihn Renny nennen«, sagte Peggy, den Namen nach englischer Art aussprechend.

»Aber das erinnert mich an Ronny; und Ronny mag ich nicht. Wir hatten einen Stallburschen, der hieß Ronny.«

»Und hat Heu gestohlen«, sagte Peggy. Wieder schwiegen

sie. »Es ist so schade –« begann Celia. Dann verstummte sie. Das Mädchen war gekommen, das Kaffeegeschirr abzuräumen. »Eine wunderbare Nacht, nicht wahr?« sagte Celia, ihre Stimme der Anwesenheit von Dienstboten anpassend. »Es sieht aus, als würde es nie wieder regnen. In welchem Fall ich nicht weiß ...« und sie begann von der Trockenheit zu reden; von der Wasserknappheit. Der Brunnen versiegte immer. Eleanor blickte auf die Hügel und hörte kaum zu. »Aber gegenwärtig reicht es durchaus für alle«, hörte sie Celia sagen. Und aus irgendeinem Grund hielt sie den Satz ohne seinen Sinn in ihrem Geist fest, »... gegenwärtig reicht es durchaus für alle«, wiederholte sie. Nach all den fremden Sprachen, die sie gehört hatte, klang ihr das wie reinstes Englisch. Was für eine schöne Sprache, dachte sie und sagte sich im Geist abermals die alltäglichen Worte vor, die Celia ganz einfach so hingesprochen hatte, aber mit einem gewissen undefinierbaren Rollen der R, denn die Chinnerys hatten seit Anbeginn aller Zeiten in Dorsetshire gelebt.

Das Mädchen war gegangen.

»Was sagte ich grade?« nahm Celia den Faden wieder auf. »Ich sagte, es ist so schade. Ja ...« Aber da kam der Klang von Stimmen, ein Geruch von Zigarren; die Herren waren gekommen. »Ah, hier sind sie!« unterbrach sie sich. Und Stühle wurden herangezogen und umgestellt.

Sie saßen in einem Halbkreis und blickten auf die verblassenden Hügel. Der breite grüne Streifen am Horizont war verschwunden. Nur eine Tönung davon blieb am Himmel zurück. Es war friedlich geworden und kühl; auch in ihnen schien etwas ausgeglichen zu sein. Man brauchte nicht zu reden. Die Eule strich wieder über die Wiese dahin; sie konnten grade noch das Weiß ihrer Schwingen gegen das Dunkel der Hecke erkennen.

»Dort fliegt sie«, sagte Norman und paffte an einer Zigarre – sie war wohl, so vermutete Eleanor, seine erste – von Sir William. Die Ulmen hoben sich nun tiefschwarz vom Himmel ab. Ihre Blätter hingen in einem zackigen Muster nieder, wie schwarze Spitze, mit Löchern dazwischen. Durch ein Loch sah Eleanor einen leuchtenden Punkt, einen Stern. Sie blickte auf. Dort war noch einer.

»Morgen wird's auch wieder schön sein«, sagte Morris, seine Pfeife am Schuh ausklopfend. Weit weg, auf einer fernen Straße, ratterten Wagenräder, dann sang ein Chor von

Stimmen – Landvolk auf dem Heimweg. Das ist England, dachte Eleanor; sie hatte ein Gefühl, als sänke sie langsam in ein feines Netzgeflecht aus schaukelnden Zweigen, dunkel werdenden Hügeln, und Blättern, die niederhingen wie schwarze Spitze, mit Sternen dazwischen. Aber eine Fledermaus sauste niedrig über ihre Köpfe.

»Ich hasse Fledermäuse!« rief Celia aus und hob nervös die Hand an den Kopf.

»Wirklich?« sagte Sir William. »Ich hab' sie ganz gern.« Seine Stimme war ruhig tief und fast traurig. Jetzt wird Celia sagen, sie fliegen einem ins Haar, dachte Eleanor.

»Sie fliegen einem ins Haar«, sagte Celia.

»Aber ich hab' keins mehr«, sagte Sir William. Sein kahler Schädel, sein großes Gesicht leuchteten aus dem Dunkel.

Die Fledermaus sauste wieder herab und dicht über den Boden vor ihren Füßen. Ein kühles Lüftchen wehte ihnen um die Knöchel. Die Bäume waren ein Teil des Himmels geworden. Es war kein Mond da, aber die Sterne kamen hervor. Dort ist noch einer, dachte Eleanor und schaute auf das flimmernde Licht gerade vor ihr. Aber es war zu nieder; zu gelb, es war ein Haus, wurde ihr klar, kein Stern. Und dann begann Celia zu Sir William zu sprechen, denn sie wollte, er solle sich in ihrer Nähe niederlassen; und Lady St. Austell habe ihr gesagt, daß das Gutshaus zu vermieten sei. War das dort das Gutshaus, fragte sich Eleanor, auf das Licht blickend, oder ein Stern? Und sie redeten weiter.

Ihrer eigenen Gesellschaft überdrüssig, war die alte Mrs. Chinnery frühzeitig heruntergekommen. Sie saß im Wohnzimmer und wartete. Sie hatte in aller Förmlichkeit ihren Einzug gehalten, aber es war niemand da. Angetan mit ihrem Altdamen-Kleid aus schwarzer Seide, mit einem Spitzenhäubchen auf dem Kopf, saß sie hier und wartete. Ihre Habichtsnase krümmte sich zwischen verschrumpften Wangen; ein schmaler roter Rand zeigte sich an dem einen ihrer niederhängenden Augenlider.

»Warum kommen die anderen nicht herein?« sagte sie grämlich zu Ellen, der diskreten schwarzgekleideten Kammerzofe, die hinter ihr stand. Ellen ging zum Fenster und pochte an die Scheibe.

Celia hörte zu reden auf und wandte sich um. »Das ist

Mama«, sagte sie. »Wir müssen hineingehn.« Sie erhob sich und schob ihren Stuhl zurück.

Nach der Dunkelheit machte das Wohnzimmer mit seinen angezündeten Lampen den Eindruck einer Bühne. Die alte Mrs. Chinnery, in ihrem Rollstuhl und mit ihrem Hörrohr, schien da zu thronen und auf Huldigungen zu warten. Sie sah ganz unverändert aus; keinen Tag älter; lebensvoll wie immer. Als Eleanor sich niederbeugte, um ihr den gewohnten Kuß zu geben, nahm das Leben wieder einmal seine vertrauten Ausmaße an. So hatte sie sich Abend für Abend über ihren Vater gebeugt. Sie war froh, das nun tun zu können; es gab ihr das Gefühl, selber jünger zu sein. Sie wußte die ganze Prozedur auswendig. Die in mittlerem Alter standen, waren ehrerbietig zu den ganz Alten; die ganz Alten waren höflich zu ihnen; und dann kam die gewohnte Pause. Sie hatten ihr nichts zu sagen; sie hatte ihnen nichts zu sagen. Was nun? Eleanor sah die Augen der alten Dame plötzlich aufleuchten. Was ließ die Augen einer Neunzigjährigen plötzlich blau werden? Kartenspielen? Ja. Celia hatte den grünen Spieltisch herangeholt; Mrs. Chinnery hatte eine Leidenschaft für Whist. Aber auch sie hatte ihr Zeremoniell; auch sie wußte, was sich gehörte.

»Nicht heute abend«, sagte sie und machte eine kleine Bewegung, wie um den Tisch wegzuschieben. »Ich bin überzeugt, es wird Sir William langweilen.« Sie nickte zu dem beleibten Mann hin, der dort stand und neben der Familie ein wenig wie ein Außenseiter wirkte.

»Keineswegs, keineswegs«, sagte er bereitwillig. »Nichts würde mir mehr Vergnügen machen«, versicherte er ihr.

Brav von dir, Dideldums, dachte Eleanor. Und sie zogen die Stühle heran und teilten die Karten; und Morris neckte seine Schwiegermutter in ihr Hörrohr hinein, und sie spielten Rubber auf Rubber. Norman las ein Buch; Peggy klimperte auf dem Klavier; und Celia, die über ihrer Stickerei döste, gab sich ab und zu einen Ruck und hielt sich dann die Hand vor den Mund. Endlich öffnete sich leise die Tür. Ellen, die diskrete schwarzgekleidete Kammerzofe, schlüpfte hinter Mrs. Chinnerys Stuhl und wartete. Die tat, als hätte sie sie gar nicht gesehn, aber die andern waren froh, aufzuhören. Ellen trat vor, und Mrs. Chinnery schickte sich drein und wurde in die geheimnisvollen oberen Regionen des hohen Greisenalters davongerollt. Ihr bißchen Vergnügen war vorbei.

Celia gähnte unverhohlen.

»Der Basar«, sagte sie, ihre Stickerei zusammenrollend. »Ich gehe schlafen. Komm, Peggy! Komm, Eleanor!«

Norman sprang beflissen auf und öffnete ihnen die Tür. Celia zündete die Kerzen in den Messingleuchtern an und begann ziemlich schwerfällig die Treppe hinaufzusteigen. Eleanor ging hinterdrein. Aber Peggy blieb zurück. Eleanor hörte sie mit ihrem Bruder in der Halle tuscheln.

»Komm doch, Peggy!« rief Celia im Hinaufgehn über das Geländer hinunter. Als sie den Absatz oben erreicht hatte, blieb sie unter dem Bild der kleinen Chinnerys stehn und rief abermals, ziemlich scharf:

»Komm, Peggy!« Eine Pause. Dann kam Peggy, zögernd. Sie küßte die Mutter gehorsam; aber sie sah nicht im geringsten schläfrig aus. Sie sah überaus hübsch aus und recht angeregt; sie hatte nicht die Absicht, schon zu Bett zu gehn; davon war Eleanor überzeugt.

Sie betrat ihr Zimmer und entkleidete sich. Die Fenster waren weit offen, und sie hörte die Bäume im Garten leise rauschen. Es war noch immer so heiß, daß sie im Nachthemd auf dem Bett lag, nur mit dem Deckenleintuch bedeckt. Die Kerze brannte mit ihrer kleinen, birnenförmigen Flamme auf dem Tischchen neben ihr. Sie lag und lauschte halb unbewußt den Bäumen im Garten und beobachtete den Schatten eines Nachtschmetterlings, der immerfort im Zimmer rundumflog. Entweder muß ich aufstehn und das Fenster schließen oder die Kerze ausblasen, dachte sie schläfrig. Sie wollte keins von beiden. Es war eine Erlösung, im Halbdunkel zu liegen, nach dem Reden, nach dem Kartenspielen. Sie konnte immer noch die Karten fallen sehn; schwarz, rot und gelb; Könige und Damen und Buben; auf einen grünen Spieltisch. Sie blickte schläfrig umher. Eine hübsche Blumenvase stand auf dem Toilettetisch; dort drüben stand der polierte Kasten und hier eine Porzellandose neben dem Bett. Sie hob den Deckel. Ja; vier Kekse und ein weißliches Stück Schokolade – falls sie in der Nacht hungrig würde. Celia hatte auch für Lektüre gesorgt. Das »Tagebuch eines Niemands«, Ruff's »Reise durch Northumberland« und ein einzelner Band Dante, falls sie in der Nacht lesen wollte. Sie nahm eins der Bücher und legte es neben sich. Vielleicht weil sie auf Reisen gewesen war, kam es ihr so vor, als zöge das Schiff immer noch sacht durchs Meer dahin; als schaukelte der Zug immer noch ratternd durch Frankreich. Sie hatte ein Gefühl, als bewegten sich Dinge an ihr vorbei, während sie unter dem dünnen Leintuch ausgestreckt im Bett lag. Aber es ist nicht mehr die Landschaft, dachte sie; es ist das Leben der Leute, ihr wechselndes Leben.

Die Tür des rosa Schlafzimmers klinkte ein. William Whatney hustete nebenan. Sie hörte ihn durchs Zimmer gehn. Nun stand er wohl am Fenster, die letzte Zigarre zu Ende rauchend. Woran denkt er, fragte sie sich, – an Indien? – wie er dort unter einem Pfauenbaldachin stand? Dann begann er sich im Zimmer umherzubewegen, sich zu entkleiden. Sie konnte hören, wie er eine Bürste nahm und sie wieder auf den Toilettetisch legte. Und er ist es, dachte sie und erinnerte sich an den breiten Schwung seines Kinns und die sich mitbewegenden roten und gelben Flecke darunter, er ist es, dem ich diesen Augenblick verdanke, der mehr war als Freude, als sie ihr Gesicht hinter dem Zeitungsblatt versteckte, in der Ecke eines Eisenbahnabteils dritter Klasse.

Nun jagten drei Nachtschmetterlinge an der Decke rundum. Sie machten kleine, tappende Geräusche, während sie rundum flogen, von einer Ecke zur andern. Ließe sie das Fenster noch länger offen, würde das Zimmer voll von ihnen sein. Eine Diele knarrte auf dem Gang draußen. Sie lauschte. War das Peggy, die entwischte, um sich mit ihrem Bruder zu treffen? Sie war sicher, daß da irgendein Plan ausgeführt wurde. Aber sie konnte nur das Schwanken schwerbeladener Zweige im Garten hören; das Muhen einer Kuh; das Zwitschern eines Vogels; und dann, zu ihrer Freude, den flüssigen Ruf einer Eule, die, von Baum zu Baum fliegend, sie mit Silberschlingen verband.

Sie lag und sah zur Decke hinauf. Ein schwacher, wässeriger Fleck zeigte sich dort. Er glich einem Berg. Er erinnerte sie an einen der hohen öden Berge in Griechenland oder in Spanien, die aussahn, als hätte seit Urzeiten niemand den Fuß auf sie gesetzt.

Sie öffnete das Buch, das neben ihr lag. Sie hoffte, es werde Ruff's »Reise« sein, oder das »Tagebuch eines Niemands«; aber es war Dante, und sie war zu träge, es auszuwechseln. Sie las ein paar Zeilen da und dort. Aber ihr Italienisch war eingerostet; der Sinn entging ihr. Es hatte aber einen Sinn; ein Haken schien die Oberfläche ihres Geistes zu ritzen.

*Chè per quanti si dice più li nostro*
*tanto possiede più di ben ciascuno*

Was bedeutete das? Sie las die Übersetzung:

> Denn so viele es mehr gibt, die sagen ›unser‹,
> So viel an Gutem hat ein jeder mehr.

Nur leicht gestreift von ihrem Geist, der die Nachtschmetterlinge an der Decke beobachtete und der Eule lauschte, wie sie von Baum zu Baum flog mit ihrem flüssigen Ruf, gaben die Worte nicht ihren vollen Sinn her, sondern schienen etwas zurückzuhalten, etwas Unentfaltetes, in der harten Schale des Altitalienischen. Ich werde es dieser Tage einmal lesen, dachte sie, und schloß das Buch. Wenn ich Crosby abgefertigt habe, wenn ... Sollte sie wieder ein Haus mieten? Sollte sie reisen? Sollte sie nach Indien fahren, endlich? Sir William, nebenan, ging zu Bett; sein Leben war um; ihres fing an. Nein, ich habe nicht die Absicht, wieder ein Haus zu mieten, nicht wieder ein Haus, dachte sie, und sah den Fleck an der Decke an. Wieder hatte sie das Gefühl, daß ein Schiff sacht durch die Wogen zog, ein Zug schwankend eine Bahnstrecke entlang fuhr. Nichts kann ewig weitergehn, dachte sie. Alles geht vorüber, alles verändert sich, dachte sie und blickte zur Decke auf. Und wohin gehn wir? Wohin? Wohin? ... Die Nachtschmetterlinge jagten an der Decke rundum; das Buch glitt zu Boden. Craster hat das Ferkel gewonnen, aber wer hat den silbernen Präsentierteller gewonnen? sann sie; machte eine Anstrengung; drehte sich um und blies die Kerze aus. Dunkelheit herrschte.

## 1913

Es war Januar. Schnee fiel; Schnee war den ganzen Tag gefallen. Der Himmel breitete sich aus wie der Flügel einer Graugans, aus dem Federn über ganz England niederfielen. Der Himmel war ein einziges Gestöber fallender Flocken. Hohlwege wurden gefüllt, Mulden geebnet, Bäche verstopft, Fenster verdunkelt und Türen verkeilt. Ein ganz schwaches Flüstern war in der Luft, ein leises Knistern, als würde die Luft selber zu Schnee; sonst war alles still, wenn nicht grade ein Schaf hustete, Schnee von einem Ast plumpste oder, irgendwo in London, als Lawine vom Dach glitt. Dann und wann schwang ein Lichtfächer langsam über den Himmel, wenn ein Wagen durch die verstummten Straßen fuhr. Aber während die Nacht vorrückte, verdeckte der Schnee die Radgleise; verwischte alle Spuren des Verkehrs und vermummte Kirchen, Paläste und Statuen in ein dickes Schneegewand.

Es schneite immer noch, als der junge Angestellte des Häusermaklers kam, um sich das Haus in der Abercorn Terrace anzusehn. Der Schnee warf einen harten weißen Schein auf die Wände des Badezimmers, ließ die Sprünge im Email der Wanne hervortreten und die Flecke an der Wand. Eleanor stand am Fenster und sah hinaus. Die Bäume im Hintergarten waren schwer von Schnee besäumt; alle Dächer waren weich vom Schnee nachgeformt; er fiel immer noch. Sie wandte sich um. Auch der junge Mann wandte sich um. Das Licht schmeichelte ihnen beiden nicht, aber der Schnee – sie sah ihn durch das Fenster am Ende des Gangs – war schön, wie er so fiel.

Mr. Grice wandte sich ihr zu, als sie die Treppe hinabzugehn begannen.

»Tatsache ist, unsre Klienten erwarten sich mehr Waschgelegenheiten heutzutage«, sagte er und blieb vor einer der Schlafzimmertüren stehn.

Warum kann er nicht »Badezimmer« sagen und es dabei bewenden lassen, dachte sie. Langsam ging sie die Treppe hinab. Nun konnte sie den Schnee durch die Scheiben der Hallentür sehn. Im Hinuntergehn fielen ihr die roten Ohren auf, die über dem hohen Kragen abstanden; und der Hals, den er in irgendeinem Küchenausguß in Wandsworth unzureichend gewaschen hatte. Sie war verärgert; mit seinem Rundgang durch das Haus, schnüffelnd und spähend, hatte er ihre Sauberkeit, ihre Menschenwürde angezweifelt; und er gebrauchte absurd lange Wörter. Er versuchte, sich an diesen langen Wörtern in die Klasse über ihm hinaufzuziehn, vermutete sie. Nun stieg er vorsichtig über den Körper des schlafenden Hundes; nahm seinen Hut vom Tisch in der Halle und schritt die Stufen vor der Haustür hinunter, in seinen Geschäftsmann-Knöpfstiefeletten, die gelbe Fußstapfen in dem dicken weißen Schneekissen hinterließen. Ein Einspänner wartete vor dem Haus.

Eleanor wandte sich in die Halle zurück. Crosby drückte sich da herum, in ihrem besten Kapotthut und Umhang. Sie war Eleanor den ganzen Vormittag durchs Haus nachgegangen wie ein Hund; der gefürchtete Augenblick ließ sich nicht länger hinausschieben. Der Einspänner stand schon vor der Tür; es hieß Abschied nehmen.

»Was, Crosby, das sieht alles sehr leer aus hier?« sagte Eleanor mit einem Blick in das ausgeräumte Wohnzimmer. Das grelle Schneelicht schien auf die Wände. Es ließ die Spuren hervortreten, wo die Möbel gestanden, wo die Bilder gehangen hatten.

»Sehr leer, Miss Eleanor«, sagte Crosby. Auch sie stand und schaute. Eleanor wußte, daß sie weinen würde. Sie wollte nicht, daß Crosby weinte. Sie wollte nicht selber weinen.

»Ich kann noch immer alle dort um den Tisch herum sitzen sehn, Miss Eleanor«, sagte Crosby. Aber der Tisch war weg. Morris hatte dies genommen; Delia das; alles war aufgeteilt und voneinander getrennt worden.

»Und der Teekessel, der nie kochen wollte«, sagte Eleanor. »Denkst du noch an den?« Sie versuchte zu lachen.

»Ach, Miss Eleanor«, sagte Crosby, den Kopf schüttelnd, »ich denk' an alles!« Die Tränen kamen; Eleanor sah weg, in den hinteren Teil des Zimmers.

Auch dort waren Spuren an der Wand, wo der Bücherkasten, wo der Schreibtisch gestanden hatten. Sie dachte an sich selbst, wie sie immer dort gesessen hatte, ein Muster auf das Löschblatt zeichnete; ein Loch hineinbohrte; Posten in Haushaltungsbüchern zusammenzählte ... Dann wandte sie sich ab. Da stand Crosby. Crosby weinte. Dieses Zusammentreffen von Gefühlen war unbedingt schmerzhaft; sie war froh, das alles los zu sein, aber für Crosby war es das Ende von allem.

Sie hatte jeden Kasten, jede Fliese, jeden Sessel und Tisch in diesem großen, weitläufigen Haus gekannt, nicht aus einem Abstand von ein, zwei Metern, wie sie selbst alle es gekannt hatten, sondern von den Knien aus, vom Scheuern und Polieren; jede Ritze hatte sie gekannt, jeden Fleck, jedes Messer, jede Serviette und jeden Kasten. Sie alle und das, was sie taten, nur das war ihre ganze Welt gewesen. Und nun ging sie weg, allein, in ein einziges Zimmer, nach Richmond.

»Ich sollte meinen, du freust dich, wenigstens aus diesem Souterrain da heraus zu sein, Crosby«, sagte Eleanor, sich wieder zur Halle wendend. Es war ihr nie bewußt geworden, wie dunkel, wie niedrig es war, bis sie sich beim Besichtigen heute vor diesem Mr. Grice fast geschämt hatte.

Die Tränen strömten. Vierzig Jahre lang! dachte Eleanor zusammenschreckend. Sie war ein kleines Mädel von dreizehn oder vierzehn gewesen, als Crosby zu ihnen kam und so steif und adrett aussah. Nun wölbten sich ihre blauen Mückenaugen vor, und ihre Wangen waren eingefallen.

Crosby bückte sich, um Rover an die Kette zu nehmen.

»Bist du sicher, du willst ihn bei dir haben?« fragte Eleanor und sah den recht übelriechenden, schnaufenden und häßlich gewordenen Hund an. »Wir könnten leicht ein nettes Heim auf dem Land für ihn finden.«

»Oh, Miss, verlangen Sie das nicht von mir, daß ich ihn aufgeben soll!« sagte Crosby. Tränen hinderten sie am Weitersprechen, strömten ihr über die Wangen. Was immer Eleanor dagegen tun mochte, auch in ihre Augen stiegen Tränen.

»Liebe Crosby, leb wohl!« sagte sie. Sie bückte sich und küßte sie. Crosby hatte eine sonderbar trockene Haut, so bemerkte sie. Aber ihre eigenen Tränen fielen. Dann begann Crosby, Rover an der Kette haltend, die schlüpfrigen Stufen seitwärts hinabzusteigen. Eleanor hielt die Tür offen und sah ihr nach. Es war ein schrecklicher Augenblick; ein unglücklicher, ein verworrener; ein ganz und gar unmöglicher. Crosby war so verzweifelt; sie selbst war so froh. Dennoch kamen ihr beim Offenhalten der Tür die Tränen und fielen herab. Sie alle hatten hier gelebt; hier hatte sie immer gestanden, um Morris auf den Schulweg nachzuwinken; da lag der kleine

Vorgarten, in dem sie Krokusse gepflanzt hatten. Und nun stieg Crosby, während Schneeflocken auf ihren schwarzen Kapotthut fielen, mit Rover in den Armen in den Einspänner. Eleanor trat ins Haus zurück und schloß die Tür.

Schnee fiel, während der Wagen durch die Straßen trottete. Auf den Gehsteigen, wo die Leute ihn beim Einkaufengehn zermatscht hatten, zeigten sich lange gelbe Wegfurchen. Es begann ein wenig zu tauen; Schneelasten glitten von den Dächern und fielen auf den Gehsteig. Kleine Jungen bewarfen einander mit Schneebällen; einer von ihnen schleuderte einen Ball, der den vorbeifahrenden Einspänner traf. Aber als der in den Richmond-Anger einbog, war die riesige Fläche ein einziges Stück Weiß. Niemand schien hier den Schnee überquert zu haben; alles war weiß. Das Gras war weiß; die Bäume waren weiß; das Geländer war weiß; die einzigen Flecke in dem ganzen Bild waren die Krähen, die schwarz auf den Baumwipfeln hockten. Der Wagen trottete weiter.

   Dann hielt er unweit des Angers. Crosby nahm Rover auf die Arme, damit seine Füße im Haus keine Abdrücke hinterließen, und ging die Türstufen hinauf. Da stand Louisa Burt, um sie zu begrüßen; und Mr. Bishop, der Mieter aus dem obersten Stock, ein ehemaliger Butler. Er half mit dem Gepäck, und Crosby ging ihm nach und in ihr kleines Zimmer.

Ihr Zimmer lag ganz oben, nach hinten hinaus; es sah auf den Garten. Es war klein, aber als sie ihre Sachen ausgepackt hatte, war es behaglich genug. Nun sah es nach der Abercorn Terrace aus. Sie hatte seit vielen Jahren allerlei Krimskrams aufgestapelt, im Hinblick auf ihren Ruhestand. Indische Elefanten, Silbervasen, das Walroß, das sie eines Tags im Papierkorb gefunden hatte, als die Kanonen beim Begräbnis der alten Königin geschossen hatten, – hier war das alles. Sie stellte die Sachen auf den Kaminsims, und als sie die Bilder der Familie aufgehängt hatte – einige im Hochzeitskleid, einige in Perücken und Talar und Mr. Martin in Uniform in der Mitte, weil er ihr Liebling war, – da war es ganz wie daheim.

   Aber ob es an der Ortsveränderung lag oder ob er sich im Schnee erkältet hatte, Rover begann sogleich zu kränkeln. Er ließ sein Futter unberührt. Seine Schnauze war heiß. Sein Ekzem brach wieder aus. Als sie ihn am nächsten Vormittag zum Einkaufen mitnehmen wollte, wälzte er sich, die Füße in der Luft, als bäte er, in Ruhe gelassen zu werden. Mr. Bishop mußte *Mrs.* Crosby – denn in Richmond trug sie diesen Ehrentitel – sagen, daß seiner Meinung nach der arme alte Kerl (dabei tätschelte er ihm den Kopf) lieber beseitigt werden sollte.

»Kommen Sie mit mir, meine Liebe«, sagte Mrs. Burt, Crosby den Arm um die Schultern legend, »und lassen Sie es Bishop tun.«

»Ich versichere Ihnen, er wird nicht leiden«, sagte Mr. Bishop, sich von den Knien erhebend. Er habe schon Dutzende von Myladys Hunden eingeschläfert. »Er braucht nur einmal dran zu riechen« – Mr. Bishop schwenkte sein Taschentuch – »und im Nu wird er's überstanden haben.«

»Es ist zu seinem Besten, Annie«, fügte Mrs. Burt hinzu und suchte sie wegzuziehn.

Wirklich, der arme Kerl sah sehr elend aus. Aber Crosby schüttelte den Kopf. Er hatte mit dem Schwanz gewedelt; hatte die Augen offen. Er lebte. Ein Schimmer von etwas, das sie schon immer für ein Lächeln gehalten hatte, lag auf seinem Gesicht. Er verließ sich auf sie, das fühlte sie. Sie würde ihn nicht diesen fremden Leuten ausliefern. Drei Tage und drei Nächte saß sie bei ihm; sie fütterte ihn mittels eines Teelöffels mit Fleischessenz; zuletzt wollte er die Lippen nicht mehr öffnen; sein Körper wurde immer steifer; eine Fliege kroch über seine Schnauze, ohne daß die zuckte. Das war früh am Morgen, und die Spatzen zwitscherten draußen auf den Bäumen.

»Es ist eine Himmelsgnade, daß sie etwas hat, was sie ablenkt«, sagte Mrs. Burt, als Crosby am Tag nach dem Begräbnis am Küchenfenster vorbeikam, in ihrem besten Mantel und Kapotthut; denn es war Donnerstag; da holte sie Mr. Pargiters Socken aus der Ebury Street ab. »Aber er hätte schon längst vertilgt gehört«, fügte Mrs. Burt hinzu, sich wieder zum Ausguß wendend. Er hatte aus dem Maul gestunken.

Crosby nahm die Stadtbahn bis zum Sloane Square und dann ging sie zu Fuß. Sie ging langsam, und ihre Ellbogen standen dabei seitwärts weg, wie um sie vor den Gefahren der Straße zu schützen. Sie sah noch immer traurig drein; aber von Richmond wieder nach der Ebury Street zu kommen, tat ihr gut. Sie fühlte sich in der Ebury Street mehr sie selbst, als in Richmond. Eine gewöhnliche Sorte von Leuten wohnte in Richmond, das spürte sie immer. Hier hatten die Damen und Herren das Gehaben, das sie gewohnt war. Sie warf im Vorbeigehn wohlgefällige Blicke in die Schaufenster. Und General Arbuthnot, der immer den Herrn besucht hatte, wohnte in der Ebury Street, so erinnerte sie sich beim Einbiegen in diese recht reizlose Straße. Er war auch schon tot; Louisa hatte ihr die Notiz in den Zeitungen gezeigt. Aber zu seinen Lebzeiten hatte er hier gewohnt. Nun erreichte sie das Haus, wo Mr. Martin wohnte. Sie blieb auf den Stufen stehn, um ihren Hut zurecht zu rücken. Sie führte immer ein kurzes Gespräch mit Martin, wenn sie kam, um seine Socken zu holen; es war eine ihrer Freuden. Und sie tratschte auch sehr gern mit Mrs. Briggs, seiner Hauswirtin. Heute würde sie das Vergnügen haben, ihr von Rovers Tod zu erzählen. Vorsichtig, seitwärts, ging sie die Stufen zum Souterrain hinab, die schlüpfrig waren von halb geschmolzenem Schnee, blieb dort an der Lieferantentür stehn und klingelte.

Martin saß in seinem Zimmer und las eine Zeitung. Der Krieg auf dem Balkan war vorüber; aber es zog sich noch mehr zusammen, dessen war er sicher. Ganz sicher. Er blätterte um. Das Zimmer war dunkel vom Fallen des wässerigen Schnees draußen. Und er konnte nie lesen, wenn er wartete. Crosby sollte kommen; er konnte Stimmen unten in der Halle hören. Wie sie schwatzten! Wie sie tratschten! dachte er ungeduldig. Er warf die Zeitung beiseite und wartete. Nun kam sie; hatte die Hand auf dem Türknauf. Aber was sollte er zu ihr sagen? fragte er sich, während er zusah, wie sich der Türknauf drehte. Als sie dann hereinkam, bediente er sich der gewohnten Formel. »Na, Crosby, wie geht's, wie steht's?« fragte er.

Sie erinnerte sich an Rover; und die Tränen kamen ihr in die Augen. Martin hörte sich die Geschichte an; er zog mitfühlend die Stirn in Falten. Dann stand er auf, ging in sein Schlafzimmer und kam mit einer Pyjamajacke in der Hand zurück.

»Und was sagst du *dazu*, Crosby?« Er wies auf ein braungerändertes Loch unterhalb des Kragens. Crosby rückte ihre goldgefaßte Brille zurecht.

»Versengt, Sir«, sagte sie mit Überzeugung.

»Ganz neues Pyjama obendrein; erst zweimal getragen«, sagte Martin und hielt ihr die Jacke hin. Crosby griff sie an. Sie war aus feinster Seide; darauf verstand sie sich.

»Tje – tje – tje!« machte sie und schüttelte den Kopf.

»Willst du, bitte, dieses Pyjama zu Mrs. – na, wie heißt sie geschwind? – tragen?« fuhr er fort und hielt es ihr hin. Er wollte eine Metapher gebrauchen; aber man mußte sich wortwörtlich ausdrücken und nur die einfachsten Wörter gebrauchen, erinnerte er sich, wenn man mit Crosby redete.

»Sag ihr, sie soll sich eine andre Wäscherin nehmen«, schloß er, »und die jetzige zum Teufel schicken.«

Crosby drückte das blessierte Pyjama zärtlich an die Brust; Mr. Martin konnte keine Wolle auf der Haut vertragen, erinnerte sie sich. Martin zögerte. Man mußte sich noch ein wenig mit Crosby abgeben; aber Rovers Tod hatte den Gesprächsstoff für sie beide ernstlich beschränkt.

»Was macht das Rheuma?« fragte er, während sie sehr aufrecht mit dem Pyjama über dem Arm an der Zimmertür stand; sie war merklich eingegangen, dachte er. Sie schüttelte den Kopf. Richmond liege sehr niedrig im Vergleich mit der Abercorn Terrace, sagte sie. Sie machte ein langes Gesicht. Sie dachte vermutlich an Rover. Er mußte sie davon ablenken; er konnte Tränen nicht vertragen.

»Schon Miss Eleanors neue Wohnung gesehn?« fragte er. Crosby hatte sie gesehn. Aber sie hatte Etagenwohnungen nicht gern. Und nach ihrer Meinung plagte sich Miss Eleanor zu viel.

»Und die Leute sind's nicht wert, Sir«, sagte sie; sie meinte die Zwinglers, die Paravicinis und die Cobbs, die früher immer um abgelegte Kleider an die Hintertür gekommen waren.

Martin schüttelte den Kopf. Es fiel ihm nichts ein, was er noch sagen konnte. Er haßte es, mit Dienstboten zu sprechen; es gab ihm immer ein Gefühl der Unaufrichtigkeit. Entweder man sprach einfältiges Zeug, oder man war zu herzlich, dachte er. In beiden Fällen war's Heuchelei.

»Und Sie sind immer hübsch wohlauf, junger Herr?« fragte Crosby, die Anrede verwendend, die ein Vorrecht ihrer langen Dienstzeit war.

»Noch immer nicht verheiratet, Crosby«, sagte Martin.

Crosby ließ ihren Blick im Zimmer umherschweifen. Es

war eine Junggesellenwohnung, mit den Klubsesseln, den Schachfiguren auf einem Stoß Bücher und dem Sodawasser-Syphon auf einem Tablett. Sie wagte die Bemerkung, es gebe doch gewiß eine Menge netter junger Damen, die sehr froh wären, für ihn zu sorgen.

»Ja, aber ich liege morgens gern lange im Bett«, sagte Martin.

»Das haben Sie immer gern getan, Sir«, erwiderte sie lächelnd. Und nun war es Martin möglich, seine Uhr hervorzuziehn, flott ans Fenster zu treten und auszurufen, als erinnerte er sich plötzlich einer Verabredung:

»Meiner Treu, Crosby, ich muß weg!«

Und die Tür schloß sich hinter Crosby.

Es war eine Lüge. Er hatte keine Verabredung. Man lügt Dienstboten immer an, dachte er, zum Fenster hinausblickend. Die trübseligen Umrisse der Ebury Street waren durch den fallenden wässerigen Schnee zu sehn. Alle lügen wir, dachte er. Sein Vater hatte gelogen – nach seinem Tod hatten sie ein Bündel Briefe von einer Frau namens Mira in seiner Tischlade gefunden. Und er hatte Mira aufgesucht – eine dickliche, respektable Person, die eine Beihilfe zu einer Dachreparatur brauchte. Warum hatte sein Vater gelogen? Was war dabei, eine Mätresse zu haben? Und er selbst hatte gelogen; dieses Zimmer in einer Seitengasse der Fulham Road, wo er und Dodge und Erridge billige Zigarren geraucht und einander gepfefferte Witze und saftige Anekdoten erzählt hatten! Es war ein abscheuliches System, dachte er; das Familienleben; die Abercorn Terrace. Kein Wunder, daß das Haus nicht anzubringen war. Es hatte nur ein einziges Badezimmer und ein Tiefgeschoß. Und alle diese verschiedenen Menschen hatten dort gelebt, zusammengeschachtelt, und hatten einander belogen.

Dann, während er so am Fenster stand und auf die kleinen Gestalten blickte, die den nassen Gehsteig entlangschlichen, sah er Crosby die Außentreppe vom Souterrain heraufkommen, ein Paket unterm Arm. Sie blieb einen Augenblick stehn, wie ein ängstliches Tier, und spähte um sich, bevor sie sich in die Gefahren der Straße wagte. Endlich trottete sie davon. Er sah, wie der Schnee auf ihren schwarzen Kapotthut fiel; und dann verschwand sie. Er wandte sich ab.

## 1914

Es war ein herrlicher Frühling; ein strahlender Tag. Die Luft sogar schien wohlig zu schnurren, wenn sie die Baumwipfel streifte; sie vibrierte, sie kräuselte sich. Die Blätter standen scharf und grün. Auf dem Land raspelten alte Turmuhren die Stunde hervor; die rostigen Töne schwangen über Felder, rot von Klee, und die Krähen flogen auf wie von den Glocken geschleudert. Rundum kreisten sie; ließen sich dann auf die Baumwipfel nieder.

In London war alles farbenfroh und laut; die Season nahm ihren Anfang; Hupen tuteten; der Verkehr dröhnte; Flaggen flatterten, straff wie Forellen in einem Bach. Und von allen Türmen aller Kirchen Londons – den eleganten Heiligen Mayfairs, den saloppen Heiligen Kensingtons, den uralten Heiligen der City – wurde die Stunde verkündet. Die Luft über London war wie ein wellenschlagendes Meer von Klang, durch das Ringe wanderten. Aber die Uhren stimmten nicht überein; als wären die Heiligen selber uneins. Es gab manche Pause, manches Schweigen ... Dann schlug wieder eine.

Hier in der Ebury Street war das Schlagen einer fernen, dünnstimmigen Uhr zu hören. Sie schlug elf. Martin stand am Fenster und blickte auf die schmale Straße hinab. Die Sonne schien hell; er war bester Laune; er wollte seinen Börsenmakler in der City aufsuchen. Seine Kapitalanlagen machten sich. Einmal, dachte er, hatte sein Vater eine Menge Geld zusammengebracht; dann hatte er es verloren; dann wieder gewonnen; aber am Ende hatte er ein ganz schönes Vermögen gehabt.

Er blieb noch einen Augenblick am Fenster stehn und bewunderte eine Modedame in einem entzückenden Hut, die eine Vase im Schaufenster des Raritätenladens gegenüber betrachtete. Es war eine blaue Vase auf einem chinesischen Gestell vor einem Hintergrund von grünem Brokat. Die symmetrische, sich nach unten verjüngende Form, das tiefe Blau, die kleinen Sprünge in der Glasur gefielen ihm. Und auch die Dame, die sich die Vase ansah, gefiel ihm.

Er nahm Hut und Stock und trat auf die Straße hinaus. Er

wollte den Weg in die City zum Teil zu Fuß gehn. »Des Königs von Spanien Tochter«, summte er, in die Sloane Street einbiegend, »die kam zu mir im Traum. Und nur wegen meinem silbernen ...« Er blickte im Vorübergehn in die Schaufenster. Sie waren voller Sommerkleider; bezaubernde Schneiderkunstwerke aus Grün und Gaze; und ganze Schwärme von Hüten auf kleinen Ständern. »... und nur wegen meinem silbernen«, summte er im Weitergehn, »meinem silbernen Muskatbaum.« Aber was war ein silberner Muskatbaum? fragte er sich. Eine Drehorgel flötete ihre muntere kleine Tanzweise weiter unten auf der Straße. Die Drehorgel bewegte sich im Kreis herum, schob sich her und hin, als tanzte er beinahe zu der Melodie, der Alte, der die Kurbel drehte. Ein hübsches Dienstmädchen kam die Stufen von einem Souterrain heraufgelaufen und gab ihm einen Penny. Sein bewegliches italienisches Gesicht legte sich über und über in Fältchen, als er die Mütze herunterriß und sich vor ihr verneigte. Das Mädchen lächelte und eilte zurück in die Küche.

»... und nur wegen meinem silbernen, meinem silbernen Muskatbaum«, summte Martin und spähte durch das Geländer in die Küche hinunter, wo sie mit den andern beim Elfuhr-Tee saß. Es sah sehr behaglich aus, mit der Kanne und den Butterbroten auf dem Tisch. Sein Stock schwang hin und her wie der Schweif eines vergnügten Hundes. Alle Leute sahen heiter und unbekümmert aus, wie sie so flott aus ihren Häusern traten und die Straße entlangschlenderten, mit Münzen für die Leierkastenmänner und Münzen für die Bettler. Alle schienen sie Geld zum Ausgeben zu haben. Frauen drängten sich vor den Spiegelscheiben. Auch er blieb stehn und sah sich ein großes Spielzeugschiff an; und glänzend gelbbraune Reisekassetten mit Reihen silberner Fläschchen. Aber von wem war dieses Lied? fragte er sich im Weiterschlendern, das Lied von des Königs von Spanien Tochter, das Lied, das Pippy immer gesungen hatte, wenn sie ihm die Ohren mit einem Stück glitschigen Flanells auswischte. Sie nahm ihn dazu immer aufs Knie und krächzte mit ihrer kurzatmig rasselnden Stimme: »Des Königs von Spanien Tochter, die kam zu mir im Traum, und nur wegen meinem silber...« und dann auf einmal gab das Knie nach, und unten saß er, auf dem Boden.

Und hier war er am Hyde Park Corner. Die Szene war

überaus belebt. Lieferwagen, Automobile, Auto-Omnibusse strömten vorbei. Die Bäume im Park trugen kleine grüne Blätter. Ein- und Zweispänner mit vergnügten Damen in hellen Kleidern fuhren schon zum Tor hinein, so bemerkte er. Jedermann hatte etwas vor. Und irgendwer, so fiel ihm auf, hatte die Worte »Gott ist die Liebe« mit roter Kreide an das Tor von Apsley House geschrieben. Es mußte etlicher Mut dazu gehören, dachte er, »Gott ist die Liebe« an das Tor des Wellingtonpalais zu schreiben, wo jeden Augenblick ein Polizist einen hoppnehmen konnte. Aber hier kam sein Bus; und er stieg ein und aufs Verdeck hinauf.

»Nach St. Paul's«, sagte er und reichte dem Schaffner die Kupfermünzen.

Die Omnibusse wirbelten und kreisten in der stetigen Strömung um die Stufen von St. Paul's. Die Statue der Königin Anna schien diesem Chaos zu präsidieren und ihm einen Mittelpunkt wie die Nabe eines Rads zu geben. Es war, als lenkte die weiße Dame den Verkehr mit ihrem Szepter; als dirigierte sie die Geschäftigkeit der kleinen Männer mit Melone und schwarzem Sakko, der Frauen mit ihren Stadtköfferchen, der Lieferwagen, Lastautos und Auto-Omnibusse. Hier und dort lösten sich einzelne Gestalten von den übrigen und gingen die Stufen hinauf in die Kathedrale. Die Türen öffneten und schlossen sich unablässig. Dann und wann wurde ein schwacher Schwall von Orgelspiel herausgeweht. Die Tauben trippelten; die Spatzen flatterten. Bald nach zwölf nahm ein kleiner alter Mann mit einem Papiersäckchen auf halber Höhe der Stufen Aufstellung und begann die Vögel zu füttern. Er hielt eine Brotschnitte hin. Seine Lippen bewegten sich. Er schien ihnen zuzureden und sie zu locken. Bald war er von einem Heiligenschein flatternder Flügel umgeben. Spatzen setzten sich ihm auf Kopf und Hände. Tauben trippelten dicht vor seinen Füßen. Eine kleine Menschenmenge sammelte sich, um zuzusehn. Er streute die Brotkrumen im Bogen um sich. Da ging ein Gekräusel durch die Luft. Die große Uhr und alle die Uhren der City schienen ihre Kräfte zu sammeln; sie schienen eine einleitende Ankündigung schwirren zu lassen. Dann ertönte der Schlag. »Eins« dröhnte es. Alle die Spatzen flatterten weg; sogar die Tauben wurden aufgescheucht; einige von ihnen machten einen kleinen Rundflug um den Kopf der Königin Anna.

Als die letzten Wellen des Schlags sich verliefen, kam Martin auf den offenen Platz vor der Kathedrale.

Er querte ihn und blieb mit dem Rücken gegen ein Schaufenster stehn und blickte zu der großen Kuppel auf. Alles Gewicht in seinem Körper schien sich zu verschieben. Er hatte das sonderbare Gefühl, daß sich etwas in seinem Körper in Einklang mit dem Bau setzte; es rückte sich zurecht; es kam zur Ruhe. Sie war aufregend – diese Verschiebung der Proportionen. Er wünschte, er wäre Architekt geworden. Er stand da, den Rücken an den Schaufensterrahmen gelehnt, und versuchte, die ganze Kathedrale genau ins Auge zu fassen. Aber das war schwer, wo so viele Leute vorübergingen. Sie stießen an ihn an, streifen ihn. Natürlich, es war die Stunde des Gedränges, wo die City-Leute zu ihrem Lunch eilten. Sie kürzten ihren Weg ab, quer über die breite Treppenflucht. Die Tauben wirbelten hoch und ließen sich wieder nieder. Die Türen schwangen auf und zu, während er die Stufen hinaufstieg. Die Tauben waren eine Plage, dachte er, mit ihrem Kot da auf den Stufen. Er stieg langsam höher.

Und wer ist das? dachte er beim Anblick einer Gestalt, die an eine der Säulen gelehnt stand. Die kenne ich doch?

Ihre Lippen bewegten sich. Sie redeten mit sich selbst.

Sally! dachte er. Er zögerte; sollte er sie ansprechen oder nicht? Aber sie wäre Gesellschaft; und er hatte das Alleinsein satt.

»Einen Penny für deine Gedanken, Sal!« sagte er und klopfte ihr auf die Schulter.

Sie wandte sich herum. Ihre Miene veränderte sich augenblicklich. »Grade hab' ich an dich gedacht, Martin!« rief sie.

»So eine Unwahrheit!« sagte er und schüttelte ihr die Hand.

»Wenn ich an Leute denke, treffe ich sie dann immer«, sagte sie und machte diese seltsame kleine Scharrbewegung, als wäre sie ein Vogel; ein etwas armseliges Federvieh, denn ihr Mantel entsprach nicht der Mode. Sie blieben einen Augenblick auf den Stufen stehn und blickten auf die wimmelnde Straße hinunter. Ein Schwall von Orgelklängen kam aus der Kathedrale hinter ihnen, wenn die Türflügel auf und zu schwangen. Das undeutliche kirchliche Gemurmel war auf eine gewisse Weise eindrucksvoll, und das war auch, durch die Tür erblickt, die dunkle Weite der Kathedrale.

»Woran hast du gedacht ...?« begann er. Aber er unterbrach sich. »Komm, gehn wir lunchen!« sagte er. »Ich führ' dich in ein City-Speisehaus.« Und er geleitete sie die Stufen hinunter und durch eine enge Gasse, von Wagen versperrt, in die Pakete aus den Lagerhäusern herausgeschnellt kamen. Sie schoben sich durch die Drehtür in das Speisehaus.

»Sehr voll heute, Alfred«, sagte Martin leutselig, als der Kellner ihm Hut und Überzieher abnahm und an den Kleiderrechen hängte. Er kannte den Kellner; er aß hier oft zu Mittag; der Kellner kannte ihn auch. »Sehr voll, Captain«, sagte er.

»Also«, fragte Martin, als sie sich setzten, »was sollen wir essen?«

Ein gewaltiger bräunlich-gelber Braten wurde auf einem Servierwagen von Tisch zu Tisch gerollt.

»Das«, sagte Sally, »das dort«, und wies, die Hand schlenkernd, hin.

»Und zu trinken?« fragte Martin. Er griff nach der Weinkarte und studierte sie.

»Zu trinken –« wiederholte Sally, »zu trinken? Das überlass' ich dir.« Sie zog die Handschuhe ab und legte sie auf ein kleines rötlich-braunes Buch, offenbar ein Gebetbuch.

»So, das überläßt du mir?« sagte Martin. Warum, dachte er, haben Gebetbücher ihre Blätter immer mit Rot und Gold umrandet. Er wählte den Wein.

»Und was hast du«, fragte er, nachdem er den Kellner abgefertigt hatte, »in St. Paul's getan?«

»Mir den Gottesdienst angehört«, sagte sie. Sie sah sich um. Der Raum war sehr heiß und voll. Die Wände waren mit einer dicken braunen Tapete bedeckt, auf die goldene Blätter geprägt waren. Leute kamen vorbei, gingen ununterbrochen ein und aus. Der Kellner brachte den Wein. Martin füllte ihr Glas.

»Ich wußte nicht, daß du zu Gottesdiensten gehst«, sagte er mit einem Blick auf ihr Gebetbuch.

Sie antwortete nicht. Sie sah weiter umher und beobachtete die Leute, wie sie hereinkamen und hinausgingen. Sie trank von dem Wein. Farbe stieg ihr in die Wangen. Sie griff nach Messer und Gabel und begann von dem vorzüglichen Hammelbraten zu essen. Sie aßen eine kleine Weile schweigend.

Er hätte sie gern zum Reden gebracht.

»Und was«, fragte er, das kleine Buch berührend, »hältst du davon, Sally?«

Sie öffnete das Gebetbuch aufs Geratewohl und begann zu lesen:

»Der Vater unbegreiflich; der Sohn unbegreiflich –« Sie sprach mit ihrer gewöhnlichen Stimme.

»Scht!« machte er. »Man kann dich hören.«

Ihm zu Ehren legte sie sich das Gehaben einer Dame bei, die mit einem Herrn in einem City-Restaurant das Lunch nimmt.

»Und was«, fragte sie, »hast du bei St. Paul's getan?«

»Mir gewünscht, ich wäre Architekt geworden«, sagte er. »Aber statt dessen haben sie mich zum Militär gesteckt, das ich nicht schmecken konnte.« Er sprach mit Nachdruck.

»Scht!« flüsterte sie. »Man kann dich hören.«

Er sah sich hastig um; dann lachte er. Der Kellner stellte schon die Pflaumentorte auf den Tisch. Sie aßen schweigend den Braten weiter. Er schenkte ihr wieder ein. Ihre Wangen waren gerötet; ihre Augen glänzten. Er beneidete sie um das allumfassende Gefühl von Wohlbefinden, das ein Glas Wein ihm früher immer bereitet hatte. Wein war etwas Gutes – er riß Schranken nieder. Er hätte sie gern zum Reden gebracht.

»Ich wußte nicht, daß du zu Gottesdiensten gehst«, wiederholte er mit einem Blick auf ihr Gebetbuch. »Und was denkst du darüber?« Auch sie sah es an. Dann klopfte sie mit der Gabel auf den Einband.

»Was denken *die* darüber, Martin?« fragte sie. »Die betende Frau und der Mann mit dem langen weißen Bart?«

»So ziemlich dasselbe, was Crosby denkt, wenn sie zu mir kommt«, sagte er. Er dachte an die Alte, wie sie an der Zimmertür stand, seine Pyjamajacke über dem Arm, mit dieser andächtigen Miene.

»Ich bin Crosbys Gott«, sagte er und legte ihr noch Kohlsprossen auf den Teller.

»Crosbys Gott! Allmächtiger, allgewaltiger Mister Martin!« Sie lachte.

Sie hob ihm ihr Glas entgegen. Lachte sie ihn aus? Er hoffte, daß sie ihn nicht für sehr alt hielt. »Du erinnerst dich doch an Crosby, nicht wahr?« fragte er. »Sie ist jetzt im Ruhestand, und ihr Hund ist gestorben.«

»Im Ruhestand und ihr Hund ist gestorben?« wiederholte sie. Sie blickte wieder über die Schulter. In einem Restaurant ein Gespräch zu führen, war unmöglich; es wurde in kleine Scherben zerbrochen. City-Leute in netten gestreiften Anzügen und steifen schwarzen Hüten gingen die ganze Zeit dicht an ihnen vorbei.

»Es ist eine schöne Kirche«, sagte sie, sich herwendend. Sie war nach St. Paul's zurückgehopst, vermutete er.

»Großartig«, erwiderte er. »Hast du dir die Grabmäler angesehn?«

Er erkannte jemand in dem Lokal: Erridge, den Börsenmakler. Der hob einen Finger und winkte ihn zu sich. Martin stand auf und ging hin, um mit ihm zu sprechen. Als er zurückkam, hatte sie sich Wein nachgeschenkt. Sie saß da und sah alle die Leute an wie ein Kind, das man zu einem Märchenstück mitgenommen hat.

»Und was machst du heute nachmittag?« fragte er.

»Am Rundteich, um vier«, sagte sie. Nun war sie, vermutete er, in das schläfrige Wohlsein versunken, das auf ein gutes Essen und ein Glas Wein folgt.

»Bist du mit jemand verabredet?« fragte er.

»Ja, mit Maggie«, sagte sie.

Sie aßen schweigend weiter. Bruchstücke von Gesprächen erreichten sie in abgerissenen Sätzen. Dann berührte der Mann, mit dem Martin gesprochen hatte, ihn im Weggehn an der Schulter.

»Also Mittwoch um acht«, sagte er.

»Ist recht«, sagte Martin. Er schrieb etwas in sein Notizbuch.

»Und was machst *du* heute nachmittag?« fragte sie.

»Sollte meine Schwester im Gefängnis besuchen«, sagte er und zündete sich eine Zigarette an.

»Im Gefängnis?«

»Rose. Weil sie einen Ziegelstein geschmissen hat«, sagte er.

»Rote Rose, flammende Rose«, begann sie und streckte die Hand wieder nach dem Wein aus, »wilde Rose, dornige Rose–«

»Nein«, sagte er und deckte die Hand über den Flaschenmund, »du hast genug gehabt.« Ein wenig nur erregte sie schon. Er mußte ihre Erregung dämpfen. Es waren Leute da, die zuhören konnten.

»Eine verdammt unangenehme Sache«, sagte er, »im Gefängnis zu sitzen.«

Sie zog ihr Glas zurück, saß da und starrte es an, als wäre der Motor ihres Gehirns plötzlich abgestellt worden. Sie sah ihrer Mutter sehr ähnlich – nur nicht, wenn sie lachte.

Er hätte gern von ihrer Mutter mit ihr gesprochen. Aber es war unmöglich zu sprechen. Zu viele Leute konnten zuhören. Alle rauchten sie; Rauch, mit Bratengeruch vermischt, machte die Luft schwer. Er dachte an die Vergangenheit, da rief sie:

»Auf einem Schemel zu sitzen und Fleisch in den Hals gestopft zu kriegen!«

Er schrak auf. Ach so! Sie dachte wohl an Rose?

»Krach, kam ein Ziegelstein geflogen!« lachte sie, mit der Gabel fuchtelnd. »›Roll die Karte von Europa ein‹, sagte Pitt zu seinem Kammerdiener. ›Ich glaube nicht an Gewalt!‹« Sie schlug mit der Gabel auf den Tisch. Ein Pflaumenkern hüpfte. Martin sah sich um. Es hörten Leute zu. Er stand auf.

»Wollen wir nicht gehn«, sagte er, »– wenn du satt bist?«

Sie stand auf und sah sich nach ihrem Mantel um.

»Also, ich hab's sehr genossen«, sagte sie und nahm ihren Mantel. »Danke für das gute Lunch, Martin«.

Er winkte dem Kellner, der beflissen herbeikam und die Rechnung schrieb. Martin legte ein Goldstück auf den Teller. Sally begann sich in die Ärmel ihres Mantels zu tasten.

»Soll ich mit dir kommen?« fragte er, während er ihr half. »Zum Rundteich, um vier?«

»Ja«, sagte sie, sich auf dem Absatz umwendend. »Zum Rundteich, um vier!«

Sie ging dem Ausgang zu, ein wenig unsicher, so bemerkte er; an den City-Leuten vorbei, die immer noch Lunch aßen.

Da kam der Kellner mit dem Wechselgeld zurück, und Martin ließ die Geldstücke in die Tasche gleiten. Er behielt eins als Trinkgeld für den Kellner in der Hand. Aber grade als er es ihm reichen wollte, fiel ihm etwas Hinterhältiges in Alfreds Miene auf. Er schnippte den umgebogenen Teil der Rechnung hoch; ein Zweishillingstück lag darunter. Es war der übliche Trick. Es verdarb ihm die Laune.

»Was soll das heißen?« fragte er zornig.

»Weiß nicht, wie das druntergerutscht ist, Sir«, stotterte der Kellner.

Martin spürte, wie ihm das Blut in die Ohrläppchen stieg. Er hatte genau das gleiche Gefühl, wie sein Vater gehabt haben mußte, wenn er zornig war; als hätte er weiße Flecke an den Schläfen. Er steckte das Geldstück ein, das er dem Kellner hatte geben wollen, und ging brüsk an ihm vorbei, seine Hand wegstreifend. Der Mann verzog sich mit einem Gemurmel.

»Gehn wir!« sagte er und schob Sally durch den überfüllten Raum vor sich her. »Raus! Raus von hier!«

Er drängte sie auf die Straße hinaus. Der Dunst, der warme Bratengeruch des Lokals waren ihm plötzlich unerträglich geworden.

»Wie ich es hasse, beschwindelt zu werden!« sagte er, als er den Hut aufsetzte. »Tut mir leid, Sally« entschuldigte er sich. »Ich hätte dich nicht hierherführen sollen. Es ist eine elende Quetsche.«

Er tat einen tiefen Atemzug in der frischen Luft. Der Straßenlärm, das Unbekümmerte, Geschäftsmäßige des Getriebes waren erfrischend nach dem heißen, dunstigen Lokal. Da standen die Lieferwagen wartend längs des Gehsteigs; und die Pakete glitten von den Warenlagern schräg in sie hinein. Wieder kamen sie auf den Platz vor St. Paul's. Er blickte auf. Da stand derselbe alte Mann und fütterte immer noch die Spatzen. Und da stand die Kathedrale. Er wünschte, er könnte wieder fühlen, daß sich Gewicht in ihm verschob und zur Ruhe kam; aber das sonderbar aufregende Gefühl einer Beziehung zwischen seinem eignen Körper und dem Steingebilde kam nicht wieder. Er fühlte nichts, nur Zorn. Auch lenkte ihn Sally ab. Sie wollte grade im dichtesten Verkehr über die Straße. Er streckte die Hand aus, um sie zurückzuhalten. »Vorsicht!« sagte er. Dann gingen sie hinüber.

»Sollen wir zu Fuß gehn?« fragte er. Sie nickte. Sie gingen durch die Fleet Street. Gespräch war unmöglich. Der Gehsteig war so schmal, daß er hinunter und wieder hinauf mußte, um sich neben ihr zu halten. Er fühlte immer noch das Mißbehagen des Zorns, aber der Zorn selbst kühlte sich ab. Was hätte ich tun sollen? dachte er und sah sich an dem Kellner vorbeistreifen, ohne ihm ein Trinkgeld zu geben. Das nicht, dachte er, nein, das nicht. Leute, die an ihn anstießen, zwangen ihn vom Gehsteig hinunter. Schließlich und endlich, der arme Teufel mußte seinen Lebensunterhalt verdienen. Er war gern großzügig; er hinterließ gern lächelnde Gesichter; und es kam ihm nicht auf zwei Shilling an. Aber was nützte das, dachte er, nun, da es geschehen war? Er begann sein Liedchen zu summen – und hielt dann inne, denn es fiel ihm ein, daß er in Begleitung war.

»Sieh dir das an, Sal«, sagte er, sie am Arm fassend, »sieh dir das an!«

Er wies auf den ausgespreizten Greif oben auf dem Temple

Bar Memorial, der so lächerlich aussah wie immer – ein Zwitter von einer Schlange und einem Federvieh.

»Sieh dir das an!« wiederholte er lachend. Sie blieben einen Augenblick stehn, um die kleinen abgeplatteten Figuren zu betrachten, die so unbequem ins Giebelfeld des Denkmals gestellt waren: Königin Viktoria; König Eduard. Dann gingen sie weiter. Es war unmöglich zu reden, des Gedränges wegen. Männer in Perücke und Talar eilten über die Straße; einige trugen rote Aktensäcke, andre blaue.

»Die Gerichtshöfe«, sagte er und wies auf die kalte weiße Masse von verziertem Stein; sie sah sehr bedrückend und gruftartig aus, »...wo Morris seine Zeit verbringt«, sagte er.

Er empfand immer noch ein gewisses Unbehagen, weil er sich im Zorn hatte gehn lassen. Aber das Gefühl war im Schwinden. Nur ein kleiner rauher Grat blieb in seinem Gemüt zurück.

»Glaubst du, ich hätte...« begann er; Anwalt werden sollen, meinte er; aber auch: ...das tun sollen – zornig werden mit dem Kellner?

»Ich hätte – was?« fragte sie, sich zu ihm neigend. Sie hatte im Straßenlärm nicht verstanden, was er meinte. Es war unmöglich, zu reden; aber jedenfalls, das Gefühl, daß er sich hatte gehn lassen, verebbte. Dieser kleine rauhe Grat glättete sich. Doch er machte sich wieder fühlbar, denn er sah eine Bettlerin Veilchen verkaufen. Und dieser arme Teufel, dachte er, hat leer ausgehn müssen, ohne Trinkgeld, weil er mich beschwindelt hat... Er heftete seinen Blick auf eine Briefkastensäule. Dann sah er ein Automobil. Es war sonderbar, wie schnell man sich an Wagen ohne Pferde gewöhnte, dachte er; hatten doch immer so lächerlich ausgesehn! Nun kamen sie an der Veilchenverkäuferin vorbei. Sie trug einen Strohhut, tief ins Gesicht. Er warf ein Sechspencestück auf ihr Brettchen, als Sühne für den Kellner. Er schüttelte den Kopf. Nein, keine Veilchen, meinte er damit, und überdies waren sie welk. Aber ihr Gesicht fiel ihm auf. Sie hatte keine Nase; ihr Gesicht war von weißen Flecken besäumt; statt der Nasenlöcher hatte sie rote Ränder. Sie hatte keine Nase – darum der heruntergezogene Hut.

»Gehn wir hinüber«, sagte er jäh. Er nahm Sally beim Arm und steuerte sie zwischen den Omnibussen durch. Sie mußte so etwas schon gesehn haben; auch er hatte es schon gesehn, oft; aber nicht miteinander – das machte einen Unterschied.

Er drängte sie hastig auf den gegenüberliegenden Gehsteig.

»Wir nehmen einen Bus«, sagte er. »Komm!«

Er faßte sie am Ellbogen, um sie flott ausschreiten zu machen. Aber es ging nicht; ein Lastwagen hielt sie auf; Leute kreuzten ihren Weg. Sie näherten sich Charing Cross. Es war wie an den Pfeilern einer Brücke; statt Wasser wurden Männer und Frauen eingesogen. Sie mußten stehnbleiben. Zeitungsjungen hatten Plakate vor den Beinen. Männer kauften Zeitungen; einige gemächlich; andre griffen schnell zu. Martin kaufte eine und behielt sie in der Hand.

»Warten wir hier«, sagte er. »Unser Bus wird gleich kommen.« Ein alter Strohhut mit einem violetten Band, dachte er, als er die Zeitung öffnete. Der Anblick haftete. Er sah auf. Die Bahnhofsuhr geht immer zu schnell, versicherte er im stillen einem Mann, der eilte, um einen Zug zu erreichen. Immer zu schnell, sagte er zu sich, und öffnete die Zeitung. Aber es war gar keine Uhr da. Er überflog das Blatt, um die Nachrichten aus Irland zu lesen. Omnibus nach Omnibus hielt und wuchtete wieder davon. Es war schwer, sich auf die Nachrichten aus Irland zu konzentrieren; er blickte auf.

»Das ist unserer«, sagte er, als der richtige Bus kam. Sie stiegen zum Oberdeck hinauf und setzten sich vorn, über dem Führersitz, nebeneinander.

»Zwei nach Hyde Park Corner«, sagte er, eine Handvoll Kleingeld hervorholend, und wendete die Seiten der Abendzeitung; aber es war bloß die frühe Ausgabe, die mit den Sportnachrichten.

»Nichts drin«, sagte er und schob die Zeitung unter den Sitz. »Und nun –« begann er und stopfte sich die Pfeife. Sie glitten sanft die Senkung von Piccadilly hinunter. »– dort pflegte mein Vater immer zu sitzen«, unterbrach er sich und schwenkte seine Pfeife gegen Klubfenster – »und nun« – er entzündete ein Streichholz – »und nun, Sally, kannst du sagen, was du willst. Niemand hört uns zu. Sag«, fügte er hinzu und warf das Streichholz über die Brüstung, »etwas sehr Tiefgründiges.«

Er wandte sich zu ihr. Er wollte, sie solle sprechen. Hinab glitten sie; und sausten wieder hinauf. Er wollte, sie solle sprechen; oder er selbst müßte sprechen. Und was konnte er sagen? Er hatte sein Gefühl begraben. Aber irgend etwas war geblieben. Er wollte, daß sie es ausspräche, doch sie schwieg. Nein, dachte er, am Stiel seiner Pfeife nagend, ich werde es nicht sagen. Wenn ich es sagte, dann würde sie mich für...

Er sah sie an. Die Sonne flammte in den Fenstern des St. George's Hospital. Sie sah es verzückt an. Aber warum so verzückt? fragte er sich, als der Bus hielt und er die enge, gewundene Stiege hinunterging.

Die Szene hatte sich seit Vormittag ein wenig verändert. Uhren in der Ferne schlugen soeben drei. Es gab mehr Wagen; mehr Frauen und junge Mädchen in hellen Sommerkleidern; mehr Männer in Gehröcken und grauen Zylindern. Der Aufmarsch durch die Tore in den Park hatte begonnen. Jedermann sah festlich aus. Sogar die kleinen Schneiderlehrmädchen mit den Lieferschachteln sahen aus, als nähmen sie an irgendeiner Zeremonie teil. Grüne Stühle waren längs der Rotten Row aufgestellt. Sie waren voller Leute, die umherblickten, als hätten sie Sitze zu einem Schauspiel genommen. Reiter trabten zum Ende der Row; hielten ihre Pferde an; wendeten und trabten wieder zurück. Der Wind, der von Westen kam, schob weiße, goldgekörnte Wolken über den Himmel. Die Fenster in der Park Lane leuchteten von blauen und goldenen Spiegelungen.

Martin schritt flott aus.

»Komm doch«, sagte er, »komm, komm!« Er ging weiter. Ich bin jung, dachte er, ich bin in den besten Jahren. Erdgeruch lag in der Luft; hier im Park war ein schwacher Duft von Frühling, von Land.

»Wie gern ich –« sagte er. Er sah sich um. Er hatte zur leeren Luft gesprochen. Sally war zurückgeblieben; dort stand sie und knüpfte sich das Schuhband. Aber er hatte ein Gefühl, als hätte er beim Treppabwärtsgehen eine Stufe verfehlt.

»Wie albern man sich vorkommt, wenn man laut mit sich selbst spricht«, sagte er, als sie herankam. Sie wies mit dem Finger.

»Aber schau bloß«, sagte sie, »sie tun das alle.«

Eine Frau in mittleren Jahren kam ihnen entgegen. Sie sprach mit sich selbst. Ihre Lippen bewegten sich; sie gestikulierte mit der einen Hand.

»Das macht der Frühling«, sagte er, als sie an ihnen vorbeikam.

»Nein. Einmal, im Winter«, sagte sie, »sah ich hier einen Neger, der lachte laut im Schnee.«

»Im Schnee«, sagte Martin, »ein Neger.« Die Sonne schien hell auf das Gras; sie kamen an einem Beet vorüber, in dem die vielfarbigen Hyazinthen lockig leuchteten.

»Denken wir nicht an Schnee!« sagte er. »Denken wir an –.« Eine junge Frau schob einen Kinderwagen; ein plötzlicher Gedanke kam ihm. »Maggie –« sagte er. »Erzähl mir – ich hab' sie nicht gesehn, seit ihr Baby auf die Welt gekommen ist. Und ich hab' nie diesen Franzosen kennengelernt – wie nennt ihr ihn? – René?«

»Renny«, sagte sie. Sie war noch immer unter dem Einfluß des Weins; der wandernden Lüftchen; all der vorbeikommenden Leute. Auch er fühlte in sich diese Zerstreutheit; aber er wollte ihr ein Ende machen.

»Ja. Wie ist er, dieser Mann, dieser René – Renny?«

Er sprach das Wort erst nach französischer Art aus; dann, so wie sie, nach englischer. Er wollte sie aufwecken. Er schob seine Hand unter ihren Arm.

»Renny!« wiederholte Sally. Sie warf den Kopf zurück und lachte. »Laß mich nachdenken!« sagte sie. »Er trägt eine rote Krawatte mit weißen Tupfen. Und hat schwarze Augen. Und er nimmt eine Orange – wenn wir beim Dinner sind – und sieht dir gerade ins Gesicht und sagt: ›Diese Orange, Sally –‹«. Sie rollte das R. Aber sie unterbrach sich.

»Da spricht wieder wer mit sich selbst«, sagte sie. Ein junger Mann kam vorbei, in einem eng bis zum Hals zugeknöpften Rock, als hätte er kein Hemd. Er murmelte im Gehn vor sich hin. Er sah sie beide finster an, als er an ihnen vorbeiging.

»Aber Renny?« fragte Martin. »Wir haben von Renny gesprochen«, erinnerte er sie. »Er nimmt eine Orange –.«

»... und schenkt sich ein Glas Wein ein«, begann sie von neuem. »›Wissenschaft ist die Religion der Zukunft!‹« rief sie und schwenkte die Hand, als hielte sie den Stiel eines Weinglases.

»Ein Glas Wein?« sagte Martin. Halb hinhörend, hatte er sich einen würdig ernsten französischen Professor vorgestellt – eine kleine Vignette, in die er nun ein nicht passendes Glas Wein einfügen mußte.

»Ja, Wein«, wiederholte sie. »Sein Vater war Weinhändler«, setzte sie hinzu. »Ein Mann mit einem schwarzen Bart; ein Weinhändler in Bordeaux. Und eines Tags«, fuhr sie fort, »als er ein kleiner Junge war und im Garten spielte, da klopfte es ans Fenster. ›Mach keinen solchen Lärm. Geh und spiel weiter weg!‹ sagte eine Frau in einer weißen Haube. Seine Mutter war gestorben... Und er fürchtete sich, seinem Vater zu sagen, daß das Pferd zum Reiten für ihn zu hoch war... Und er wurde nach England geschickt...«

Sie hopste über die niedrige Einfassung auf die Grasfläche. »Und was geschah dann?« fragte Martin, sie einholend. »Sie verlobten sich?«

Sie schwieg. Er wartete, daß sie erkläre, weshalb sie einander geheiratet hatten – Maggie und Renny. Er wartete, aber sie sagte nichts mehr. Schön, also sie hat ihn geheiratet, und sie sind glücklich, dachte er. Er war einen Augenblick lang neidisch. Der Park war voller Paare, die zusammen spazierengingen. Alles war frisch und voller Duft. Die Luft wehte einem lind ums Gesicht. Ein Murmeln erfüllte sie: vom Gelispel der Zweige; vom Gerolle der Räder; vom Gebell der Hunde, und bisweilen vom immer wieder aussetzenden Gesang einer Drossel.

Da kam eine Dame an ihnen vorbei, die mit sich selbst sprach. Als sie sie ansahn, drehte sie sich um und pfiff wie ihrem Hund. Aber der Hund, dem sie gepfiffen hatte, war gar nicht ihr Hund. In großen Sätzen lief er in entgegengesetzter Richtung davon. Die Dame ging schnell, mit zusammengepreßten Lippen, weiter.

»Die Leute haben es nicht gern, daß man sie ansieht«, sagte Sally, »wenn sie mit sich selbst reden.«

Martin gab sich einen Ruck. »Hör mal«, sagte er, »wir sind falsch gegangen.« Stimmen kamen hergeweht.

Sie waren in der falschen Richtung gegangen. Sie befanden sich in der Nähe des kahlgetretenen Platzes, wo die Redner sich einfinden. Die Versammlungen waren in vollem Gang. Gruppen hatten sich um die verschiedenen Redner geschart. Auf kleinen Tribünen oder manche nur auf Kisten stehend, legten sich die ins Zeug. Die Stimmen wurden lauter; lauter und lauter, als sie näher hinkamen.

»Hören wir zu!« sagte Martin. Ein hagerer Mann beugte sich vor, eine Schiefertafel in der Hand. Sie hörten ihn sagen: »Meine Damen und Herren...« Sie blieben vor ihm stehn. »Sehen Sie mich genau an«, sagte er. Sie sahen ihn genau an. »Haben Sie keine Angst«, sagte er und winkte mit dem Zeigefinger. Er hatte eine einschmeichelnde Art. Er wandte seine Schiefertafel um. »Sehe ich aus wie ein Jude?« fragte er.

Dann wandte er die Tafel abermals um und beguckte die andre Seite. Und im Weiterschlendern hörten sie ihn sagen, daß seine Mutter in Bermondsey geboren sei und sein Vater auf der Insel... Die Stimme verklang.

»Was will dieser da?« sagte Martin. Da stand ein dicker Mann und schlug mit der Faust auf das Geländer seines Podiums.

»Mitbürger!« schrie er. Martin und Sally blieben stehn. Die Schar von Lungerern, Laufburschen und Kindermädchen starrte mit offenem Mund und leer glotzenden Augen zu dem Mann auf. Mit einer großartigen Gebärde der Verachtung strich seine Hand die Reihe der vorüberfahrenden Autos ein. Sein Hemd kam unter der Weste hervor.

»Geröichtigkeit und Froiheit«, sagte Martin, die letzten Worte des Sprechers wiederholend, während die Faust aufs Geländer polterte. Sie warteten. Dann begann das Ganze von vorn.

»Aber es ist ein famoser Redner«, sagte Martin, sich abwendend. Die Stimme verklang. »Und was hat die alte Dame dort zu sagen?« Sie schlenderten weiter.

Die Zuhörerschaft der alten Dame war sehr spärlich. Ihre Stimme war kaum hörbar. Sie hielt ein Büchlein in der Hand und sagte irgend etwas von Sperlingen. Aber ihre Worte wurden ein hohes, dünnes Piepen. Ein Chor kleiner Buben ahmte sie nach.

Sie hörten eine kleine Weile zu. Dann wandte sich Martin ab. »Gehn wir weiter, Sally!« sagte er und legte ihr die Hand auf die Schulter.

Die Stimmen wurden schwächer; schwächer und schwächer. Bald verklangen sie ganz. Die beiden schlenderten über den glatten Grasboden, der sich wellig vor ihnen hob und senkte und wie ein Stück grünen Tuchs war, durchzogen von den geraden braunen Streifen der Wege. Große weiße Hunde tollten umher; durch die Bäume glänzte das Wasser der Serpentine mit kleinen Booten darauf. Das urbane Wesen des Parks, der Schimmer des Wassers, die gerundete großzügige Komposition des Bildes, als hätte jemand es entworfen, berührten Martin wohltuend.

»Geröichtigkeit und Froiheit«, sagte er halb zu sich, als sie an den Rand des Wassers kamen und einen Augenblick stehnblieben und den Möwen zusahn, die die Luft mit ihren Schwingen in scharfe weiße Muster zerschnitten.

»Glaubst du auch daran?« fragte er, Sally am Arm ergreifend, um sie ein bißchen aufzurütteln; denn ihre Lippen bewegten sich; sie sprach mit sich selbst. »Wie dieser Dicke dort hinten«, erklärte er, »der diese Armbewegung machte.«

Sie schrak ein wenig auf. »Oi, oi, oi!« rief sie, seinen Cockney-Akzent nachahmend.

Ja, dachte Martin im Weitergehn. Oi, oi, oi, oi, oi, oi! Darauf lief es immer hinaus. Es gäbe nicht viel Gerechtigkeit oder Freiheit für seinesgleichen, wenn es nach diesem Dicken ginge, – und auch nicht viel Schönheit.

»Und die arme Alte, der niemand zuhörte?« sagte er. »Die von den Sperlingen redete...«

Er konnte vor seinem geistigen Auge immer noch den Hageren sehn, der überredend mit dem Finger winkte; den Dicken, der mit den Armen fuchtelte, so daß seine Hosenträger sichtbar wurden; und die kleine Alte, die sich mühte, sich durch die Zwischenrufe und das Pfeifen hindurch vernehmbar zu machen. Es lag etwas Komisches und zugleich Tragisches in der Szene.

Aber sie hatten den Eingang zu den Kensington Gardens erreicht. Eine lange Reihe von Wagen und Autos wartete hier. Gestreifte Schirme waren über den runden Tischchen um den Tee-Pavillon aufgespannt, an denen schon Leute saßen. Kellnerinnen eilten mit Servierbrettern ein und aus. Die Season hatte begonnen. Es war ein buntes, heiteres Bild.

Eine Dame, modisch gekleidet, mit einer violetten Feder am Hut, die seitlich niederwippte, saß dort und löffelte zierlich ein Eis. Das Sonnenlicht sprenkelte den Tisch und verlieh ihr ein seltsam durchsichtiges Aussehn, als wäre sie in einem Netz von Licht gefangen; als bestünde sie aus verschwimmenden Farbfleckchen. Martin war sich halb und halb bewußt, sie zu kennen; er hätte beinahe den Hut gezogen. Aber sie saß da und sah vor sich hin und löffelte das Eis. Nein, er kannte sie nicht; und er blieb einen Augenblick stehn, um seine Pfeife anzuzünden. Was wäre die Welt, fragte er sich – er dachte immer noch an den Dicken, der mit dem Arm fuchtelte –, wenn es kein »Ich« in ihr gäbe? Er entzündete das Streichholz. Er sah das Flämmchen an, das in der Sonne fast unsichtbar war. Er stand eine Sekunde lang da und zog an der Pfeife und paffte. Sally war weitergegangen. Auch sie war wie von einem Netz fließender Lichter umgeben, die durch das Laub kamen. Paradiesische Unschuld schien über dem

Bild zu liegen. Die Vögel stimmten immer wieder, bald da, bald dort, ein süßes Gezwitscher in den Zweigen an; das Getöse von London umgab die offene Weite mit einem Ring von fernem, aber lückenlosem Geräusch. Die rosa und weißen Kastanienblüten wippten wie Reiter, wenn sich die Zweige in dem leichten Wind bewegten. Die Sonne, die das Laub sprenkelte, verlieh allem einen seltsamen Anschein von Körperlosigkeit, als wäre alles in einzelne Lichtpunkte aufgelöst. Auch er selbst schien aufgelöst zu sein. Sein Geist war einen Augenblick völlig leer. Dann sammelte er sich, warf das Streichholz weg und holte Sally mit ein paar Schritten ein.

»Komm weiter«, sagte er, »komm weiter... Am Rundteich, um vier!«

Sie gingen Arm in Arm schweigend weiter, durch die lange Allee, an deren Ende der Palast und die geisterhafte Kirche zu sehn waren. Die Größe der menschlichen Gestalt schien geschrumpft zu sein. Statt der Erwachsenen waren nun Kinder in der Überzahl. Es wimmelte von Hunden aller Rassen. Die Luft war erfüllt von Gebell und schrillen Rufen. Ganze Völkchen von Bonnen schoben Kinderwagen die Wege entlang. Babys lagen in ihnen, schliefen fest, glichen Puppen aus zart getöntem Wachs; ihre völlig glatten Lider überdeckten ihre Augen so, als versiegelten sie sie. Er blickte hinunter; er hatte Kinder gern. Sally hatte so ausgesehn, als er sie zum erstenmal sah und sie in ihrem Kinderwagen schlief, in der Halle des Hauses in der Browne Street.

Er blieb plötzlich stehn. Sie hatten den Rundteich erreicht.

»Wo ist Maggie?« fragte er. »Dort – ist sie das?« Er wies auf eine junge Frau, die unter einem Baum ein Baby aus dem Kinderwagen hob.

»Wo?« fragte Sally. Sie blickte in der falschen Richtung.

Er wies nochmals hin. »Dort, unter dem Baum.«

»Ja«, sagte sie, »das ist Maggie.«

Sie gingen auf sie zu.

»Aber ist sie's wirklich?« fragte Martin. Er war auf einmal im Zweifel; denn sie hatte die Unbewußtheit eines Menschen, der nicht weiß, daß ihn jemand beobachtet. Mit einer Hand hielt sie das Kind; mit der andern rückte sie die Kissen im Kinderwagen zurecht. Auch sie war von Fleckchen flutenden Lichts gesprenkelt.

»Doch«, sagte er, als er etwas an ihren Bewegungen wiedererkannte, »das ist Maggie.«

Sie wandte sich her und sah die beiden.

Sie hob die Hand, wie um sie zu mahnen, nur ja leise näher zu kommen. Sie legte den Finger an die Lippen. Als sie sie erreichten, wurde von der Brise der ferne Schlag einer Turmuhr hergeweht. Eins, zwei, drei, vier schlug sie... Dann verstummte sie.

»Wir haben uns vor St. Paul's getroffen«, sagte Martin im Flüsterton. Er schleifte zwei Stühle heran und setzte sich. Sie schwiegen alle einen Augenblick. Das Kind schlief nicht. Dann beugte Maggie sich vor und sah das Kind an.

»Ihr braucht nicht zu flüstern«, sagte sie dann laut. »Jetzt schläft er.«

»Wir haben uns vor St. Paul's getroffen«, wiederholte Martin in gewohntem Ton. »Ich hatte meinen Börsenmakler aufgesucht.« Er nahm den Hut ab und legte ihn ins Gras. »Und als ich vorbeikam«, fuhr er fort, »stand Sally dort...«

Er sah sie an. Sie hatte ihm nicht erzählt, woran sie gedacht hatte, als sie dort stand, auf den Stufen von St. Paul's, und die Lippen bewegte.

Nun gähnte sie. Statt sich auf den kleinen, harten grünen Stuhl zu setzen, den er für sie herangeholt hatte, hatte sie sich ins Gras geworfen. Sie hatte sich wie eine Heuschrecke eingeknickt, mit dem Rücken gegen den Baum. Das Gebetbuch mit dem rotgoldenen Schnitt lag auf dem Rasen, überzeltet von zitternden Gräsern. Sie gähnte; sie räkelte sich. Sie schlief schon beinahe.

Er zog seinen Stuhl neben Maggie und betrachtete das Bild vor sich.

Es war bewundernswert komponiert. Dort die weiße Gestalt Königin Victorias vor einer grünen Böschung; dahinter das dunkle Ziegelrot des alten Palasts; die geisterhafte Kirche reckte ihren Spitzturm, und der Rundteich war ein Tümpel von Blau. Eine Regatta wurde abgehalten. Die großen Spielzeugschiffe legten sich zur Seite, daß die Segel das Wasser berührten. Es wehte eine angenehme kleine Brise.

»Und wovon habt ihr gesprochen?« fragte Maggie.

Martin konnte sich nicht erinnern. »Sie war beschwipst«, sagte er und wies auf Sally. »Und jetzt wird sie gleich einschlafen.« Er selbst war schläfrig. Er fühlte die Sonne zum erstenmal fast heiß auf seinem Kopf.

Dann beantwortete er ihre Frage.

»Von der ganzen Welt«, sagte er. »Politik, Religion, Moral.« Er gähnte. Möwen schrien, während sie sich um eine Dame hoben und senkten, die ihnen Futter zuwarf. Maggie sah ihnen zu. Er sah Maggie an.

»Ich hab' dich nicht gesehn«, sagte er, »seit dein Kleines zur Welt kam.« Das hat sie verändert, daß sie ein Kind hat, dachte er. Zu ihrem Vorteil, dachte er. Aber sie sah den Möwen zu; die Dame hatte eine Handvoll Fischchen geworfen. Die Möwen schwupptenrundum um ihren Kopf.

»Bist du froh, daß du ein Kind hast?« fragte er.

»Ja«, sagte sie, sich sammelnd, um ihm zu antworten. »Zwar – es ist eine Bindung ...«

»Aber es ist nett, Bindungen zu haben, nicht?« wollte er wissen. Er hatte Kinder gern. Er sah auf das schlafende Baby mit den versiegelten Augen, dem Daumen im Mund.

»Möchtest du welche haben?« fragte sie.

»Genau dasselbe hab' ich selbst mich gefragt«, sagte er, »bevor – «

Ein Glucksen, fast ein Schnarchen, kam aus Sallys Kehle. Er senkte seine Stimme zu Geflüster – »bevor ich sie vor St. Paul's traf«, sagte er. Sie schwiegen. Das Kleine schlief; Sally schlief; die Gegenwart der beiden Schläfer schien Martin und Maggie in einen Kreis von Heimlichkeit einzuschließen. Zwei von den um die Wette segelnden Jachten näherten sich einander, als müßten sie zusammenstoßen; aber die eine kam gerade noch an der andern vorbei. Martin sah ihnen zu. Das Leben hatte wieder seine gewohnten Maße angenommen. Alles war wiederum an seinem Platz. Die Schiffchen segelten; ihre Eigentümer eilten ihnen um den Teich herum nach; die kleinen Jungen versuchten planschend Elritzen zu fangen; das Wasser im Teich kräuselte sich leuchtend blau. Alles war erfüllt von den sich regenden befruchtenden Kräften des Frühlings.

Auf einmal sagte er:

»Jemand ganz für sich haben zu wollen ist etwas Verteufeltes!«

Maggie sah ihn an. Meinte er sie – sie und das Kind? Nein, es war ein Klang in seiner Stimme, der ihr sagte, daß er nicht an sie dachte.

»Woran denkst du?« fragte sie.

»An die Frau, mit der ich ein Verhältnis habe«, sagte er. »Liebe sollte bei beiden Teilen gleichzeitig aufhören, meinst du nicht?« Er sprach, ohne irgendein Wort zu betonen; um die beiden Schläfer nicht zu wecken. »Aber das tut sie nicht, das ist das Verteufelte«, fügte er ebenso tonlos hinzu.

»Sie langweilt dich, was?« flüsterte sie.

»Zum Sterben«, sagte er. »Zum Sterben.« Er bückte sich und grub einen Kieselstein aus dem Rasen.

»Und doch bist du eifersüchtig?« flüsterte sie. Ihre Stimme war sehr sanft und weich.

»Ja, ganz schrecklich«, flüsterte er. Es war wahr, nun sie es erwähnte. Da wachte der Kleine halb auf und streckte die Händchen aus. Maggie schaukelte den Kinderwagen. Sally regte sich. Der Kreis von Heimlichkeit war gefährdet. Er könnte jeden Augenblick zerstört werden, spürte Martin; und er wollte sich aussprechen.

Er blickte die Schlafenden an. Die Augen des Kleinen waren geschlossen, und Sallys auch. Immer noch schien der Kreis ihn und Maggie zu umgeben. Mit leiser Stimme, ohne Betonung, erzählte er ihr die Geschichte; wie sie ihn festhalten wolle, und daß er frei sein wolle. Es war eine banale Geschichte, aber auch schmerzlich – beides. Doch indem er sie erzählte, verlor sie ihren Stachel. Dann saßen sie schweigend da und blickten vor sich hin.

Eine neue Wettfahrt begann; Männer kauerten am Rand des Teichs, jeder seine Stockkrücke auf einem der Spielzeugschiffe. Es war eine reizende Szene, heiter, unschuldig und ein klein wenig lächerlich. Das Signal wurde gegeben; los fuhren die Schiffchen. Und wird er, dachte Martin, den schlafenden Kleinen anblickend, wird er dasselbe durchmachen müssen? Er meinte, wie er selbst – seine Eifersucht.

»Mein Vater«, sagte er plötzlich, aber immer noch leise, »hat jemand gehabt ... Sie nannte ihn Piff-Paff.« Und er erzählte Maggie von der Frau, die jetzt ein Logierhaus in Putney besaß, – von der sehr achtbaren, korpulent gewordenen Dame, die einen Zuschuß für eine Dachreparatur von ihm beanspruchte. Maggie lachte, aber sehr gedämpft, um die beiden Schläfer nicht zu wecken. Sie schliefen immer noch fest.

»War er«, fragte Martin, »in deine Mutter verliebt?«

Sie sah den Möwen zu, die mit ihren Schwingen Muster auf die blaue Ferne zeichneten. Seine Frage schien durch das, was sie sah, hindurchzusinken; dann auf einmal erreichte sie sie.

»Sind wir Geschwister?« fragte sie; und sie lachte laut heraus. Das Kind schlug die Augen auf und entkrümmte die winzigen Fingerchen.

»Wir haben ihn aufgeweckt«, sagte Martin. Der Kleine begann zu greinen. Maggie mußte ihn beruhigen. Mit der Heimlichkeit war es vorbei. Der Kleine greinte; und die Uhren begannen zu schlagen. Der Klang wurde von der Brise sacht zu ihnen hergetragen. Eins, zwei, drei, vier, fünf ...

»Es ist Zeit, daß wir gehn«, sagte Maggie, als der letzte Schlag verhallte. Sie legte den Kleinen auf sein Kissen zurück und wandte sich um. Sally schlief noch immer. Sie lag eingeknickt da, den Rücken an dem Baumstamm. Martin bückte sich und warf ein Zweiglein auf sie. Sie öffnete die Augen, schloß sie wieder.

»Nein, nein«, verwahrte sie sich, die Arme über den Kopf reckend.

»Es ist Zeit«, sagte Maggie. Sally rappelte sich auf. »Zeit?« seufzte sie. »Sonderbar ...« murmelte sie. Sie setzte sich auf und rieb die Augen.

»Martin!« rief sie aus. Sie sah ihn an, wie er da vor ihr aufragte, in seinem blauen Anzug, den Spazierstock in der Hand. Sie sah ihn an, als brächte sie ihn in ihr Blickfeld zurück.

»Martin«, sagte sie wieder.

»Ja, Martin«, antwortete er. »Hast du gehört, was wir gesprochen haben?« fragte er sie.

»Stimmen«, sagte sie mit einem Gähnen und schüttelte den Kopf. »Nur Stimmen.«

Er stand noch einen Augenblick so und sah auf sie nieder. »Also ich muß jetzt gehn«, sagte er und hob seinen Hut vom Rasen auf. »Bin zum Dinner bei einer Cousine am Grosvenor Square«, setzte er hinzu. Er wandte sich ab und verließ die beiden.

Er sah sich nach ihnen um, als er sich ein Stück weit entfernt hatte. Sie saßen noch immer bei dem Kinderwagen unter den Bäumen. Er ging weiter. Dann sah er sich wieder um. Der Boden fiel hier ein wenig ab, und die Stämme der Bäume waren verdeckt. Eine sehr füllige Dame wurde von einem kleinen Hund an der Leine den Weg entlanggezerrt. Er konnte die beiden nicht mehr sehn.

Die Sonne ging unter, als er zwei, drei Stunden später durch den Park fuhr. Ihm kam vor, er habe etwas vergessen, aber er wußte nicht was. Bild auf Bild zog vorbei; eins verdeckte das andre. Nun kam er auf die Brücke über die Serpentine. Das Wasser glühte im Licht des Sonnenuntergangs; gewundene Stäbe von Lampenlicht lagen auf dem Wasser, und die weiße Brücke dort am Ende rundete das Ganze zu einer Komposition. Das Taxi fuhr in den Schatten der Bäume und reihte sich in die lange Kette von Wagen ein, die zum Marble Arch strömten. Leute in Abendkleidung fuhren ins Theater und zu Gesellschaften. Das Licht wurde immer gelber. Die Straße wurde davon wie silberiges Metall. Alles sah festlich aus.

Aber ich werde zu spät kommen, dachte er; denn der Wagen geriet beim Marble Arch in eine Verkehrsstauung. Er sah auf seine Uhr – es war punkt acht Uhr dreißig. Aber achtdreißig heißt doch für acht-fünfundvierzig, dachte er, während das Taxi weiterfuhr. Und wirklich, als es in den Square einbog, stand ein Auto vor der Tür, und ein Herr stieg aus. Also bin ich pünktlich, dachte Martin und zahlte den Taxichauffeur.

Die Tür ging auf, fast bevor er den Klingelknopf berührt hatte; als wäre er auf eine Feder getreten. Die Tür ging auf, und zwei Bediente traten auf ihn zu, um ihm seine Sachen abzunehmen, kaum daß er die schwarz und weiß gefliese Halle betrat. Er folgte dem andern Herrn über die imposante Treppe aus weißem Marmor, die sich in einem Bogen aufschwang. Eine Reihe großer, dunkler Gemälde hing an der Wand, und oben, neben der Tür, hing gelb und blau ein Bild von venezianischen Palästen und mattgrünen Kanälen.

Canaletto – oder Schule des? dachte er und blieb stehn, um dem andern Vorsprung zu lassen. Dann nannte auch er dem Bediensteten seinen Namen.

»Captain Pargiter«, posaunte der; und da, innerhalb der Tür, stand Kitty. Sie war sehr förmlich; mondän; mit einem Strich Rot auf den Lippen. Sie reichte ihm die Hand; aber er blieb nicht stehn; andre Gäste kamen. Ein Schiffssalon? fragte er sich, denn mit den Kristallüstern, der gelben Wandbespannung und den Gruppen von Sofas und Stühlen sah das Zimmer aus wie ein prunkvoller Warteraum. Sieben, acht Leute waren schon da. Diesmal wird's nichts werden, dachte er, während er mit dem Hausherrn plauderte, dessen Pferde heute gelaufen waren. Sein Gesicht glänzte, als wäre es erst diesen Augenblick aus der Sonne gerückt worden. Man erwartete fast, dachte Martin, während er hier stand und mit ihm redete, von seiner Schulter einen Feldstecher baumeln zu sehn, gradeso wie ein roter Streifen über seine Stirn lief, wo der Hut gesessen hatte. Nein, diesmal wird's nichts werden, dachte Martin, während sie sich über Pferde unterhielten. Er hörte einen Zeitungsjungen auf der Straße etwas ausrufen und das Hupen von Autos. Er bewahrte deutlich ein Gefühl für die Gesondertheit der Dinge und für ihre Unterschiede. Wenn aus einer Gesellschaft etwas wurde, verschmolz alles, alle Geräusche. Er blickte auf eine alte Dame mit keilförmigem, steinfarbenem Gesicht, die wie verschanzt auf einem Sofa thronte; dann betrachtete er ein Bild Kittys, von einem Porträtisten gemalt, der in Mode war; alles, während er, sein Gewicht erst auf dem einen Bein, dann auf dem andern, mit dem stark angegrauten Mann mit den traurigen Bluthundaugen und dem verbindlichen Benehmen plauderte, den Kitty statt Edwards geheiratet hatte. Dann kam sie herbei und machte ihn mit einem ganz in Weiß gekleideten jungen Mädchen bekannt, das allein dastand, die Hand auf einer Sessellehne.

»Miss Ann Hillier«, sagte sie. »Mein Cousin, Captain Pargiter.«

Sie blieb einen Augenblick bei ihnen stehn, wie um ihnen das Bekanntwerden zu erleichtern. Aber sie war ein wenig steif – immer; sie tat nichts, als ihren Fächer auf und ab zu bewegen.

»Beim Rennen gewesen, Kitty?« fragte Martin, denn er wußte, daß sie Rennen nicht ausstehn konnte, und er verspürte immer den Wunsch, sie zu necken.

»Ich? Nein, ich gehe nicht zu Rennen«, erwiderte sie ziemlich kurz. Sie wandte sich ab, weil wieder jemand hereingekommen war – ein Herr in goldbesticktem Frack mit Ordensstern.

Ich hätte besser daran getan, dachte Martin, mein Buch weiterzulesen.

»Und Sie, waren Sie beim Rennen?« fragte er das junge Mädchen, das er zum Dinner hinunterführen sollte. Sie schüttelte den Kopf. Sie hatte weiße Arme; ein weißes Kleid; und ein Perlenhalsband. Ganz und gar jungfräulich, sagte er sich; und es ist keine Stunde her, daß ich in der Ebury Street splitternackt in der Badewanne lag, dachte er.

»Ich habe beim Polo zugesehn«, sagte sie. Er senkte den Blick und bemerkte, daß der Lack seiner Schuhe gesprungen war; es waren alte Schuhe, er hatte ein neues Paar kaufen wollen, aber dann vergessen. Das war es, was er vergessen hatte, dachte er und sah sich in dem Taxi über die Serpentine fahren.

Aber jetzt ging alles zum Dinner hinunter. Er reichte ihr den Arm. Während sie die Treppe hinuntergingen und er die Schleppen der Damen vor sich von Stufe zu Stufe gleiten sah, dachte er: »Was um alles in der Welt soll ich mit ihr reden?« Dann querten sie die schwarzen und weißen Quadrate und betraten das Speisezimmer. Es lag in harmonisch gedämpftem Licht; Bilder, von unten her von verdeckten Lampen bestrahlt, leuchteten; und die Abendtafel schimmerte; aber keins der Lichter schien unmittelbar auf die Gesichter. Wenn aus dieser Gesellschaft heute nichts wird, dachte er, das Porträt eines Adeligen in scharlachrotem Mantel, einen glänzenden Stern an der Brust, anblickend, gehe ich nie wieder zu einer. Dann nahm er sich zusammen, um sich mit dem jungfräulichen Mädchen zu unterhalten, das neben ihm saß. Aber er mußte fast alles, was ihm einfiel, sein lassen – sie war so jung.

»Es sind mir drei Themen eingefallen, über die man sprechen könnte«, legte er los, ohne zu überlegen, wie den Satz beenden. »Pferderennen, das Russische Ballett und« – er zögerte eine Sekunde – »Irland. Welches davon interessiert Sie?« Er entfaltete seine Serviette.

»Bitte«, sagte sie, sich ein wenig zu ihm neigend, »sagen Sie das nochmals.«

Er lachte. Sie hatte eine entzückende Art, den Kopf schief zu legen und sich zu ihm zu neigen.

»Sprechen wir von keinem der drei«, sagte er. »Sprechen wir von etwas Interessantem. Gehn Sie gern auf Gesellschaften?« fragte er sie. Sie hatte den Löffel in die Suppe getaucht. Sie blickte auf, als sie ihn hob, mit Augen, die aussahn wie helle, von Wasser überzogene Steine, dachte er. Sie war ungewöhnlich hübsch.

»Aber ich war in meinem Leben erst auf drei Gesellschaften!« sagte sie. Sie ließ ein bezauberndes kleines Lachen hören.

»Was Sie nicht sagen! Das ist also Ihre dritte? Oder ist es die vierte?«

Er lauschte den Geräuschen von der Straße. Er konnte grade noch das Hupen der Autos hören; aber sie klangen jetzt weit weg; ein ununterbrochenes rauschendes Sausen. Es wurde also doch etwas. Er hielt sein Glas hin. Ich möchte gern, dachte er, während ein Bedienter ihm einschenkte, daß sie sich sagt: »Was für einen reizenden Menschen ich als Tischherrn hatte!« wenn sie heute schlafen geht.

»Das ist meine dritte *wirkliche* Gesellschaft«, sagte sie und betonte das »wirkliche« auf eine Weise, die ihm ein wenig rührend vorkam. Vor drei Monaten mußte sie noch im Kinderzimmer ihr Butterbrot zum abendlichen Glas Milch gegessen haben.

»Und ich dachte mir beim Rasieren«, sagte er, »daß ich nie wieder auf eine Gesellschaft gehn möchte.« Es war wahr; er hatte eine Lücke im Bücherschrank bemerkt. Wer hat mein »Leben Wrens« genommen? hatte er gedacht, mit dem Rasiermesser hinweisend; und hatte daheimbleiben und lesen wollen, allein. Aber jetzt ... welches Stückchen aus der großen Masse seines Erlebens könnte er abbrechen und ihr darbieten, fragte er sich.

»Wohnen Sie in London?« wollte sie wissen.

»In der Ebury Street«, antwortete er. Und sie kannte die Ebury Street, denn die lag auf dem Weg zum Viktoriabahnhof; sie kam oft dort vorbei, denn sie hatten ein Landhaus in Sussex.

»Und nun erzählen Sie mir«, begann er, denn er fühlte, daß das Eis gebrochen war – da wandte sie den Kopf, um auf irgendeine Bemerkung des Herrn an ihrer andern Seite zu antworten. Er ärgerte sich. Das ganze Gebäude, das er aufgerichtet hatte, wie ein Geduldspiel, bei dem ein zartes Elfenbeinstäbchen auf das andre gehakt wird, war umgeworfen worden. Ann redete drauflos, als hätte sie den andern ihr Leben lang gekannt; sein Haar sah aus, als wäre eine Harke durchgezogen worden; er war sehr jung. Martin saß da und schwieg. Er sah das große Porträt gegenüber an. Ein Bedienter stand davor, eine Reihe von Karaffen verdeckte unten die Falten des Mantels. Ist das der Dritte Earl oder der Vierte? fragte er sich. Er kannte sein achtzehntes Jahrhundert; es war der Vierte Earl, der, der die fabelhafte Heirat gemacht hatte. Aber, genaugenommen, dachte er und sah Kitty an, dort am Kopfende der Tafel, sind die Rigbys eine bessere Familie als die hier. Er lächelte; er gebot sich Halt. Der Gedanke an

»bessere Familien« kommt mir nur, wenn ich so wo zum Dinner bin, dachte er. Er blickte auf ein andres Bild: eine Dame in Meergrün; der berühmte Gainsborough. Aber da wandte sich Lady Margaret, seine linke Tischnachbarin, zu ihm.

»Ich bin sicher, Sie werden mir beistimmen«, sagte sie, »Captain Pargiter« – er bemerkte, wie sie die Augen über den Namen auf seiner Tischkarte gleiten ließ, ehe sie ihn aussprach, obgleich sie einander schon oft getroffen hatten –, »daß es eine Teufelei war, so etwas zu tun?«

Sie sprach so überfallartig, daß die Gabel, die sie nach oben gewendet hielt, wie eine Waffe wirkte, mit der sie ihn aufspießen wollte. Er stürzte sich in das Gespräch. Es drehte sich natürlich um Politik, um Irland. »Sagen Sie mir – was ist Ihre Ansicht?« fragte sie, die Gabel in Positur. Für einen Augenblick bildete er sich ein, daß auch er sich hinter den Kulissen befand. Die Scheidewand war gefallen; die Rampenlichter brannten; und auch er befand sich hinter den Kulissen. Es war natürlich eine Illusion; sie warfen ihm bloß Brocken aus ihrer Speisekammer hin; aber es war ein angenehmes Gefühl, solange es anhielt. Nun redete sie auf einen distinguierten alten Herrn nahe dem Tafelende ein. Martin beobachtete ihn. Er hatte eine Maske unendlich weiser Toleranz über sein Gesicht fallen lassen, als sie ihn zu haranguieren begann. Er ordnete drei Stückchen Brotrinde neben seinem Teller, als spielte er ein geheimnisvolles kleines Spiel von tiefster Bedeutsamkeit. »So!« schien er zu sagen, »so!« – als wären es Fragmente menschlichen Schicksals, nicht Brotrinden, was er zwischen den Fingern hielt. Die Maske mochte alles verbergen – oder gar nichts. Jedenfalls war es eine sehr distinguierte Maske. Aber da spießte Lady Margaret auch ihn auf ihre Gabel; und er zog die Brauen hoch und schob eins der Rindenstückchen ein wenig zur Seite, bevor er sprach. Martin neigte sich vor, um ihm zuzuhören.

»Als ich in Irland war«, begann er, »es war 1880 ...« Er sprach mit Schlichtheit; er gab ihnen eine Erinnerung zum besten; eine vollendet erzählte Geschichte; sie faßte ihren Sinn, ohne daß ein einziger Tropfen verlorenging. Und er hatte eine bedeutende Rolle dabei gespielt. Martin hörte aufmerksam zu. Ja, es nahm einen gefangen. Hier sind wir, dachte er, und dauern fort und fort ... Er neigte sich vor und bemühte sich, kein Wort davon zu verlieren. Aber er wurde sich bewußt, daß irgend etwas dazwischenkam. Ann hatte sich an ihn gewendet.

»Sagen Sie mir doch« – fragte sie ihn – »wer ist *er*?« Sie deutete mit dem Kopf nach rechts. Sie glaubte offenbar, daß er alle kannte. Er fühlte sich geschmeichelt. Er blickte die Tafel entlang. Wer war das? Jemand, den er einmal kennengelernt hatte; jemand, so vermutete er, der sich nicht ganz unbefangen fühlte.

»Ich kenne ihn«, sagte er. »Ich kenne ihn...« Der Mann hatte ein ziemlich blasses, volles Gesicht; er redete mit großer Vehemenz. Und die junge Frau, auf die er einsprach, sagte, jedesmal mit einem kleinen Kopfnicken: »Aha! Aha!« Aber ihre Miene hatte etwas Angestrengtes. Du brauchst dich nicht so zu bemühn, mein Guter, fühlte sich Martin geneigt, ihm zu sagen; sie versteht kein Wort von dem, was du sprichst.

»Ich komme nicht auf den Namen«, sagte er. »Aber ich habe ihn kennengelernt – lassen Sie mich nachdenken, wo. In Oxford? Oder Cambridge?«

Ein leiser Ausdruck von Belustigung kam in Anns Augen. Sie hatte den Unterschied bemerkt. Sie warf ihn und den andern zusammen. Beide waren sie nicht aus ihrer Welt – nein.

»Haben Sie die Russen tanzen gesehn?« fragte sie. Sie war mit ihrem jungen Verehrer dort gewesen, so schien es. Und welches ist *deine* Welt? dachte Martin, als sie ihren dürftigen Vorrat von Adjektiven hervorsprudelte; »himmlisch«, »verblüffend«, »wundervoll« und so weiter. Ist es *diese* Welt? Er blickte die Tafel entlang. Jedenfalls kommt keine andre Welt gegen diese auf, dachte er. Und es ist auch eine gute Welt, dachte er weiter; geräumig, großzügig, gastlich. Und sehr hübsch sah sie aus. Er blickte von Gesicht zu Gesicht. Das Mahl näherte sich seinem Ende. Sie sahen alle aus, als wären sie mit Rehleder gerieben worden wie kostbare Steine; aber der Schimmer schien eingefleischt zu sein; zog sich durch den ganzen Stein. Und der Stein war scharf geschliffen; nirgends etwas Verschwommenes, etwas Unentschiedenes. Da stieß eine weißbehandschuhte Bedientenhand beim Wegnehmen von Schüsseln ein Weinglas um. Von einem roten Klecks tröpfelte es auf das Kleid einer Dame. Aber sie verzog keine Miene; plauderte ruhig weiter. Dann strich sie die reine Serviette, die man ihr gebracht hatte, nonchalant über dem Fleck zurecht.

Das ist's, was mir so gefällt, dachte Martin. Er bewunderte so etwas. Sie hätte sich mit den Fingern die Nase geschneuzt wie eine Obstlerin, wenn sie gewollt hätte, dachte er. Aber Ann sprach zu ihm.

»Und wenn er diesen Sprung macht«, rief sie – sie hob mit einer anmutigen Gebärde die Hand – »und dann herunterkommt...« Sie ließ die Hand in den Schoß fallen.

»Wundervoll!« stimmte Martin ihr bei. Er hatte genau den Ton getroffen, dachte er; er hatte ihn von dem jungen Mann, dessen Haare aussahn, als wäre eine Harke durchgezogen worden.

»Ja, Nijinsky ist wundervoll«, stimmte er ihr bei. »Wundervoll«, wiederholte er.

»Und meine Tante hat mich eingeladen, ihn auf einer Soirée bei ihr kennenzulernen«, sagte Ann.

»Ihre Tante?«

Sie nannte einen bekannten Namen.

»Ach, sie ist Ihre Tante, so?« sagte er. Nun wußte er, wo er sie hintun sollte. Also *das* war ihre Welt. Er wollte sie fragen – denn er fand sie bezaubernd in ihrer Jugendlichkeit, ihrer Einfachheit – aber er kam zu spät. Ann wollte soeben aufstehn.

»Ich hoffe –« begann er. Sie neigte den Kopf zu ihm her, als wünschte sie sehnlichst, zu bleiben, sein letztes Wort, sein geringste Wort zu erhaschen; konnte das aber nicht mehr, denn Lady Lasswade war aufgestanden, und es war Zeit für sie, zu gehn.

Lady Lasswade war aufgestanden; alle standen auf. Alle die rosa, grauen, meergrünen Kleider verlängerten sich, und einen Augenblick sahn die hochgewachsenen Frauen, die da an dem langen Tisch standen, wie der berühmte Gainsborough aus, der dort an der Wand hing. Der Tisch, besät mit Servietten und Weingläsern, hatte ein verödetes Aussehn, als die Damen ihn verließen. Eine kurze Weile stauten sie sich an der Tür; dann humpelte die kleine alte Dame in Schwarz mit bemerkenswerter Würde an den andern vorbei; und Kitty, als letzte, legte im Hinausgehn den Arm um Anns Schultern. Die Tür schloß sich hinter den Damen.

»Ich hoffe, mein alter Cousin hat dir gefallen?« sagte sie zu Ann, während sie miteinander die Treppe hinaufgingen, und blieb für einen Augenblick stehn. Sie griff an ihr Kleid und zog etwas daran vor einem Spiegel zurecht.

»Ich finde ihn entzückend!« rief Ann. »Und was für ein wundervolles Bäumchen!« Sie sprach von Martin und dem Bäumchen in ein und demselben Ton. Sie verweilten vor dem mit rosa Blüten bedeckten Bäumchen, das in einem Porzellankübel neben der Tür stand. Einige der Blüten waren voll entfaltet; andre waren noch geschlossen. Während sie hinsahen, fiel eine Blüte ab.

»Es ist grausam, es hier zu behalten«, sagte Kitty, »in dieser heißen Luft.«

Sie gingen hinein. Während sie beim Essen gewesen waren, hatten die Diener die Flügeltüren geöffnet und in dem anstoßenden Zimmer Licht gemacht, so daß es schien, als kämen sie in einen andern, frisch für sie hergerichteten Raum. Ein großes Feuer loderte zwischen zwei stattlichen Feuerböcken; aber es war eher einladend und dekorativ als wärmend. Zwei oder drei der Damen standen davor, hielten die Hände gegen die Flammen gestreckt und öffneten und schlossen die Finger; aber sie wandten sich um und machten ihrer Gastgeberin Platz.

»Wie ich dieses Bild von Ihnen liebe, Kitty!« sagte Mrs. Aislabie mit einem Aufblick zu dem Porträt Lady Lasswades als junge Frau. Ihr Haar war von einem brennenden Rot gewesen damals; sie tändelte mit einem Korb Rosen. Feurig, aber auch zärtlich, sah sie aus einer Wolke von weißem Musselin hervor.

Kitty warf einen Blick darauf und wandte sich ab.

»Man mag sein eigenes Bild nie«, sagte sie.

»Aber es sieht Ihnen zum Sprechen ähnlich!« sagte eine andre Dame.

»Jetzt nicht mehr«, sagte Kitty und lachte ein bißchen unbeholfen über das Kompliment weg. Immer nach dem Dinner machten Frauen einander Komplimente über ihre Kleidung oder ihr Aussehn, dachte sie. Sie hatte es nicht gern, nach dem Dinner mit Frauen allein zu bleiben; es machte sie befangen. Sie stand recht steif da unter ihnen, während die Bedienten den Mokka herumreichten.

»Übrigens, ich hoffe, der Wein –« sie hielt inne und verhalf sich zu einer Tasse, »der Wein hat keine Flecke auf deinem Kleid hinterlassen, Cynthia?« sagte sie zu der jungen Frau, die das Mißgeschick so gelassen hingenommen hatte.

»Und so ein entzückendes Kleid!« sagte Lady Margaret,

eine Falte des goldfarbenen Atlasstoffes zwischen Daumen und Zeigefinger liebkosend.

»Es gefällt Ihnen?« fragte die junge Frau.

»Es ist einfach bezaubernd! Ich hab' es den ganzen Abend lang angesehn!« sagte Mrs. Treyer, eine orientalisch aussehende Dame, von deren Kopf sich hinten eine Feder niederbog, in Harmonie mit ihrer Nase, die etwas Jüdisches hatte.

Kitty betrachtete sie alle, wie sie das entzückende Kleid bewunderten. Eleanor würde sich nicht mit dabei gefühlt haben, dachte sie. Eleanor hatte die Einladung zu diesem Abendessen abgelehnt; das ärgerte sie.

»Sag mir«, unterbrach Lady Cynthia ihre Gedanken, »wer war das neben mir? Man trifft immer so interessante Leute bei euch«, fügte sie hinzu.

»Neben dir?« Kitty dachte einen Augenblick nach. »Tony Ashton«, sagte sie.

»Ist das der, der diese Vorträge über französische Dichtung in Mortimers House gehalten hat?« klang Mrs. Aislabies Stimme dazwischen. »Ich wäre so gern hingegangen. Sie sollen riesig interessant gewesen sein.«

»Mildred war dort«, sagte Mrs. Treyer.

»Warum stehn wir alle herum?« Kitty wies auf die Sofas und Lehnstühle. Sie tat derlei so unvermittelt, daß sie hinter ihrem Rücken »der Grenadier« genannt wurde. Ein allgemeines Hin und Her entstand, und sie selbst trat, nachdem sie überblickt hatte, wie sich alle gruppierten, zu der alten Tante Warburton, die in dem großen Ohrenfauteuil thronte.

»Erzähl mir von meinem charmanten Patenkind«, begann die alte Dame. Sie meinte Kittys Zweitältesten, der bei der Flotte in Malta war.

»Er ist in Malta –« begann Kitty. Sie ließ sich auf einen Hocker nieder und beantwortete die Fragen. Aber das Kaminfeuer war zu heiß für Tante Warburton. Sie hob wie abwehrend die knotige alte Hand.

»Priestley will uns alle bei lebendigem Leibe rösten«, sagte Kitty. Sie stand auf und ging zum Fenster. Die Damen lächelten, als sie durchs Zimmer schritt und den Oberteil des hohen Fensters öffnete. Einen kurzen Augenblick, als die Vorhänge sich teilten, schaute sie auf den Platz hinaus. Ein Gesprenkel von Blätterschatten und Lampenlicht lag auf dem Gehsteig; der gewohnte Polizist kam wiegenden Gangs auf seiner Runde einher; verkürzt gesehn von hier oben, eilten die gewohnten Männlein und Weiblein der Gartenanlage entlang. So sah sie sie eilen, aber in entgegengesetzter Richtung, wenn sie sich morgens die Zähne putzte. Sie wandte sich ab und setzte sich wieder auf den Hocker neben Tante Warburton. Die weltgewandte alte Dame war auf ihre Art aufrichtig.

»Und mein Liebling, der kleine rothaarige Wildfang?« fragte sie. Das galt dem Jüngsten, der in Eton war.

»Er hat irgendwas angestellt«, sagte Kitty, »und dafür Prügel gekriegt.« Sie lächelte. Er war auch ihr Liebling.

Die alte Dame lächelte breit. Sie hatte Jungen gern, die was anstellten. Sie hatte ein keilförmiges gelbliches Gesicht mit einer Borste da und dort auf dem Kinn; sie war über achtzig; aber sie saß, als ritte sie ein Jagdpferd, dachte Kitty mit einem Blick auf die Hände. Es waren derbe Hände mit dicken Fingergelenken; rote und weiße Funken sprühten von ihren Ringen, wenn sie sie bewegte.

»Und du, meine Liebe?« sagte die alte Dame und sah sie unter den buschigen Brauen hervor verschlagen an. »Beschäftigt, wie immer?«

»Ja, ganz wie immer«, sagte Kitty und vermied die verschlagenen alten Augen; denn sie tat insgeheim manches, was die – die Damen dort – nicht billigten.

Die plauderten alle miteinander. Aber so angeregt es klang, in Kittys Ohren ermangelte das Gespräch der Substanz. Es war wie ein Federballspiel, das nur gespielt wurde, bis die Tür aufginge und die Herren hereinkämen. Dann würde es verstummen. Sie sprachen über eine Ersatzwahl. Sie konnte hören, daß Lady Margaret eine Geschichte erzählte, die vermutlich recht stark war, in der Manier des achtzehnten Jahrhunderts; denn sie hatte die Stimme gesenkt.

» – hat sie einfach übers Knie gelegt und verhauen«, hörte sie sie sagen. Es folgte kicherndes Gelächter.

»Ich freue mich so, daß er trotzdem den Sitz gewonnen hat«, sagte Mrs. Treyer. Die Stimmen wurden wieder leiser.

»Ich bin eine lästige alte Frau«, sagte Tante Warburton und griff sich mit der einen ihrer knotigen Hände an die Schulter, »aber jetzt muß ich dich bitten, das Fenster wieder zu schließen.« Die Zugluft traf ihr rheumatisches Gelenk.

Kitty ging zu dem Fenster. »Zum Teufel mit diesen Weibern!« dachte sie. Sie packte die lange Stange mit dem Schnabel an der Spitze, die in der Fensternische lehnte, und stieß; aber das Oberfenster stak fest. Sie hätte sie am liebsten alle entblößt, ihrer Kleider, ihrer Juwelen, ihrer Intrigen, ihres Tratsches! Das Fenster glitt mit einem Ruck hoch. Und dort stand Ann herum und hatte niemand, mit dem sie sprechen konnte.

»Komm und plaudre ein wenig mit uns, Ann!« sagte sie und winkte sie herbei. Ann zog einen Fußschemel heran und setzte sich zu Tante Warburtons Füßen. Es entstand eine kleine Pause. Die alte Dame mochte junge Mädchen nicht. Aber sie hatten gemeinsame Verwandte.

»Wo ist Timmy, Ann?« fragte sie.

»In Harrow.«

»Ach ja, eure Jungens sind ja immer in Harrow gewesen«, sagte Tante Warburton. Und dann begann die alte Dame, mit der vollendeten Wohlerzogenheit, die Nächstenliebe wenigstens vortäuscht, dem jungen Mädchen zu schmeicheln, indem sie Anns Ähnlichkeit mit ihrer Großmutter hervorhob, die eine berühmte Schönheit gewesen war.

»Wie schrecklich gern ich sie gekannt hätte!« rief Ann. »Erzähl mir doch, bitte, – was für eine Frau war sie?«

Die alte Dame traf eine Auswahl aus ihren Erinnerungen; es war nur eine Auswahl; eine Ausgabe mit Sternchen; denn es war eine Geschichte, die man anders schwerlich einem jungen Mädchen in weißem Atlas erzählen konnte. Kittys Gedanken schweiften ab. Wenn Charles noch viel länger unten bliebe, dachte sie mit einem Blick auf die Uhr, dann würde sie nachher ihren Zug versäumen. Konnte man sich auf Priestley verlassen, es ihm ins Ohr zu flüstern? Sie wollte noch zehn Minuten warten.

»Sie muß wundervoll gewesen sein!« sagte Ann grade. Sie saß, die Hände um die Knie verschränkt, da und sah in das behaarte Gesicht der alten Baroninwitwe auf. Einen Augenblick empfand Kitty Mitleid. Ihr Gesicht wird auch so werden wie diese Gesichter, dachte sie und blickte auf die kleine Gruppe am andern Ende des Zimmer. Alle diese Gesichter sahn gehetzt aus, beunruhigt; die Hände blieben nie still. Und doch sind sie tapfer, dachte sie; und großherzig. Sie geben so viel, wie sie nehmen. Hatte Eleanor denn überhaupt eine Berechtigung, sie samt und sonders zu verachten? Hatte sie mehr aus ihrem Leben gemacht als Margaret Marrable? Und ich? dachte sie. Und ich? ... Wer hat recht? dachte sie. Wer hat unrecht? ... Da öffnete sich, Gott sei Dank, die Tür.

Die Herren kamen herein. Sie kamen zögernd herein,

ziemlich langsam, als hätten sie soeben zu reden aufgehört und müßten sich hier im Salon erst zurechtfinden. Sie hatten alle ein wenig gerötete Gesichter und lachten noch, als hätten sie mitten im Gespräch abgebrochen. Sie traten einer nach dem andern ein; und der distinguierte alte Herr kam durchs Zimmer wie ein Schiff, das in den Hafen einfährt, und über alle die Damen lief eine Bewegung, ohne daß sie sich erhoben. Das Spiel war vorüber; die Schläger und die Federbälle wurden beiseitegelegt. Sie sind wie Möwen, die sich über Fische hermachen, dachte Kitty. Es gab ein Sichrecken und Flattern. »Der große Mann« ließ sich langsam in einen Sessel neben seiner alten Freundin Lady Warburton nieder. Er legte die Fingerspitzen aneinander. »Also ...?« begann er, als setze er ein Gespräch fort, das abends zuvor nicht beendet worden war. Ja, dachte sie, es war etwas – etwas Menschliches? Kultiviertes? sie konnte das rechte Wort nicht finden – an dem betagten Paar, das da miteinander plauderte, wie es seit fünfzig Jahren geplaudert hatte ... Sie alle plauderten jetzt. Sie hatten sich alle niedergelassen, um noch einen Satz hinzuzufügen zu der Geschichte, die soeben zu Ende oder bis zur Hälfte erzählt oder erst angefangen war.

Aber dort stand Tony Ashton, allein, ohne einen Satz, den er der Geschichte hinzufügen konnte. Darum ging sie zu ihm hin.

»Haben Sie Edward in letzter Zeit gesehn?« fragte er sie wie gewöhnlich.

»Ja, heute«, sagte sie. »Ich lunchte mit ihm. Wir sind im Park spazierengegangen ...« Sie verstummte. Sie waren im Park spazierengegangen. Eine Drossel hatte gesungen; sie waren stehngeblieben, um zuzuhören. »Das ist die weise Drossel, die jedes Liedchen zweimal singt ...« hatte er gesagt. »Wirklich?« hatte sie unschuldig gefragt. Und es war ein Zitat gewesen.

Sie war sich einfältig vorgekommen; Oxford bewirkte immer, daß sie sich einfältig vorkam. Sie mochte Oxford nicht; und doch hegte sie Achtung für Edward, und auch für Tony, dachte sie mit einem Blick auf ihn. Ein Snob an der Oberfläche; darunter ein Gelehrter ... Sie hatten Niveau ... Doch sie raffte sich auf.

Er würde sich gewiß gern mit einer eleganten Frau unterhalten – mit Mrs. Aislabie oder Margaret Marrable. Aber die waren beide beschäftigt – beide reihten mit beträchtlicher

Lebhaftigkeit Sätze aneinander. Es entstand eine Pause. Sie war keine gute Gastgeberin, sagte sie sich. So etwas passierte bei ihren Gesellschaften immer. Dort war Ann; und schien soeben von einem Jüngling in Beschlag genommen zu werden, den sie kannte. Aber Kitty winkte ihr. Ann kam sogleich und gehorsam.

»Komm und laß dich mit Mr. Ashton bekanntmachen«, sagte sie. »Er hat in Mortimer House Vorträge gehalten«, erklärte sie, »über – « Sie zögerte.

»Mallarmé«, sagte er mit seinem sonderbaren kleinen Quieken, als wäre ihm die Stimme abgeknipst worden.

Kitty wandte sich weg. Martin kam auf sie zu.

»Wirklich, eine glanzvolle Gesellschaft, Lady Lasswade«, sagte er mit seiner gewohnten lästigen Spottsucht.

»Diese hier? Ach, was fällt dir ein«, sagte sie brüsk. Es war gar keine richtige Gesellschaft. Und die ihren waren nie glanzvoll. Martin wollte sie nur necken wie gewöhnlich. Sie blickte zu Boden und sah seine abgetragenen Schuhe.

»Komm, und plaudern wir«, sagte sie und fühlte die alte Familienzuneigung zurückkehren. Sie bemerkte belustigt, daß er ein wenig erhitzt war, ein wenig, wie Bonnen immer sagten, »aus dem Häuschen«. Wie viele solche Abende würden nötig sein, fragte sie sich, um ihren satirischen, keine Zugeständnisse machenden Cousin in ein gefügiges Mitglied der Gesellschaft zu verwandeln?

»Setzen wir uns und reden wir vernünftig«, sagte sie, sich auf ein kleines Sofa niederlassend. Er setzte sich neben sie.

»Sag mir, was macht Nell?« fragte sie.

»Sie läßt dich herzlich grüßen«, antwortete er. »Sie hat mir aufgetragen, dir zu sagen, wie gern sie dich sehen möchte.«

»Warum ist sie dann heute abend nicht gekommen?« fragte Kitty. Sie war gekränkt. Sie konnte nicht gegen das Gefühl an.

»Sie hat nicht die richtige Sorte von Haarnadeln«, sagte er lachend und blickte auf seine Schuhe hinab. Auch Kitty blickte auf sie hinab.

»Auf meine Schuhe, siehst du, auf die kommt's nicht an«, sagte er. »Aber ich bin ja schließlich ein Mann.«

»So ein Unsinn ...« begann Kitty. »Was macht das aus, ob ...«

Aber er blickte im Zimmer umher auf die Gruppen schön gekleideter Frauen; dann auf das Porträt.

»Das ist ein schauerlicher Schinken dort über dem Kamin«, sagte er mit einem Blick auf das rothaarige Mädchen. »Wer hat den an dir verbrochen?«

»Hab's vergessen ... Schauen wir's nicht an!« sagte sie. »Plaudern wir lieber ...« Dann verstummte sie.

Er blickte in dem Zimmer umher. Es war überladen; da waren Tischchen mit Photographien; verzierte Schränkchen mit Blumenvasen obenauf; und Flächen von gelbem Brokat waren in die Wandtäfelung eingelassen. Sie fühlte, daß er das Zimmer und auch sie selbst kritisierte.

»Ich will immer ein Messer nehmen und alles abkratzen«, sagte sie. Aber was nutzte das? dachte sie. Wenn sie irgendein Bild weggehängt hätte, würde ihr Mann fragen: »Wo ist denn Onkel William auf seinem alten Schimmel?«, und zurück müßte es wieder, an seinen gewohnten Platz.

»Wie in einem Hotel, nicht wahr?« fuhr sie fort.

»Einem Schiffssalon«, sagte er. Er wußte nicht, warum er ihr immer wehtun wollte; aber er wollte; das war schon so. »Und ich hab' mich gefragt«, er senkte die Stimme, »warum sich ein Bild wie das dort an die Wand hängen« – er wies mit dem Kopf auf das Porträt – »wenn sie doch einen Gainsborough besitzen.«

»Und warum« – auch sie senkte die Stimme und ahmte seinen Tonfall nach, der halb spöttisch, halb humorvoll war, – »herkommen und von ihren Schüsseln essen, wenn du sie verachtest?«

»Das tue ich nicht! Keine Spur!« rief er aus. »Ich unterhalte mich großartig. Ich komme gern zu dir, Kitty«, setzte er hinzu. Es war wahr. Er hatte sie schon immer gern gehabt. »Du hast deine armen Verwandten nicht fallen lassen. Das ist sehr nett von dir.«

»Sie sind's, die mich fallen gelassen haben.«

»Ach, Eleanor?« meinte er. »Sie ist ein komisches altes Huhn.«

»Es ist alles so ...« begann Kitty. Aber etwas stimmte nicht in der Gruppierung ihrer Gäste; sie brach mitten im Satz ab. »Du mußt kommen und Mrs. Treyer unterhalten«, sagte sie aufstehend.

Warum tut man das? fragte er sich, während er ihr folgte. Er hatte mit Kitty sprechen wollen; er hatte ihr nichts zu sagen, dieser orientalisch aussehenden Harpyie, der eine Fasanenfeder hinten vom Kopf hing. Immerhin, wenn du den guten Wein der hochadeligen Gräfin trinkst, sagte er sich, während er sich verneigte, dann mußt du auch ihre weniger erwünschten Freundinnen unterhalten. Er führte Mrs. Treyer zu zwei Fauteuils.

Kitty ging zum Kamin zurück. Sie versetzte den Kohlenstücken einen Schlag mit dem Schüreisen, und die Funken sprühten in einer Salve den Rauchfang hinauf. Sie war reizbar; sie war ruhelos. Die Zeit verging; wenn sie viel länger blieben, versäumte sie ihren Zug. Verstohlen gewahrte sie, daß die Zeiger der Uhr nahe an elf standen. Die Gesellschaft mußte bald auseinandergehn; die ihre war nur das Vorspiel zu einer andern Abendunterhaltung. Und doch redeten sie alle und redeten, als wollten sie nie weggehn. Sie warf einen Blick auf die Gruppen, die unverrückbar zu sein schienen. Dann bimmelte die Uhr eine Folge zimperlicher Schläge, bei deren letztem sich die Tür öffnete und Priestley hereinkam. Mit seinen unergründlichen Butleraugen winkte er Ann Hillier.

»Das ist Mama, die mich abholt«, sagte Ann, ein wenig hastig durchs Zimmer geflattert kommend.

»Sie nimmt dich noch wohin mit?« fragte Kitty. Sie hielt ihre Hand einen Augenblick fest. Warum? fragte sie sich und sah in das liebliche Gesicht, das ohne Ausdruck war, ohne Charakter, wie eine Seite, auf der nichts geschrieben stand, nur Jugend. Sie hielt ihre Hand einen Augenblick lang fest.

»Mußt du schon gehn?« fragte sie.

»Ich fürchte, ich muß«, sagte Ann, ihre Hand zurückziehend.

Es folgte allgemeiner Aufbruch und Bewegung, wie ein Geflatter von Möwen mit weißen Flügeln.

»Kommen Sie mit uns?« Martin hörte Ann es den jungen Mann fragen, durch dessen Haar eine Harke gezogen worden zu sein schien. Sie wandten sich gemeinsam zum Gehn. Als Ann an Martin vorbeikam, der mit ausgestreckter Hand dastand, schenkte sie ihm ein ganz kleines Neigen ihres Kopfes, als wäre sein Bild schon aus ihren Gedanken weggewischt. Er war niedergeschmettert; was er fühlte, stand außer allem Verhältnis zu dem Anlaß. Er verspürte ein starkes Verlangen, mit ihnen zu gehn, wohin es auch wäre. Aber er war nicht aufgefordert worden; Ashton ja; er folgte ihnen ein paar Schritte.

So ein elender Schmeichler! dachte er mit einer Bitterkeit, die ihn überraschte. Es war seltsam, wie neidisch er sich einen Augenblick lang fühlte. Sie alle gingen »noch wohin«, so schien es. Er stand ein wenig verlegen herum. Nur die alten Scharteken waren übrig – nein, sogar »der große Mann« ging noch wohin, wie es schien. Nur die alte Dame war übrig. Sie humpelte an Lasswades Arm durchs Zimmer. Sie wollte etwas bestätigt sehn, was sie über eine Miniatur gesagt hatte. Lasswade hatte das kleine Oval von der Wand genommen; er hielt es unter eine Lampe, damit sie ihr Urteil abgeben könnte. War das Großpapa auf dem Schimmel, oder war es Onkel William?

»Setz dich, Martin, und reden wir!« sagte Kitty. Er setzte sich; aber er hatte das Gefühl, sie wollte, er ginge. Er hatte ihre Blicke auf die Uhr bemerkt. Sie plauderten ein paar Sekunden. Nun kam die alte Dame zurück; sie bewies über jeden Zweifel aus ihrem beispiellosen Vorrat an Anekdoten, daß das Onkel William sein mußte auf dem Schimmel, nicht Großpapa. Sie war im Weggehn. Aber sie ließ sich Zeit. Martin wartete, bis sie richtig in der Tür war, auf den Arm ihres Neffen gestützt. Er zögerte; jetzt waren sie allein; sollte er bleiben, oder sollte er gehn? Aber Kitty stand auf. Sie streckte ihm die Hand hin.

»Komm bald wieder und wenn ich allein bin!« sagte sie. Sie hatte ihn weggeschickt, fühlte er.

Das sagen einem die Leute immer, dachte er, während er langsam hinter Lady Warburton die Treppe hinabging. Komm wieder; aber ich weiß nicht, ob ich ... Lady Warburton ging hinunter wie eine Krabbe, seitwärts, mit der einen Hand hielt sie sich am Geländer, mit der andern an Lasswades Arm. Er trödelte hinter ihr her. Er sah nochmals den Canaletto an. Ein hübsches Bild; aber eine Kopie, dachte er. Er blickte über das Geländer auf die schwarzen und weißen Fliesen der Halle unten.

Es ist doch etwas geworden, sagte er sich, Stufe nach Stufe in die Halle hinabsteigend. Dann und wann; streckenweise. Aber war es der Mühe wert? fragte er sich, während er sich von einem Bedienten in den Mantel helfen ließ. Die Flügel der Haustür standen weit offen. Ein paar Leute kamen vorüber; sie spähten neugierig herein, starrten die Bedienten an, die erleuchtete hohe Halle; und die alte Dame, die für einen Augenblick auf den schwarzweißen Quadraten stehnblieb.

Nun nahm sie ihren Abendmantel mit dem violett aufschimmernden Schlitz darin entgegen; nun ihren Pelzumhang. Ein Beutel baumelte von ihrem Handgelenk. Sie war mit Halsketten behängt; ihre Finger waren mit Ringen bedeckt. Das scharfe steinfarbene Gesicht, von Falten durchzogen und zu Runzeln zerknittert, sah aus seinem weichen Nest von Pelz und Spitzen hervor. Die Augen hatten noch immer Glanz.

Das neunzehnte Jahrhundert, wie es schlafen geht, sagte sich Martin, während er zusah, wie sie, gestützt von ihrem Lakaien, die Eingangsstufen hinabhumpelte und ihr in ihren Wagen geholfen wurde. Dann tauschte er einen Händedruck mit diesem guten Kerl, seinem Gastgeber, der sichtlich zu viel Wein getrunken hatte, als für ihn zuträglich war, und schritt über den Grosvenor Square davon.

Oben in Kittys Schlafzimmer stand Baxter, ihr Kammermädchen, am Fenster und sah die Gäste wegfahren. Dort – das war die alte Baronin, die einstieg. Sie wünschte, sie würden sich alle beeilen; wenn die Gesellschaft sich noch viel länger hinzöge, würde nichts aus ihrem eignen kleinen Ausflug. Sie wollte morgen mit ihrem jungen Mann die Themse hinauf. Sie wandte sich vom Fenster ab und blickte umher. Alles war bereit – Myladys Reisekostüm und die Handtasche mit der Fahrkarte darin. Es war schon längst elf vorbei. Sie stand beim Toilettetisch und wartete. Der dreiteilige Spiegel vervielfachte silberne Dosen, Puderquasten, Kämme und Bürsten. Baxter bückte sich und grinste sich vergnügt im Spiegel zu – so würde sie morgen dreinsehn, wenn sie den Fluß hinauffuhr, – dann richtete sie sich auf; sie hörte Schritte im Gang. Mylady kam. Hier war sie schon.

Lady Lasswade zog im Eintreten die Ringe von den Fingern. »Tut mir leid, daß ich so spät komme, Baxter«, sagte sie. »Nun muß ich mich beeilen.«

Baxter hakte ihr wortlos das Kleid auf; streifte es ihr geschickt auf die Knöchel hinunter und trug es weg. Kitty setzte sich an den Toilettetisch und stieß die Abendschuhe von den Füßen. Sie hatte grade noch Zeit ...

Dann hielt Baxter ihr die Jacke hin. Und nun reichte sie ihr die Handtasche.

»Die Fahrkarte ist drin, M'lady«, sagte sie, auf die Tasche tippend.

»Und meinen Hut«, sagte Kitty. Sie bückte sich, um ihn

vor dem Spiegel zurechtzurücken. Der kleine Tweed-Reisehut, der hoch auf ihrer Frisur saß, gab ihr das Aussehn eines ganz andern Menschen; des Menschen, der sie gern war. Sie stand in ihrem Reisekostüm da und überlegte, ob sie etwas vergessen hatte. Ihr Geist war einen Augenblick lang völlig leer. Wo bin ich? fragte sie sich verwundert. Was tue ich? Wo will ich hin? Ihr Blick blieb auf dem Toilettetisch haften; vage erinnerte sie sich an einen andern Raum, zu einer andern Zeit, als sie ein junges Mädchen war. In Oxford? Ja?

»Die Fahrkarte, Baxter?« fragte sie automatisch.

»In Ihrer Handtasche, M'lady«, erinnerte Baxter sie. Kitty hatte sie über den Arm hängen.

»So, das wäre alles«, sagte Kitty, sich umsehend.

Einen Augenblick spürte sie etwas wie Reue.

»Danke, Baxter«, sagte sie. »Ich hoffe, Sie werden sich gut unterhalten ...« sie zögerte; sie wußte nicht, was Baxter an ihren freien Tagen tat, »... im Theater«, sagte sie auf gut Glück. Baxter ließ ein sonderbares kleines, wie abgebissenes Lächeln sehn. Kammermädchen irritierten Kitty – mit ihrer affektierten Höflichkeit, ihren unergründlichen, geziert verkniffenen Gesichtern. Aber sie waren sehr nützlich.

»Gute Nacht«, sagte sie zu Baxter in der Schlafzimmertür; denn dort machte Baxter kehrt, als ob die Verantwortlichkeit für ihre Dame hier endete. Auf der Treppe oblag die jemand anders.

Kitty warf einen Blick in den Salon, falls ihr Mann da wäre. Aber es war niemand da. Das Feuer loderte immer noch; die Lehnstühle, in einem weiten Halbkreis, schienen noch das Skelett der Abendgesellschaft in ihren leeren Armen zu halten. Aber der Wagen wartete auf sie vor der Haustür.

»Noch reichlich Zeit?« fragte sie den Chauffeur, als er ihr den Plaid über die Knie breitete. Sie fuhren ab.

Es war eine klare, stille Nacht, und jeder Baum auf dem Square war sichtbar; einige waren dunkel, andre von seltsamen Flecken grünlichen, künstlichen Lichts gesprenkelt. Über den Bogenlampen ragten Schäfte von Schwärze hoch. Obwohl es nahe an Mitternacht war, schien es kaum Nacht zu sein; vielmehr eine Art von ätherischem, entkörpertem Tag, denn es waren so viele Lampen auf den Straßen; Wagen, die vorbeiglitten; Herren mit weißen Halstüchern, die im geöffneten leichten Überzieher auf den sauberen, trockenen

Gehsteigen gingen; und viele Häuser waren noch immer erleuchtet, denn alle Leute gaben Gesellschaften. Die Stadt veränderte sich, während sie geräuschlos durch Mayfair fuhren. Die Wirtshäuser schlossen; hier an der Ecke stand eine Gruppe um einen Laternenpfahl. Ein Betrunkener grölte ein Lied; eine beschwipste Weibsperson mit einer ihr vom Hut in die Augen wippenden Feder klammerte sich hin- und herschwankend an den Laternenpfahl ... Aber Kitty vermerkte nur mit den Augen, was sie sah. Nach allen den Gesprächen, der Anspannung und der Eile vermochte sie dem nichts hinzuzufügen. Und sie glitten rasch vorbei. Nun waren sie um die Ecke gebogen, und der Wagen fuhr in voller Fahrt eine lange helle Straße mit großen, von Rollbalken verschlossenen Läden entlang. Die Straßen waren fast leer. Die gelbe Bahnhofsuhr zeigte, daß ihr fünf Minuten blieben.

Grade noch zurecht, dachte sie. Die gewohnte freudige Stimmung bemächtigte sich ihrer, als sie den Bahnsteig entlangging. Zerstreutes Licht strömte aus großer Höhe herab. Rufe von Männern und das Klappern von Waggons, die verschoben wurden, widerhallten in der riesigen Leere. Der Zug stand schon da; Reisende machten sich abfahrtbereit. Einige hatten, aus dickwandigen Tassen trinkend, den einen Fuß auf dem Trittbrett, als fürchteten sie sich, sich weit von ihren Plätzen zu entfernen. Sie blickte die ganze Länge des Zugs entlang und sah die Lokomotive aus einem Schlauch Wasser saugen. Sie schien ganz Körper, ganz Muskulatur zu sein; sogar den Hals hatte die glatte Tonne des Rumpfs sich einverleibt. Dies war »der« Zug; die andern waren Spielzeug im Vergleich. Sie zog die schweflige Luft ein, die ein schwaches Prickeln von Säure am Gaumen hinterließ, als hätte sie schon die Würze des Nordens.

Der Schaffner hatte sie gesehn und kam, sein Signalpfeifchen in der Hand, auf sie zu.

»Guten Abend, M'lady«, grüßte er.

»Guten Abend, Purvis. Hätt' mir nicht viel länger Zeit lassen dürfen«, sagte sie, während er die Tür ihres Abteils aufschloß.

»Jawohl, M'lady. Nicht viel länger«, antwortete er.

Er verschloß die Tür. Kitty wandte sich um und sah in dem kleinen erleuchteten Raum umher, in dem sie die Nacht verbringen sollte. Alles war bereit; das Bett war gemacht; die Decke war zurückgeschlagen; ihre Reisetasche stand auf dem

Sitz. Der Schaffner kam unten am Fenster vorbei, sein Fähnchen in der Hand. Ein Mann, der den Zug grade noch erreicht hatte, rannte mit ausgebreiteten Armen den Bahnsteig entlang. Eine Tür schlug zu.

»Grade noch«, murmelte Kitty, als sie so stand. Dann verspürte sie einen sanften Ruck. Sie konnte kaum glauben, daß ein solches Ungetüm so sacht zu einer so langen Reise aufzubrechen vermochte. Dann sah sie die Tee-Urne vorbeigleiten.

»Wir fahren«, sagte sie sich, auf den Sitz zurücksinkend. »Wir fahren schon!«

Alle Gespanntheit verließ ihren Körper. Sie war allein; und der Zug fuhr. Die letzte Bogenlampe auf dem Bahnsteig glitt davon. Die letzte Gestalt auf dem Bahnsteig verschwand.

»So ein Spaß!« dachte sie, als wäre sie ein kleines Mädchen, das seiner Kinderfrau davongelaufen und entwischt ist. »Wir fahren schon!«

Sie saß einen Augenblick still da in dem hell erleuchteten Abteil; dann zog sie an dem Rollvorhang, und er schnellte mit einem Ruck hoch. Sich herstreckende Lichter glitten vorbei; Lichter aus Fabriken und Lagerhäusern; Lichter aus unbekannten Hintergassen. Dann kamen Asphaltwege, in öffentlichen Gärten, und noch mehr Lichter; und dann Gebüsch, und dann eine Hecke längs einer Wiese. London blieb hinter ihnen zurück; dieses Lodern von Licht, das sich, als der Zug in die Dunkelheit hineineilte, zu einem einzigen feurigen Kreis zusammenzuziehn schien. Der Zug sauste mit Gebrüll durch einen Tunnel. Es war wie eine Amputation; nun war sie abgeschnitten von jenem Lichtkreis.

Sie sah sich in dem engen kleinen Abteil um, in dem sie isoliert war. Alles schütterte ein wenig. Es war ein beständiges schwaches Vibrieren. Sie schien aus einer Welt in eine andre überzugehn; dies war der Augenblick des Übergangs. Sie saß eine kleine Weile still; entkleidete sich dann und verharrte mit der Hand am Vorhang. Der Zug war nun in Fahrt gekommen; er raste mit voller Geschwindigkeit dahin. Ein paar ferne Lichter blinkten da und dort. Schwarze Klumpen von Bäumen standen in den grauen Wiesen voll sommerlicher Gräser. Der Lichtschein von der Lokomotive beleuchtete eine stille Gruppe von Kühen; und eine Hagedornhecke. Hier war schon offenes Land.

Sie zog den Vorhang herab und legte sich ins Bett. Sie streckte sich auf dem ziemlich harten Bord aus, den Rücken an der Wand des Abteils, so daß sie ein schwaches Vibrieren gegen ihren Kopf spürte. Sie lag und lauschte dem summenden Geräusch, das der Zug machte, nun, da er in voller Fahrt war. Ruhig und kraftvoll wurde sie durch England nach dem Norden gezogen. Ich brauche nichts zu tun, dachte sie, nichts, nichts, als mich weiterziehn zu lassen. Sie wandte sich und schob den blauen Schirm über die Lampe. Das Geräusch des Zugs wurde lauter in der Dunkelheit; sein Dröhnen, sein Vibrieren schien in einen regelmäßigen Rhythmus von Geräusch überzugehn, der ihren Geist durchkämmte, ihre Gedanken plattwalzte.

Ah, aber nicht alle, dachte sie, sich ruhelos auf ihrem Bord umwendend. Ein paar ragten immer noch hervor. Man ist kein Kind mehr, dachte sie, in das Licht unter dem blauen Schirm starrend. Die Jahre veränderten vieles; zerstörten vieles; häuften vieles auf – Sorgen und Ärgernisse; da waren sie wieder. Bruchstücke von Gesprächen fielen ihr ein; Bilder stiegen vor ihr auf. Sie sah sich das Fenster mit einem Ruck hinaufstoßen; sie sah die Borsten auf Tante Warburtons Kinn. Sie sah die Welle von Bewegung über die Damen hingehn und die Herren einen nach dem andern hereinkommen. Sie seufzte, während sie sich in dem schmalen Bett umdrehte. Sie sind alle gleich gekleidet, dachte sie; sie leben alle das gleiche Leben. Und welches ist das richtige? dachte sie ruhelos. Und welches nicht? Wieder drehte sie sich auf die andre Seite.

Der Zug raste weiter mit ihr. Das Geräusch klang nun dumpfer; es war ein ununterbrochenes Dröhnen geworden. Wie sollte sie schlafen? Wie sich vom Denken abhalten? Sie drehte sich vom Licht weg. Wo sind wir *jetzt*? fragte sie sich. Wo ist der Zug in diesem Augenblick? *Jetzt*, murmelte sie, die Augen schließend, kommen wir an dem weißen Haus auf dem Hügel vorbei; *jetzt* fahren wir durch den Tunnel; *jetzt* kommen wir auf die Brücke über den Fluß ... Eine Leere kam dazwischen; ihre Gedanken ließen aus, sie verwirrten sich. Vergangenes und Gegenwärtiges geriet durcheinander. Sie sah Margaret Marrable den Stoff des Goldkleids zwischen den Fingern prüfen, sie aber führte einen Stier mit einem Ring durch die Nase ... Ich schlafe schon fast, sagte sie sich, die Augen halb öffnend; Gott sei Dank, sagte sie sich, sie wieder schließend, ich schlafe schon. Und sie überließ sich der Obhut des Zugs, dessen Dröhnen immer gedämpfter und ferner klang.

Es klopfte an die Tür. Sie lag einen Augenblick still und wunderte sich, daß das Zimmer so wackelte; dann klärte sich das Bild; sie war im Zug; sie war auf dem Land; und käme bald an. Sie stand auf.

Sie machte sich schnell fertig und trat in den Seitengang. Es war noch früh. Sie sah die Felder vorbeigaloppieren. Es waren die noch kahlen Felder, die winkeligen Felder des Nordens. Der Frühling kam spät hier; die Bäume waren noch nicht voll belaubt. Eine Rauchschlinge senkte sich und umfing einen Baum. Wie schön das Licht war, dachte sie, als die sich hob; klar und scharf, weiß und grau. Das Land hatte nichts von der Weiche, nichts von der Grüne des Landes im Süden. Aber hier war schon die Abzweigung; hier war der Gasometer; sie fuhren in den Bahnhof ein. Der Zug fuhr langsamer, und alle die Laternenpfosten auf dem Bahnsteig kamen nach und nach zum Stillstand.

Sie stieg aus, atmete tief die kalte, rauhe Luft. Das Auto erwartete sie; und kaum erblickte sie es, da erinnerte sie sich – es war das neue Auto; ein Geburtstagsgeschenk ihres Mannes. Sie war noch nie darin gefahren. Cole faßte an seine Mütze.

»Machen wir's auf, Cole«, sagte sie, und er öffnete das steife neue Dach, und sie setzte sich vorn neben ihn. Sehr langsam – denn der Motor schien noch ungleichmäßig zu laufen; sprang an, setzte aus, sprang abermals an – fuhren sie los. Sie fuhren durch das Städtchen; alle Kaufläden waren noch geschlossen; Frauen lagen auf den Knien und schrubbten Türstufen; Rollvorhänge in Schlafzimmern und Wohnzimmern waren noch heruntergezogen; die Straßen waren fast leer. Nur Milchkarren ratterten vorbei. Hunde gingen mitten auf der Fahrbahn gemächlich ihren Privatgeschäften nach. Cole mußte immer wieder hupen.

»Viertelstunde weniger zwei Minuten, M'lady«, sagte Cole, als sie in schnellem Bogen vor der Eingangstür vorfuhren. Kitty blieb einen Augenblick stehn und betrachtete den Wagen. Sie legte die Hand auf den Kühler. Er war heiß. Sie tätschelte ihn leicht. »Wunderschön hat er's gemacht, Cole«, sagte sie. »Ich werd's Seiner Lordschaft erzählen.« Cole lächelte; er war glücklich.

Sie ging hinein. Kein Mensch war zu sehn; sie waren etwas früher gekommen, als erwartet. Sie durchschritt die weite fliesenbelegte Halle mit den Rüstungen und Waffen und den Büsten und betrat das Frühstückszimmer, wo für sie gedeckt war.

Das grüne Licht blendete sie beim Eintreten. Es war, als stünde sie in der Höhlung eines Smaragds. Alles war grün draußen. Die Statuen grauer französischer Damen standen auf der Terrasse und hielten ihre Körbe; aber die Körbe waren leer. Im Sommer würden dort Blumen flammen. Grüner Rasen senkte sich in breiten Wellen zwischen gestutzten Eiben, fiel zum Fluß ab; und stieg dann wieder an zu dem Hügel, der mit Wald bekrönt war. Ein Gekräusel von Nebel lag jetzt auf den Wäldern – der leichte Nebel der Morgenfrühe. Als sie so schaute, summte eine Biene an ihrem Ohr vorbei; sie vermeinte, das Murmeln des Flusses über die Steine zu hören; Tauben gurrten in den Baumwipfeln. Es waren die Stimmen des frühen Morgens, die Stimmen des Frühlings. Aber die Tür ging auf. Das Frühstück war da.

Sie frühstückte. Sie fühlte sich warm, geborgen und behaglich, als sie sich auf ihrem Sessel zurücklehnte. Und sie hatte nichts vor – nicht das geringste. Der ganze Tag gehörte ihr. Und es war schönes Wetter. Der Sonnenschein im Zimmer belebte sich plötzlich und zog einen breiten Streifen von Licht über den Fußboden. Sonnenschein lag auf den Blumen draußen. Ein Schmetterling, ein kleiner Fuchs, gaukelte vor dem Fenster vorbei. Sie sah ihn sich auf ein Blatt niederlassen und, seine Flügel öffnend und schließend, dasitzen, als schmauste er vom Sonnenschein. Sie beobachtete ihn. Der Flaum auf seinen Flügeln war ein weiches Rostrot. Er gaukelte wieder weiter. Dann spazierte, von einer unsichtbaren Hand eingelassen, der Chow herein; er kam gradeswegs auf sie zu, schnupperte an ihrem Rocksaum und warf sich zu Boden, mitten in einen hellen Fleck von Sonnenlicht.

Herzloses Biest! dachte sie, aber seine Gleichgültigkeit gefiel ihr. Auch er wollte nichts von ihr. Sie streckte die Hand nach einer Zigarette aus. Und was würde Martin dazu sagen, ging es ihr durch den Kopf, als sie die Emaildose ergriff, deren Farbe beim Öffnen von Grün zu Blau wechselte. Scheußlich? Vulgär? Möglich – aber was lag daran, was Leute sagen? Kritik schien gewichtlos wie Rauch zu sein an diesem Morgen. Was lag daran, was er sagte, was sie alle sagten, was irgendwer sagte, da sie einen ganzen Tag hier für sich hatte – da sie allein war! Und dort schlafen sie noch alle in ihren Häusern, dachte sie, am Fenster stehend und auf das graugrüne Gras blickend, nach ihren Bällen, nach ihren Gesellschaften ... Der Gedanke freute sie. Sie warf die Zigarette weg und ging die Treppe hinauf, um sich umzukleiden.

Die Sonne war viel wärmer, als sie dann herunterkam. Der Garten hatte sein Aussehn von Unberührtheit schon verloren. Der Nebel über den Wäldern hatte sich aufgelöst. Sie konnte das Quietschen des Rasenschneiders hören, als sie durch die Glastür hinaustrat. Das gummibeschuhte Pony ging hin und her über die grünen Flächen und hinterließ eine breite, fahle Spur. Vögel sangen bald hier, bald dort. Die Stare in ihren schillernden Kettenpanzern pickten im Gras. Tau funkelte rot, violett, golden an den zitternden Spitzen der Halme. Es war ein herrlicher Maimorgen.

Sie schlenderte langsam die Terrasse entlang. Im Vorbeigehn warf sie einen Blick durch die hohen Fenster der Bibliothek. Alles war verhüllt und verwahrt. Aber der lange Raum sah noch stattlicher aus als sonst, eindrucksvoll in den Maßen, und die langen Reihen brauner Bücher schienen, schweigend und würdevoll, ganz für sich allein dazusein. Sie verließ die Terrasse und ging langsam den langen Rasenpfad hinab. Der Garten war noch leer; nur ein Mann in Hemdärmeln tat irgend etwas mit einem Bäumchen; aber sie brauchte mit niemand zu sprechen. Der Chow schritt hinter ihr drein; auch er schwieg. Sie ging an den Blumenbeeten vorbei zum Fluß. Dort blieb sie immer stehn, auf der Brücke mit den in Abständen aufgesetzten Kanonenkugeln. Das Wasser hatte immer einen Reiz für sie. Der schnelle nördliche Fluß kam von den Hochmooren herunter; er war nie glatt und grün, nie tief und still wie Flüsse im Süden. Er rannte; er hastete; spachtelte rot, gelb und klar braun über die Kiesel auf dem Grund. Die Ellbogen auf die Balustrade gestützt, sah sie zu, wie er die Brückenpfeiler mit kleinen Wirbeln umzog; wie er über den Steinen Rauten und scharfe Pfeilstriche machte. Sie lauschte. Sie kannte seine verschiedenen Geräusche, im Sommer, im Winter; nun hastete er, rannte er.

Aber der Chow war gelangweilt; er marschierte weiter. Sie folgte ihm. Sie ging die grüne Schneise hinauf zu dem lichthütchenförmigen Monument oben auf der Anhöhe. Jeder Weg durch den Wald hatte seinen Namen. Da gab es einen

Hegersteig, einen Pärchenpfad, eine Damenpromenade, einen Grafenritt. Aber bevor sie den Wald betrat, blieb sie stehn und blickte zurück auf das Haus. Unzähligemal war sie hier stehngeblieben; es sah altersgrau und stattlich aus; noch im Schlaf an diesem Morgen, mit herabgezogenen Jalousien und ohne Fahne auf dem Flaggenmast; sehr edel sah es aus und altehrwürdig und ausdauernd. Dann ging sie weiter, in den Wald.

Der Wind schien sich zu erheben, als sie unter den Bäumen dahinging. Er sang in den Wipfeln, hier unten aber schwieg er. Das dürre Laub raschelte um ihren Fuß; dazwischen kamen die blassen Frühlingsblumen hervor, die lieblichsten des ganzen Jahrs – blaue Blumen und weiße Blumen, schwankend auf Kissen von grünem Moos. Der Frühling war immer traurig, dachte sie; er brachte Erinnerungen. Alles vergeht – alles verändert sich, dachte sie, während sie den schmalen Weg zwischen den Bäumen hinanstieg. Nichts von alledem gehörte ihr; ihr Sohn würde es erben; seine Frau würde nach ihr hier spazierengehn. Sie brach ein Zweiglein ab; sie pflückte eine Blume und hob sie an die Lippen. Aber sie stand in den besten Jahren; sie war voller Lebenskraft. Sie schritt weiter. Der Boden stieg steil an; ihre Muskeln fühlten sich kräftig und geschmeidig, als sie die dickbesohlten Schuhe auf den Boden stemmte. Sie warf die Blume weg. Die Bäume lichteten sich, als sie höher und höher stieg. Mit einemmal sah sie zwischen zwei gestreiften Stämmen überaus blau den Himmel. Sie trat auf die Höhe hinaus. Der Wind hatte sich gelegt; das Land breitete sich um sie herum nach allen Seiten. Ihr Körper schien einzuschrumpfen; ihre Augen schienen sich zu weiten. Sie warf sich auf die Erde und schaute und schaute über das wellige Land hin, das sich hob und senkte, weiter und weiter, bis es irgendwo in der Ferne das Meer erreichte. Unbebaut, unbewohnt sah es aus von dieser Höhe, ohne Städte oder Häuser, ganz für sich und nur für sich allein da. Dunkle Keile von Schatten, helle Breiten von Licht lagen nebeneinander. Dann, während sie schaute, bewegten sich die hellen, bewegten sich die dunkeln; Licht und Schatten wanderten über die Hügel und über die Täler. Ein tiefes Murmeln sang in ihren Ohren – das Land selbst, das sich etwas vorsang, einen Chor, allein. Sie lag und lauschte. Sie war glücklich, vollkommen glücklich. Die Zeit hatte aufgehört.

# 1917

Eine sehr kalte Winternacht, so still, daß die Luft wie gefroren und, da kein Mond schien, wie zur Regungslosigkeit von Glas erstarrt war, breitete sich über England. Teiche und Gräben waren eisbedeckt; die Pfützen machten glasige Augen auf den Straßen, und auf den Gehsteigen hatte der Frost schlüpfrige Buckel hervorgebracht. Dunkelheit drückte gegen die Fenster; Städte waren eins geworden mit dem offenen Land. Kein Licht war zu sehn außer dem Strahl eines Scheinwerfers, wenn er am Himmel rundum glitt und da und dort verweilte, wie um über irgendeinen wolligen Fleck nachzusinnen.

»Wenn das die Themse ist«, sagte sich Eleanor und blieb auf der dunkeln Straße stehn, »dann muß Westminster *dort* liegen.« Der Omnibus, der sie hergebracht hatte, mit seinen schweigenden Fahrgästen, die in dem blauen Licht leichenhaft aussahn, war schon verschwunden. Sie machte kehrt.

Sie war zum Dinner bei Maggie und Renny eingeladen, die in einer der unbekannteren Gassen in der Nähe der Abtei wohnten. Sie ging weiter. Die andre Straßenseite war fast nicht zu sehn. Die Lampen waren blau verhüllt. An der Ecke ließ sie ihre Taschenlampe auf ein Straßenschild leuchten. Und abermals ließ sie ihre Taschenlampe leuchten. Hier erhellte sie eine Ziegelmauer, dort ein dunkelgrünes Büschel Efeu. Endlich blinkte die Nummer dreißig auf, die Nummer, die sie suchte. Sie schlug mit dem Klopfer an die Tür und läutete gleichzeitig, denn die Finsternis schien auch den Schall, nicht nur jedes Licht zu dämpfen. Die Stille lastete auf ihr, als sie so stand und wartete. Dann ging die Tür auf, und eine Männerstimme sagte: »Nur herein!«

Er schloß die Tür schnell, wie um kein Licht hinauszulassen. Alles sah seltsam aus, nach den Straßen, – der Kinderwagen im Flur; die Schirme im Ständer; der Teppich, die Bilder: alles schien stärker dazusein.

»Komm herein!« wiederholte Renny und führte sie ins Wohnzimmer, das in Licht erstrahlte. Noch ein Mann stand im Zimmer, und sie war überrascht, denn sie hatte erwartet, das Ehepaar allein zu finden. Aber der Mann war jemand, den sie nicht kannte.

Einen Augenblick sahen sie einander an; dann sagte Renny: »Du kennst doch Nicholas...« Aber er sprach den Zunamen nicht deutlich aus, und der war so lang, daß sie ihn nicht auffassen konnte. Ein fremdartig klingender Name, dachte sie. Ein Ausländer – offenbar kein Engländer. Er schüttelte einem die Hand und verneigte sich dabei wie ein Ausländer, und er sprach weiter, als wäre er mitten in einem Satz, den er beenden wollte... »Wir reden von Napoleon...« sagte er, sich an sie wendend.

»Aha«, sagte sie. Aber sie hatte keinen Begriff, wovon er dann weiter redete. Sie waren mitten in einer Diskussion, vermutete sie. Aber die kam zu Ende, ohne daß sie etwas davon verstand, außer daß es sich um Napoleon drehte. Sie legte ihren Mantel ab. Die beiden hörten endlich auf zu reden.

»Ich werde Maggie holen gehn«, sagte Renny. Er ließ sie unvermittelt mit dem andern allein.

»Sie haben von Napoleon gesprochen?« fragte Eleanor. Sie sah den Mann an, dessen Zunamen sie nicht verstanden hatte. Sein Haar war sehr dunkel; er hatte einen runden Kopf, und auch seine Augen waren dunkel. Mochte sie ihn, oder mochte sie ihn nicht? Sie wußte es nicht.

Ich hab' die beiden gestört, dachte sie, und ich weiß gar nichts zu sagen. Sie fühlte sich benommen, und ihr war kalt. Sie breitete die Hände gegen das Feuer aus. Es war ein richtiges Feuer; Holzscheite loderten; die Flammen liefen längs der Streifen glänzenden Harzes. Ein schwaches Sickern von gedrosseltem Gas war alles, was ihr daheim verblieb.

»Napoleon«, sagte sie, sich die Hände wärmend. Sie sagte es ganz gedankenlos.

»Wir haben die Psyche großer Männer erörtert«, sagte er; »im Lichte der modernen Wissenschaft«, fügte er mit einem kleinen Lachen hinzu. Sie wünschte, die Diskussion hätte sich mehr in ihrem Fassungsbereich bewegt.

»Das ist sehr interessant«, sagte sie schüchtern.

»Ja – wenn wir etwas darüber wüßten«, sagte er.

»Wenn wir etwas darüber wüßten...« wiederholte sie. Es entstand eine Pause. Sie fühlte sich ganz erstarrt – nicht nur die Hände, auch das Hirn.

»Die Psyche großer Männer...« sagte sie, denn sie wollte

nicht, daß er sie für dumm halte, »... über die haben Sie diskutiert?«

»Wir sagten ...« Er verstummte. Sie vermutete, daß es ihm schwerfiel, das Gespräch zusammenzufassen, – sie hatten offensichtlich längere Zeit geredet, nach den umherliegenden Zeitungen und den Zigarettenenden in der Aschenschale zu schließen.

»Ich sagte«, fuhr er fort, »ich sagte, wir kennen nicht einmal uns selbst, gewöhnliche Leute; und wenn wir uns selbst nicht kennen, wie können wir dann Religionen machen, Gesetze, die –« er gebrauchte seine Hände so wie Menschen, die mit der Sprache nicht zurechtkommen, »die –«

»Die passen, die passen«, sagte sie, ihm ein Wort bietend, das kürzer war, dessen war sie sicher, als eins von den Wörterbuchwörtern, die Ausländer immer gebrauchten.

»– die passen, die passen«, sagte er, das Wort aufgreifend, als wäre er dankbar für ihre Hilfe.

»... die passen«, wiederholte sie. Sie hatte keine Ahnung, wovon sie redeten. Dann plötzlich, während sie sich vorbeugte, um sich die Hände über dem Feuer zu wärmen, flossen Worte in ihrem Geist zusammen und bildeten einen verständlichen Satz. Es kam ihr vor, daß er gesagt hatte: »Wir können keine Gesetze und Religionen machen, die passen, weil wir uns selbst nicht kennen.«

»Wie sonderbar, daß Sie das sagen!« erwiderte sie, ihm zulächelnd. »Das hab' ich mir so oft selber gedacht!«

»Warum ist das sonderbar?« fragte er. »Wir alle haben die gleichen Gedanken – nur daß wir sie nicht aussprechen.«

»Als ich im Omnibus herfuhr, heute abend«, begann sie, »dachte ich über diesen Krieg nach – nicht ich empfinde das, aber andre Leute ...« Sie verstummte. Er sah verwundert drein; wahrscheinlich hatte sie mißverstanden, was er gesagt hatte; sie hatte nicht klar ausgedrückt, was sie meinte.

»Ich meine«, begann sie wiederum, »ich dachte mir auf der Herfahrt im Bus –«

Aber da kam Renny zurück. Er trug ein Tablett mit Flaschen und Gläsern.

»Es ist eine wunderbare Sache«, sagte Nicholas, »der Sohn eines Weinhändlers zu sein.«

Es klang wie ein Satz aus einer französischen Konversationsgrammatik. Der Sohn eines Weinhändlers, wiederholte Eleanor für sich und blickte auf seine roten Wangen, dunkeln

Augen und lange Nase. Der andre war wohl ein Russe, dachte sie. Russe, Pole, Jude? – Sie hatte keine Ahnung, was er war, wer er war.

Sie trank. Der Wein schien einen Wulst in ihrem Rückgrat zu liebkosen. Da trat Maggie ein.

»Guten Abend«, sagte sie, die Verneigung des Ausländers nicht beachtend, als kenne sie ihn zu gut, um ihn zu begrüßen.

»Zeitungen«, sagte sie vorwurfsvoll mit einem Blick auf das Durcheinander auf dem Fußboden, »Zeitungen, Zeitungen.«

»Wir essen im Souterrain«, sagte sie dann, zu Eleanor gewendet, »weil wir keine Dienstboten haben.« Und sie ging voraus, die steile schmale Treppe hinab.

»Aber, Magdalena«, sagte Nicholas, als sie in dem kleinen, niedrigen Raum standen, in dem zum Dinner gedeckt war, »Sally sagte doch: ›Wir werden uns morgen abend bei Maggie sehn...‹ Sie ist nicht hier.«

Er blieb stehn; die andern hatten sich gesetzt.

»Sie wird schon noch kommen«, antwortete Maggie.

»Ich werde sie anrufen«, sagte Nicholas. Er verließ das Zimmer.

»Ist es nicht viel angenehmer«, meinte Eleanor, ihren Teller entgegennehmend, »keine Dienstboten zu haben...«

»Wir haben eine Frau, die das Geschirr waschen kommt«, erwiderte Maggie.

»Und es ist überaus schmutzig bei uns«, sagte Renny.

Er ergriff eine Gabel und untersuchte sie zwischen den Zinken. »Nein, die hier ist zufälligerweise rein«, sagte er und legte sie wieder hin.

Nicholas kam zurück. »Sie ist nicht zu Hause«, sagte er zu Maggie. »Ich habe dort angerufen, aber niemand kam ans Telephon.«

»Vermutlich ist sie unterwegs«, meinte Maggie. »Oder vielleicht hat sie vergessen...«

Sie reichte ihm seine Suppe. Er nahm sie, aber saß da und sah den Teller an, ohne sich zu rühren. Falten waren auf seiner Stirn erschienen; er bemühte sich gar nicht, seine Besorgnis zu verbergen. Er war ganz unbefangen. »Da!« rief er plötzlich, das Gespräch der andern unterbrechend. »Das ist sie!« fügte er hinzu. Er legte den Löffel hin und wartete. Jemand kam langsam die steile Treppe herunter.

Die Tür ging auf, und Sally trat ein. Sie sah ganz eingeschrumpft aus vor Kälte. Ihre Wangen waren da weiß und da rot, und sie blinzelte, als wäre sie immer noch benommen vom Gehn durch die blau verhüllten Straßen. Sie gab Nicholas die Hand; er küßte sie ihr. Aber sie trug keinen Verlobungsring, so bemerkte Eleanor.

»Ja, bei uns ist alles schmutzig«, sagte Maggie und sah Eleanor an, die ein Alltagskleid trug. »Und in Fetzen«, fügte sie hinzu, denn eine Schlinge Goldfaden hing von ihrem eignen Ärmel nieder, während sie die Suppe austeilte.

»Ich dachte mir grade, wie schön ...« sagte Eleanor, denn ihre Augen hatten auf dem golddurchwirkten Silberkleid geruht. »Woher hast du es?«

»Aus Konstantinopel, von einem Türken«, sagte Maggie.

»›Allwo ein Türke, tückisch und beturbant ...‹« murmelte Sally und streichelte den Ärmel, während sie ihren Teller entgegennahm. Sie schien immer noch ganz benommen zu sein.

»Und die Teller«, sagte Eleanor, die lilaroten Vögel auf ihrem Teller betrachtend, »die kommen mir bekannt vor.«

»In der Vitrine, in unserm Salon daheim«, sagte Maggie. »Aber ich fand es so dumm – sie in einer Vitrine stehn zu haben.«

»Wir zerbrechen jede Woche einen«, sagte Renny.

»Über den Krieg werden noch genug dasein«, entgegnete Maggie.

Eleanor sah einen seltsamen, maskenhaften Ausdruck sich auf Rennys Gesicht legen bei dem Wort »Krieg«. Wie alle Franzosen, dachte sie, liebt er sein Vaterland leidenschaftlich. Aber zwiespältig, das fühlte sie, als sie ihn ansah. Er schwieg. Sein Schweigen bedrückte sie; es hatte etwas fast Furchteinflößendes, dieses Schweigen.

»Und warum bist du so spät gekommen?« fragte Nicholas, sich an Sally wendend. Er sprach sanft, vorwurfsvoll, fast als wäre sie noch ein Kind. Er schenkte ihr ein Glas Wein ein.

Gib acht, hätte Eleanor ihr gern gesagt, dieser Wein steigt einem zu Kopf. Sie hatte seit Monaten keinen Wein mehr getrunken. Sie fühlte schon jetzt alles ein wenig verschwimmen; eine Schwerelosigkeit. Es war das Licht nach dem Dunkel draußen; das Gespräch nach dem Schweigen; der Krieg vielleicht, der Schranken entfernte. Aber Sally trank. Dann platzte sie heraus: »Wegen dieses verdammten Narren!«

»Verdammten Narren?« fragte Maggie. »Wen meinst du?«

»Eleanors Neffen«, sagte Sally. »Eleanors Neffen Norman.« Sie hob ihr Glas gegen Eleanor, als spräche sie zu ihr. »Norman...« Dann lächelte sie. »Da sitze ich – ganz allein. Es klingelt. ›Das ist die Wäsche‹, sage ich mir. Schritte die Treppe herauf. Und da steht Norman. Und wirft sich in Positur.« Sie hob die Hand wie salutierend an die Schläfe. »›Was soll denn das?‹ fragte ich. ›Ich geh' heute abend an die Front ab‹, sagt er und schlägt die Hacken zusammen. ›Ich bin ein Leutnant im –‹ was immer es war – Regiment der Reitenden Rattenfänger oder so was ... und er hängt seine Mütze auf die Büste unseres Großvaters. Und ich schenke ihm Tee ein. ›Wieviel Stück Zucker nimmt ein Leutnant der Reitenden Rattenfänger?‹ frage ich. ›Eins, zwei, drei, vier...?‹«

Sie ließ Brotkügelchen auf den Tisch fallen. Im Fallen schien jedes einzelne ihre Verbitterung zu unterstreichen. Sie sah älter aus, verbrauchter; sie lachte, aber es klang bitter.

»Wer ist Norman?« fragte Nicholas.

»Mein Neffe. Der Sohn meines Bruders Morris«, erklärte Eleanor.

»Da sitzt er«, erzählte Sally weiter, »in seiner schlammfarbenen Uniform, hält seine Reitgerte zwischen den Knien, und die Ohren stehn ihm rechts und links ab von seinem rosigen albernen Gesicht, und auf alles, was ich sage, sagt er: ›Fein!‹ Sagt: ›Fein!‹ ›Fein!‹ bis ich Schüreisen und Feuerzange nehme« – sie ergriff ihr Messer und ihre Gabel – »und ›*God save the King*‹ spiele, ›*Happy and Glorious, Long to reign over us* –‹« Sie hielt ihr Besteck, als präsentierte sie es.

Schade, daß er schon weg ist, dachte Eleanor. Ein Bild vor ihren Augen – das Bild eines netten, kricketbegeisterten Jungen, der eine Zigarre rauchte, auf einer Terrasse. Schade... Dann tauchte ein andres Bild auf. Sie saß auf derselben Terrasse; aber diesmal bei Sonnenuntergang; ein Hausmädchen kam und sagte: »Soldaten bewachen die Eisenbahn mit aufgepflanztem Bajonett!« So hatte sie erfahren, daß Krieg war, – vor drei Jahren. Und sie hatte die Kaffeetasse auf ein Tischchen gestellt und dabei gedacht: Nicht, wenn ich etwas dagegen tun kann! – überwältigt von einem absurden, aber heftigen Verlangen, diese Hügel dort zu schützen; sie hatte auf die Hügel jenseits der Wiese geblickt ... Jetzt blickte sie auf den Ausländer ihr gegenüber.

»Wie unfair du bist!« sagte Nicholas soeben zu Sally. »Voller Vorurteile; engstirnig; unfair«, wiederholte er und tippte dabei mit dem Finger auf ihre Hand.

Er sprach aus, was Eleanor selbst fühlte.

»Ja. Ist es nicht natürlich ...« begann sie. »Könntest du mitansehn, wie die Deutschen England besetzen, und nichts dagegen tun?« fragte sie, sich an Renny wendend. Und schon bereute sie, daß sie gesprochen hatte. Und es waren nicht die Worte, die sie hatte gebrauchen wollen. Ein Ausdruck von Leid – oder war es Zorn? – lag auf seinem Gesicht.

»Ich?« sagte er. »Ich helfe Granaten machen.«

Maggie stand hinter ihm. Sie hatte den Braten hereingebracht. »Schneid vor!« sagte sie. Er starrte auf den Braten, den sie vor ihn hingestellt hatte. Er ergriff das Messer und begann mechanisch vorzuschneiden.

»Und jetzt für die Kinderfrau«, erinnerte sie ihn. Er schnitt noch eine Portion ab.

»Ja?« sagte Eleanor verlegen zu Renny, als Maggie den Teller wegtrug. Sie wußte nicht, was sie sagen sollte. Sie sprach ohne zu überlegen. »Führen wir ihn so schnell wie möglich zu Ende, und dann ...« Sie sah ihn an. Er schwieg. Er wandte sich ab. Er hatte sich den andern zugewendet, um ihnen zuzuhören, als flüchtete er davor, selber reden zu müssen.

»*Poppycock, poppycock* ... was du das redest, ist *poppycock* – das ist's, was du wirklich gesagt hast«, sagte Nicholas grade. Seine Hände waren groß und sauber, und die Fingernägel waren sehr kurz geschnitten, bemerkte Eleanor. Er könnte Arzt sein, dachte sie.

»Was ist *poppycock?*« fragte sie, sich an Renny wendend, denn sie kannte das Wort nicht.

»Amerikanisch für Schwulst, bombastisches Gehaben«, sagte Renny. »Er ist Amerikaner«, setzte er mit einem Nikken gegen Nicholas hinzu.

»Nein«, sagte Nicholas, sich herwendend, »ich bin Pole.«

»Seine Mutter war eine Prinzessin«, sagte Maggie, als necke sie ihn. Daher das Petschaft an seiner Kette, dachte Eleanor. Er trug ein großes altes Petschaft an seiner Uhrkette.

»Das war sie«, sagte er ganz ernsthaft. »Aus einer der vornehmsten Familien Polens. Aber mein Vater war ein einfacher Mann – ein Mann aus dem Volk ... Du hättest mehr Selbstbeherrschung haben müssen«, setzte er fort, sich wieder Sally zuwendend.

»Ja, die hätte ich haben müssen«, seufzte sie. »Aber dann schüttelte er die Zügel und rief: ›Ade, ade auf immer-dar! Ade, immer dar!‹« Sie streckte die Hand aus und schenkte sich nochmals Wein ein.

»Du sollst jetzt nichts mehr trinken«, sagte Nicholas und schob die Flasche weg. »Sie sah sich oben auf einem Turm«, erklärte er Eleanor, »wie sie mit einem weißen Taschentuch einem gepanzerten Ritter nachwinkt.«

»Und der Mond ging auf über einem dunkeln Moor«, murmelte Sally und berührte eine Pfefferbüchse.

Die Pfefferbüchse ist ein dunkles Moor, dachte Eleanor und sah sie an. Alles war an den Rändern ein wenig verschwommen. Es war der Wein; es war der Krieg. Die Dinge schienen ihre Haut verloren zu haben; von irgendwelcher Härte der Oberfläche befreit zu sein; sogar der Sessel mit den Goldklauen, den sie jetzt ansah, schien durchlässig zu sein; er schien eine Wärme auszustrahlen, einen Glanz, während sie ihn ansah.

»Ich erinnere mich an diesen Sessel«, sagte sie zu Maggie. »Und an eure Mutter ...« fuhr sie fort. Aber sie sah Eugénie nie sitzend, sondern immer in Bewegung.

»... wie sie tanzte«, fügte sie hinzu.

»Tanzte ...« wiederholte Sally. Sie begann mit der Gabel auf die Tischplatte zu trommeln.

»Als ich noch jung, da tanzte auch ich«, summte sie. »Die Männer war'n alle verliebt in mich ... War alles voll Rosen, war alles voll Schwung, als ich noch jung, als ich noch jung. Erinnerst du dich, Maggie?« Sie sah ihre Schwester an, als käme ihnen dieselbe Erinnerung.

Maggie nickte. »Im Schlafzimmer. Einen Walzer«, sagte sie.

»Einen Walzer ...« sagte Eleanor. Sally trommelte im Walzertakt auf den Tisch. Eleanor begann mitzusummen: »M-ta-ta, m-ta-ta, m-ta-ta ...«

Ein langgezogener Klageton heulte auf.

»Nein, nein!« verwahrte sie sich, als hätte ihr jemand den falschen Ton angegeben. Aber das Heulen wiederholte sich.

»Ein Nebelhorn?« fragte sie. »Auf der Themse?« Aber noch während sie fragte, wußte sie, was es war.

Die Sirene heulte wieder.

»Die Deutschen!« sagte Renny. »Die verdammten Deutschen!« Er legte Messer und Gabel mit einer Geste übertriebenen Überdrusses hin.

»Wieder ein Angriff«, sagte Maggie und stand auf. Sie ging aus dem Zimmer; Renny ihr nach.

»Die Deutschen ...« sagte Eleanor, als sich die Tür schloß. Sie hatte eine Empfindung, als hätte irgendein langweiliger Patron eine interessante Unterhaltung unterbrochen. Die Farben begannen zu verblassen. Sie hatte den roten Sessel angesehen. Er verlor vor ihren Augen sein warmes Strahlen, als wäre ein Licht darunter ausgelöscht worden.

Sie hörten das Schwirren von Rädern auf der Straße. Alles schien sehr schnell vorüberzukommen. Immer wieder Schritte auf dem Pflaster. Eleanor stand auf und schob die Vorhänge spaltbreit auseinander. Das Zimmer lag tiefer als der Gehsteig, so daß sie nur Hosenbeine und Kleidersäume sah, die an der Gittereinfassung des Lichtschachts vorbeikamen. Zwei Männer gingen hastigen Schritts vorbei; dann eilte eine alte Frau mit hin- und herschwingendem Rock vorüber.

»Sollten wir nicht Leute auffordern, hereinzukommen?« fragte sie, sich umwendend. Aber als sie wieder auf die Straße sah, war die alte Frau verschwunden. Ebenso die Männer. Die Straße war nun ganz leer. In den Häusern gegenüber waren überall die Vorhänge vorgezogen. Sie schloß sorgfältig den Vorhang. Der Tisch mit dem farbenfrohen Porzellan und der Lampe war von einem hellen Lichtkreis umgeben, als sie sich ins Zimmer wandte.

Sie setzte sich wieder. »Machen Sie sich was aus Luftangriffen?« fragte Nicholas und sah sie mit seiner forschenden Miene an. »Leute sind so verschieden.«

»Überhaupt nichts«, sagte sie. Sie hätte am liebsten ein Stück Brot zerkrümelt, um ihm zu zeigen, wie unbekümmert sie war; aber da sie keine Angst hatte, schien ihr das unnötig zu sein. »Die Wahrscheinlichkeit, selber getroffen zu werden, ist so gering«, sagte sie. »Wovon haben wir gesprochen?« fügte sie hinzu.

Es kam ihr so vor, als hätten sie von etwas überaus Interessantem gesprochen, aber es wollte ihr nicht einfallen, wovon. Sie saßen einen Augenblick schweigend da. Dann hörten sie ein Schlurren auf der Treppe.

»Die Kinder ...« sagte Sally. Sie hörten von fern das dumpfe Dröhnen einer Kanone.

Da kam Renny herein.

»Nehmt eure Teller mit«, sagte er. »Hier hinein!« Er führte sie in den Keller. Es war ein geräumiger Keller. Die kryptaartige Decke und die Steinmauern gaben ihm ein feuchtes, kirchliches Aussehen. Er wurde teils als Kohlen-, teils als Weinkeller benützt. Die Glühbirne in der Mitte beschien glitzernde Kohlenhaufen; in Stroh gewickelte Weinflaschen lagen auf steinernen Borden. Es roch moderig nach Wein, Stroh und Feuchtigkeit. Es war frostig hier, nach dem Eßzimmer. Sally kam mit Daunendecken und Schlafröcken beladen, die sie von oben geholt hatte. Eleanor war froh, sich in einen blauen Schlafrock einwickeln zu können; so saß sie da, den Teller auf den Knien. Es war kalt.

»Und jetzt?« sagte Sally, ihren Löffel aufrecht haltend.

Sie sahn alle aus, als warteten sie darauf, daß etwas geschehe. Maggie brachte einen Plumpudding herein.

»Wir können ebensogut hier weiteressen«, sagte sie. Aber sie sprach zu vernünftig; sie war besorgt um die Kinder, vermutete Eleanor. Die waren in der Küche. Sie hatte sie gesehn, als sie vorbeiging.

»Schlafen sie?« fragte sie.

»Ja, aber wenn die Kanonen ...« begann Maggie, den Pudding austeilend. Eine zweite Kanone dröhnte. Diesmal war es merklich lauter.

»Sie sind durch die Abwehr hindurch«, sagte Nicholas.

Sie begannen den Pudding zu essen.

Wieder dröhnte eine Kanone. Diesmal war ein Bellen in ihrem Dröhnen.

»Hampstead«, sagte Nicholas. Er zog seine Uhr hervor. Die Stille war abgründig. Nichts geschah. Eleanor blickte auf die Quadern, die sich über ihren Köpfen wölbten. Sie bemerkte ein Spinnennetz in der einen Ecke. Eine andre Kanone dröhnte. Ein Seufzen von Luft sauste dabei hoch. Diesmal war es grade über ihnen.

»Vom Westminsterkai«, sagte Nicholas. Maggie stellte ihren Teller hin und ging in die Küche.

Tiefe Stille. Nichts geschah. Nicholas sah auf seine Uhr, als stoppte er die Geschütze ab. Er hat etwas Absonderliches, dachte Eleanor; etwas Ärztliches, Priesterliches? Er trug ein Petschaft an der Uhrkette. Die Nummer auf der Kiste gegenüber war 1397. Sie nahm das alles wahr. Die Deutschen mußten nun genau über ihren Köpfen sein. Sie hatte die

Empfindung einer merkwürdigen Schwere oben auf ihrem Kopf. Eins, zwei, drei, vier, zählte sie, zu der grünlichgrauen Steinwölbung aufblickend. Dann ein gewaltiges Krachen, ein Ton wie von einem Blitz, der den Himmel zerreißt. Das Spinnennetz schwankte.

»Gerade über uns«, sagte Nicholas aufblickend. Sie blickten alle hinauf. Jeden Augenblick konnte eine Bombe auf das Haus fallen. Totenstille. Dann hörten sie Maggies Stimme in der Küche.

»Das war nichts. Dreh dich auf die andre Seite und schlaf nur weiter.« Sie sprach sehr ruhig und beschwichtigend.

Eins, zwei, drei, vier, zählte Eleanor. Das Spinnennetz schwankte. Dieser Stein dort könnte herunterfallen, dachte sie und behielt eine bestimmte Quader im Auge. Dann dröhnte wieder eine Kanone. Es klang schwächer – weiter weg.

»Das wäre vorüber«, sagte Nicholas. Er ließ seine Uhr mit einem Knacks zuschnappen. Und sie alle wandten sich und rückten auf ihren harten Stühlen, als hätte ein Krampf sich gelöst.

Maggie kam herein.

»Also das wäre vorüber«, sagte sie. »Er ist für einen Augenblick aufgewacht, aber gleich wieder eingeschlafen«, flüsterte sie Renny zu, »aber Baby hat glatt durchgeschlafen.« Sie setzte sich und nahm ihren Teller, den Renny gehalten hatte.

»Und jetzt wollen wir unsern Pudding aufessen«, sagte sie in natürlichem Ton.

»Und jetzt werden wir ein wenig Wein trinken«, sagte Renny. Er besah eine Flasche; dann eine zweite; endlich ergriff er eine dritte und wischte sie sorgfältig mit dem Saum seines Schlafrocks ab. Er stellte die Flasche auf eine Kiste, und sie setzten sich im Kreis herum.

»Es war nicht viel los, was?« sagte Sally. Sie kippte ihren Stuhl rückwärts, während sie ihr Glas hinhielt.

»Ah, aber wir haben Angst gehabt«, sagte Nicholas. »Seht nur, wie blaß wir alle sind!«

Sie sahen einander an. In die Daunendecken und Schlafröcke gehüllt, gegen die grünlichgrauen Mauern, sahen sie alle bleich und grünlich aus.

»Das macht zum Teil das Licht«, sagte Maggie. »Eleanor«

– sie sah sie an – »sieht wie eine Äbtissin aus.«

Der dunkelblaue Schlafrock, der das törichte bißchen Aufputz, die Samt- und Spitzenbesätze an ihrem Kleid, verdeckte, hatte ihre Erscheinung zum Vorteil verändert. Ihr noch nicht altes Gesicht war knitterig wie ein lange getragener Handschuh, der von den Gesten der Hand eine Vielzahl feiner Linien bekommen hat.

»Unordentlich, nicht wahr?« fragte sie und griff sich ans Haar.

»Nein. Laß es in Ruhe!« entgegnete Maggie.

»Und wovon haben wir vor dem Angriff gesprochen?« fragte Eleanor. Wieder hatte sie das Gefühl, sie seien mitten in einem sehr interessanten Gespräch unterbrochen worden. Aber es war ein vollständiger Riß entstanden; keins von ihnen konnte sich erinnern, wovon sie gesprochen hatten.

»Na, jetzt ist's vorüber«, sagte Sally. »Also wollen wir auf etwas trinken – auf eine neue Welt!« rief sie. Sie hob ihr Glas und schwenkte es. Alle verspürten sie ein plötzliches Verlangen zu reden und zu lachen.

»Auf eine neue Welt!« riefen sie, hoben die Gläser und ließen sie aneinanderklingen.

Die fünf Gläser, mit goldgelbem Wein gefüllt, kamen wie zu einem Blumenstrauß zusammen.

»Auf eine neue Welt!« riefen sie und tranken. Die goldgelbe Flüssigkeit in ihren Gläsern schaukelte auf und nieder.

»Also, Nicholas«, sagte Sally und stellte ihr Glas, daß es klang, auf die Kiste nieder, »eine Rede! Eine Rede!«

»Meine Damen und Herren!« begann er und streckte die Hand aus wie ein Redner. »Meine Damen und Herren –«

»Wir wollen keine Reden«, unterbrach ihn Renny.

Eleanor war enttäuscht. Sie hätte gern eine Rede gehört. Aber Nicholas schien die Unterbrechung ganz gutmütig hinzunehmen; nickend und lächelnd saß er da.

»Gehn wir hinauf!« sagte Renny und schob die Kiste beiseite.

»Und verlassen wir diesen Keller«, sagte Sally, die Arme streckend, »diese Höhle aus Schmutz und Dung ...«

»Horcht!« unterbrach Maggie sie. Sie hob die Hand. »Ich dachte, ich höre wieder die Kanonen ...«

Sie horchten. Die Abwehrgeschütze feuerten immer noch, aber weit weg. Es war ein Geräusch, als ob große Wellen sich an einer fernen Küste brächen.

»Die bringen nur eben andre Menschen um«, sagte Renny wild. Er versetzte der Kiste einen Tritt.

»Ach, denken wir doch lieber an etwas andres«, entgegnete ihm Eleanor. Die Maske hatte sich wieder über sein Gesicht gesenkt.

»Und was für Unsinn Renny da redet, was für Unsinn!« sagte Nicholas nur zu ihr allein. »Es sind ja bloß Kinder, die im Hintergarten Feuerwerk abbrennen«, murmelte er, während er ihr aus dem Schlafrock half. Sie gingen hinauf.

Eleanor betrat das Wohnzimmer. Es sah jetzt größer aus, als sie es in Erinnerung hatte; sehr geräumig und wohnlich. Zeitungen lagen über den Boden verstreut – das Feuer brannte hell; es war warm, es war behaglich. Sie fühlte sich sehr erschöpft. Sie sank in einen Armsessel. Sally und Nicholas waren zurückgeblieben. Maggie und Renny halfen vermutlich der Kinderfrau, die Kleinen hinauf und zu Bett zu bringen. Sie lehnte sich in ihren Armsessel zurück. Alles schien wieder ruhig und natürlich zu werden. Ein Gefühl großer Gelassenheit ergriff Besitz von ihr. Es war, als wäre ihr noch eine Zeitspanne zugemessen worden, aber, von der Gegenwart des Todes irgend etwas Persönlichen beraubt, fühlte sie sich – sie suchte nach einem Wort – »immun?« War es das, was sie meinte? Immun, dachte sie und sah ein Bild an, ohne es zu sehn. Immun, wiederholte sie. Es war das Bild eines Hügels und eines Dörfchens; vielleicht in Südfrankreich; vielleicht in Italien. Es waren Ölbäume darauf; und helle Dächer, am Hang des Hügels zusammengedrängt. Immun, wiederholte sie und sah das Bild an.

Sie konnte ein leises dumpfes Tappen auf dem Fußboden über sich hören; Maggie und Renny brachten die Kinder zu Bett und wieder zur Ruhe, vermutlich. Es ertönte ein kleines Piepsen, wie von einem Vogel, der im Nest zwitschert. Es war sehr heimelig und friedvoll nach den Kanonen. Aber da kamen die andern herein.

»Haben sie sich was draus gemacht«, fragte sie, sich aufsetzend, »– die Kinder?«

»Nein«, antwortete Maggie. »Sie haben durchgeschlafen.«

»Aber vielleicht haben sie geträumt«, sagte Sally und zog einen Stuhl heran. Niemand sonst sagte etwas. Es war sehr still. Die Uhren, die sonst in Westminster immer hallend die Stunde schlugen, schwiegen.

Maggie nahm das Schüreisen und versetzte den Holzscheiten einen leichten Schlag. Eine Salve von Funken flog als ein Schauer goldener Augen in den Rauchfang hinauf.

»Wie mich das ...« begann Eleanor und verstummte.

»Ja?« fragte Nicholas.

»... an meine Kindheit erinnert«, ergänzte sie.

Sie dachte an Morris und sich selbst und an die alte Pippy; aber hätte sie es den andern hier erzählt, hätte keins gewußt, was sie meinte. Sie schwiegen. Auf einmal erscholl ein Ton wie von einer Flöte unten auf der Straße.

»Was ist das?« fragte Maggie zusammenfahrend; sie blickte zum Fenster; sie erhob sich halb.

»Die Trompeten«, sagte Renny und streckte die Hand aus, um sie zurückzuhalten.

Wieder bliesen die Trompeten unter dem Fenster. Dann hörten sie sie weiter weg in der Straße; dann noch weiter weg, in der nächsten. Fast sogleich begann das Hupen von Autos und das Schwirren von Rädern, als sei der Verkehr freigegeben worden und das gewohnte nächtliche Leben Londons habe wieder begonnen.

»Es ist vorüber«, sagte Maggie. Sie lehnte sich in den Sessel zurück; sie sah für einen Augenblick sehr müde aus. Dann zog sie einen Nähkorb heran und begann einen Socken zu stopfen.

»Ich freue mich, daß ich lebe«, sagte Eleanor. »Ist das unrecht, Renny?« fragte sie. Sie wollte, daß er spreche. Es kam ihr so vor, als hätte er unermeßliche Vorräte von Gemütsbewegung aufgespeichert, die er nicht ausdrücken konnte. Er antwortete nicht. Er stützte sich auf den Ellbogen, rauchte eine Zigarre und blickte ins Feuer.

»Ich habe den Abend damit verbracht, in einem Kohlenkeller zu sitzen, während über meinem Kopf andre Menschen sich gegenseitig umzubringen trachteten«, sagte er plötzlich. Dann streckte er sich und griff nach einer Zeitung.

»Renny, Renny, Renny!« sagte Nicholas, als ermahnte er ein ungezogenes Kind. Renny las weiter. Das Schwirren der Räder und Hupen der Autos war zu einem einzigen fortwährenden Geräusch verschmolzen.

Da Renny Zeitung las und Maggie einen Socken stopfte, herrschte Schweigen im Zimmer. Eleanor betrachtete die Flammen, wie sie längs der kleinen Adern von Harz dahinliefen und aufflackerten und zusammensanken.

»Woran denken Sie, Eleanor?« unterbrach Nicholas sie. Er nennt mich Eleanor, dachte sie; so ist's recht.

»An die neue Welt ...« antwortete sie. »Glauben Sie, wir werden uns bessern?«

»Ja«, sagte er und nickte. »Ja!«

Er sprach ruhig, als wünschte er nicht, Renny beim Lesen zu stören oder Maggie beim Stopfen oder Sally, die wie im Halbschlummer in ihren Sessel zurückgelehnt saß. Es war so, als ob sie beide ein Gespräch unter vier Augen miteinander führten.

»Aber wie ...« begann sie »... wie können wir uns bessern ... und ein Leben führen, das ...« sie senkte die Stimme, als befürchtete sie, Schlafende aufzuwecken, »... das natürlicher wäre ... besser ... Wie können wir das?«

»Es ist nur eine Frage« – er hielt inne und rückte dicht an sie heran – »des Lernens. Die Seele ...« Wieder hielt er inne.

»Ja? Die Seele?« drängte sie ihn.

»Die Seele – das ganze Wesen«, erklärte er. Er machte seine Hände hohl, wie um eine Kugel zu umschließen. »Es will sich ausdehnen; will etwas unternehmen; neue – Kombinationen eingehn?«

»Ja, ja«, sagte sie, wie um ihm zu versichern, daß es die richtigen Worte waren.

»Wogegen jetzt« – er zog sich in sich zusammen, preßte Knie und Füße aneinander; er sah wie eine alte Frau aus, die sich vor einer Maus fürchtet – »unsre Art zu leben so ist: jeder zusammengeballt zu einem harten kleinen, festen kleinen – Knoten?«

»Knoten, Knoten – ja, das ist das rechte Wort«, nickte sie.

»Jeder in seiner eigenen kleinen Zelle; jeder mit seinem eigenen Kreuz oder heiligen Buch; jeder mit seinem Herdfeuer, seiner Frau –«

»Die Socken stopft«, unterbrach ihn Maggie.

Eleanor schrak auf. Sie hatte geglaubt, in die Zukunft zu blicken. Aber sie waren belauscht worden. Ihr Gespräch unter vier Augen war zu Ende.

Renny warf die Zeitung beiseite. »Das ist alles verdammter Quatsch!« brummte er. Ob er die Zeitung meinte oder, was sie redeten, wußte Eleanor nicht. Aber ein vertrauliches Gespräch war unmöglich.

»Weshalb kaufst du sie dann?« fragte sie, auf die Zeitungen weisend.

»Zum Feueranzünden«, sagte Renny.

Maggie lachte und warf den Socken, den sie gestopft hatte, in den Arbeitskorb. »So!« rief sie. »Fertig!«

Wieder saßen sie schweigend da und blickten ins Feuer. Eleanor wünschte, er würde weiterreden, der Mann, den sie Nicholas nannte. Wann, wollte sie ihn fragen, wann wird diese neue Welt kommen? Wann werden wir frei sein? Wann werden wir abenteuerlustig leben, und mit unserm ganzen Wesen, nicht wie Krüppel in einer Höhle? Er schien etwas in ihr freigesetzt zu haben; sie spürte nicht nur einen neuen Zeitraum, sondern neue Kräfte, etwas Unbekanntes in sich. Sie sah zu, wie sich seine Zigarette auf und ab bewegte. Dann ergriff Maggie das Schüreisen und schlug auf das Holzscheit, und wieder flog ein Schauer rotäugiger Funken den Rauchfang hinauf. Wir werden frei sein, wir werden frei sein, dachte Eleanor.

»Und worüber hast du die ganze Zeit nachgedacht?« sagte Nicholas zu Sally und legte ihr die Hand aufs Knie. Sie schrak auf. »Oder hast du geschlafen?« fragte er.

»Ich hab' gehört, was ihr gesprochen habt«, sagte sie.

»Was haben wir gesprochen?«

»Die Seele fliegt auf, wie Funken im Rauchfang«, sagte sie. Die Funken flogen noch immer den Rauchfang hinauf.

»Gar nicht so schlecht geraten«, sagte Nicholas.

»Weil Leute immer dasselbe sagen«, lachte sie. Sie raffte sich zusammen und setzte sich auf. »Maggie hier – die sagt gar nichts. Und Renny – der sagt: ›Was für ein verdammter Quatsch!‹ Eleanor sagt: ›Genau das hab' ich mir gedacht.‹ ... Und Nicholas, Nicholas«, sie tätschelte ihm das Knie, »der im Gefängnis sein sollte: ›O meine lieben Freunde, laßt uns unsre Seele verbessern!‹«

»Im Gefängnis sein sollte?« fragte Eleanor und sah ihn an.

»Wegen seiner Liebe«, erklärte Sally und machte eine Pause. »– zum eignen Geschlecht, zum eignen Geschlecht, weißt du«, sagte sie leichthin mit dieser Handbewegung, die so an die ihrer Mutter erinnerte.

Eine Sekunde lang lief ein scharfes Schaudern des Widerwillens Eleanor über die Haut, als hätte ein Messer sie geritzt. Dann begriff sie, daß es nichts Wichtiges berührt hatte. Das scharfe Schaudern ging vorbei. Darunter war – was? Sie sah Nicholas an. Er beobachtete sie.

»Werden Sie deswegen«, fragte er, ein wenig zögernd,

»Abneigung gegen mich empfinden, Eleanor?«

»Nicht im geringsten! Nicht im geringsten!« rief sie impulsiv. Den ganzen Abend lang, immer wieder, hatte sie etwas gefühlt, was ihn betraf; dies, das und jenes; aber nun flossen alle diese Gefühle ineinander und bildeten ein einziges Gefühl, ein Ganzes – Zuneigung. »Nicht im geringsten«, wiederholte sie. Er machte ihr eine kleine Verbeugung. Sie quittierte sie mit einem Kopfneigen. Aber die Uhr auf dem Kaminsims schlug. Renny gähnte. Es war spät. Sie stand auf. Sie ging zum Fenster und sah zwischen den Vorhängen hinaus. Alle Häuser hatten immer noch die Vorhänge vor. Die kalte Winternacht war fast schwarz. Es war, als sähe man in die Höhlung eines dunkelblauen Steins. Hier und da durchstach ein Stern das Blau. Sie hatte ein Gefühl der Unermeßlichkeit und des Friedens – als hätte etwas sich erfüllt ...

»Soll ich dir ein Taxi holen?« unterbrach Renny sie.

»Nein, ich werde zu Fuß gehn«, sagte sie und wandte sich ihm zu. »Ich gehe in London gern zu Fuß.«

»Wir werden mit Ihnen kommen«, sagte Nicholas. »Komm, Sally!« Sie lag in ihren Sessel zurückgelehnt und wippte mit dem Fuß.

»Aber ich will noch nicht gehn.« Sie machte eine abweisende Handbewegung. »Ich will bleiben; ich will reden; ich will singen – einen Lobgesang – ein Danklied ...«

»Hier ist dein Hut; und deine Handtasche«, sagte Nicholas und reichte ihr beides. »Komm!« sagte er, ergriff sie an der Schulter und schob sie aus dem Zimmer. »Komm!«

Eleanor trat auf Maggie zu, um sich zu verabschieden.

»Ich würde auch gern noch bleiben«, sagte sie. »Es gibt so vieles, worüber ich gern sprechen möchte –«

»Aber ich will schlafen gehn – ich will schlafen gehn«, widersprach Renny. Er stand da, die Arme über den Kopf gestreckt, und gähnte.

Maggie erhob sich. »Sollst du auch.« Sie lachte ihn aus.

»Mach dir nicht die Mühe, mit hinunterzukommen«, wehrte Eleanor ab. Doch er bestand darauf. Er ist sehr grob und zugleich sehr höflich, dachte sie, während sie ihm die Treppe hinunter folgte. Ein Mann, der vieles und verschiedenes fühlt, und alles leidenschaftlich, alles gleichzeitig, dachte sie ... Aber sie waren schon im Hausflur. Nicholas und Sally standen noch hier.

»Hör doch endlich einmal auf, über mich zu lachen, Sally«,

sagte Nicholas, während er seinen Mantel anzog.

»Und du hör auf, mir zu predigen«, entgegnete sie und öffnete die Haustür.

Renny lächelte Eleanor zu, als sie einen Augenblick bei dem Kinderwagen stehnblieb.

»Sie erziehen einander«, sagte er.

»Gute Nacht!« sagte sie und reichte ihm lächelnd die Hand. Das ist der Mann, sagte sie sich in einem jähen Ansturm von Überzeugung, als sie in die frostige Luft hinaustrat, den ich gern geheiratet hätte. Sie erkannte ein Gefühl, das sie nie zuvor gefühlt hatte. Aber er ist zwanzig Jahre jünger als ich, dachte sie, und mit meiner Cousine verheiratet. Einen Augenblick lang grollte sie dem Dahinfließen der Zeit und den Wechselfällen des Lebens, die sie weggeschwemmt hatten – von alledem, sagte sie sich. Und ein Bild stieg vor ihr auf: Maggie und Renny, wie sie am Feuer saßen. Eine glückliche Ehe, dachte sie. Das habe ich die ganze Zeit gefühlt. Eine glückliche Ehe. Sie ging hinter den andern her die dunkle kleine Gasse entlang und blickte auf. Ein breiter Fächer von Licht, wie das Segel einer Windmühle, glitt langsam über den Himmel. Er schien, was sie fühlte, zu nehmen und es groß und einfach auszudrücken, so, als spräche eine andre Stimme in einer andern Sprache. Dann verweilte das Licht und prüfte einen wolligen Fleck am Himmel, einen verdächtigen Fleck.

Der Luftangriff! dachte sie. Den hab' ich ganz vergessen gehabt!

Die andern waren bis zur Kreuzung gekommen; dort blieben sie stehn.

»Den Luftangriff hab' ich ganz vergessen gehabt!« sagte sie, als sie zu ihnen trat. Sie war erstaunt; aber es war wahr.

Sie waren in der Victoria Street. Die Straße verlor sich in weitem Bogen und sah breiter und dunkler aus als sonst. Kleine Gestalten eilten den Gehsteig entlang; sie tauchten einen Augenblick unter einer Lampe auf und verschwanden dann wieder in die Dunkelheit. Die Straße war sehr leer.

»Glaubt ihr, fahren die Omnibusse wie gewöhnlich?« fragte Eleanor, als sie so standen.

Sie blickten umher. Im Augenblick kam nichts die Straße entlang.

»Ich warte hier«, sagte Eleanor.

»Dann gehe ich«, sagte Sally unvermittelt. »Gute Nacht!«

Sie winkte mit der Hand und war gegangen. Eleanor nahm als selbstverständlich an, daß Nicholas sie begleiten werde.

»Ich warte hier«, wiederholte sie.

Aber er rührte sich nicht. Sally war schon verschwunden. Eleanor sah ihn an. War er zornig? War er unglücklich? Sie wußte es nicht. Aber da tauchte etwas Riesiges aus der Dunkelheit auf; seine Lichter waren mit blauer Farbe gedämpft. Innen saßen schweigende Menschen zusammengekauert; sie sahen leichenhaft und unwirklich aus in dem blauen Licht. »Gute Nacht!« sagte sie und tauschte einen Händedruck mit Nicholas. Sie blickte zurück und sah ihn immer noch auf dem Gehsteig stehn. Er hielt immer noch den Hut in der Hand. Er sah hochgewachsen aus, eindrucksvoll und einsam, wie er so allein dastand, während die Scheinwerfer über den Himmel kreisten.

Der Omnibus fuhr weiter. Sie wurde sich bewußt, daß sie einen alten Mann in der Ecke anstarrte, der etwas aus einem Papiersäckchen aß. Er sah her und fing ihren Blick auf.

»Will die Dame vielleicht sehn, was ich zum Nachtmahl esse?« sagte er, die eine Braue hochziehend über seinen blinzelnden alten Triefaugen. Und er hielt ihr eine mit kaltem Fleisch oder Wurst belegte Brotschnitte hin.

# 1918

Ein Nebelschleier bedeckte den Novemberhimmel; ein vielfaltiger Schleier, so feinmaschig, daß er eine einzige Dichte war. Es fiel kein Regen, aber da und dort schlug sich der Nebel an Oberflächen als Feuchtigkeit nieder und machte das Pflaster speckig. Da und dort, an einem Grashalm oder einem Heckenblatt hing regungslos ein Tropfen. Es war windstill und ruhig. Laute, die durch den Schleier kamen – das Blöken von Schafen, das Krächzen von Krähen – wurden gedämpft. Der Aufruhr des Verkehrs verschmolz zu einem einzigen Knurren. Manchmal, gleichsam als öffnete und schlösse sich eine Tür, als öffnete und schlösse sich der Schleier, brauste der Lärm auf und klang ab.

»Der Schweinkerl«, brummelte Crosby, den Asphaltweg über Richmond Green dahinhumpelnd. Die Füße taten ihr weh. Es regnete nicht wirklich, aber der weite offene Anger war voller Nebel. Und es war niemand in der Nähe; also konnte sie laut reden.

»Der Schweinkerl!« brummte sie abermals. Sie hatte sich dieses laute Vorsichhinreden angewöhnt. Es war kein Mensch zu sehn; das Ende des Wegs verlor sich im Nebel. Es war sehr still. Nur die Krähen, die auf den Baumwipfeln versammelt waren, ließen ab und zu einen sonderbaren kleinen Krächzlaut hören, und ein schwarz geflecktes Blatt fiel zu Boden. Ihr Gesicht zuckte, wie sie so ging, als hätten ihre Muskeln sich angewöhnt, unwillkürlich gegen die Bosheiten und Widrigkeiten zu protestieren, die ihr zur Marter wurden. Sie war in den letzten vier Jahren sehr gealtert. Sie sah so klein und krumm aus, daß es zweifelhaft schien, ob sie den Weg über den weiten, offenen, in weißen Nebel gehüllten Anger bewältigen könnte. Aber sie mußte zur Hauptstraße, um ihre Einkäufe zu besorgen.

»Dieser Schweinkerl!« Sie hatte heute morgen einen Wortwechsel mit Mrs. Burt gehabt, nachdem »der Graf« gebadet hatte. Er hatte in die Wanne gespuckt, und Mrs. Burt hatte ihr gesagt, sie solle sie reinigen.

»Graf, pah! – der ist ebensowenig ein Graf, wie Sie einer sind«, brummte sie weiter. Sie sprach jetzt zu Mrs. Burt. »Ich tu' Ihnen gern den Gefallen«, setzte sie hinzu. Sogar hier draußen, im Nebel, wo sie doch sagen konnte, was sie wollte, schlug sie einen versöhnlichen Ton an, denn sie wußte, daß die dort sie los sein wollten. Sie gestikulierte mit der Hand, in der sie nicht die Einkaufstasche trug, während sie Louisa versicherte, sie tue ihr gern den Gefallen. Sie humpelte weiter. »Und ich hätt' auch nichts dagegen, wegzuziehn«, fuhr sie mit Bitterkeit fort, aber das sagte sie nur zu sich selbst. Es war kein Vergnügen für sie, noch länger in dem Haus zu wohnen; aber sie hatte sonst keinen Ort, wohin sie gehn konnte; das wußten die Burts sehr gut.

»Ihnen zuliebe bin ich gern bereit dazu«, sprach sie laut weiter, wie sie tatsächlich zu Louisa gesagt hatte. Aber die Wahrheit war, daß sie nicht mehr so arbeiten konnte wie früher. Die Füße taten ihr weh. Es verbrauchte ihre ganze Kraft, ihre paar Einkäufe zu machen, vom Wannenreinigen ganz zu schweigen. Aber bei allem war das jetzt so: Wenn's dir nicht paßt, kannst du ja gehn! Früher, da hätte sie's der ganzen Bande schon gezeigt.

»Flitsche ... Schlampe!« brummelte sie. Nun redete sie das rothaarige Dienstmädchen an, das gestern davongelaufen war, ohne zu kündigen. *Die* konnte leicht eine andre Stelle finden; der kam es nicht drauf an. So blieb es ihr überlassen, hinter dem Grafen die Wanne zu reinigen.

»Schweinkerl, Schweinkerl!« Ihre blaßblauen Augen funkelten machtlos. Abermals sah sie den Patzen Spucke, den der Graf an der Wand der Wanne hinterlassen hatte – dieser Belgier, der sich einen Grafen nannte! »Ich war gewohnt, Herrschaften zu bedienen, nicht schmutzige Ausländer wie Sie!« sagte sie zu ihm im Dahinhumpeln.

Der Verkehrslärm wurde lauter, als sie sich der geisterhaften Baumreihe näherte. Ihre blaßblauen Augen spähten durch den Nebel, als sie der Einfriedung zustrebte. Ihre Augen allein schienen eine unbezwingliche Entschlossenheit auszudrücken; sie würde sich nicht unterkriegen lassen; sie wollte am Leben bleiben. Der weiche Nebel hob sich langsam. Blätter lagen feucht und braunrot auf dem Asphaltweg. Die Krähen krächzten und rückten in den Baumwipfeln hin und her. Nun tauchte eine dunkle Zeile von Geländerpfählen aus dem Nebel. Der Verkehrslärm auf der Hauptstraße wurde lauter und lauter. Crosby blieb stehn und stützte ihre Einkaufstasche auf das Geländer, bevor sie weiterging, um den Kampf mit den Scharen von Einkaufenden auf der Hauptstraße aufzunehmen. Sie würde schubsen und drängen müssen und selber hin- und hergestoßen werden; und die Füße taten ihr weh. Denen dort lag nichts dran, ob man was kaufte oder nicht, dachte sie. Und oft war sie von irgendeiner Flitsche mit frechem Gesicht beiseite gedrängt worden. Das rothaarige Dienstmädchen fiel ihr wieder ein, während sie ein wenig keuchend hier stand, die Einkaufstasche auf das Geländer gestützt. Die Füße taten ihr weh. Auf einmal ließ der langgezogene Ton einer Sirene seine melancholische Klage verströmen; dann folgte ein dumpfer Knall.

»Schon wieder die Schießerei!« brummte Crosby und sah mit grämlicher Gereiztheit zum blaßgrauen Himmel auf. Die Krähen, von dem Knall aufgescheucht, erhoben sich und kreisten um die Wipfel. Dann ertönte wieder ein dumpfes Dröhnen. Ein Mann auf einer Leiter, der die Fensterrahmen an einem der Häuser strich, hielt inne, den Pinsel in der Hand, und wandte sich um. Eine Frau, die mit einem Laib Brot, der halb aus seiner Papierhülle hervorschaute, vorbeiging, hielt auch inne. Beide warteten sie, wie auf irgendein Ereignis. Ein Rauchwölkchen kam über die Schornsteine getrieben und sank herab. Die Kanonen dröhnten abermals. Der Mann auf der Leiter sagte etwas zu der Frau auf dem Gehsteig unten. Sie nickte. Dann tauchte er den Pinsel in den Topf und begann wieder zu streichen. Die Frau ging weiter. Crosby nahm sich zusammen und ging ein wenig schlotterig über die Fahrbahn und in die Hauptstraße. Die Kanonen dröhnten fort, und die Sirenen heulten. Der Krieg war aus – so sagte ihr jemand, als sie sich in die Schlange vor der Kolonialwarenhandlung einreihte. Die Kanonen dröhnten fort, und die Sirenen heulten.

# GEGENWART

[1930]

Es war ein Sommerabend; die Sonne ging unter; der Himmel war noch blau, aber mit einem Anflug von Gold, als hinge ein dünnes Schleiergewebe davor; und da und dort in der blaugoldnen Weite schwamm eine Wolkeninsel. Auf den Wiesen standen die Bäume mit majestätischen Schabracken von unzähligen vergoldeten Blättern. Schafe und Küche, perlenweiß und scheckig, lagerten käuend oder weideten sich durch das fast durchsichtige Gras. Alles war von einem Saum von Licht umgeben. Rötlichgoldner Rauch stieg von dem Staub der Landstraßen auf. Sogar die kleinen Villen aus roten Ziegeln waren wie durchlässig geworden, glühten von Licht, und die Blumen in den Hausgärtchen, lila und rosa wie Kattunkleider, leuchteten geädert, gleichsam von innen erhellt. Die Gesichter von Leuten, die in den Türen ländlicher Häuschen standen oder städtische Gehsteige entlangtrotteten, zeigten dasselbe rötliche Glühen, wenn sie der langsam sinkenden Sonne zugewandt waren.

Eleanor trat mit Norman aus ihrer Wohnung auf den Flur. Ihr Gesicht wurde von der Glut der über London untergehenden Sonne beleuchtet, und einen Augenblick lang war sie geblendet, wie sie so über die tieferliegenden Dächer und die Türme hinblickte. Drinnen redeten Leute miteinander, und sie wollte mit ihrem Neffen ein Wort allein sprechen. Norman, der Sohn ihres Bruders Morris, war eben erst aus Afrika zurück, und sie war noch kaum mit ihm allein gewesen. So viele Leute waren heute nachmittag zu ihr gekommen – Miriam Parrish, Ralph Pickersgill, Anthony Wedd, ihre Nichte Peggy und, zu allen andern, noch dieser sehr redselige Mensch, ihr Freund Nicholas Pomjalowsky, den sie alle kurz Brown nannten. Sie hatte kaum ein Wort mit Norman allein gesprochen. Einen Augenblick blieben sie in dem hellen Geviert von Sonnenschein stehn, das auf den Steinboden des Flurs fiel. Die Stimmen drinnen redeten weiter. Sie legte ihm die Hand auf die Schulter.

»Es ist so nett, dich wiederzusehn«, sagte sie. »Und du hast dich gar nicht verändert ...« Sie sah ihn an; sie erkannte immer noch Spuren des braunäugigen Kricket spielenden Jungen an dem stämmigen Mann, der so sonnverbrannt und an den Schläfen ein wenig grau war. »Wir werden dich nicht zurück fahren lassen«, setzte sie fort und begann mit ihm die Treppe hinabzusteigen, »auf diese gräßliche Farm.«

Er lächelte. »Und du, du hast dich auch nicht verändert«, sagte er.

Sie sah sehr rüstig aus. Sie war in Indien gewesen. Ihr Gesicht war von der Sonne gegerbt. Mit dem weißen Haar und den braungebrannten Wangen war ihr ihr wirkliches Alter kaum anzumerken, aber sie mußte gut über Siebzig sein, dachte er. Sie gingen Arm in Arm hinunter. Es waren sechs Treppen Steinstufen hinunterzusteigen, aber sie bestand darauf, ihn bis ganz unten zu begleiten.

»Und, Norman«, sagte sie, als sie die Eingangshalle erreichten, »nicht wahr, du wirst vorsichtig sein ...« Sie blieb auf den Türstufen stehn. »Autolenken in London«, sagte sie, »ist nicht dasselbe wie Autolenken in Afrika.«

Sein kleiner Sportwagen stand vor dem Haus; ein Mann ging im Abendsonnenschein vorbei und rief: »Alte Sessel und Körbe zu flicken?«

Norman schüttelte den Kopf; seine Antwort wurde vom Rufen des Mannes übertönt. Er blickte auf ein Brett in der Halle, auf dem Namen standen. Wer daheim und wer ausgegangen war, das war mittels Schiebetäfelchen mit einer Sorgfalt angezeigt, die ihn, nach Afrika, ein wenig belustigte. Die Stimme des Mannes, der »Alte Sessel und Körbe zu flicken?« rief, verklang allmählich.

»Also, auf Wiedersehn, Eleanor!« sagte er und wandte sich ab. »Wir treffen uns dann später.« Er stieg in seinen Wagen.

»Ach, aber, Norman –« rief sie, sich plötzlich auf etwas besinnend, was sie ihm sagen wollte. Doch er hatte den Motor angelassen; er hörte sie nicht. Er winkte ihr mit der Hand – und hier stand sie, oben auf den Stufen, und ihr Haar flatterte im Wind. Der Wagen fuhr mit einem Ruck an. Sie winkte noch einmal, als er um die Ecke bog.

Eleanor ist sich ganz gleich geblieben, dachte er; exzentrischer vielleicht. Mit einem Zimmer voller Leute – der kleine Raum war gedrängt voll gewesen – hatte sie darauf bestanden, ihm ihre neue Dusche vorzuführen. »Du drückst auf diesen Knopf da«, hatte sie gesagt, »und schau –« Zahllose Nadeln von Wasser schossen herab. Er lachte laut. Sie hatten miteinander auf dem Rand der Wanne gesessen.

Aber die Wagen hinter ihm hupten unaufhörlich; sie hupten und hupten. Weswegen? fragte er sich. Plötzlich begriff er, daß sie seinetwegen hupten. Das Licht hatte gewechselt; es war jetzt grün, er hatte die Fahrbahn versperrt. Er fuhr mit einem heftigen Ruck an. Er hatte die Kunst, ein Auto in London zu lenken, noch nicht gemeistert.

Der Londoner Lärm schien ihm immer noch betäubend zu sein, und das Tempo, in dem die Leute fuhren, war beängstigend; aber es war aufregend nach Afrika. Sogar die Kaufläden, dachte er im Vorbeisausen an den Reihen von Spiegelscheiben, waren wundervoll. Und am Randstein standen Karren mit Obst und Blumen. Allenthalben herrschte Überfluß, Fülle ... Wieder leuchtete ein rotes Licht auf; er bremste.

Er sah umher. Er war irgendwo in der Oxford Street; auf dem Gehsteig drängten sich die Leute; stießen aneinander; schwärmten um die Spiegelscheiben, die noch immer erleuchtet waren. Die fröhliche Buntheit, die Vielfalt waren verblüffend nach Afrika. Alle diese Jahre, dachte er beim Anblick eines schwebenden Banners aus durchscheinendem Seidengewebe, war er an Rohstoffe gewöhnt gewesen; an Häute, an Felle; hier war die fertige Ware. Ein Necessaire aus gelbem Leder, mit silbernen Flakons darin, zog seinen Blick auf sich. Aber das Licht war wieder grün. Mit einem Ruck fuhr er weiter.

Er war erst zehn Tage wieder hier, und in seinen Gedanken ging alles mögliche durcheinander. Es kam ihm so vor, als hätte er nie aufgehört zu reden; Hände zu schütteln; zu sagen: Wie geht's? Überall tauchten Leute auf; sein Vater, seine Schwester; alte Herren erhoben sich aus Armsesseln und sagten: »Sie erinnern sich nicht mehr an mich?« Buben, die er zuletzt im Kinderzimmer gesehn hatte, waren erwachsene Männer und auf der Universität; Mädchen mit Hängezöpfen waren jetzt verheiratete Frauen. Er war noch verwirrt von alledem; sie redeten so schnell; sie hielten ihn wohl für sehr schwerfällig. Er hatte sich in eine Fensternische zurückziehn und sich fragen müssen: »Was, was, was meinen sie nur damit?«

Heute nachmittag, zum Beispiel, bei Eleanor, da war ein Mann mit einem ausländischen Akzent gewesen, der Zitronensaft in seinen Tee preßte. Wer das sei? hatte er wissen wollen. »Einer von Nells Zahnärzten«, hatte seine Schwester Peggy geantwortet und dabei die Lippen gekräuselt. Denn alle hatten sie ihre schon zugeschnittenen Zeilen, ihre fix und fertigen Redensarten. Aber das war der schweigsame Mann auf dem Sofa gewesen. Der, den er meinte, war der andre – der sich Zitronensaft in den Tee preßte. »Wir nennen ihn Brown«, flüsterte sie. Warum Brown, wenn er ein Ausländer ist? fragte er sich. Wie immer das war, sie alle wollten etwas Romantisches in Einsamkeit und Wildnis sehn – »Ich wollte, ich hätte Ihre Art von Leben geführt«, hatte ein kleiner Mann namens Pickersgill zu ihm gesagt, – alle außer diesem Brown, der etwas gesagt hatte, was ihn interessierte. »Wenn wir uns selbst nicht kennen, wie können wir dann andre Leute kennen?« hatte er gesagt. Sie hatten über Diktatoren gesprochen; Napoleon; die Psychologie großer Männer. Aber hier war das grüne Licht: FAHRT. Er schoß wieder vorwärts. Und dann hatte sich die Dame mit den großen Ohrringen überschwenglich über die Schönheiten der Natur ausgelassen. Er warf einen Blick auf den Namen der Straße zur Linken. Er sollte zum Dinner bei Sally sein, aber er wußte nicht genau, wie dort hinkommen. Er hatte nur am Telephon ihre Stimme gehört: »Komm zum Dinner zu mir, Milton Street zweiundfünfzig, mein Name steht an der Tür.« Es war in der Nähe des Prison Tower. Aber dieser Brown – es war schwer, ihn sogleich einzuordnen. Er redete, die Finger gespreizt, mit der Geläufigkeit eines Mannes, der zu guter Letzt langweilig wird. Und Eleanor ging von einem zum andern, eine Teetasse in der Hand, und erzählte allen von ihrer neuen Dusche. Er wünschte, sie blieben bei der Sache. Denn Gespräche interessierten ihn. Ernste Gespräche über abstrakte Dinge. War Einsamkeit gut? War Geselligkeit schlecht? So etwas war interessant; aber sie sprangen von einem zum andern. Als der breitschultrige Herr sagte: »Einzelhaft ist die größte Marter, die wir einem Menschen zufügen können«, da hatte sogleich die hagere alte Frau mit dem zausigen Haar dazwischen gepiept und dabei die Hand aufs Herz gelegt: »Die sollte man abschaffen!« Sie befaßte sich mit Sträflingsfürsorge, so schien es.

»Wo, zum Kuckuck, bin ich jetzt?« fragte er sich und spähte nach dem Namen an der Straßenecke. Jemand hatte mit Kreide an die Mauer einen Kreis mit einer Zackenlinie darin gezeichnet. Er blickte die lange Häuserzeile entlang. Tür auf Tür, Fenster auf Fenster wiederholten sich nach dem gleichen Muster. Über alledem lag eine rötlichgelbe Glut, denn die Sonne ging durch den Staub der Londoner Luft unter. Alles war von einem sattgelben Dunst getönt. Karren voll Obst und Blumen standen am Randstein; die Sonne vergoldete die Früchte; die Blumen hatten einen verschwommenen Glanz; da gab es Rosen, Nelken und auch Lilien. Er war halb gesonnen, zu halten und einen Strauß für Sally zu kaufen. Aber die Autos hinter ihm hupten. Er fuhr weiter. Ein Blumenstrauß in der Hand, dachte er, der würde über die Verlegenheit des Wiedersehens hinweghelfen; und die üblichen Sachen, die man sagen mußte. »Wie nett, dich wiederzusehn – du bist rundlicher geworden«, und so fort. Er hatte nur ihre Stimme gehört, am Telephon, und Menschen veränderten sich in all den Jahren. Ob das hier die richtige Straße war? Oder nicht? Er bog langsam aus der Reihe um die Ecke; hielt an; fuhr wieder weiter. Es war die Milton Street, eine düstere Gasse mit alten Häusern, die jetzt zimmerweise vermietet wurden; aber sie hatten bessere Tage gesehn.

»Die ungraden drüben; die graden hier«, dachte er. Die Straße war von Fuhrwerk versperrt. Er hupte. Er hielt an. Er hupte wiederum. Ein Mann trat zum Kopf des Pferdes; es war ein Kohlenwagen, und das Pferd stapfte langsam weiter. Nummer zweiundfünfzig war gleich dort in der Zeile. Langsam, schrittweise, fuhr er vor der Haustür vor. Er hielt.

Eine Stimme ertönte auf der andern Seite der Straße, eine Frauenstimme, die Skalen sang.

»Was für eine schmutzige –« sagte er sich, noch einen Augenblick im Wagen sitzenbleibend; eine Frau mit einem Krug unterm Arm querte soeben die Fahrbahn – »verwahrloste«, setzte er fort, »heruntergekommene Gasse, um hier zu wohnen.« Er stellte den Motor ab, stieg aus und suchte unter den Namen an der Haustür. Sie standen übereinander, hier auf einer Visitenkarte, hier in Messing graviert – Foster; Abrahamson; Roberts; S. Pargiter stand fast ganz oben, in einen Aluminiumstreifen geprägt. Er drückte auf einen der vielen Klingelknöpfe. Niemand kam. Die Frau sang weiter Skalen, die allmählich höher wurden. Die Stimmung kommt, die Stimmung geht, dachte er. Früher einmal hatte er Gedichte geschrieben; jetzt war diese Stimmung wieder über ihn gekommen, während er hier stand und wartete. Er drückte ein paarmal fest auf den Klingelknopf. Aber niemand kam. Dann gab er der Haustür einen Stoß; sie war unverschlossen. Es roch merkwürdig im Hausflur; nach gesottenem Gemüse; und die ölige braune Tapete machte ihn dunkel. Er ging die Treppe des einst herrschaftlichen Wohnhauses hinauf. Das Geländer war geschnitzt; aber es war mit einem billigen gelben Anstrich überschmiert. Er stieg langsam höher und blieb auf dem Absatz stehn, ungewiß, an welcher Tür er klopfen sollte. Er stand jetzt immer vor den Türen fremder Wohnungen. Er hatte ein Gefühl, niemand Bestimmter zu sein und an keinem bestimmten Ort. Von der andern Seite der Straße ertönte die Stimme der Sängerin, entschlossen die Tonleitern emporkletternd, als wären die Noten Sprossen; und nun hielt sie an, träg, schmachtend, und ließ die Stimme hervorquellen, die nichts als reiner Ton war. Dann hörte er jemand drin; ein Lachen.

Das ist ihre Stimme, sagte er sich. Aber es ist jemand bei ihr. Er war verärgert; er hatte gehofft, sie werde allein sein. Die Stimme sprach weiter und antwortete nicht, als er klopfte. Sehr vorsichtig öffnete er die Tür und trat ein.

»Ja, ja, ja«, sagte Sally grade. Sie kniete neben dem Telephon und redete; also war niemand da. Sie hob die Hand, als sie ihn sah, und lächelte ihm zu; aber sie hielt weiter die Hand hoch, als hätte sie während des Geräusches, das er machte, nicht verstanden, was sie zu verstehen versuchte.

»Was?« fragte sie ins Telephon. »Was?« Er blieb ohne etwas zu sagen stehn und blickte auf die Silhouetten seiner Großeltern auf dem Kaminsims. Es waren keine Blumen da, fiel ihm auf. Er wünschte, er hätte welche mitgebracht. Er hörte zu, was sie sagte. Er versuchte, es sich zusammenzustückeln.

»Ja, jetzt kann ich dich verstehn ... Ja, du hast recht. Es ist jemand gekommen ... Wer? Norman. Mein Cousin aus Afrika ...«

Das bin ich, dachte er. »Mein Cousin aus Afrika.« Das ist mein Etikett.

»Du hast ihn kennengelernt?« fragte sie. Es folgte eine Pause. »Findest du?« fragte sie. Sie wandte sich her und sah ihn an. Sie sprachen wohl über ihn. Er fühlte sich unbehaglich.

»Auf Wiedersehn!« sagte sie dann und legte den Hörer auf.

»Er sagt, er hat dich heute nachmittag kennengelernt«,

sagte sie, auf ihn zukommend und seine Hand ergreifend. »Du warst ihm sympathisch«, fügte sie hinzu und lächelte.

»Wer war es?« fragte er befangen; er hatte ihr keine Blumen mitgebracht.

»Jemand, den du bei Eleanor kennengelernt hast.«

»Ein Ausländer?«

»Ja, aber alle nennen ihn Brown«, antwortete sie und schob ihm einen Sessel hin.

Er setzte sich, und sie kuschelte sich ihm gegenüber hin, den einen Fuß untergeschlagen. Er entsann sich dieser Haltung; Stück für Stück kam Sally wieder; zuerst die Stimme; dann die Haltung; aber etwas Unbekanntes verblieb.

»Du hast dich gar nicht verändert«, sagte er – das Gesicht, meinte er. Ein Gesicht, an dem nicht viel war, veränderte sich kaum; wogegen schöne Gesichter verwelkten. Sie sah weder jung noch alt aus, sondern armselig; und das Zimmer mit dem Pampasgras in einer Vase in der Ecke war vernachlässigt. Ein Logierhauszimmer, eilig in Ordnung gebracht, vermutete er.

»Und du –« sagte sie und sah ihn an. Es war, als versuchte sie, zwei verschiedene Fassungen seiner selbst zusammenzufügen; die eine am Telephon, vielleicht, und die andre hier auf dem Stuhl. Oder gab es noch eine? Dieses halbe Kennen von Leuten, dieses halbe Gekanntwerden, dieses Spüren des Blicks auf der Haut wie das Krabbeln einer Fliege – wie ungemütlich das alles war, dachte er; aber unvermeidlich; nach so vielen Jahren. Auf den Tischen lag allerlei Kram herum; er zögerte, den Hut noch immer in der Hand. Sie lächelte ihm zu, als er so saß und unschlüssig seinen Hut in der Hand hielt.

»Wer ist nur der junge Franzose?« fragte sie. »Mit dem Zylinderhut, auf dem Bild?«

»Auf welchem Bild?«

»Der so dasitzt und ratlos dreinsieht, den Hut in der Hand«, sagte sie. Er legte seinen Hut auf den Tisch, aber ungeschickt. Ein Buch fiel herab.

»Verzeih!« sagte er. Damit, daß sie ihn mit dem ratlosen jungen Mann auf dem Bild in der Tate-Galerie verglich, meinte sie vermutlich, daß er linkisch war; er war es immer gewesen.

»Das ist nicht das Zimmer, in das ich letztes Mal kam«, sagte er.

Er erkannte einen Sessel – einen Sessel mit vergoldeten Klauen; und dort stand das gewohnte Klavier.

»Nein, das war drüben auf dem andern Ufer«, sagte sie, »damals, als du Abschied nehmen kamst.«

Er erinnerte sich. Er war an dem Abend, bevor er ins Feld ging, zu ihr gekommen; und er hatte seine Kappe auf die Büste des Großvaters gehängt – die war nicht mehr da. Und Sally hatte sich über ihn lustig gemacht.

»Wieviel Stück Zucker nimmt ein Leutnant der Reitenden Rattenfänger?« hatte sie gespöttelt. Er konnte sie jetzt vor sich sehn, wie sie die Zuckerwürfel in seine Teetasse getan hatte. Und sie hatten gestritten. Und er war bald weggegangen. In jener Nacht war ein Fliegerangriff gewesen, erinnerte er sich. Er erinnerte sich an die dunkle Nacht; an die Scheinwerfer, die langsam über den Himmel strichen; da und dort hatten sie verweilt, um einen wolligen Fleck zu untersuchen; kleine Schrapnellkugeln waren gefallen; und die Leute waren durch die leeren, blauverhüllten Straßen zerstoben. Er war nach Kensington gefahren, um mit den Seinen zu Abend zu essen; er hatte seiner Mutter Lebewohl gesagt; er hatte sie nicht wiedergesehn.

Die Stimme der Sängerin unterbrach seine Gedanken. »A-a-ah, o-o-oh, a-a-ah, o-o-oh«, sang sie, die Tonleiter schmachtend hinauf- und hinabkletternd, drüben auf der andern Seite der Gasse.

»Geht das jeden Abend so?« fragte er. Sally nickte. Die Töne, die durch die summende Abendluft kamen, klangen träg und sinnlich. Die Sängerin schien endlos Zeit zu haben; sie konnte auf jeder Sprosse ausruhen.

Und es war kein Anzeichen einer Mahlzeit zu sehn, so fiel ihm auf; nur eine Schale mit Obst auf dem billigen Logierhaus-Tischtuch, das schon einen gelben Fleck von irgendeiner Soße hatte.

»Warum suchst du dir immer ein Armeleuteviertel aus –« begann er, denn unten auf der Straße kreischten Kinder – da ging die Tür auf, und ein Hausmädchen kam mit einer Handvoll Eßbesteck herein. Das richtige Logierhaustrampel, dachte er; mit roten Händen und einem dieser flott sein sollenden weißen Häubchen, wie die Dienstmädchen in Logierhäusern sie sich aufs Haar stülpen, wenn jemand einen Gast hat. Solange das Mädchen da war, mußten sie Konversation machen. »Ich war heute nachmittag bei Eleanor«, sagte er. »Dort hab' ich deinen Freund Brown kennengelernt...«

Das Mädchen klapperte beim Tischdecken mit dem Besteck.

»Ach, bei Eleanor«, sagte Sally. »Eleanor –.« Aber sie beobachtete diese Person, wie sie tolpatschig um den Tisch herumging; und sehr laut atmete, während sie ihn deckte.

»Sie ist eben erst aus Indien zurück«, sagte er. Auch er sah der Person beim Tischdecken zu. Nun stellte sie eine Flasche Wein zwischen das billige Logierhausgeschirr.

»Gondelt in der Welt herum«, murmelte Sally.

»Und spielt Gastgeberin für die sonderbarsten alten Knaster und Scharteken«, fügte er hinzu. Er dachte an den kleinen Mann mit den glühenden blauen Augen, der wünschte, er wäre auch in Afrika gewesen; und an die zerzauste Frau mit den Holzperlenketten, die sich anscheinend mit Sträflingsfürsorge befaßte.

»... und dieser Mann, dieser Freund von dir –« begann er. Eben ging das Mädchen aus dem Zimmer, aber sie ließ die Tür halb angelehnt; also käme sie bald wieder zurück.

»Nicholas«, sagte Sally, seinen Satz beendend. »Der Mann, der Brown genannt wird.«

Eine Pause folgte. »Und wovon habt ihr gesprochen?« fragte sie dann.

Er versuchte sich zu erinnern.

»Napoleon, die Psychologie großer Männer; wenn wir uns selbst nicht kennen, wie können wir dann andre Leute kennen...« Er brach ab. Es war schwer, sich genau zu erinnern, sogar dessen, was erst vor einer Stunde gesprochen worden war.

»Und dann«, sagte sie, die Hand ausstreckend und mit der andern einen Finger berührend, genau wie Brown das getan hatte, »... wie können wir Gesetze machen, Religionen, die passen, die passen, wenn wir uns selbst nicht kennen?«

»Ja! Ja!« rief er. Sie hatte es ganz genau getroffen; den leicht ausländischen Akzent; die Wiederholung des Wörtchens »passen«, als wäre er gewisser Wörter in der ihm fremden Sprache nicht ganz sicher.

»Und Eleanor«, fuhr Sally fort, »sagt... ›Können wir uns bessern – können wir uns zu bessern Menschen machen?‹ und sitzt dabei auf der Kante des Sofas.«

»Der Badewanne«, lachte er, sie berichtigend. »Du hast das alles schon zu hören bekommen«, sagte er. Es war genau das, was er empfunden hatte. Sie hatten alle schon zuvor über das alles geredet. »Und dann«, setzte er fort, »unterhielten wir uns über –«

Aber da platzte wieder das Hausmädchen herein. Diesmal brachte sie Teller, blaugeränderte Teller, billige Logierhausteller. – »darüber, was besser ist: Gesellschaft oder Einsamkeit«, beendete er seinen Satz.

Sally sah immerzu den Tisch an. »Und was«, fragte sie auf die zerstreute Art jemands, der nur mit seinen äußeren Sinnen beobachtet, was vorgeht, gleichzeitig aber an etwas andres denkt, »– was war deine Antwort? Deine, der du doch diese vielen Jahre hindurch allein warst«, sagte sie. Das Mädchen verließ abermals das Zimmer. »Allein – mit deinen Schafen, Norman.« Sie unterbrach sich; denn jetzt hatte unten auf der Straße ein Posaunenbläser zu blasen angefangen, und da die Frauenstimme, die ihre Tonleitern übte, weiterschallte, klang es, als versuchten zwei Menschen völlig verschiedene Weltanschauungen gleichzeitig auszudrücken. Die Stimme stieg; die Posaune jaulte. Sie mußten lachen.

»... Auf der Veranda sitzend«, begann sie wieder, »und die Sterne betrachtend.«

Er sah auf. Zitierte sie da etwas? Er entsann sich, daß er ihr geschrieben hatte in der ersten Zeit, nachdem er dorthin gekommen war. »Ja, die Sterne«, sagte er.

»Auf der Veranda, in der Stille«, fügte sie hinzu. Ein Wagen fuhr unten vorbei. Im Augenblick wurden alle andern Geräusche übertönt.

»Und dann...« sagte sie, als der Wagen davonratterte, – sie hielt inne, als spielte sie wieder auf etwas an, was er ihr geschrieben hatte.

»... dann hast du ein Pferd gesattelt«, sagte sie, »und bist auf und davon geritten!«

Sie sprang auf, und zum erstenmal sah er ihr Gesicht im vollen Licht. Sie hatte einen Schmutzfleck neben der Nase.

»Weißt du«, sagte er, sie ansehend, »daß du einen Schmutzfleck im Gesicht hast?«

Sie griff sich an die falsche Wange.

»Nicht dort – auf der andern«, sagte er.

Sie verließ das Zimmer, ohne in den Spiegel zu blicken. Woraus wir schließen, sagte er sich, als schriebe er einen Roman, daß Miss Sally Pargiter niemals die Liebe der Männer erweckt hat. Oder doch? Er wußte es nicht. Diese kleinen

Momentaufnahmen von Menschen ließen viel zu wünschen übrig, diese kleinen Aufnahmen der Oberfläche, die man machte, wie eine Fliege, die über ein Gesicht krabbelt und spürt, hier ist die Nase, hier ist die Stirn.

Er trat müßig ans Fenster. Die Sonne mußte im Untergehn sein, denn die Ziegelmauer des Hauses an der Ecke tönte sich zu einem gelblichen Rosa. Zwei, drei Fenster in der Höhe leuchteten wie poliertes Gold. Das Hausmädchen war wieder hereingekommen, und das lenkte ihn ab; auch beirrte ihn immer noch der Lärm von London. Auf dem dumpfen Untergrund der Verkehrsgeräusche, der rollenden Räder und kreischenden Bremsen, erhob sich unweit der Aufschrei einer Frau, die plötzlich um ihr Kind Angst hatte; der eintönige Ruf eines Mannes, der Gemüse feilbot. Und irgendwo weiter weg spielte ein Leierkasten; verstummte; begann von neuem. Ich pflegte ihr zu schreiben, dachte er, spät abends, wenn ich mich einsam fühlte, als ich jung war. Er besah sich in dem Spiegel. Er erblickte sein sonnverbranntes Gesicht mit den breiten Backenknochen und den kleinen braunen Augen.

Das Mädchen war in den untern Teil des Hauses hinabgesaugt worden. Die Tür stand offen. Nichts schien zu geschehn. Er wartete. Er kam sich als Außenseiter vor. Nach diesen vielen Jahren, dachte er, hatten sie sich alle zu Paaren zusammengefunden; Haushalte gegründet; waren mit ihren eignen Angelegenheiten beschäftigt. Man traf sie an, wie sie telephonierten, sich andrer Gespräche erinnerten; sie gingen aus dem Zimmer; sie ließen einen allein. Er griff nach einem Buch und las einen Satz.

»Ein Schatten, engelgleich, mit lichtem Haar ...«

Im nächsten Augenblick kam sie herein. Aber es schien irgend etwas mit den Vorbereitungen nicht zu klappen. Die Tür blieb offen; der Tisch war gedeckt; aber nichts geschah. Sie standen beieinander, wartend, mit dem Rücken zum Kamin.

»Wie seltsam es sein muß zurückzukommen«, begann sie wieder, »nach all den Jahren – wie aus den Wolken, in einem Flugzeug«, sie wies auf den Tisch, als ob der das Flugfeld wäre, auf das es niedergegangen war.

»In ein unbekanntes Land«, sagte Norman. Er beugte sich vor und berührte ein Messer auf dem Tisch.

»– und die Leute vorzufinden, wie sie reden«, fügte sie hinzu.

»– reden und reden«, sagte er, »von Geld und Politik.« Er gab dem Kaminvorsatz hinter sich einen erbosten kleinen Tritt mit dem Schuhabsatz.

Da kam das Mädchen wieder herein; mit wichtigtuerischem Gehaben, das offenbar von der Schüssel herrührte, die sie trug, denn die war mit einer großen Metallglocke bedeckt. Sie hob diesen Deckel mit einem gewissen feierlichen Schwung ab. Eine Hammelkeule lag darunter. »Komm, essen wir«, sagte Sally.

»Ja, ich bin hungrig«, erwiderte er.

Sie setzten sich an den Tisch, und sie ergriff das Vorschneidemesser und machte einen langen Einschnitt. Ein dünnes Gerieseln von rotem Saft lief heraus. Das Stück Fleisch war nicht genug durchgebraten. Sie sah es an.

»Hammelkeule sollte nicht so sein«, sagte sie. »Roastbeef ja – aber nicht Hammelkeule.«

Sie sahn beide zu, wie der rote Saft sich in der Vertiefung der Schüssel sammelte.

»Sollen wir sie zurückschicken«, sagte sie, »oder sie essen, wie sie ist?«

»Essen, wie sie ist«, entschied er. »Ich habe schon viel schlechtere Braten gegessen als den da«, fügte er hinzu.

»In Afrika ...« sagte sie und hob die Deckel von den Gemüseschüsseln; in der einen eine hingeschlappte Masse von Kohl, der grünliches Wasser entsickerte; in der andern gelbe Kartoffeln, die hart aussahn.

»... In Afrika, in der Wildnis von Afrika«, begann sie wieder und legte ihm dabei von dem Kohl vor, »auf dieser Farm, auf der du warst, wo monatelang niemand hinkam und du auf der Veranda gesessen und gelauscht hast ...«

»Den Schafen«, sagte er. Er schnitt das Hammelfleisch auf seinem Teller in Streifen. Es war zäh.

»Und nichts, was das Schweigen unterbrach«, fuhr sie fort und nahm sich dabei von den Kartoffeln, »als nur das Stürzen eines Baumes oder das Herabkollern eines Felsblocks vom Hang eines fernen Bergs ...« Sie sah ihn an, als sollte er die Sätze bestätigen, die sie aus seinen Briefen zitierte.

»Ja«, sagte er. »Es war sehr still.«

»Und heiß«, fuhr sie fort. »Glühend heiß am Mittag; ein alter Landstreicher klopfte an deine Tür ...?«

Er nickte. Er sah sich wieder als jungen Mann und sehr einsam.

»Und dann –« begann sie von neuem. Aber ein großes Lastauto kam donnernd durch die Gasse. Etwas klirrte auf dem Tisch. Die Wände und der Fußboden schienen zu erzittern. Sie schob zwei Gläser auseinander. Das Lastauto fuhr vorbei; sie hörten es noch lange davonrumpeln.

»Und die Vögel«, fuhr sie fort. »Die Nachtigallen, die im Mondschein sangen?«

Er fühlte sich unbehaglich bei der Vision, die sie heraufbeschworen hatte. »Ich muß dir eine Menge Unsinn geschrieben haben!« sagte er. »Ich wollte, du hättest sie alle zerrissen – diese Briefe!«

»Nein! Es waren schöne Briefe! Wundervolle Briefe!« rief sie, ihr Glas erhebend. Schon ein Fingerhut voll Wein machte sie immer beschwipst, erinnerte er sich. Ihre Augen glänzten; ihre Wangen glühten.

»Und dann hattest du einen freien Tag«, setzte sie fort, »und da bist du in einem ungefederten Wagen über eine holprige weiße Straße zur nächsten Stadt gerattert –«

»Hundert Kilometer weit«, sagte er.

»Und bist in eine Bar gegangen; und hast einen Mann getroffen von der nächsten – Ranch?« Sie zögerte, als wäre es vielleicht das falsche Wort.

»Ranch, jawohl, Ranch«, bestätigte er. »Ich fuhr in die Stadt und trank einen Schluck in der Bar –«

»Und dann?« fragte sie. Er lachte. Es gab einiges, das er ihr nicht geschrieben hatte. Er schwieg.

»Dann hast du aufgehört zu schreiben«, sagte sie. Sie stellte ihr Glas hin.

»Als ich vergaß, wie du warst«, sagte er und sah sie an. »Auch du hast das Schreiben aufgegeben.«

»Ja, auch ich«, sagte sie.

Die Posaune hatte ihren Standort gewechselt und jaulte jetzt kläglich grade unter dem Fenster. Der trübselige Klang, wie wenn ein Hund mit zurückgeworfenem Kopf den Mond anheult, kam zu ihnen herauf. Sally schwenkte ihre Gabel im Takt.

»Unsre Lippen voll Lachen, voll Trauer die Brust, so gingen wir beide« – sie dehnte die Worte nach dem Gejaule der Posaune – »so gingen wir bei-i-i-de« – aber da wechselte die Posaune in den Takt eines Jig – »mir zur Lust, ihm zum Leide«, jiggte sie mit, »ihm zur Lust, und mir zum Leide, ja so gingen, ja so gingen wir beide.«

Sie stellte ihr Glas hin.

»Noch eine Schnitte Fleisch?« fragte sie.

»Nein, danke«, sagte er mit einem Blick auf das ziemlich flechsige, ungustiöse Ding, das da immer noch in die Vertiefung der Schüssel blutete. Das Weidenmuster des Tellers war von Streifen blutigen Safts besudelt. Sie streckte die Hand aus und klingelte; sie klingelte ein zweites Mal. Niemand kam.

»Die Klingeln hier klingeln nicht«, sagte er.

»Nein«, lächelte sie. »Die Klingeln klingeln nicht und das Fließwasser fließt nicht.« Sie stampfte auf den Boden. Sie warteten. Niemand kam. Draußen jaulte die Posaune.

»Aber da war besonders *ein* Brief, den du mir geschrieben hast«, setzte er fort, während sie warteten. »Ein zorniger Brief; ein grausamer Brief.«

Er sah sie an. Sie hatte die Oberlippe hochgezogen – wie ein Pferd, das beißen will. Auch daran erinnerte er sich.

»Ja?« sagte sie.

»An dem Abend, an dem du vom Trafalgar Square nach Hause gekommen bist«, erinnerte er sie.

Da erschien das Mädchen mit dem Pudding. Es war ein Prunkstück von einem Pudding, halb durchsichtig, rosa, mit Schlagsahneklümpchen verziert.

»Ich erinnere mich«, sagte Sally und stach mit dem Löffel in das schwabbelnde Gelee. »Ein stiller Herbstabend; die Laternen angezündet; und die Leute trotteten langsam, mit Kränzen in den Händen, den Gehsteig entlang.«

»Ja«, sagte er und nickte, »das war's.«

»Und ich dachte mir –« sie hielt inne – »das ist die Hölle. Und wir sind die Verdammten?«

Er nickte.

Sie legte ihm von dem Pudding vor.

»Und ich«, sagte er, den Teller entgegennehmend, »gehörte zu den Verdammten.« Er fuhr mit dem Löffel in die schwabbelnde Masse. »Feigling du, Heuchler, mit deiner Reitgerte und deiner Mütze schief auf dem Kopf ...« Er schien aus einem Brief zu zitieren, den sie ihm einmal geschrieben hatte. Er hielt inne. Sie lächelte ihn an.

»Aber welches war das Wort, das Wort, das ich gebrauchte?« fragte sie, als versuchte sie, sich zu erinnern.

»*Poppycock!*« half er nach. Sie nickte.

»Und dann ging ich über die Brücke«, setzte sie fort, den

Löffel halb zum Mund führend, »und blieb in einer dieser kleinen Nischen stehn, Ausbuchtungen oder wie man sie nennt, – die über das Wasser vorragen, und schaute hinunter...« Sie sah hinunter auf ihren Teller.

»Als du am andern Ufer wohntest«, sagte er als Stichwort.

»Stand da und schaute hinunter«, sagte sie und sah das Weinglas an, das sie vor sich hinhielt, »und dachte mir: Fließendes Wasser, flutendes Wasser, Wasser, das jedes Licht kräuselt; Mondlicht; Sternenlicht...« Sie trank einen Schluck und schwieg.

»Dann kam das Auto heran«, gab er ihr wieder ein Stichwort.

»Ja, der Rolls-Royce. Er hielt im Laternenlicht, und darin saßen sie –«

»Ein Pärchen«, erinnerte er sie.

»Ja, ein Pärchen«, sagte sie. »Er rauchte eine Zigarre. Einer der obern Zehntausend, mit einer Raubritternase, im Abendanzug. Und sie saß neben ihm, im pelzbesetzten Cape, und benützte die Pause, das Anhalten da im Lampenschein, um die Hand zu heben« – sie hob ihre Hand – »und sich ihr Pik-As von einem Mund zu bemalen.« Sie schluckte den Bissen herunter.

»Und die Moral von der Geschichte?« drängte er sie.
Sie schüttelte den Kopf.
Sie schwiegen. Norman hatte sein Teil Pudding aufgegessen. Er zog seine Zigarettendose hervor. Außer einer Schüssel mit Obst, das ziemlich unappetitlich aussah, Äpfeln und Bananen, schien es nichts mehr zu essen zu geben.

»Wir waren sehr närrisch, als wir jung waren, Sal«, sagte er und zündete sich eine Zigarette an. »Haben überschwengliches Zeug zusammengeschrieben...«

»In der Morgenfrüh, beim Tschilpen der Spatzen«, sagte sie und zog die Obstschüssel heran. Sie begann eine Banane zu schälen, als streifte sie einen weichen Handschuh ab. Er nahm sich einen Apfel und schälte ihn. Der Kringel Apfelschale lag da auf seinem Teller, geringelt wie eine Schlangenhaut; die Bananenschale war wie ein aufgeschlitzter Handschuhfinger.

Auf der Straße war es jetzt still. Die Sängerin war verstummt. Der Posaunenbläser war weggegangen. Die Stunde des Gedränges nach Geschäftsschluß war vorbei, und nichts mehr kam durch die Gasse. Er sah ihr zu, wie sie kleine Stückchen von der Banane abbiß.

Als sie zur Feier am vierten Juni nach Oxford kam, so erinnerte er sich, hatte sie ihren Rock verkehrt angehabt. Auch damals schon war sie verschroben gewesen; und sie hatten über sie gelacht, er und Peggy. Sie hatte nie geheiratet; er fragte sich, warum nicht. Er schob die Kringel der Apfelschale auf seinem Teller zusammen.

»Was tut er eigentlich«, fragte er plötzlich, »– dieser Mann, der beim Reden so mit den Händen fuchtelt?«

»So wie ich jetzt?« fragte sie; sie fuchtelte mit den Händen.

»Ja«, nickte er. Den meinte er – einer von diesen redseligen Ausländern mit Theorien über alles und jedes. Und doch war er ihm sympathisch gewesen – ein gewisses Etwas ging von ihm aus; ein Schwirren; das Mienenspiel seines beweglichen, geschmeidigen Gesichts war amüsant; er hatte eine gerundete Stirn, hübsche Augen und eine Glatze.

»Was ist seine Beschäftigung?« wiederholte er.

»Er redet«, antwortete sie. »Über die Seele.« Sie lächelte.

Wieder hatte er das Gefühl, ein Außenstehender zu sein; so viele Gespräche mußte es zwischen den beiden gegeben haben; solche Vertrautheit.

»Über die Seele«, wiederholte sie, nach einer Zigarette greifend. »Er hält Vorträge«, fügte sie hinzu und zündete sie an. »Zehneinhalb Shilling ein Platz in der ersten Reihe.« Sie blies den Rauch von sich. »Es gibt Stehplätze für zweieinhalb Shilling, aber auf denen«, sie paffte, »hört man nicht so gut. Da versteht man nur die Hälfte von dem, was er sagt, der Lehrer, der Meister.« Sie lachte.

Jetzt verspottete sie ihn; sie ließ durchblicken, daß er ein Scharlatan war. Und doch hatte Peggy ihm erzählt, daß sie sehr eng befreundet seien – Sally und der Ausländer. Das Bild des Mannes dort in Eleanors Wohnzimmer veränderte sich ein wenig, wie eine Seifenblase, die man ein wenig zur Seite bläst.

»Ich dachte, du bist mit ihm befreundet«, sagte er.

»Mit Nicholas?« rief sie aus. »Aber ich liebe ihn!«

Ganz gewiß, ihre Augen glänzten. Sie blieben auf einem Salzfaß haften, mit einem Ausdruck von Verzückung, der Norman wiederum verblüffte.

»Du liebst ihn ...« begann er. Aber da klingelte das Telephon.

»Das ist er!« rief sie. »Das ist er! Nicholas!« Sie sprach mit äußerster Gereiztheit.

Wieder klingelte das Telephon. »Ich bin nicht zu Hause!« sagte sie. Das Klingeln dauerte an. »Nicht zu Hause! Nicht zu Hause! Nicht zu Hause! Nicht zu Hause!« wiederholte sie bei jedem Klingelzeichen. Sie machte gar keinen Versuch, sich zu melden. Er konnte das Schrillen ihrer Stimme und der Klingel nicht mehr ertragen. Er ging zum Telephon. Es folgte eine Pause, während er, den Hörer in der Hand, dastand.

»Sag ihm, ich bin nicht zu Hause!« sagte sie.

»Hallo?« sagte er ins Telephon. Aber es folgte eine Stille. Er sah sie an, wie sie da auf der Kante ihres Sessels saß und mit dem Fuß wippte. Dann sagte eine Stimme etwas.

»Hier ist Norman«, antwortete er. »Ich bin bei Sally zum Dinner ... Ja, ich werd's ihr sagen ...« Wieder warf er einen Blick auf sie. »Sie sitzt grade hier vor mir, auf der Kante ihres Sessels, hat einen Schmutzfleck im Gesicht und wippt mit dem Fuß.«

Eleanor stand und hielt den Hörer in der Hand. Sie lächelte, und noch nachdem sie aufgelegt hatte, stand sie einen Augenblick lächelnd da, bevor sie sich ihrer Nichte Peggy zuwandte, die bei ihr zu Abend gegessen hatte.

»Norman ist bei Sally zum Dinner«, sagte sie und lächelte über die kleine Telephonvignette zweier Personen am andern Ende Londons, von denen die eine auf der Kante ihres Sessels saß und einen Schmutzfleck im Gesicht hatte.

»Er ist bei Sally zum Dinner«, wiederholte sie. Aber ihre Nichte lächelte nicht, denn sie hatte das Bildchen nicht gesehn und war ein wenig gereizt, weil Eleanor mitten im Gespräch aufgestanden war und gesagt hatte: »Ich will nur eben Sally telephonieren, damit sie nicht vergißt.«

»Ach, wirklich?« sagte Peggy leichthin.

Eleanor kam und setzte sich wieder.

»Wir sagten grade –« begann sie.

»Du hast es reinigen lassen«, sagte Peggy gleichzeitig. Während Eleanor telephonierte, hatte sie das Porträt ihrer Großmutter über dem Schreibtisch betrachtet.

»Ja.« Eleanor warf einen Blick über die Schulter. »Ja. Und kannst du sehn, daß dort eine Blume ins Gras gefallen ist?« fragte sie.

Peggy wandte sich um und sah das Bild an. Das Gesicht,

das Kleid, der Blumenkorb, alles hatte einen weichen Schimmer und verschmolz, als wäre die Farbe eine einzige glatte Schicht von Email. Und eine Blume – ein kleines Zweiglein von Blau – lag im Gras.

»Die war ganz verdeckt vom Schmutz«, sagte Eleanor. »Aber ich kann mich grade noch daran erinnern, als ich ein Kind war. Da fällt mir ein, wenn du jemand Verläßlichen zum Bilderreinigen brauchst –«

»Aber sieht es ihr ähnlich?« unterbrach Peggy sie.

Jemand hatte ihr einmal gesagt, sie sehe aus wie ihre Großmutter; und sie wollte nicht so aussehn. Sie wollte dunkel sein, mit einer kühn geschwungenen Nase. Aber tatsächlich hatte sie blaue Augen und ein rundes Gesicht – wie ihre Großmutter.

»Ich hab' die Adresse irgendwo aufgeschrieben«, setzte Eleanor hinzu.

»Bemüh dich nicht – bemüh dich nicht!« sagte Peggy, nervös gemacht von der Gewohnheit ihrer Tante, unnötige Einzelheiten hinzuzufügen. Das war das Alter, das einen überkam, vermutete sie: das Alter, das im Mechanismus des Geistes Schrauben lockerte und ihn rattern und klappern machte.

»Sieht es ihr ähnlich?« fragte sie abermals.

»Nicht, wie ich sie in Erinnerung habe«, sagte Eleanor und warf wieder einen Blick auf das Bild. »Als ich noch klein war, vielleicht – nein, ich glaube auch damals nicht. Was ich so interessant finde«, fuhr sie fort, »ist, daß wir heute das, was ihnen damals häßlich vorkam – rotes Haar beispielsweise – für hübsch halten; so daß ich mich oft frage«, sie machte eine Pause und zog an ihrer Burmazigarre: »Was ist hübsch?«

»Ja«, sagte Peggy, »davon haben wir gesprochen.«

Denn als Eleanor es sich plötzlich in den Kopf setzte, daß sie Sally an die Abendgesellschaft erinnern müsse, hatten sie sich gerade über Eleanors Kindheit unterhalten – und wie sich alles geändert habe seither; etwas gefalle der einen Generation, der andern etwas andres. Sie brachte Eleanor gern dahin, von ihrem frühern Leben zu erzählen; es erschien ihr so friedvoll und so geborgen.

»Gibt es irgendeinen Maßstab, was glaubst du?« fragte sie, um sie darauf zurückzubringen, wovon sie gesprochen hatten.

»Ich weiß wirklich nicht«, sagte Eleanor geistesabwesend.

Ihre Gedanken waren anderswo. »Wie ärgerlich!« rief sie plötzlich. »Ich hatte es auf der Zunge – etwas, worum ich dich bitten wollte. Dann erinnerte ich mich an Delias Abendgesellschaft; und dann mußte ich über Norman lachen – Sally, die sitzt auf der Kante ihres Sessels und hat einen Schmutzfleck auf der Nase; und das hat mich davon abgebracht.« Sie schüttelte den Kopf.

»Kennst du dieses Gefühl, wenn man gerade etwas sagen wollte und von jemand unterbrochen wurde? Wie es hier festzustecken scheint«, sie tippte sich an die Stirn, »so daß es alles andre hemmt? Nicht, daß es etwas Wichtiges gewesen wäre«, fügte sie hinzu. Sie ging einen Augenblick im Zimmer umher. »Nein, ich geb's auf; ich geb's auf«, sagte sie kopfschüttelnd. »Ich geh' lieber und mach' mich fertig, wenn du nach einem Taxi telephonieren würdest, bitte.«

Sie ging ins Schlafzimmer. Gleich darauf hörte man das Geräusch von fließendem Wasser.

Peggy zündete sich noch eine Zigarette an. Wenn Eleanor sich erst noch waschen wollte, wie nach den Geräuschen im Schlafzimmer anzunehmen war, dann hatte es keine große Eile mit dem Taxi. Sie warf einen Blick auf die fertigen und frankierten Briefe auf dem Kaminsims. Eine Adresse auf dem einen fiel ihr auf – »Mon Repos, Wimbledon«. Einer von Eleanors Zahnärzten, dachte Peggy. Vielleicht der, mit dem sie auf dem Wimbledon Common botanisieren ging. Ein charmanter Mensch. Eleanor hatte ihn beschrieben. »Er sagt, jeder Zahn ist ganz verschieden von jedem andern. Und er kennt sich aus mit Pflanzen ...« Es war schwer, sie bei ihrer Kindheit zu halten.

Peggy ging zum Telephon; sie nannte die Nummer. Eine Pause folgte. Während sie wartete, sah sie ihre Hände an, die den Hörer hielten. Geschickt, muschelähnlich, poliert, aber nicht lackiert – sie sind ein Kompromiß, dachte sie, ihre Fingernägel betrachtend, zwischen Wissenschaft und ... Aber da sagte eine Stimme: »Nummer, bitte?« und sie nannte sie.

Wieder wartete sie. Von dem Platz aus, wo Eleanor gesessen, sah auch sie die Telephonvignette, die Eleanor vor sich gesehn hatte – Sally, auf der Kante ihres Sessels, mit einem Schmutzfleck im Gesicht. Was für eine Idiotin ich bin, dachte sie bitter, und ein Kribbeln lief ihr die Hüfte hinab. Weshalb war sie verbittert? Sie war doch stolz darauf, ehrlich zu sein –

sie war Ärztin –, und dieses Kribbeln, das wußte sie, bedeutete Verbitterung. War sie der andern neidig, weil sie glücklich war, oder war das das Krächzen einer ahnenalten Prüderie – mißbilligte sie diese Freundschaften mit Männern, die keine Frauen liebten? Sie sah ihre Großmutter dort auf dem Porträt an, als wollte sie sie nach ihrem Urteil fragen. Die aber hatte die Unberührtheit eines Kunstwerks angenommen. Wie sie so dasitzt, dachte Peggy, und die Rosen in ihrem Schoß anlächelt, scheint sie gleichgültig zu sein gegen unser »recht« und »unrecht«.

»Hallo?« sagte eine rauhe Stimme, die nach Sägespänen und Chauffeurunterstand klang, und sie gab die Adresse an und legte den Hörer auf, gerade als Eleanor wiederkam – und einen rot und goldenen arabischen Umhang und dazu einen Silberschleier übers Haar trug.

»Glaubst du, wird man eines Tags sehen können, was am andern Ende des Telephondrahts ist?« fragte Peggy und stand auf. Eleanors Haar ist das schönste an ihr, dachte sie; und ihre wie mit Silber lasierten, dunkeln Augen – eine prächtige alte Prophetin, ein verschrobenes altes Ding, verehrungswürdig und komisch zugleich. Sie war braungebrannt von ihren Reisen, und das ließ ihre Haare noch weißer aussehn.

»Was hast du gesagt?« fragte Eleanor, denn sie hatte Peggys Bemerkung über das Telephon nicht verstanden. Peggy wiederholte sie nicht. Sie standen am Fenster und warteten auf das Taxi. Sie standen da nebeneinander, ohne etwas zu sagen, und sahn hinaus, denn es galt eine Pause auszufüllen, und der Blick aus dem Fenster, das so hoch über den Dächern lag, auf Gevierte und Winkel von Hintergärten und bis zu der blauen Linie von Hügeln in der Ferne, füllte die Pause wie eine Stimme, die sprach. Die Sonne ging unter; eine einzelne Wolke lag gekräuselt wie eine rote Feder in der Bläue. Sie blickte hinunter. Es war sonderbar zuzusehn, wie Autos um die Ecken kamen, durch diese Gasse hier fuhren und in die andern einbogen, und nicht das Geräusch zu hören, das sie machten. Es war wie ein Plan von London; ein Ausschnitt, der zu ihren Füßen ausgebreitet lag. Der Sommertag verblich; Lichter flammten auf, primelgelbe Lichter, noch getrennt voneinander, denn das Glühn des Sonnenuntergangs lag noch in der Luft. Eleanor wies auf den Himmelsrand.

»Dort hab' ich zum erstenmal ein Flugzeug gesehn – zwischen diesen Schloten«, sagte sie. Wo sie hinwies, erhoben sich hohe Schlote, Fabrikschlote, in der Ferne; und ein großes Bauwerk – war es die Westminster-Kathedrale? – ragte dort drüben über die Dächer.

»Hier stand ich und sah hinaus«, fuhr Eleanor fort. »Gleich nachdem ich in die Wohnung hier eingezogen war, muß es gewesen sein; an einem Sommertag; und ich sah einen schwarzen Punkt am Himmel, und ich sagte – zu wem doch? – zu Miriam Parrish, glaub' ich; ja, denn sie war gekommen, mir beim Umzug zu helfen – ich hoffe übrigens, Delia hat daran gedacht, sie einzuladen ...« Das macht das Alter, vermerkte Peggy, so vom einen ins andre zu geraten.

»Du sagtest zu Miriam –« half sie ihr nach.

»Ich sagte zu Miriam: ›Ist das ein Vogel? Nein, ich glaube kaum, daß das ein Vogel sein kann. Es ist zu groß. Aber es bewegt sich.‹ Und auf einmal wußte ich's: das ist ein Aeroplan! Und es war wirklich einer! Weißt du, vor gar nicht so langer Zeit war der Ärmelkanal zum erstenmal überflogen worden. Ich war damals grade bei euch in Dorsetshire. Und ich erinnere mich, wie ich es euch aus der Zeitung vorlas und jemand – ich glaube, dein Vater – sagte: ›Die Welt wird nie wieder so sein wie vorher!‹«

»Na ja –« lachte Peggy. Sie wollte grade sagen, daß Flugzeuge keinen so großen Unterschied gemacht hatten, denn es war ihre Gewohnheit, am Glauben der älteren Generation an Wissenschaft und Technik zu rütteln, teils weil deren Leichtgläubigkeit sie belustigte, teils weil ihr selbst tagtäglich die Unwissenheit der Ärzte zum Bewußtsein kam, – da seufzte Eleanor.

»Ach Gott!« murmelte sie und wandte sich vom Fenster ab.

Wieder das Alter, dachte Peggy. Irgendein Luftzug hatte eine Tür aufgerissen; eine der vielen Millionen Türen in Eleanors siebzig und etlichen Jahren; ein schmerzlicher Gedanke kam hervor; und sogleich verbarg sie ihn – sie war an den Schreibtisch getreten und fingerte unter den Schriftstücken herum – mit der demütigen Großmut, dem schmerzlichen Sichbescheiden alter Leute.

»Was ist denn, Nell?« fragte Peggy.

»Nichts, nichts«, sagte Eleanor. Sie hatte zum Himmel geblickt; und dieser Himmel war mit Bildern ausgelegt – sie hatte das so oft gesehn; von denen konnte jedes zuoberst zu liegen kommen, wenn sie hinsah. Und nun, weil sie mit

Norman gesprochen hatte, brachte er ihr den Krieg in Erinnerung; wie sie hier gestanden hatte, eines Nachts, und die Scheinwerfer beobachtet hatte; sie war in Westminster zum Dinner gewesen, bei Renny und Maggie. Sie hatten alle in einem Keller gesessen; und Nicholas – damals hatte sie ihn kennengelernt – hatte gesagt, der Krieg sei nicht von Wichtigkeit. »Wir sind nur Kinder, die im Hintergarten mit Feuerwerk spielen« ... Sie erinnerte sich seiner Worte; und wie sie alle um eine Kiste herum gesessen und auf eine neue Welt getrunken hatten. »Eine neue Welt – eine neue Welt!« hatte Sally ausgerufen und mit ihrem Löffel auf die Kiste getrommelt. Sie wandte sich zum Schreibtisch, zerriß einen Brief und warf ihn in den Papierkorb.

»Ja«, sagte sie, unter den Schriftstücken kramend, weil sie etwas nicht finden konnte. »Ja – ich weiß nichts von Flugzeugen, ich bin nie in einem geflogen; aber Autos – ich könnte ohne Autos auskommen. Ich bin einmal beinahe überfahren worden von einem – hab' ich dir das erzählt? In der Brompton Road. War ganz meine Schuld – ich hab' einfach nicht geschaut ... und das Radio – das ist ein Unfug – die Leute unter mir drehn es gleich zum Frühstück an; aber andrerseits – fließendes Heißwasser, elektrisches Licht und alle diese andern neuartigen –« Sie unterbrach sich. »Ah, hier ist er!« rief sie. Sie ergriff einen Brief, nach dem sie gesucht hatte. »Wenn Edward heute abend dort ist, bitte, erinnere mich doch! – Ich will mir gleich einen Knoten ins Taschentuch machen ...«

Sie öffnete ihren Beutel, zog ein Seidentüchlein hervor und begann feierlich ernst einen Knoten hineinzuknüpfen ... »mich wegen Runcorns Jungen bei ihm zu erkundigen.«

Es klingelte.

»Das Taxi«, sagte sie.

Sie sah noch einmal umher, um sich zu vergewissern, daß sie nichts vergessen hatte. Plötzlich hielt sie inne. Ihr Blick war auf das Abendblatt gefallen, das auf dem Boden lag, mit seinen fettgedruckten Schlagzeilen und dem unscharfen Bild darunter.

»Was für ein Gesicht!« rief sie und strich die Zeitung auf dem Tisch glatt.

Soviel Peggy sehn konnte, denn sie war kurzsichtig, war es eins der üblichen Bilder der Abendausgabe: ein dicker Mann, der gestikulierend eine Ansprache hielt.

»Verdammter –« stieß Eleanor hervor, »Rohling!« Sie riß

das Blatt mit einer einzigen Handbewegung mitten durch und warf es beiseite. Peggy war schockiert. Ein kleiner Schauder lief ihr über die Haut, als das Papier entzweiriß. Das Wort »verdammt« aus dem Mund ihrer Tante hatte sie schockiert.

Gleich darauf fand sie es belustigend. Doch sie war immerhin schockiert gewesen. Denn wenn Eleanor, die die englische Sprache mit solcher Zurückhaltung gebrauchte, »verdammt« sagte und dann noch »Rohling«, so bedeutete das viel mehr, als wenn sie selbst und ihre Bekannten solche Wörter gebrauchten. Und die Geste, mit der sie die Zeitung zerrissen hatte ... Was für eine sonderbare Gesellschaft diese Altvordern doch sind! dachte sie, die Treppe hinter Eleanor hinuntergehend, deren rot und goldener Umhang von Stufe zu Stufe nachschleifte. So hatte sie ihren Vater die *Times* zerknüllen und wutbebend dasitzen gesehn, weil irgendwer irgendwas geschrieben hatte – in einer Zeitung! Seltsam!

Und wie sie sie zerrissen hat! dachte sie, mit einem halben Lachen, und machte die heftige Handbewegung, die Eleanor gemacht hatte. Eleanors Gestalt schien immer noch von Empörung gestrafft zu sein. Es wäre einfach, dachte sie, es wäre befriedigend, dachte sie, während sie ihr eine Treppenflucht nach der andern hinab folgte, auch so zu sein. Der kleine Bleiknopf unten im Saum des arabischen Umhangs schlug auf die Stufen auf. Sie gingen sehr langsam hinunter.

Nehmen Sie zum Beispiel meine Tante, sagte sie in Gedanken, indem sie begann, die Szene in ein Gespräch einzubauen, das sie mit einem Kollegen am Krankenhaus geführt hatte, nehmen Sie meine Tante. Die wohnt allein in einer Art Arbeiterwohnung, ganz oben, im sechsten Stock ...

Eleanor blieb stehn.

»Sag mir nicht, daß ich den Brief oben liegen lassen habe – Runcorns Brief wegen seines Jungen, den ich Edward zeigen will.« Sie öffnete ihren Beutel. »Nein, hier ist er.« Sie gingen weiter die Treppe hinunter.

Eleanor gab dem Chauffeur die Adresse an und setzte sich mit einem Ruck in die eine Ecke. Peggy warf aus dem Augenwinkel einen Blick auf sie.

Was solchen Eindruck auf sie gemacht hatte, das war die Kraft, die Eleanor in die Worte gelegt hatte, nicht die Worte selbst. Als glaubte sie noch immer leidenschaftlich – sie, die alte Frau – an alles das, was dieser Mann zerstört hatte. Eine wundervolle Generation! dachte sie, als sie abfuhren. Menschen, die an etwas glaubten ...

»Siehst du«, unterbrach Eleanor diese Gedanken, als wollte sie ihre eignen Worte erklären, »das bedeutet das Ende von allem, was uns teuer war.«

»Freiheit?« fragte Peggy mechanisch.

»Ja«, sagte Eleanor. »Freiheit und Gerechtigkeit.«

Das Taxi fuhr durch die zahmen, respektabeln kleinen Gassen, wo jedes Haus sein Erkerfenster hatte, sein Fleckchen Vorgarten, seinen eigenen Namen. Während sie weiterfuhren, auf die breite Hauptstraße hinaus, gestaltete sich die Szene in der Wohnung oben in Peggys Gedanken so, wie sie sie dann ihrem Kollegen am Krankenhaus erzählen würde. Auf einmal wurde sie zornig, ergriff das Blatt und riß es mitten durch – meine Tante, die über siebzig ist! Sie warf einen Blick auf sie, um die Einzelheiten nachzuprüfen. Eleanor unterbrach sie.

»Dort haben wir früher gewohnt«, sagte sie. Sie schwenkte die Hand gegen eine lange, von Lampen besternte Straße zur Linken. Peggy blickte hin und konnte grade noch die imposante ununterbrochene Avenue sehn, mit der langen Reihenfolge blasser Säulen und Stufen. Die sich wiederholenden Säulen, die gleichmäßig geordnete Architektur hatten sogar eine blasse, pompöse Schönheit, wie die eine Stucksäule so die andre wiederholte, die ganze Vista der Straße entlang.

»Abercorn Terrace«, sagte Eleanor; »... der Briefkasten«, murmelte sie, als sie daran vorbeifuhren. Warum der Briefkasten? fragte Peggy. War wieder eine Tür aufgegangen? Das Alter mußte endlose Straßenzüge haben, die sich immer weiter hinzogen durch sein Dunkel, vermutete sie, und einmal tat sich die eine Tür auf, und dann wieder eine andre.

»Sind die Menschen nicht –« begann Eleanor. Dann hielt sie inne. Wie gewöhnlich hatte sie an der falschen Stelle angefangen.

»Ja?« sagte Peggy. Diese Sprunghaftigkeit machte sie nervös.

»Ich wollte sagen – der Briefkasten hat mich erinnert –« begann Eleanor von neuem; dann lachte sie. Sie gab den Versuch auf, die Reihenfolge zu begründen, in der ihr die Gedanken kamen. Es gab eine Reihenfolge; zweifellos; aber es dauerte so lange, die herauszufinden, und dieses immerwährende Abschweifen, das wußte sie, ärgerte Peggy, denn der Geist junger Menschen arbeitete so rasch.

»Dort sind wir oft zum Dinner gewesen«, unterbrach sie sich, mit einem Kopfnicken gegen ein großes Haus an der Ecke eines Square. »Dein Vater und ich. Bei dem Mann, mit dem zusammen er studiert hatte. Wie hieß er doch? Er ist Richter geworden ... Wir waren dort oft zum Dinner, alle drei. Morris, mein Vater und ich ... Bei ihm gab es sehr große Gesellschaften damals. Immer Leute aus Juristenkreisen. Und er sammelte alte Eichenmöbel. Meistens Fälschungen«, setzte sie mit einem kleinen Kichern hinzu.

»Du warst dort oft zum Dinner ...« begann Peggy. Sie wollte sie auf ihr früheres Leben zurücklenken. Das war so interessant, so gesichert, so unwirklich – dieses Leben der achtziger Jahre; und ihr erschien es so schön in seiner Unwirklichkeit.

»Erzähl mir von deiner Jugendzeit ...« begann sie.

»Aber euer Leben ist viel interessanter, als unsres war«, erwiderte Eleanor. Peggy schwieg.

Sie fuhren durch eine hell beleuchtete, belebte Straße; hier rubinrot gesprenkelt von den Lichtern der Kinopaläste; dort gelb von Schaufenstern, die bunt von Sommerkleidern waren, denn die Kaufläden waren zwar schon geschlossen, aber noch immer beleuchtet, und die Leute begukkten noch immer die Kleider, die Schwärme von Hüten auf kleinen Ständern, die Schmuckstücke.

Wenn meine Tante Delia nach London kommt, setzte Peggy die Geschichte fort, die sie in Gedanken ihrem Kollegen am Krankenhaus erzählte, dann sagt sie: ›Also, wir müssen eine Gesellschaft geben.‹ Und dann kommen sie alle herbeigeströmt. Das lieben sie. Was sie selbst betraf, so konnte sie es nicht ausstehn. Sie wäre viel lieber daheim geblieben oder ins Kino gegangen. Das ist der Familiensinn, setzte sie hinzu, mit einem Blick auf Eleanor, als wollte sie noch eine kleine Einzelheit einheimsen, um sie ihrem Porträt einer viktorianischen alten Jungfer hinzuzufügen. Eleanor sah grade zum Fenster des Taxis hinaus. Jetzt wandte sie sich herum.

»Und das Experiment mit dem Meerschweinchen – wie ist das ausgegangen?« fragte sie. Peggy war verdutzt.

Dann erinnerte sie sich und erzählte es ihr.

»Ach so. Es hat nichts bewiesen? Also müßt ihr ganz von

vorn anfangen? Das ist sehr interessant. Nun hätte ich gern, daß du mir erklärtest ...« Da war noch etwas andres, was sie nicht verstand.

Die Dinge, die sie erklärt haben will, sagte Peggy zu ihrem Kollegen am Krankenhaus, sind entweder so einfach wie zwei mal zwei ist vier oder so schwierig, daß kein Mensch auf der Welt die Antwort weiß. Und wenn man sie fragt: Wieviel ist acht mal acht? – sie lächelte dem Profil ihrer Tante zu, das sich gegen das Fenster abhob – dann tippt sie sich an die Stirn und sagt ... Aber Eleanor unterbrach sie abermals.

»Es ist sehr lieb von dir, daß du mitkommst«, sagte sie und tätschelte ihr leicht das Knie. (Aber hab' ich sie denn merken lassen, dachte Peggy, daß es mir zuwider ist?)

»Es ist eine Gelegenheit, mit Leuten zusammenzukommen«, setzte Eleanor hinzu. »Und jetzt, wo wir alle immer älter werden – nicht du, wir –, läßt man solche Gelegenheiten nicht gern vorübergehn.«

Sie fuhren weiter. Und wie beschreibt man *das* richtig? dachte Peggy, die versuchte, dem Porträt noch einen Pinselstrich hinzuzufügen. »Sentimental«, war das das Wort? Oder war es, im Gegenteil, gut, so zu empfinden ... natürlich ... richtig? Sie schüttelte den Kopf. Ich eigne mich nicht dazu, Menschen zu schildern, sagte sie zu ihrem Kollegen am Krankenhaus. Sie sind zu schwierig ... Sie ist gar nicht so – nicht im geringsten, sagte sie und machte mit der Hand eine schnelle kleine Bewegung, wie um eine Kontur wegzuwischen, die sie falsch gezogen hatte. Während sie das tat, verschwand ihr Kollege am Krankenhaus.

Sie war mit Eleanor allein in dem Taxi. Wo fängt sie an, wo höre ich auf? dachte sie ... Weiter fuhren sie, weiter. Sie waren zwei lebendige Menschen, die durch London fuhren; zwei Fünkchen Leben, eingeschlossen in zwei gesonderte Körper; und diese in zwei gesonderte Körper eingeschlossenen Lebensfünkchen fuhren in diesem Augenblick, so dachte sie, an einem Kinopalast vorbei. Aber was ist dieser Augenblick? Und was sind wir? Das Rätsel war zu schwer für sie. Sie seufzte.

»Du bist zu jung, um das zu fühlen«, sagte Eleanor.

»Was?« fragte Peggy, ein wenig aufgescheucht.

»Mit Leuten zusammenzukommen. Gelegenheiten, mit ihnen zu sprechen, nicht zu versäumen.«

»Zu jung?« sagte Peggy. »Ich werde niemals so jung sein,

wie du bist.« Nun tätschelte sie ihrer Tante das Knie. »Eine Spritztour nach Indien zu machen ...« Sie lachte.

»Ach, Indien. Nach Indien, das bedeutet gar nichts heutzutage«, sagte Eleanor. »Reisen wird einem so leicht gemacht. Du löst dir einfach eine Fahrkarte; gehst einfach aufs Schiff ... Aber was ich noch sehn möchte, bevor ich sterbe«, fuhr sie fort, »ist etwas andres ...« Sie schwenkte die Hand gegen das Fenster. Sie kamen an öffentlichen Gebäuden vorbei; irgendwelchen Ämtern. »... eine andre Art von Kultur. Tibet zum Beispiel. Ich habe ein Buch gelesen – von jemand – wie heißt er nur?«

Sie hielt inne, abgelenkt durch das, was es auf der Straße zu sehn gab. »Sind sie nicht hübsch angezogen, die Menschen von heute?« sagte sie und wies auf ein Mädchen mit blonden Haaren und einen jungen Mann im Abendanzug.

»Ja«, sagte Peggy achtlos, mit einem Blick auf das geschminkte Gesicht und den bunten Schal, die weiße Weste und das glatt gebürstete schwarze Haar. Alles lenkt Eleanor ab, alles interessiert sie, dachte sie.

»Hast du dich vielleicht sehr unterdrückt gefühlt, als du jung warst?« fragte sie, indes ihr verschwommen irgendeine Kindheitserinnerung aufstieg; ihr Großvater mit den glänzenden Stümpfen statt der Finger; und ein langes dunkles Wohnzimmer. Eleanor wandte sich ihr zu. Sie war überrascht.

»Unterdrückt?« wiederholte sie. Sie dachte jetzt so selten an sich selbst, daß sie überrascht war. »Ach, ich verstehe, was du meinst«, sagte sie dann. Ein Bild – ein andres – war an die Oberfläche geschwommen. Delia stand mitten im Zimmer; o mein Gott, o mein Gott! sagte sie; ein Hansom war vor dem Nebenhaus vorgefahren; und sie selbst sah Morris nach – es war doch Morris? –, wie er die Straße entlangging, um einen Brief einzuwerfen ... Sie schwieg. Ich will nicht zurück in meine Vergangenheit, dachte sie. Ich will die Gegenwart.

»Wohin fährt er uns?« fragte sie und sah hinaus. Sie hatten den öffentlichen Teil von London erreicht; den blendend erhellten; Licht fiel auf breite Gehsteige; auf weiße, grell leuchtende Amtsgebäude; auf eine fahle, altehrwürdig aussehende Kirche. Reklamen flammten auf und erloschen. Da war eine Flasche: sie schenkte Bier ein; hob sich; schenkte wieder ein. Sie hatten das Theaterviertel erreicht. Hier herrschte das gewohnte grellbunte Durcheinander. Herren und Damen in Abendkleidung gingen mitten auf der Fahrbahn. Taxis wendeten langsam und blieben dann stehn. Ihr eignes Taxi wurde aufgehalten. Es kam am Fuß einer Statue zum Stillstand; das Licht schien auf ihre leichenhafte Blässe.

»Erinnert mich immer an eine Reklame für Monatsbinden«, sagte Peggy, mit einem Blick auf die Frauengestalt in Pflegerinnentracht mit dem ausgestreckten Arm.

Eleanor war einen Augenblick entsetzt. Ein Messer schien ihr die Haut zu ritzen und ein Gerieselnvon Unbehagen zu hinterlassen; aber was fest war in ihrem Körper, das wurde nicht davon berührt, so begriff sie gleich darauf. Das hat sie Charles' wegen gesagt, dachte sie, als sie die Bitterkeit in Peggys Ton spürte, – ihres Bruders wegen, eines netten, nicht besonders intelligenten Jungen, der im Krieg gefallen war.

»Das einzige schöne Wort, das im Krieg gesprochen wurde«, sagte Eleanor und las laut, was auf den Sockel eingemeißelt stand: »Patriotismus ist nicht genug.«

»Es ist nicht viel draus geworden«, sagte Peggy scharf.

Das Taxi stak in der Verkehrsstauung fest.

Der Aufenthalt schien sie beide im Schein eines Gedankens festzuhalten, den sie wegzuschieben wünschten.

»Sind sie nicht hübsch angezogen, die Menschen von heute?« sagte Eleanor abermals und wies auf ein andres junges Mädchen mit blonden Haaren, in einem langen hellen Cape, und einen andern jungen Mann im Abendanzug.

»Ja«, sagte Peggy kurz.

Aber warum machte ihr nichts rechte Freude? fragte sich Eleanor im stillen. Der Tod ihres Bruders war sehr traurig gewesen, aber sie selbst hatte immer gefunden, daß Norman der weitaus interessantere von den beiden Brüdern war. Das Taxi schlängelte sich zwischen den andern Wagen durch und bog in eine Hintergasse ein. Dann wurde es von einem roten Verkehrslicht aufgehalten. »Es ist nett, Norman wieder hier zu haben«, sagte Eleanor.

»Ja«, erwiderte Peggy. »Er sagt, wir sprechen von nichts als Geld und Politik«, fügte sie hinzu. Sie nörgelt an ihm, weil nicht er gefallen ist; aber das ist unrecht, dachte Eleanor.

»Sagt er das?« fragte sie. »Aber da ...« Ein Zeitungsplakat mit großen schwarzen Lettern schien den Satz für sie zu beenden. Sie näherten sich dem Square, wo Delia wohnte. Sie begann in ihrer Geldbörse herumzufingern. Sie blickte auf den Taxameter, der ziemlich viel zeigte. Der Chauffeur war den längeren Weg gefahren.

»Er wird's mit der Zeit schon finden«, sagte sie. Sie fuhren langsam rund um den Square. Geduldig wartete sie, die Börse in der Hand. Sie sah einen Streifen dunklen Himmels über den Dächern. Die Sonne war untergegangen. Eine kurze Weile hatte der Himmel das stille Aussehn des Himmels über Wiesen und Wäldern auf dem Land.

»Er wird umkehren müssen, das ist alles«, sagte sie. »Ich bin nicht verzagt«, setzte sie hinzu, als das Taxi umkehrte. »Das kommt vom Reisen, siehst du, wenn man auf einem Schiff mit allen möglichen Leuten zusammengeworfen ist oder in einem von diesen kleinen Orten, wo man übernachten muß – abseits von den großen Karawanenstraßen –« das Taxi glitt probend an einem Haus nach dem andern vorbei –»du solltest dorthin fahren, Peggy«, unterbrach sie sich; »du solltest reisen: die Eingeborenen sind so schön, weißt du; halb nackt, wenn sie zum Fluß hinuntergehn im Mondschein; dort, das ist das Haus –« Sie klopfte ans Zwischenfenster. Das Taxi fuhr langsamer. »Was hab' ich gesagt? Ich bin nicht verzagt, nein, denn die Menschen sind so freundlich, so gut im Grund ihres Herzens ... So daß ganz gewöhnliche Leute, Leute so wie wir, wenn sie nur endlich ...«

Das Taxi hielt vor einem Haus, dessen Fenster erleuchtet waren. Peggy neigte sich vor und öffnete den Schlag. Sie sprang heraus und bezahlte den Chauffeur. Eleanor zwängte sich hastig ihr nach. »Nein, nein, nein, Peggy«, begann sie.

»Doch, diesmal ist's meine Sache«, widersprach Peggy.

»Aber ich bestehe darauf, meinen Anteil zu bezahlen«, sagte Eleanor und öffnete ihre Börse.

»Das war Eleanor«, sagte Norman. Er legte den Hörer auf und wandte sich Sally zu. Sie wippte noch immer mit dem Fuß.

»Sie läßt dir sagen, daß du zu Delias Gesellschaft kommen sollst.«

»Zu Delias Gesellschaft? Warum zu Delias Gesellschaft?« fragte sie.

»Weil sie alt sind und möchten, daß du hinkommst«, sagte er, neben ihren Lehnsessel tretend.

»Eleanor, die alte, die wanderlustige; Eleanor mit den

wilden Augen ...« Sie überlegte. »Soll ich, soll ich nicht, soll ich, soll ich nicht?« murmelte sie, ihn ansehend. »Nein«, sagte sie und stellte die Füße auf den Boden. »Ich geh' nicht hin.«

»Du mußt«, sagte er, denn ihr Benehmen machte ihn gereizt. Eleanors Stimme klang ihm noch im Ohr.

»Ich muß? So?« entgegnete sie, während sie den Kaffee bereitete. »Also dann«, sagte sie, ihm eine Tasse reichend und nach dem Buch greifend, »lies vor, bis wir gehn müssen.«

Sie kuschelte sich wieder in den Lehnsessel und hielt ihre Tasse in der Hand.

Es war wirklich noch lange Zeit. Aber warum, dachte er, während er das Buch aufschlug und darin blätterte, will sie nicht hingehn? Fürchtet sie sich? Er sah sie an, wie sie in dem Sessel zusammengekauert dasaß. Ihr Kleid war armselig. Er blickte wieder in das Buch, aber er konnte kaum genügend sehn, um zu lesen. Sie hatte kein Licht gemacht.

»Ich sehe nicht genug zum Lesen«, sagte er. Es wurde bald dunkel in dieser Gasse; die Häuser standen einander zu nahe gegenüber. Jetzt kam ein Auto vorbei, und ein Lichtschein glitt über die Zimmerdecke.

»Soll ich Licht machen?« fragte sie.

»Nein«, sagte er. »Ich werde versuchen, mich an etwas zu erinnern.« Er begann das einzige Gedicht herzusagen, das er auswendig konnte. Als er die Worte sprach, ins Halbdunkel hinein, klangen sie überaus schön, dachte er – vielleicht weil sie beide einander nicht sehn konnten.

Am Schluß der Strophe hielt er an.

»Weiter«, sagte sie.

Er begann wieder. Die Worte, ins Zimmer gesprochen, schienen wirkliche Anwesenheiten zu sein, fest und für sich bestehend; und doch wurden sie, weil sie zuhörte, durch die Berührung mit ihr verwandelt. Aber als er ans Ende der zweiten Strophe kam –

*Geselligkeit ist nahezu
der Todfeind solcher schöner Ruh ...*

hörte er einen Laut. Im Gedicht selbst oder außerhalb? fragte er sich. Innerhalb, dachte er und wollte eben weitersprechen, da hob sie die Hand. Er verstummte. Er hörte schwere Schritte vor der Tür. Kam jemand? Sie blickte zur Tür.

»Der Jude«, murmelte sie.

»Der Jude?« wiederholte er. Er konnte jetzt genau hören. Jemand drehte Wasserhähne auf; jemand nahm ein Bad in dem Raum gegenüber.

»Der Jude nimmt ein Bad«, sagte sie.

»Der Jude nimmt ein Bad?« wiederholte er.

»Und morgen wird ein Streifen rundum in der Wanne sein«, sagte sie.

»Zum Teufel mit dem Juden!« rief er. Der Gedanke an einen Schmierstreifen vom Körper eines fremden Mannes in der Badewanne gegenüber verursachte ihm Ekel.

»Weiter, weiter –« sagte Sally, »Geselligkeit ist nahezu«, wiederholte sie die letzten Zeilen, »der Todfeind solcher schöner Ruh.«

»Nein«, sagte er.

Sie horchten auf das Plätschern des Wassers. Der Mann hustete und räusperte sich, während er sich mit einem Schwamm duschte.

»Wer ist denn dieser Jude?« fragte Norman.

»Abrahamson. Aus der Talgbranche«, sagte sie.

Sie horchten.

»Verlobt mit einem hübschen Mädel in einem Schneidersalon«, fügte sie hinzu.

Sie konnten die Geräusche durch die dünnen Wände sehr deutlich hören.

Der Mann schnaufte, während er sich duschte.

»Und er läßt Haare in der Badewanne zurück«, sagte sie abschließend.

Norman fühlte, wie ihn ein Schaudern überlief. Haare im Essen, Haare im Waschbecken, anderer Leute Haare, sie bereiteten ihm körperliche Übelkeit.

»Benützt du dasselbe Badezimmer?« fragte er.

Sie nickte.

»Puh!«

»›Puh!‹ Das hab' ich auch gesagt«, lachte sie. »›Puh!‹ – an dem kalten Wintermorgen, als ich zum erstenmal in das Badezimmer kam – ›Puh!‹« – sie machte eine wegwerfende Handbewegung – »›Puh!‹« Sie verstummte.

»Und dann?« fragte er.

»Und dann«, sagte sie, von dem Kaffee nippend, »ging ich hierher ins Wohnzimmer zurück. Und das Frühstück stand schon bereit. Spiegeleier und etwas Toast. Lydia mit ihrer zerrissenen Bluse und herunterhängenden Haaren. Die Arbeitslosen unter dem Fenster mit ihrem Kirchenliedersingen. Und ich sagte mir« – sie schwenkte die Hand – »›Unreine Stadt, ungläubige Stadt, du Stadt toter Fische und löcheriger Pfannen‹ – und ich stellte mir das Themseufer bei Ebbe vor«, erklärte sie.

»Weiter«, nickte er.

»Also nahm ich Hut und Mantel und rannte wütend auf die Straße hinaus«, fuhr sie fort, »und blieb auf der Brücke stehn und dachte: ›Bin ich eine Wasserpflanze, sinnlos hin- und hergeschwemmt von der Flut, die zweimal täglich kommt?‹«

»Ja, und?« sagte er.

»Und da kamen die Menschen vorbei: die Stolzierer; die Leisetreter; die Teigigen; die Frettchenäugigen; das Melonenhüte tragende knechtische, zahllose Heer der Kontoristen. Und ich sagte mir: ›Muß ich mich eurer Verschwörung gesellen? Diese Hand, die unbefleckte, beflecken?‹« – er konnte ihre Hand blinken sehn, wie sie sie im Dämmerlicht des Zimmers schwenkte, – »und mich einem Herrn verschreiben und ihm dienen? Alles wegen eines Juden in der Wanne, alles wegen eines Juden?‹«

Sie setzte sich auf und lachte, erregt vom Klang ihrer eignen Stimme, die in einen Zotteltrab-Rhythmus übergegangen war.

»Weiter, weiter!« drängte er.

»Aber ich hatte einen Talisman, ein funkelndes Juwel, einen leuchtenden Smaragd« – sie hob einen Briefumschlag vom Boden auf – »einen Empfehlungsbrief. Und ich sagte zu dem Lakaien in der pfirsichblütenfarbenen Kniehose: ›Laß mich ein, Bursche!‹ und er führte mich durch Gänge, mit Purpur bespannte, bis ich zu einer Tür kam, einer Tür aus Mahagoniholz, und ich klopfte an, und eine Stimme sagte: ›Herein!‹ Und was sah ich da?« Sie machte eine Pause. »Einen dicken Mann mit roten Wangen. Auf dem Schreibtisch vor ihm drei Orchideen in einer Vase. Dir in die Hand gedrückt, dachte ich, von deiner Frau, beim Aufwiedersehn, während dein Wagen schon über den Kies knirscht. Und über dem Kamin das übliche Bild –«

»Warte!« unterbrach Norman sie. »Du bist in ein Büro gegangen«, er klopfte mit einem Finger auf den Tisch. »Du zeigtest einen Empfehlungsbrief vor – aber an wen?«

»Ach, an wen?« lachte sie. »An einen Mann in graukarier-

293

ter Hose. ›Ich kannte Ihren Vater in Oxford‹, sagte er und spielte mit dem Löschpapier, das in dem einen Eck mit einem Wagenrad verziert war. Aber was finden *Sie* unlösbar? fragte ich ihn und sah ihn an, den Mahagonimann, den glattrasierten, rosenkiemigen, hammelfleischgenährten –«

»Den Mann in einer Zeitungsredaktion«, fiel Norman ihr ins Wort, »der deinen Vater kannte. Und was dann?«

»Dann war ein Summen und Malmen zu hören. Die großen Maschinen drehten sich; und kleine Jungen platzten herein mit langen Papierstreifen; schwärzlichen Blättern, feuchten, von Druckerschwärze verschmierten. ›Entschuldigen Sie mich einen Augenblick‹, sagte er und schrieb etwas an den Rand. Aber der Jude sitzt mir in der Badewanne, dachte ich ... der Jude ... der Jude ...« Sie verstummte auf einmal und trank ihr Weinglas leer.

Ja, dachte er, die Stimme ist da; die Haltung ist da; und der Widerschein in andrer Leute Gesichtern; aber es ist auch etwas Wahres da – in dem Stillsein vielleicht. Aber es war nicht still. Sie konnten den Mann im Badezimmer herumstapfen hören; er schien von einem Bein aufs andre zu treten, während er sich abtrocknete. Dann öffnete er die Tür, und sie hörten ihn hinaufgehn. Vom Ablauf begannen hohle, gurgelnde Laute zu kommen.

»Wieviel davon war wahr?« fragte er sie. Aber sie war in Schweigen versunken. Die ausgesprochenen Worte bedeuteten, so vermutete er – die ausgesprochenen Worte flossen zusammen, bildeten einen Satz in seinem Geist – sie bedeuteten, daß sie arm war; daß sie sich ihr Brot verdienen mußte; aber die Erregung, mit der sie gesprochen hatte, vielleicht vom Wein hervorgerufen, hatte noch eine andre Sally erschaffen; eine andre Erscheinung, die man zu einem Ganzen verfestigen mußte.

Im Haus war es jetzt still, bis auf das Geräusch des abfließenden Badewassers. Ein wässeriges Muster schwankte an der Zimmerdecke. Die Lampen, die draußen auf und ab schaukelten, ließen die Ziegelhäuser gegenüber in sonderbar bleichem Rot erscheinen. Der Tageslärm war verstummt; keine Karren ratterten mehr durch die Gasse. Die Gemüseverkäufer, die Drehorgelmänner, die Sängerin, die ihre Tonleitern übte, der Mann, der die Posaune blies, sie alle hatten ihre Schubwagen weitergerollt, ihre Jalousien herabgelassen und die Deckel ihrer Klaviere zugeklappt. Es war so still, daß

Norman einen Augenblick glaubte, er wäre in Afrika und säße im Mondschein auf der Veranda; aber er raffte sich auf. »Und diese Gesellschaft bei Delia?« fragte er. Er erhob sich und warf die Zigarette weg. Er streckte sich und sah auf seine Uhr. »Zeit, daß wir gehn«, sagte er. »Komm, mach dich fertig!« Denn wenn man schon auf eine Gesellschaft ging, dachte er, dann war es absurd, erst hinzukommen, wenn die andern schon wegzugehn begannen. Und sie mußte bereits angefangen haben.

»Was hast du gesagt – was hast du gesagt, Nell?« fragte Peggy, um Eleanor davon abzulenken, ihren Anteil für das Taxi zu bezahlen, während sie vor der Haustür warteten. »Ganz gewöhnliche Leute – Leute so wie wir, was sollten die endlich?« fragte sie.

Eleanor fingerte noch an ihrer Börse herum und gab keine Antwort.

»Nein, das kann ich nicht zulassen«, sagte sie. »Hier, nimm das –«

Aber Peggy schob ihre Hand weg, und die Geldstücke fielen auf die Türstufen. Sie bückten sich gleichzeitig und stießen mit den Köpfen zusammen.

»Bemüh dich nicht!« sagte Eleanor, als eine Münze davonrollte. »Es war meine Schuld.« Das Mädchen hielt die Tür offen. »Und wo ist die Garderobe?« fragte sie. »Dort?«

Sie gingen in ein ebenerdiges Zimmer, einen Büroraum, der heute als Garderobe diente. Auf einem Tisch standen ein Spiegel und davor Tassen mit Nadeln, Kämmen und Bürsten. Eleanor trat vor ihn hin und besah sich mit einem schnellen Blick.

»Wie eine Zigeunerin seh' ich aus!« sagte sie und fuhr sich mit dem Kamm durchs Haar. »Braungebrannt wie eine Negerin!« Dann machte sie Peggy Platz und wartete.

»Ich möchte wissen, ob es dieses Zimmer war ...« sagte sie.

»Welches Zimmer?« fragte Peggy geistesabwesend; sie machte ihr Gesicht zurecht.

»... wo wir unsre Sitzungen hatten«, sagte Eleanor. Sie blickte umher. Es wurde anscheinend noch immer als Büro benützt; aber jetzt hingen Ankündigungen von Häuserversteigerungen an der Wand.

»Ich bin neugierig, ob Kitty heute abend kommen wird«, murmelte sie versonnen.

Peggy blickte in den Spiegel und gab keine Antwort.

»Sie kommt jetzt nicht oft nach London herein. Nur zu Hochzeiten und Taufen und dergleichen«, fuhr Eleanor fort.

Peggy fuhr sich soeben mit einer Metallkapsel über die Lippen.

»Eines schönen Tags triffst du einen jungen Mann, einen Meter neunzig groß, und dann fällt dir ein, er ist ja das Baby«, fuhr Eleanor fort.

Peggy war noch immer in das Spiegelbild ihres Gesichts vertieft.

»Mußt du das jedesmal von neuem tun?« fragte Eleanor.

»Ich würde greulich aussehn, wenn ich's nicht täte«, erwiderte Peggy. Sie hatte die Empfindung, daß diese Spannung um ihre Lippen und Augen herum sichtbar sei. Nie hatte sie sich weniger auf eine Gesellschaft gestimmt gefühlt.

»Ach, wie nett von Ihnen ...« sagte Eleanor. Das Dienstmädchen hatte ein Sechspencestück hereingebracht.

»Also Peggy«, sagte sie, ihr die kleine Münze hinhaltend, »laß mich meinen Anteil bezahlen.«

»Sei doch nicht so albern«, entgegnete Peggy und schob Eleanors Hand weg.

»Aber es wäre meine Sache gewesen«, dabei beharrte Eleanor. Peggy ging weiter und zur Tür. »Denn ich kann es nicht leiden«, fügte Eleanor hinzu und folgte ihr, die Münze immer noch hinhaltend, »so auf billige Art auf Gesellschaften zu gehn. Du erinnerst dich wohl nicht mehr an deinen Großvater? Er pflegte immer zu sagen: ›Verdirb nicht ein gutes Schiff wegen eines halben Pennys für Teer‹. Wenn man mit ihm etwas kaufen ging«, erzählte sie weiter, während sie die Treppe hinaufzusteigen begannen, »sagte er immer: ›Zeigen Sie mir das Allerbeste, was Sie haben.‹«

»Ich erinnere mich an ihn«, sagte Peggy.

»Wirklich?« fragte Eleanor. Es freute sie, daß irgendwer sich noch ihres Vaters erinnerte. »Diese Zimmer wurden für heute abend hergeliehen, vermutlich«, sagte sie, während sie weiter die Treppe hinaufgingen. Türen standen offen. »Das ist eine Anwaltskanzlei«, sagte sie und warf einen Blick auf schwarze Dokumentenkassetten mit Namen in weißen Buchstaben.

»Ja, ich sehe schon, was du damit willst – dich zu schminken«, sagte sie mit einem Seitenblick auf ihre Nichte. »Du siehst wirklich hübsch aus. Hast etwas Leuchtendes. Mir gefällt das an jungen Leuten. Es ist nichts für mich selbst. Ich käme mir so aufgetakelt vor – aufgedonnert. Und was soll ich mit diesen Geldstücken hier anfangen, wenn du sie nicht nehmen willst?« Sie stiegen höher und höher. »Mir scheint, sie haben alle diese Zimmer geöffnet« – sie hatten nun einen roten Laufteppich erreicht – »damit, wenn Delias kleines Wohnzimmer zu voll wird – aber die Gesellschaft hat freilich kaum erst begonnen. Wir sind sehr früh gekommen. Sie sind oben. Ich höre sie reden. Komm! Soll ich vorangehn?«

Stimmengewirr drang hinter einer der Türen hervor. Ein Dienstmädchen trat an sie heran.

»Miss Pargiter«, sagte Eleanor.

»Miss Pargiter!« rief das Mädchen, die Tür öffnend, den Namen aus.

»Geh und mach dich fertig!« sagte Norman. Er ging durchs Zimmer und tastete nach dem Lichtschalter.

Er drehte den Schalter, und das elektrische Licht in der Mitte des Zimmers flammte auf. Der Schirm war abgenommen und ein Trichter aus grünlichem Papier über die Birne gestülpt worden.

»Geh und mach dich fertig!« wiederholte er. Sally gab keine Antwort. Sie hatte ein Buch zu sich herangezogen und tat, als läse sie.

»Er hat den König getötet«, sagte sie. »Was wird er nun tun?« Sie ließ einen Finger zwischen den Seiten des Buchs und sah zu ihm auf; ein Kniff, das wußte er, um den Augenblick des Handelns hinauszuschieben. Auch er wollte noch nicht gehn. Immerhin, wenn Eleanor wollte, daß sie hinkämen – er zögerte und blickte auf seine Uhr.

»Was wird er nun tun?« wiederholte sie.

»Etwas Komisches«, sagte er kurz. »Kontrast«, sagte er, sich auf etwas besinnend, was er gelesen hatte. »Die einzige Form der Kontinuität«, setzte er auf gut Glück hinzu.

»Also lies weiter!« sagte sie und reichte ihm das Buch.

Er öffnete es aufs Geratewohl.

»Die Szene ist eine felsige Insel mitten im Meere«, las er vor. Er hielt inne.

Bevor er las, mußte er immer das Bühnenbild zurechtmachen; einiges versinken lassen, andres in den Vordergrund rücken. Eine felsige Insel mitten im Meer, sagte er sich, – da gab es grüne Tümpel, Büschel von silbrigem Gras, Sand und in weiter Ferne das leise Seufzen, mit dem sich die Wellen brachen. Er öffnete den Mund zum Vorlesen. Dann hörte er ein Geräusch hinter sich; jemand war da – auf der Bühne oder im Zimmer? Er sah auf.

»Maggie!« rief Sally. Dort stand sie, in der offenen Tür, im Abendkleid.

»Habt ihr denn geschlafen?« fragte sie, ins Zimmer tretend. »Wir haben geklingelt und geklingelt.«

Sie blieb stehn und lächelte den beiden zu, belustigt, als hätte sie zwei Schläfer aufgescheucht.

»Wozu hast du überhaupt eine Klingel, wenn sie doch immer kaputt ist?« sagte eine Männerstimme hinter ihr.

Norman erhob sich. Anfangs konnte er sich kaum an die beiden erinnern. Der Anblick der zwei, obenauf auf seiner Erinnerung, wie er sie von vor Jahren gesehen hatte, wirkte seltsam.

»Die Klingeln klingeln nicht, und das Fließwasser fließt nicht«, sagte er verlegen. »Oder es will nicht aufhören zu fließen«, fügte er hinzu, denn das Badewasser gurgelte noch immer in den Röhren.

»Zum Glück war die Haustür offen«, sagte Maggie. Sie stand neben dem Tisch und sah die Kringel Apfelschale und die Schüssel mit unappetitlichem Obst an. Manche Schönheit, dachte Norman, vergeht, manche – mit einem Blick auf sie – wird mit den Jahren noch schöner. Sie hatte graue Haare; ihre Kinder mußten nun wohl erwachsen sein. Aber warum werfen Frauen immer die Lippen auf, wenn sie sich im Spiegel betrachten? dachte er. Sie besah sich in dem Spiegel. Sie warf die Lippen auf. Dann ging sie durchs Zimmer und setzte sich in den Armsessel beim Kamin.

»Und weshalb hat Renny geweint?« fragte Sally. Norman sah ihn an. Er hatte zwei nasse Stellen zu beiden Seiten seiner langen Nase.

»Weil wir bei einem sehr schlechten Stück waren«, sagte er. »Und jetzt möchten wir gern was zum Trinken«, setzte er hinzu.

Sally ging zu der Anrichte und begann mit Gläsern zu klimpern.

»Habt ihr etwas gelesen?« fragte Renny mit einem Blick auf das Buch, das zu Boden gefallen war.

»Wir waren auf einer felsigen Insel mitten im Meer«, sagte

Sally und stellte Gläser auf den Tisch. Renny begann Whisky einzuschenken.

Jetzt erinnere ich mich an ihn, dachte Norman. Letztesmal hatten sie einander gesehn, bevor er ins Feld gegangen war. Das war in einem kleinen Haus in Westminster gewesen. Sie hatten vor dem Kamin gesessen. Und ein kleines Kind hatte mit einem scheckigen Holzpferd gespielt. Und er hatte sie beneidet um ihr Glück. Und sie hatten von Wissenschaft gesprochen. Und Renny hatte gesagt: »Ich helfe mit, Granaten zu machen«, und wie eine Maske hatte es sich über sein Gesicht gesenkt. Ein Mann, der Granaten machte; ein Mann, der den Frieden liebte; ein Mann der Wissenschaft; ein Mann, der weinte ...

»Halt!« rief Renny. »Halt!« Sally hatte Sodawasser über die Tischplatte verspritzt.

»Wann bist zu zurückgekommen?« fragte ihn Renny, sein Glas ergreifend und ihn mit noch immer tränenfeuchten Augen ansehend.

»Vor ungefähr einer Woche.«

»Und du hast deine Farm verkauft?« Renny setzte sich, das Glas in der Hand.

»Ja, ich hab' sie verkauft«, sagte Norman. »Ob ich hierbleibe oder zurückgehe«, sagte er, sein Glas hebend und an die Lippen führend, »das weiß ich noch nicht.«

»Wo lag deine Farm?« fragte Renny, sich zu ihm neigend. Und sie redeten von Afrika.

Maggie sah den beiden zu, wie sie tranken und redeten. Der Papiertrichter über dem elektrischen Licht war eigenartig gefleckt. Das gesprenkelte Licht ließ ihre Gesichter grünlich erscheinen. Die Furchen links und rechts von Rennys Nase waren noch feucht. Sein ganzes Gesicht bestand aus Vorsprüngen und Vertiefungen; Normans Gesicht war rund und stumpfnäsig und um die Lippen ein wenig bläulich. Sie rückte ihren Sessel ein klein wenig, um die zwei Köpfe zum Vergleich nebeneinander zu sehen. Sie waren sehr verschieden. Und während sie von Afrika sprachen, veränderten sich ihre Gesichter, als hätte sich das feine Netzwerk unter der Haut mit einem kleinen Ruck verschoben und die Gewichte fielen nun in andre Tüllen. Ein Kribbeln durchlief sie, als hätten sich auch in ihrem Körper die Gewichte verlagert. Aber irgend etwas an der Beleuchtung störte sie. Sie sah umher. Draußen auf der Straße mußte wohl eine Gaslaterne blaken. Ihr flackerndes Licht mischte sich mit dem elektrischen hinter dem grünlichen Trichter aus gefleckten Papier. Das war's, was ... Sie fuhr zusammen; eine Stimme war zu ihr gedrungen.

»Nach Afrika?« fragte sie, Norman anblickend.

»Zu Delias Gesellschaft«, sagte er. »Ich fragte, ob auch ihr hingeht ...« Sie hatte nicht zugehört.

»Einen Augenblick noch ...« unterbrach Renny. Er hielt die Hand hoch wie ein Polizist, der den Verkehr anhält. Und sie redeten weiter von Afrika.

Maggie ließ sich zurücksinken. Hinter den zwei Köpfen wölbte sich die Mahagonilehne eines Sessels. Und dahinter stand eine Vase aus Glas mit gekraustem rotem Rand; und dann kam die gerade Linie des Kaminsimses mit kleinen schwarzweißen Quadraten; und dann drei Stengel, die in flaumige gelbe Wedel ausliefen. Sie ließ die Augen von einem Ding zum andern schweifen. Von einem zum andern, sammelnd, einheimsend, zu einem Ganzen zusammentragend; als sie eben ihr Muster fertigweben wollte, rief Renny:

»Wir müssen – wir müssen gehn!«

Er war aufgestanden. Er hatte sein Whiskyglas weggeschoben. Er stand da wie jemand, der eine Truppe kommandiert, dachte Norman; so nachdrücklich klang seine Stimme, so gebieterisch war seine Gebärde. Und dabei handelte es sich nur darum, zu einer Gesellschaft bei einer alten Frau zu gehn. Oder gab es immer irgend etwas, dachte er, während auch er aufstand und sich nach seinem Hut umsah, was an die Oberfläche kam, am unrechten Ort, unerwartet, aus den Tiefen der Menschen, und alltägliche Handlungen, alltägliche Worte zum Ausdruck des ganzen Wesens machte, so daß er, als er sich umwandte, um Renny zu Delias Gesellschaft zu folgen, ein Gefühl hatte, als ritte er zum Entsatz einer belagerten Garnison quer durch die Wüste?

Er blieb stehn, die Hand auf der Türklinke. Sally war aus dem Schlafzimmer hereingekommen. Sie hatte sich umgekleidet; sie war im Abendkleid; sie hatte etwas Ungewohntes – vielleicht war es die Wirkung des Abendkleids, das sie fremd erscheinen ließ?

»Ich bin fertig«, sagte sie und sah sie alle an.

Sie bückte sich und hob das Buch auf, das Norman entglitten war.

»Wir müssen gehn«, sagte sie, zu ihrer Schwester gewendet.

Sie legte das Buch auf den Tisch; klappte es zu und tätschelte es mit Bedauern.

»Wir müssen gehn«, wiederholte sie und folgte den beiden Männern die Treppe hinunter.

Maggie erhob sich. Sie warf noch einen Blick auf das armselige Logierzimmer. Dort stand das Pampasgras in seinem Terrakottakrug; die grüne Vase mit dem gekräuselten Rand; und der Mahagonisessel; auf dem Eßtisch die Schale mit Obst; die sinnlich-üppigen Äpfel neben den gelben, fleckigen Bananen. Es war eine wunderliche Verquickung – das Rundliche und das länglich Konische, das Rötliche und das Gelbliche. Sie schaltete das Licht aus. Das Zimmer war jetzt fast ganz dunkel, bis auf das wässerige Muster, das an der Decke hin und her schwankte. In diesem gespenstischen, unbeständigen Schein sah man nur die Umrisse; geisterhafte Äpfel, geisterhafte Bananen und das Phantom eines Sessels. Die Farben kehrten langsam zurück, als ihre Augen sich an das Dunkel gewöhnten, und auch die Körperhaftigkeit ... Sie blieb einen Augenblick stehn und schaute. Dann rief jemand:

»Maggie! Maggie!«

»Ich komme schon!« rief sie zurück und folgte ihnen die Treppe hinab.

»Und Ihr Name, Miss?« fragte das Dienstmädchen; Peggy war hinter Eleanor ein wenig zurückgeblieben.

»Miss Margaret Pargiter.«

»Miss Margaret Pargiter!« rief das Mädchen ins Zimmer hinein.

Stimmengewirr und helle Lichter empfingen sie – und Delia kam auf sie zu. »Ach, Peggy!« rief sie. »Wie nett von dir, daß du gekommen bist!«

Sie ging weiter, ins Zimmer hinein; aber sie fühlte sich wie mit einer kalten metallischen Haut überzogen. Sie waren zu früh gekommen – nur ein paar Leute standen herum und redeten viel zu laut, wie um das Zimmer zu füllen. Um so zu tun, dachte Peggy, während sie Delia die Hand reichte und dann weiterging, als ob sich etwas Erfreuliches ereignen werde. Sie sah mit übergroßer Deutlichkeit den Perserteppich und die geschnitzte Kaminumkleidung, aber in der Mitte des Zimmers war ein leerer Raum.

Was ist die richtige Medizin bei diesem besondern Zustand? fragte sie sich, als wollte sie ein Rezept für einen Patienten schreiben. Mach Beobachtungen und schreib sie auf, sagte sie sich. Tu sie in eine Flasche mit glänzend grüner Stöpselhülle, dachte sie. Mach Beobachtungen, und der Schmerz wird vergehn, wiederholte sie im stillen, während sie allein dastand. Delia eilte an ihr vorbei; sie redete, aber redete nur so drauf los.

»Das ist ja alles ganz schön für euch, die ihr in London wohnt –« sagte sie soeben. Doch das Ärgerliche, wenn man vermerkt, was die Leute sagen, dachte Peggy weiter, als Delia an ihr vorbeieilte, ist, daß sie solchen Unsinn zusammenreden ... so kompletten Unsinn, dachte sie und zog sich an die Wand zurück. Da trat ihr Vater ein. Er blieb an der Tür stehn; reckte den Kopf, als ob er nach jemand Ausschau hielte, und kam mit vorgestreckter Hand ins Zimmer herein.

Und was ist das? fragte sie sich, denn der Anblick ihres Vaters in seinen recht abgetragenen Schuhen hatte in ihr ein unmittelbares, spontanes Gefühl ausgelöst. Dieses plötzliche Aufwallen von Wärme? fragte sie sich und begann zu prüfen, was es bedeutete. Sie beobachtete ihn, wie er durchs Zimmer ging. Seine Schuhe wirkten immer ganz seltsam auf sie. Zum Teil etwas Sexuelles, zum Teil Mitgefühl, dachte sie. Konnte man es »Liebe« nennen? Sie überwand sich dazu, sich von der Stelle zu rühren. Nun, da ich mich bis zu einem Zustand verhältnismäßiger Unempfindlichkeit narkotisiert habe, sagte sie sich, will ich kühn quer durchs Zimmer gehn; ich will zu Onkel Patrick hingehn, der dort beim Sofa steht und in den Zähnen stochert, und ich werde zu ihm sagen – ja, was werde ich sagen?

Ein Satz fiel ihr ein, ohne besondern Sinn und aus keinem besondern Grund, während sie durchs Zimmer schritt: Wie geht's dem Mann, der sich mit der Hacke die Zehen abgehauen hat?

»Wie geht's dem Mann, der sich mit der Hacke die Zehen abgehauen hat?« fragte sie; sie sprach die Worte genau so, wie sie ihr eingefallen waren. Der stattliche alte Irländer beugte sich herab, denn er war sehr groß, und hielt die Hand hinters Ohr, denn er war schwerhörig.

»Hacket? Hacket?« wiederholte er. Sie lächelte. Die Stufen von Hirn zu Hirn müssen sehr niedrig gehalten sein, wenn die Gedanken sie ersteigen sollen, vermerkte sie.

»Der sich mit der Hacke die Zehen abgehauen hat, als ich bei euch war«, sagte sie. Sie hatte sich erinnert, wie bei ihrem letzten Aufenthalt in Irland der Gärtner sich mit einer Hacke in den Fuß getroffen hatte.

»Hacket? Hacket?« wiederholte er. Er sah verständnislos drein. Dann dämmerte ihm etwas.

»Ach, die Hackets!« sagte er. »Der gute alte Peter Hacket – ja.« Es schien, daß es in Galway Leute namens Hacket gab, und das Mißverständnis, das aufzuklären sie sich nicht die Mühe nahm, erwies sich als nützlich, denn es hatte ihn in Gang gebracht, und er erzählte ihr Geschichten von den Hackets, als sie nebeneinander auf dem Sofa saßen.

Eine erwachsene Person, dachte sie, fährt quer durch ganz London, um mit einem schwerhörigen alten Mann über die Hackets, von denen sie nie gehört hat, zu reden, nur weil sie sich nach dem Gärtner erkundigen wollte, der sich die Zehen mit einer Hacke abgehauen hat. Aber Hacke oder Hackets, was liegt daran? Sie lachte auf, zum Glück grade bei einem Witz, so daß es ganz angebracht wirkte. Aber man braucht jemand, *mit* dem man lacht. Freude wird dadurch vermehrt, daß man teilt. Gilt das gleiche auch von Schmerz? Ist das der Grund, daß wir alle so viel von Krankheit reden – weil gewisse Dinge sich verringern, wenn man sie mit jemand teilt? Gib dem Schmerz, gib der Freude äußere Gestalt, und du verringerst sie, indem du die Oberfläche vergrößerst ... Aber der Gedanke entglitt ihr. Onkel Patrick war mit seinen Geschichten von einst nun im Zug. Sacht, methodisch, wie ein Mann, der einen noch tauglichen, aber schon recht abgemüdeten Gaul antreibt, saß er nun im Sattel und gedachte der alten Zeiten, der alten Hunde, alter Erinnerungen, die sich, während er sich immer mehr erwärmte, allmählich zu kleinen Bildchen aus dem Leben in einem irischen Landhaus gestalteten. Während sie nur halb hinhörte, stellte sie sich vor, daß sie vergilbte Photographien von Kricketspielern betrachtete; von Jagdgesellschaften; auf den vielen Stufen vor einem Gutsschlößchen.

Wie viele Leute, fragte sie sich, hören wirklich zu? Dieses »mit jemand teilen« ist demnach ein bißchen eine Komödie. Sie zwang sich zu Aufmerksamkeit.

»Ach ja, das waren noch schöne Zeiten!« sagte er eben. Glanz kam in seine matt gewordenen Augen.

Abermals sah sie die Photographie der Herren in Ledergamaschen und der Damen in wallenden Röcken auf den breiten weißen Treppenstufen, mit den Hunden, die zusammengerollt zu ihren Füßen lagen. Aber er war wieder weitergetrabt.

»Hast du jemals von deinem Vater etwas über einen gewissen Roddy Jenkins gehört? – der in dem kleinen weißen Haus rechts von der Straße wohnte?« fragte er. »Aber diese Geschichte mußt du doch kennen?« setzte er hinzu.

»Nein«, sagte sie und kniff die Augen zusammen, als suchte sie in den Archiven ihres Gedächtnisses. »Erzähl sie mir doch!«

Und er erzählte sie ihr.

Mir gelingt das Sammeln von Fakten, dachte sie. Aber was einen Menschen ausmacht – der ganze Umfang (sie machte die Hand hohl) –, nein, das gelingt mir nicht. Dort war ihre Tante Delia. Sie beobachtete sie, wie sie sich schnell im Zimmer umherbewegte. Was weiß ich von ihr? Daß sie ein Kleid mit goldenen Tupfen trägt; welliges Haar hat, das rot war, jetzt weiß ist; eine schöne Frau; verwüstet; mit einer Vergangenheit. Aber was für einer Vergangenheit? Sie hat Patrick geheiratet ... Die umschweifige Geschichte, die Patrick ihr soeben erzählte, durchbrach immer wieder die Oberfläche ihrer Gedanken, wie Ruder, die ins Wasser tauchten. Nichts konnte sich setzen. Auch in der Geschichte kam ein See vor, denn es war eine Geschichte von einer Entenjagd.

Sie hat Patrick geheiratet, dachte sie und sah sein ausgemergeltes, wettergegerbtes Gesicht an, mit den einzelnen Haaren darauf. Warum hat Delia ihn geheiratet? Wie bringen sie es fertig – das Lieben? Das Kinderkriegen? Die Menschen, die einander bloß anrühren und in einer Wolke von Rauch aufgehn, rotem Rauch? Sein Gesicht erinnerte sie an die rote Haut einer Stachelbeere mit den kleinen schütteren Härchen darauf. Aber keine der Linien seines Gesichts ist ausgeprägt genug, dachte sie, um zu erklären, wie sie zueinander fanden und drei Kinder hatten. Es waren Linien, die von der Jagd stammten; Linien, die von Sorgen kamen; denn die alten Zeiten waren vorüber, das sagte er grade wieder. Sie mußten sich einschränken.

»Ja, so geht's uns allen«, sagte sie mechanisch. Sie wendete unauffällig ihr Handgelenk, so daß sie auf ihre Uhr sehn konnte. Erst fünfzehn Minuten waren vergangen. Aber das

Zimmer füllte sich mit Leuten, die sie nicht kannte. Dort war ein Inder, mit einem rosa Turban.

»Ach, aber ich langweile dich mit diesen alten Geschichten«, sagte ihr Onkel und schüttelte den Kopf. Sie merkte, daß er gekränkt war.

»Nein, nein, nein!« sagte sie und fühlte sich unbehaglich. Er legte wieder los, aber nur aus Höflichkeit diesmal, so empfand sie. Schmerz muß wohl Freude überwiegen, zwei Teile Schmerz auf ein Teil Freude, dachte sie; bei allen menschlichen Beziehungen. Oder bin ich die Ausnahme, eine absonderliche Person? dachte sie weiter, denn die andern schienen sich recht glücklich zu fühlen. Ja, dachte sie, geradeaus vor sich hinblickend, und fühlte wieder, wie sich die Haut um ihre Lippen und Augen spannte, gespannt von Müdigkeit, vom langen Aufbleiben und Wachen neben einer Frau in den Wehen, – ich bin die Ausnahme; hart; kalt; schon in einem Geleise; bloß Ärztin.

Sich aus Geleisen herauszureißen ist verflucht unangenehm, dachte sie; bevor die Leichenstarre eingetreten ist; wie das Biegen von gefrorenen Stiefeln ... Sie neigte den Kopf, um zuzuhören. Lächeln, sich hinneigen, so tun, als unterhielte man sich, wenn man sich langweilt, – wie schmerzhaft das ist, dachte sie. Immer und überall schmerzhaft, dachte sie und sah den Inder mit dem rosa Turban an.

»Wer ist denn der?« fragte Onkel Patrick, mit dem Kopf in der Richtung nickend.

»Einer von Eleanors Indern, vermutlich«, sagte sie und dachte: Wenn nur die barmherzigen Mächte der Finsternis das Bloßliegen des empfindlichen Nervs verdecken würden, so daß ich aufstehn könnte und – ...

»Aber ich darf dich hier nicht festnageln, damit du dir alle meine alten Geschichten anhörst«, sagte Onkel Patrick. Sein ausgedienter, knieschwacher Gaul war stehngeblieben.

»Doch erzähl mir, hat die alte Biddy noch den kleinen Laden?« fragte sie. »Wo wir immer Süßigkeiten kauften?«

»Die arme Alte –« begann er. Er war wieder im Trab. Alle ihre Patientinnen sagten das, dachte sie: Ruhen – ruhen – laßt mich ruhen! Unempfindlich werden; aufhören zu fühlen; danach schrien die Frauen in den Wehen; ruhen; aufhören zu sein. Im Mittelalter, dachte sie, war es die Klosterzelle; jetzt ist's das Laboratorium; die freien Berufe; nicht leben; nicht fühlen; Geld verdienen, Geld, und am Ende, wenn ich alt bin und verbraucht wie ein Pferd, nein, es ist eine Kuh ... denn Stückchen der Geschichte, die Onkel Patrick erzählte, waren in ihr Bewußtsein gedrungen: »... aber es ist überhaupt keine Nachfrage nach Vieh«, sagte er soeben, »überhaupt keine Nachfrage. Ach, hier ist Julia Cromarty –« rief er und winkte mit der Hand, winkte mit seiner großen, schlenkerigen Hand einer Landsmännin zu.

Peggy blieb allein auf dem Sofa zurück. Denn ihr Onkel war aufgestanden und ging mit ausgestreckten Armen die etwas Vogelhaftes habende alte Frau begrüßen, die, eifrig mit jemand plaudernd, hereingekommen war.

Sie blieb allein. Sie war froh, allein zu sein. Sie hatte nicht den Wunsch zu reden. Aber im nächsten Augenblick stand jemand vor ihr. Es war Martin. Er setzte sich neben sie. Sogleich änderte sie ihre ganze Haltung.

»Hallo, Martin!« begrüßte sie ihn herzlich.

»Deine Pflicht getan an dem alten Waschweib?« fragte er. Er spielte auf die Geschichten an, die der alte Patrick ihnen immer erzählte.

»Hab' ich sehr düster dreingesehn?« fragte sie.

»Na«, erwiderte er mit einem Blick auf sie, »nicht grade hingerissen.«

»Man weiß doch schon immer, wie seine Geschichten ausgehn«, entschuldigte sie sich und sah Martin an. Er hatte sich angewöhnt, sein gescheiteltes Haar vorn hochzubürsten wie ein Kellner. Er sah ihr niemals voll ins Gesicht. Er fühlte sich nie ganz unbefangen mit ihr. Sie war seine Ärztin; sie wußte, daß er entsetzliche Angst vor Krebs hatte. Sie mußte versuchen, ihn abzulenken von dem Gedanken: Bemerkt sie irgendwelche Symptome?

»Ich hab' mich grade gefragt, wie es kam, daß die zwei einander geheiratet haben«, sagte sie. »Waren sie ineinander verliebt?« Sie sprach auf gut Glück, um ihn abzulenken.

»Natürlich war er in sie verliebt«, sagte er. Er blickte zu Delia hinüber. Sie stand vor dem Kamin und sprach mit dem Inder. Sie war immer noch eine sehr stattliche Frau, mit ihrer Erscheinung, ihren Gebärden.

»Wir sind alle einmal verliebt gewesen«, sagte er mit einem Seitenblick auf Peggy. Die jungen Leute von heute waren so ernst.

»Na, natürlich«, sagte sie und lächelte. Ihr gefiel es, wie er der Liebe nachjagte, einer Liebe nach der andern – sein tapferes Festhalten an dem flatternden Saum, dem entgleitenden Saum der Jugend – sogar er, sogar jetzt noch.

»Aber euch«, sagte er, die Beine streckend und die Hose über den Knien hochziehend, »eurer Generation, meine ich, euch entgeht eine Menge ... euch entgeht eine Menge dabei«, wiederholte er. Sie wartete.

»... nur euer eignes Geschlecht zu lieben«, fügte er hinzu.

Er betont gern seine Jugendlichkeit auf diese Art, dachte sie; indem er Dinge sagt, die er für zeitgemäß hält.

»Ich bin nicht von dieser Generation«, sagte sie.

»Na, na, na«, sagte er mit leisem Auflachen, zuckte dann die Achseln und sah sie von der Seite an. Er wußte sehr wenig von ihrem Privatleben. Aber sie sah ernst aus; sie sah abgespannt aus. Sie arbeitet zu viel, dachte er.

»Ich bin nicht mehr die jüngste«, sagte Peggy. »Beginne zu verholzen. Das hat mir Eleanor gesagt heute abend.«

Oder hatte nicht sie Eleanor gefragt, ob sie »unterdrückt« worden sei? Eins oder das andre.

»Eleanor ist ein fideles altes Haus«, sagte er. »Schau!« Dort stand sie, in ihrem roten Umhang, und redete mit dem Inder.

»Soeben aus Indien zurück«, setzte er hinzu. »Der ist wohl ein Mitbringsel aus Bengalen, wie?« sagte er, den Umhang meinend.

»Und nächstes Jahr will sie sogar nach China«, sagte Peggy.

»Aber Delia?« fragte sie; Delia ging soeben an ihnen vorbei. »War sie verliebt?« Was ihr, in eurer Generation, »verliebt« genannt habt, fügte sie im stillen hinzu.

Er wiegte langsam den Kopf und verzog die Lippen. Er war immer auf einen kleinen Spaß aus, erinnerte sie sich.

»Ich weiß nicht – ich weiß nicht, wie das mit Delia war«, sagte er. »Da gab es diese Sache, siehst du, – was sie damals ›die große Sache‹ nannte.« Er verkniff das Gesicht. »Irland, weißt du. Parnell. Je von einem Mann namens Parnell gehört?« fragte er.

»Ja«, sagte Peggy.

»Und Edward?« fügte sie hinzu, Edward war hereingekommen; und er sah sehr distinguiert aus in seiner sorgfältigen, wenn auch bewußten Schlichtheit.

»Edward – ja«, sagte Martin. »Edward war verliebt. Sicher kennst du diese alte Geschichte – Edward und Kitty?«

»Die, die diesen – wie hieß er nur? – diesen Lasswade

geheiratet hat?« fragte Peggy flüsternd, weil Edward soeben an ihnen vorbeiging.

»Ja, sie hat den andern geheiratet – Lasswade. Aber er war verliebt – er war sehr, sehr verliebt«, flüsterte Martin. »Aber du –.« Er warf einen schnellen Seitenblick auf sie. Sie hatte etwas an sich, das ihn durchkältete. »Natürlich, du hast deinen Beruf.« Er sah zu Boden. Er dachte wohl an seine Angst vor Krebs, vermutete sie; er fürchtete, daß sie irgendein Symptom bemerkt hatte.

»Ach, Ärzte sind große Scharlatane«, warf sie hin.

»Wieso? Die Menschen leben länger als früher einmal, oder nicht?« entgegnete er. »Und jedenfalls sterben sie nicht so qualvoll«, setzte er hinzu.

»Wir haben ein paar kleine Kunstgriffe gelernt«, räumte sie ein. Er starrte vor sich hin, mit einem Ausdruck, der ihr Mitgefühl erweckte.

»Du wirst achtzig Jahre alt werden – wenn du achtzig Jahre alt werden willst«, sagte sie.

Er sah sie an. »Natürlich. Ich bin durchaus dafür, achtzig Jahre alt zu werden!« rief er. »Ich will noch nach Amerika. Ich will sehn, wie sie dort bauen. Ich halt's mit denen, siehst du. Ich genieße das Leben.« Das tat er, in vollen Zügen.

Er mußte über sechzig sein, vermutete sie. Aber seine Aufmachung war fabelhaft; fesch und flott wie ein Mann von Vierzig, mit seiner Kanarienblonden in Kensington.

»Ich weiß nicht«, sagt sie.

»Ach, Peggy, sag mir nicht, daß du's nicht auch – da ist Rose!«

Rose kam auf sie zu. Sie war recht dicklich geworden.

»Willst du nicht auch achtzig Jahre alt werden?« fragte er sie. Er mußte es zweimal wiederholen. Sie war schwerhörig.

»Gewiß, natürlich will ich das!« sagte sie, als sie ihn verstand. Sie war vor den beiden stehngeblieben. Sie hat eine merkwürdige Haltung, dachte Peggy, den Kopf so zurückgeworfen, als wäre sie ein alter Militär.

»Natürlich will ich das«, wiederholte Rose und setzte sich unvermittelt auf das Sofa neben sie.

»Ah, aber –« begann Peggy. Sie hielt inne. Rose war fast taub, erinnerte sie sich. Sie mußte sehr laut sprechen. »Die Menschen hatten sich noch nicht so blamiert zu deiner Zeit«, schrie sie. Aber sie zweifelte, ob Rose sie verstand.

»Ich möchte mitansehn, was weiter geschieht«, sagte Rose.

»Wir leben in einer sehr interessanten Zeit.«

»Unsinn«, neckte Martin sie. »Du willst leben«, schrie er ihr ins Ohr, »weil dich das Leben freut.«

»Und ich schäme mich dessen auch nicht«, sagte sie. »Ich hab' meine Mitmenschen gern – im großen und ganzen.«

»Was du gern hast, ist, dich mit ihnen herumzuraufen«, schrie er.

»Glaubst du, du kannst mich heutzutage noch zum Steigen bringen?« sagte sie und tätschelte ihm den Arm.

Jetzt werden sie davon reden, wie sie Kinder waren, dachte Peggy, wie sie im Hintergarten auf die Bäume kletterten und wie sie auf irgend jemands Katzen schossen. Jeder Mensch hat sich in seinem Denken auf eine bestimmte Linie festgelegt, und längs dieser Linie kommen dieselben alten Redensarten einher. Unser Geist muß von Linien durchkreuzt sein wie unsre Handflächen, dachte sie und sah ihre Handflächen an.

»Sie hat immer Feuer gespien«, sagte Martin, zu Peggy gewendet.

»Und immer hat man mir die Schuld gegeben«, sagte Rose. »*Er* hat stets das Lernzimmer okkupiert. Wo hätte ich sitzen sollen? Ach, geh weg und spiel im Kinderzimmer!« Sie schwenkte die Hand.

»Und da ist sie ins Badezimmer und hat sich mit einem Messer ins Handgelenk geschnitten«, sagte Martin spöttisch.

»Nein, das war wegen Erridges: wegen des Mikroskops«, berichtigte sie ihn.

Wie ein Kätzchen, das nach seinem Schwanz hascht, dachte Peggy; immer rundum, im Kreis herum. Aber das ist es ja, was ihnen Freude macht, dachte sie; dazu gehn sie auf Gesellschaften. Martin fuhr fort, Rose zu necken.

»Und wo ist dein rotes Bändchen?« fragte er.

Sie hatte irgendeine Auszeichnung bekommen, erinnerte sich Peggy, für ihre Leistungen im Krieg.

»Sind wir nicht würdig, dich in deiner Kriegsbemalung zu sehn?« stichelte er.

»Dieser Mensch ist eifersüchtig«, sagte sie, zu Peggy gewendet. »Er hat nie im Leben auch nur das geringste gearbeitet.«

»Aber ich arbeite – ich arbeite«, behauptete Martin. »Ich sitze den lieben langen Tag in einem Büro –«

»Und tust was?« fragte Rose.

Dann verstummten sie auf einmal. Diese Nummer war

vorüber – die alte Nummer vom Brüderlein und Schwesterlein. Nun konnten sie bloß das Ganze wieder von vorn anfangen.

»Hört mal«, sagte Martin, »wir sollten gehn und uns ein wenig um die andern kümmern.« Er stand auf. Sie trennten sich.

Und tust was? wiederholte Peggy im stillen, während sie durchs Zimmer ging. Und tust was? Sie fühlte sich leichtsinnig; was lag daran, was sie tat? Sie trat ans Fenster und schlug die Vorhänge ein wenig auseinander. Da waren die Sterne, ausgestanzte kleine Löcher in dem blauschwarzen Himmel. Eine Reihe von Schornsteinen hob sich von ihm ab. Darüber die Sterne. Unergründlich, ewig, gleichgültig – das waren die Worte; die rechten Worte. Aber ich fühle das nicht, dachte sie und sah zu den Sternen auf. Also warum dann so tun, als ob? In Wirklichkeit, dachte sie und kniff die Augen zusammen, um sie besser zu sehn, sind sie wie kleine Stückchen bereiften Stahls. Und der Mond – dort drüben – ist wie ein polierter Schüsseldeckel. Aber sie empfand nichts, auch nicht, nachdem sie Mond und Sterne so tief herabgesetzt hatte. Dann drehte sie sich um und sah sich einem jungen Mann gegenüber, den sie zu kennen glaubte, auf dessen Namen sie sich aber nicht besinnen konnte. Er hatte eine schöne Stirn, aber ein zurückweichendes Kinn, und er sah blaß aus, teigig.

»Wie geht's?« fragte sie. Hieß er Leacock oder Laycock? »Letztesmal«, sagte sie, »haben wir uns bei einem Rennen getroffen.« So ungereimt es schien, verband sie ihn irgendwie mit einer Wiese in Cornwall, mit Steinwällen, Farmern und springenden zottigen Ponys.

»Nein, das war Paul«, sagte er, »mein Bruder Paul.« Er war gekränkt. Was trieb er denn, weswegen er sich höher einschätzte als Paul?

»Sie wohnen in London?« fragte sie.

Er nickte.

»Sie sind Schriftsteller, nicht wahr?« riet sie auf gut Glück. Aber warum, wenn du Schriftsteller bist – sie erinnerte sich jetzt, seinen Namen in Zeitungen gelesen zu haben –, den Kopf zurückwerfen, wenn du »Ja« sagst? Ihr war Paul lieber; er sah gesund aus. Der da hatte ein sonderbares Gesicht; verkrampft; nervlich überspannt; starr.

»Lyriker?« fragte sie.

»Ja.« Aber weshalb das Wort abbeißen, als wär's eine Kirsche an einem Stengel? dachte sie. Niemand trat zu ihnen; sie mußten sich nebeneinander hinsetzen, auf zwei Stühle da an der Wand.

»Wie machen Sie das, wenn Sie doch in einem Amt sind?« fragte sie. Anscheinend in seiner Freizeit.

»Mein Onkel...« begann er. »... Sie kennen ihn?«

Ein freundlicher, unbedeutender Mensch; er war einmal sehr nett zu ihr gewesen, in irgendeiner Paßangelegenheit. Dieser junge Mann da, natürlich, obwohl sie nur halb hinhörte, machte sich über ihn lustig. Warum dann in sein Amt eintreten? fragte sie sich. »Meine Leute«, sagte er soeben... »pflegten Jagden zu reiten.« Ihre Aufmerksamkeit schweifte ab. Sie hatte das alles schon einmal gehört. Ich, ich, ich – ging es immerfort. Es war wie die Schnabelhiebe eines Geiers, wie das Saugen eines Staubsaugers, wie das Schrillen eines Telefons. Ich, ich, ich. Aber er konnte nichts dafür – mit diesem nervös gespannten Egoistengesicht, dachte sie mit einem Blick auf ihn. Er konnte sich nicht freimachen, konnte sich nicht loslösen. Er war ans Rad geschmiedet, mit engen Eisenreifen. Er mußte sich preisgeben, sich zur Schau stellen. Aber warum sollte ich ihn gewähren lassen? dachte sie, während er weiterredete. Denn was liegt mir an seinem ewigen »Ich, ich, ich«? Oder an seinen Gedichten? Dann werde ich ihn also abschütteln, sagte sie sich und hatte ein Gefühl wie jemand, dem alles Blut ausgesaugt wird, so daß die Nervenzentren blaß zurückbleiben. Sie sagte nichts. Er bemerkte ihren Mangel an Anteilnahme. Er hielt sie für dumm, vermutlich.

»Ich bin müde«, sagte sie, sich entschuldigend. »Ich war die ganze Nacht auf«, erklärte sie. »Ich bin Ärztin – «

Das Feuer erlosch in seinem Gesicht, als sie »ich« sagte. Das hat's geschafft – jetzt wird er gehn, dachte sie. Er kann nicht »du« sein – er muß »ich« sein. Sie lächelte. Denn schon war er aufgestanden und gegangen.

Sie trat wieder ans Fenster. Armer Teufel, dachte sie; verkümmert, verwelkt; kalt wie Stahl; hart wie Stahl; kahl wie Stahl. Und das bin auch ich, dachte sie und sah den Himmel an. Die Sterne schienen planlos aus ihm ausgestanzt zu sein; nur dort, rechts über den Schornsteinen, hing dieses Phantom eines riesigen Schubkarrens – wie hieß es bloß? Der Name wollte ihr nicht einfallen. Ich werde sie zählen, dachte sie, auf ihren Vorsatz mit dem Merkbuch zurückkommend, und hatte schon begonnen: eins, zwei, drei, vier ..., als eine Stimme hinter ihr rief: »Peggy, klingen dir nicht die Ohren?« Sie wandte sich um. Es war natürlich Delia, mit ihrem gewinnenden Wesen, ihrem den Irländern abgeguckten Schmeicheln. »Denn sie müßten dir eigentlich klingen«, sagte Delia und legte ihr die Hand auf die Schulter, »nach allem, was *er* dort gesagt hat« – sie wies auf einen ergrauten Herrn – »nach dem Loblied, das er auf dich gesungen hat.«

Peggy sah hin. Dort saß ihr Klinikvorstand, ihr Lehrmeister. Ja, sie wußte, er hielt sie für tüchtig. Vermutlich war sie's. Alle sagten es. Sehr tüchtig.

»Er hat mir erzählt –« begann Delia, aber sie unterbrach sich. »Komm und hilf mir dieses Fenster zu öffnen«, sagte sie. »Es wird zu heiß.«

»Laß mich's machen«, sagte Peggy. Sie gab dem Schubfenster einen Ruck, aber es stak fest, denn es war alt, und der Rahmen hatte sich geworfen.

»Warte, Peggy!« sagte jemand, der hinter sie trat. Es war ihr Vater. Er faßte das Unterfenster mit einer Hand, der Hand mit der Narbe. Er schob; es glitt hinauf; er zog das Oberfenster herab.

»Dank dir, Morris, so ist's besser«, sagte Delia. »Ich habe soeben Peggy gesagt, die Ohren müßten ihr klingen«, begann sie wieder. »›Die glänzendste meiner Schülerinnen!‹ Das waren seine Worte«, fuhr Delia fort. »Ich war richtig stolz. ›Aber das ist ja meine Nichte‹, sagte ich. Er hatte es nicht gewußt –«

Da! sagte sich Peggy. Das ist Freude! Ein Nervenprickeln schien ihr das Rückgrat entlangzulaufen, als das Lob nun ihrem Vater zu Ohren kam. Jede Gemütsbewegung berührte einen andern Nerv. Spott schürfte den Schenkel; Freude ließ das Rückgrat erschauern und beeinflußte auch das Sehen. Die Sterne waren weicher geworden; sie flimmerten. Die Hand ihres Vaters strich über ihre Schulter, als er sie vom Fenster sinken ließ; aber keins von beiden sagte etwas.

»Willst du es auch unten offen haben?« fragte er.

»Nein, so genügt es schon«, antwortete Delia. »Es wird heiß hier im Zimmer«, sagte sie. »Es kommen immer mehr Leute. Sie müssen in die untern Zimmer. Aber wer sind die dort drüben?« Sie wies durchs Fenster. Dem Haus gegenüber, am Gartengitter des Square, stand eine kleine Gruppe in Abendkleidung.

»Ich glaube, ich erkenne einen von ihnen«, sagte Morris. »Das ist doch Norman, nicht?«

»Ja, das ist Norman«, sagte Peggy, auch hinaussehend.

»Warum kommen sie denn nicht herein?« rief Delia und klopfte an die Fensterscheibe.

»Aber ihr müßt kommen und es selber sehn«, sagte Norman. Sie hatten ihn gebeten, Afrika zu beschreiben. Er hatte gesagt, es gebe dort Berge und Ebenen; es sei sehr still, hatte er gesagt, und Vögel sängen. Er verstummte; es war schwierig, eine Gegend zu beschreiben für Leute, die sie nicht kannten. Dann teilte sich der Vorhang im Haus gegenüber, und drei Köpfe erschienen im Fenster. Sie blickten auf die Umrisse der Köpfe. Sie standen mit dem Rücken gegen die eisernen Gitterstäbe des Square. Die Bäume ließen dunkle Schauer von Laub über sie herabhängen. Die Bäume waren ein Teil des Himmels geworden. Dann und wann, wenn ein Luftzug sich regte, schienen sie sich zu verschieben und ein wenig hin und her zu rücken. Ein Stern schien durchs Laub. Und es war still; das Gemurmel des Verkehrs war zu einem einzigen fernen Summen verschmolzen. Eine Katze schlich vorbei; eine Sekunde lang sahn sie das leuchtende Grün der Augen; dann war es erloschen. Die Katze querte den erhellten Fleck und verschwand. Jemand oben klopfte abermals an die Fensterscheibe und rief: »Kommt doch herein!«

»Gehn wir!« sagte Renny und warf seinen Zigarettenrest in das Gebüsch hinter sich. »Gehn wir hinauf! Wir müssen –«

Sie stiegen die Treppe hinauf, vorbei an Bürotüren, vorbei an hohen Fenstern, die auf Hintergärten gingen. Voll belaubte Bäume streckten die Äste verschiedener Höhe über die Gärten; die Blätter, hier hell und grün im künstlichen Licht, dort dunkel im Schatten, bewegten sich auf und ab in der leichten Brise. Dann kamen sie in den privaten Teil des Hauses, wo der rote Läufer aufgelegt war; und ein Getöse von Stimmen, als hätte eine Schafherde dort ihre Hürde, drang hinter einer der Türen hervor. Und Musik erklang, eine Tanzmelodie.

»Also!« sagte Maggie, einen Augenblick vor der Tür innehaltend. Sie nannte dem Dienstmädchen ihre Namen.

»Und Sie, Sir?« fragte das Mädchen Norman, der ein wenig zurückgeblieben war.

»Captain Pargiter«, sagte Norman und griff an seine Halsbinde.

»– und Captain Pargiter!« verkündete das Mädchen.

Delia stürzte sich sogleich auf sie alle. »Und Captain Pargiter!« rief sie, während sie durchs Zimmer geeilt kam. »Wie reizend von euch, daß ihr gekommen seid!« rief sie. Sie griff durcheinander nach ihren Händen, hier nach einer Linken, da nach einer Rechten, mit ihrer Linken, mit ihrer Rechten.

»Ich dachte mir, daß ihr das seid«, rief sie, »unten auf dem Square. Ich glaubte, Renny zu erkennen. Aber bei Norman war ich nicht sicher. Captain Pargiter!« Sie schüttelte ihm die Hand. »Du bist ja geradezu ein Fremder geworden – aber ein sehr willkommener! Nun, wen kennt ihr? Und wen kennt ihr nicht?«

Sie sah umher und zupfte ein wenig nervös an ihrem Schal.

»Wartet einmal – alle eure Onkel und Tanten sind da; und eure Cousins und Cousinen; und eure Söhne und Töchter – ja, Maggie, ich hab' deine entzückenden zwei gesehn, noch gar nicht lange her. Sie sind hier irgendwo ... Aber in unsrer Familie sind alle Generationen im Alter so durcheinander; Cousinen und Tanten, Onkel und Brüder – aber vielleicht ist das gut so.«

Sie verstummte ziemlich plötzlich, als wäre diese Gesprächsader erschöpft. Sie zupfte an ihrem Schal.

»Es wird getanzt werden«, sagte sie und wies auf den jungen Mann, der soeben eine andre Platte auf das Grammophon legte. »Es genügt fürs Tanzen«, fuhr sie fort, das Grammophon meinend. »Nicht für Musik.« Sie gab sich einen Augenblick ganz einfach. »Ich kann Musik auf dem Grammophon nicht vertragen. Aber Tanzmusik – das ist was andres. Und junge Leute – meint ihr nicht auch? – sollen tanzen. Es ist recht, daß sie's tun. Tanzt oder tanzt nicht – ganz wie ihr wollt«, setzte sie mit einem Schwenken der Hand hinzu.

»Ja, ganz wie ihr wollt«, echote ihr Mann. Er stand neben ihr und streckte ihnen die schlenkernden Hände hin wie ein ausgestopfter Bär in einer Hotelhalle, auf den man Mäntel hängt.

»Ganz wie ihr wollt«, sagte er und schüttelte seine Tatzen.

»Hilf mir die Tische wegrücken, Norman!« sagte Delia. »Wenn getanzt wird, werden sie alles aus dem Weg haben wollen – und die Teppiche zusammengerollt.« Sie schob ein Tischchen beiseite. Dann eilte sie durchs Zimmer und bugsierte einen Sessel an die Wand.

Jemand hatte eine Vase umgeworfen, und ein Bächlein floß über den Teppich.

»Kümmert euch nicht drum – kümmert euch nicht drum – es macht gar nichts!« rief Delia, die Manier einer nonchalanten irischen Gastgeberin annehmend. Aber Norman bückte sich und wischte das Wasser auf.

»Und was wirst du jetzt mit deinem Taschentuch tun?« fragte ihn Eleanor; sie war zu ihnen getreten, in ihrem wallenden roten Umhang.

»Über einen Sessel hängen zum Trocknen«, antwortete Norman.

»Und du, Sally?« fragte Eleanor, an die Wand zurücktretend, weil das Tanzen gleich beginnen würde. »Wirst du tanzen?« fragte sie und setzte sich.

»Ich?« sagte Sally und gähnte. »Ich möcht' schlafen.« Sie ließ sich neben Eleanor auf ein Kissen nieder.

»Aber man geht doch nicht auf Gesellschaften, um zu schlafen, nicht?« lachte Eleanor, auf sie hinunterblickend. Wieder sah sie die kleine Vignette, die sie am andern Ende des Telephons gesehn hatte. Aber sie konnte Sallys Gesicht nicht sehn, nur ihren Scheitel.

»Er war zum Dinner bei dir, nicht wahr?« fragte sie, als Norman, sein Taschentuch in der Hand, vorbeikam.

»Und worüber habt ihr gesprochen?« fragte sie. Sie sah sie auf der Kante ihres Sessels sitzen, mit dem Fuß wippen, einen Schmutzfleck auf der Nase.

»Gesprochen?« sagte Sally. »Von dir, Eleanor.« Leute kamen unaufhörlich an ihnen vorbei; streiften an ihre Knie; begannen zu tanzen. Man wurde etwas schwindlig davon, dachte Eleanor, sich in ihren Sessel zurücklehnend.

»Von mir?« fragte sie. »Was denn?«

»Von deinem Leben«, sagte Sally.

»Von meinem Leben?« wiederholte Eleanor. Paare begannen sich langsam an ihnen vorbeizuwinden und zu drehn. Sie tanzten wohl einen Foxtrott, vermutete sie.

Mein Leben, dachte sie. Seltsam, es war das zweitemal heute abend, daß jemand von ihrem Leben gesprochen hatte.

Und ich hab' doch gar keins, dachte sie. Sollte jemands Leben denn nicht etwas sein, das man fassen und herzeigen kann? – ein Leben von einigen siebzig Jahren? Aber ich habe nur den gegenwärtigen Augenblick, dachte sie. Hier war sie lebendig, hier und jetzt, während sie diesem Foxtrott zuhörte. Dann blickte sie umher. Dort stand Morris; und Rose; und Edward, mit zurückgeworfenem Kopf im Gespräch mit einem Mann, den sie nicht kannte. Ich bin der einzige Mensch hier, dachte sie, der sich erinnert, wie er an jenem Abend auf dem Rand meines Betts gesessen und geweint hat – an dem Abend, an dem Kittys Verlobung bekanntgegeben wurde. Ja, so manches fiel ihr wieder ein. Eine lange Strecke Leben lag hinter ihr. Edward, wie er weinte, Mrs. Levy, wie sie daherredete; ein Schneefall; eine Sonnenblume mit einem Sprung mittendurch; der gelbe Pferdeomnibus, wie er die Bayswater Road entlangtrabte. Und ich dachte mir damals, ich bin die Jüngste in diesem Omnibus; und jetzt bin ich die älteste ... Millionen von Dingen fielen ihr wieder ein. Atome flogen auseinander und häuften sich wieder. Aber wie formten sie das, was die Menschen ein Leben nannten? Sie ballte die Fäuste und spürte die harten kleinen Münzen, die sie immer noch festhielt. Vielleicht ist da das »Ich«, dachte sie; mitten drin; ein Knoten; ein Zentrum. Und nun sah sie sich an ihrem Schreibtisch sitzen und auf das Löschblatt kritzeln, kleine Löcher stechen, von denen Speichen ausstrahlten. Immer mehr und mehr strahlten aus. Ein Ding folgte auf das andre, eine Szene überlagerte die andre. Und dann sagen sie, dachte sie: »Wir haben von dir gesprochen!«

»Mein Leben ...« sagte sie laut, wenn auch halb zu sich selbst.

»Ja?« fragte Sally aufblickend.

Eleanor verstummte. Sie hatte sie vergessen gehabt; es hörte jemand zu. Da mußte sie ihre Gedanken ordnen, mußte sie Worte finden. Aber nein, dachte sie, ich kann keine Worte finden; ich kann es niemand erzählen.

»Ist das nicht Nicholas?« sagte sie, auf einen ziemlich behäbigen Mann blickend, der in der Tür stand.

»Wo?« fragte Sally; aber sie blickte in der falschen Richtung. Jetzt war er verschwunden. Vielleicht hatte sie sich getäuscht. Mein Leben war andrer Leute Leben, dachte Eleanor – meines Vaters; meines Bruders Morris; meiner Freunde Leben; Nicholas' Leben ... Bruchstücke eines Gesprächs mit ihm fielen ihr wieder ein. Entweder war es beim Lunch mit ihm oder beim Dinner, dachte sie. Es war in einem Restaurant gewesen. Und ein Papagei mit langen rosa Federn hatte in einem Käfig neben der Kasse gesessen. Und sie hatten dort miteinander geredet – bald nach dem Krieg – über die Zukunft, über Erziehung. Und er wollte mich nicht für den Wein zahlen lassen, erinnerte sie sich plötzlich, obwohl ich es war, die ihn bestellt hatte ...

Da blieb jemand vor ihr stehn. Sie blickte auf. »Grade hab' ich an Sie gedacht!« rief sie.

Es war Nicholas.

»Guten Abend, Madame!« sagte er, sich auf seine ausländische Art verneigend.

»Grade hab' ich an Sie gedacht!« wiederholte sie. Wirklich, es war, als ob ein Teil von ihr, ein versunkener Teil von ihr, an die Oberfläche käme. »Kommen Sie, setzen Sie sich zu mir!« sagte sie und zog einen Sessel heran.

»Wissen Sie, wer der Mann dort ist, der neben meiner Tante sitzt?« fragte Norman das Mädchen, mit dem er tanzte.

»Ich kenne Ihre Tante nicht«, sagte sie. »Ich kenne überhaupt niemand hier.«

Der Tanz war zu Ende, und sie gingen auf die Tür zu.

»Ich kenne nicht einmal meine Gastgeberin«, sagte sie. »Ich wollte, Sie würden sie mir zeigen.«

»Dort – dort drüben«, sagte er. Er wies auf Delia in ihrem schwarzen Abendkleid mit den goldenen Tupfen.

»Ach, die?« sagte sie und sah sie an. »Also sie ist die Gastgeberin?« Er hatte ihren Namen nicht verstanden, und sie kannte auch niemand hier. Er war froh darüber. Es bewirkte, daß er sich wie ein andrer Mensch fühlte – es regte ihn an. Er geleitete sie zur Tür. Er wollte seine Verwandten meiden. Besonders seine Schwester, Peggy, wollte er meiden; aber dort war sie; sie stand allein in der Nähe der Tür. Er sah nach der andern Seite; er führte seine Partnerin zur Tür hinaus. Es mußte doch einen Garten oder irgendwo ein Dachplätzchen geben, dachte er, wo sie beide sitzen könnten, allein. Sie war außerordentlich hübsch und jung.

»Kommen Sie«, sagte er, »gehn wir hinunter!«

»An mich? Und was haben Sie sich da gedacht?« fragte Nicholas, sich neben Eleanor setzend.

Sie lächelte. Hier saß er nun in seinem recht schlecht passenden Abendanzug, das Petschaft mit dem Wappen seiner fürstlichen Mutter an der Uhrkette, mit seinem dunkelgetönten Gesicht, das sie immer irgendwie an ein schlaffhäutiges Pelztier erinnerte, ungebärdig gegen andre, aber freundlich zu ihr. Doch was hatte sie nur über ihn gedacht? Sie hatte an ihn im ganzen gedacht; sie konnte nicht kleine Splitter davon abbrechen. In dem Restaurant war es sehr rauchig gewesen, erinnerte sie sich.

»Wie wir einmal zusammen in Soho diniert haben«, sagte sie. »Erinnern Sie sich?«

»An alle Abende mit Ihnen erinnere ich mich, Eleanor«, erwiderte er. Aber sein Blick war ein wenig leer. Seine Aufmerksamkeit war abgelenkt. Er sah auf eine Dame, die eben hereingekommen war; eine sehr elegant gekleidete Dame, die mit dem Rücken zum Bücherregal dastand, in voller Ausrüstung für eine Soiree. Wenn ich nicht einmal mein eigenes Leben beschreiben kann, dachte Eleanor, wie kann ich dann ihn beschreiben? Denn was er war, das wußte sie nicht; bloß, daß sie sich freute, wenn er ins Zimmer trat; sie der Notwendigkeit enthob zu denken; und ihren Geist ein wenig aufrüttelte. Er sah die Dame an. Sie schien von seinen und Eleanors Blicken aufrecht gehalten zu werden; schien unter ihren Blicken zu vibrieren. Und auf einmal kam es Eleanor so vor, als hätte sich das alles schon früher einmal abgespielt. Genau so war ein junges Mädchen an jenem Abend in das Restaurant hereingekommen; war vibrierend in der Tür stehngeblieben. Eleanor wußte genau, was er sagen werde. Er hatte es schon einmal gesagt, in dem Restaurant. Er wird jetzt sagen, sie sei wie ein Ball auf dem Springbrunnen in einer Schießbude. Während sie es dachte, sagte er es. Wiederholt sich also alles, nur ein klein bißchen anders? fragte sie sich. Wenn ja, dann gibt es also etwas wie ein Muster; ein Motiv, das wiederkehrt wie in der Musik, halb erinnert, halb vorausgeahnt? ... Ein gigantisches Muster, für einen Augenblick wahrnehmbar? Der Gedanke, daß es so ein Muster gab, freute sie über die Maßen. Aber wer macht es? Wer denkt es aus? Ihr Geist glitt ab. Sie konnte ihren Gedanken nicht zu Ende denken.

»Nicholas ...« begann sie. Sie wollte, er solle ihn zu Ende denken; ihren Gedanken nehmen und unversehrt hinaustragen ins Freie; ihn ganz machen, schön, allumfassend.

»Sagen Sie mir, Nicholas ...« begann sie abermals; doch sie

hatte keine Ahnung, wie sie den Satz beenden sollte, oder was es war, das sie ihn fragen wollte. Er sprach zu Sally. Sie hörte zu. Er lachte sie aus; wies auf ihre Füße.

»... auf eine Gesellschaft zu kommen«, sagte er grade, »mit einem Strumpf, der weiß ist, und einem, der blau ist!«

»Die Königin von England, die lud mich unlängst zum Tee«, summte Sally im Takt der Musik, »und ich dachte, ich weiß nicht in welchen, in welchen Strümpfen ich geh'; die rosigen und die mit goldenem Glanz, sind alle nicht ganz, nicht ganz, o weh!«

Das ist das Liebesgetändel dieser zwei, dachte Eleanor, und horchte mit halbem Ohr auf ihr Lachen, ihre Neckereien. Wieder ein Zollbreit von dem Muster, dachte sie, immer noch ihre halb formulierte Idee verwendend, um die Szene vor sich damit abzustempeln. Und wenn dieses Liebesgetändel auch anders ist als das alte, hat es doch seine Reize; es war »Liebe«, anders, als Liebe früher gewesen war, vielleicht, aber war es darum schlechter? Jedenfalls, dachte sie, sind sie sich eins des andern bewußt; sie leben eins im andern; was sonst ist Liebe? fragte sie sich, dem Gelächter der beiden zuhörend.

»... Kannst du denn niemals selbständig handeln?« fragte er soeben. »Kannst du dir niemals wenigstens deine Strümpfe selber auswählen?«

»Niemals! Niemals!« lachte Sally.

»... Weil du kein eigenes Leben hast«, sagte er. »Sie lebt in Träumen«, setzte er hinzu, zu Eleanor gewendet, »für sich allein.«

»Der Herr Professor hält sein kleines Kollegium«, spöttelte Sally und legte ihm die Hand aufs Knie.

»Und Sally singt ihr kleines Liedchen«, lachte Nicholas und drückte ihr die Hand.

Aber sie sind sehr glücklich, dachte Eleanor; sie lachen über einander.

»Sagen Sie mir, Nicholas ...« begann sie wieder. Aber ein neuer Tanz hatte angefangen. Paare kamen ins Zimmer zurückgeflutet. Sehr langsam, gesammelt, mit ernsten Gesichtern, als nähmen sie teil an irgendeinem mystischen Ritus, der ihnen Immunität gegen andre Gefühle verlieh, begannen die Tanzenden an ihnen vorbeizukreisen, an ihre Knie zu streifen und ihnen fast auf die Zehen zu treten. Und dann blieb jemand vor den dreien stehn.

»Ach, da ist Norman!« sagte Eleanor aufblickend.

»Norman!« rief Nicholas. »Norman! Wir haben uns heute schon einmal getroffen« – er steckte Norman die Hand hin, » – bei Eleanor.«

»Jawohl«, sagte Norman mit Wärme. Nicholas zerquetschte ihm fast die Finger; er spürte sie erst wieder einzeln, als seine Hand losgelassen wurde. Es war überschwenglich; aber das gefiel ihm. Er fühlte, daß er selbst überschwenglich empfand. Seine Augen glänzten. Er hatte seine ratlose Miene völlig verloren. Sein Abenteuer war gut ausgegangen. Das junge Mädchen hatte ihren Namen in sein Taschenbuch geschrieben. »Kommen Sie mich morgen um sechs besuchen«, hatte sie gesagt.

»Nochmals guten Abend, Eleanor«, sagte er, sich über ihre Hand beugend. »Du siehst sehr jung aus. Und außerordentlich stattlich. Du gefällst mir in dem da«, sagte er mit einem Blick auf ihren indischen Umhang.

»Dasselbe kann ich dir sagen, Norman«, erwiderte sie und sah zu ihm auf. Es kam ihr vor, daß sie ihn noch nie so hübsch, so lebensvoll gesehn hatte.

»Tanzt du nicht auch?« fragte sie. Die Musik war in vollem Schwung.

»Nicht, wenn Sally mir nicht die Ehre erweist«, sagte er und verneigte sich vor ihr mit übertriebener Galanterie. Was ist nur mit ihm? dachte Eleanor. Er sieht so hübsch aus, so glücklich. Sally erhob sich. Sie reichte ihre Hand Nicholas.

»Ich will mit dir tanzen«, sagte sie. Sie blieben einen Augenblick stehn und warteten; und dann drehten sie sich hinweg.

»Was für ein sonderbares Paar!« rief Norman. Er verkniff sein Gesicht zu einem Grinsen, während er ihnen zusah. »Die beiden haben keine Ahnung, was tanzen heißt!« fügte er hinzu. Er setzte sich auf den Sessel neben Eleanor, von dem Nicholas aufgestanden war.

»Warum heiraten die beiden nicht?« fragte er.

»Warum sollten sie?« entgegnete sie.

»Ach, alle Leute sollten heiraten«, sagte er. »Und er gefällt mir, obgleich er so etwas wie ein, na, sagen wir, Filou ist«, meinte er, während er zusah, wie das Paar sich unbeholfen zwischen den andern umherdrehte.

»Filou?« echote Eleanor. »Ach, wegen seines Uhranhängers, meinst du«, setzte sie hinzu, das goldene Petschaft anblickend, das auf und ab hüpfte, während Nicholas tanzte.

»Nein, nicht ein Filou«, sagte sie. »Er ist –«

Aber Norman hörte nicht zu. Er betrachtete ein Paar am andern Ende des Zimmers. Die zwei standen am Kamin. Beide waren sie jung; beide hielten sie sich still; sie schienen in dieser Stellung von einem mächtigen Gefühl festgehalten zu sein. Während er die beiden ansah, überkam ihn ein Gefühl, das ihn selbst betraf, sein eigenes Leben, und er machte einen andern Hintergrund für das Paar oder für sich selbst zurecht – nicht den Kaminsims und das Bücherregal, sondern tosende Wasserfälle, jagende Wolken und einen Felsen, auf dem sie standen, über einem Wildbach ...

»Heiraten ist nicht für alle«, unterbrach ihn Eleanor.

Er schrak auf. »Nein, natürlich nicht«, stimmte er ihr bei. Er sah sie an. Sie hatte nie geheiratet. Warum? Sich vermutlich für die Familie geopfert – den alten Großpapa, dem die Finger fehlten. Dann tauchte eine Erinnerung auf an eine Terrasse, eine Zigarre und William Whatney. War nicht das die Tragik in ihrem Leben gewesen, daß sie ihn geliebt hatte? Er sah sie voll Zuneigung an. Er liebte jeden Menschen in diesem Augenblick.

»Was für ein Glück, dich allein anzutreffen, Nell!« sagte er, ihr die Hand aufs Knie legend.

Sie war gerührt; seine Hand da auf ihrem Knie zu spüren freute sie.

»Norman, mein Lieber!« rief sie. Sie spürte durch ihr Kleid hindurch, daß er erregt war; er war wie ein Hund an der Leine, der mit gestrafften Nerven vorwärtsstrebte, so fühlte sie, während seine Hand auf ihrem Knie lag.

»Aber heirate nicht die Unrichtige!« sagte sie.

»Ich? Wie kommst du darauf?« Hatte sie ihn gesehn, als er das junge Mädchen hinunterbegleitete?

»Sag mir –« begann sie. Sie wollte ihn fragen, nun, da sie allein waren, ihn kühl und vernünftig fragen, was seine Pläne seien; aber noch bevor sie weitersprechen konnte, sah sie, wie sein Gesicht sich veränderte; ein Ausdruck übertriebenen Entsetzens erschien darauf.

»Milly!« murmelte er. »Der Teufel hol sie.«

Eleanor warf einen raschen Blick über die Schulter. Ihre Schwester Milly, umfangreich in Draperien, wie sie ihrem Geschlecht und ihrem Stand geziemten, kam auf sie zu. Sie war füllig geworden. Um ihre Gestalt zu kaschieren, hingen Schleiergewebe mit Zierperlen daran von ihren Armen nieder. Die waren so dick, daß sie Norman an Spargel erinnerten; an bleiche, spitz zulaufende Spargel.

»Ach, Eleanor!« rief sie; sie hatte sich noch immer Überbleibsel der hundehaften Ergebenheit einer jüngeren Schwester bewahrt.

»Ach, Milly!« sagte Eleanor, aber etwas weniger herzlich.

»Wie nett, dich zu sehn!« sagte Milly mit ihrem kleinen Altweiberkichern; und doch lag etwas Unterwürfiges in ihrem Wesen. »Und dich auch, Norman!«

Sie reichte ihm ihre fettgepolsterte kleine Hand. Er bemerkte, wie die Ringe in ihre Finger eingesunken waren, als wäre das Fleisch darübergewachsen. Fleisch, das Diamanten überwachsen hatte, widerte ihn an.

»Wie nett, daß du wieder zurück bist!« sagte sie, sich langsam auf einen Sessel niederlassend. Alles, fühlte er, wurde stumpf. Sie warf ein Netz über sie alle; gab ihnen das Gefühl, eine einzige Familie zu sein; er mußte an alle die gemeinsamen Verwandten denken; aber es war ein unwirkliches Gefühl.

»Ja, wir wohnen bei Connie«, sagte sie; sie waren zu einem Kricketmatch hergefahren.

Er ließ den Kopf sinken; sah seine Schuhe an.

»Und ich hab' nicht eine Silbe über deine Reise gehört, Nell«, redete sie weiter. Das fällt und fällt und deckt die Welt, dachte er, als er dem lauwarmen Getröpfel der nichtigen Fragen seiner Tante zuhörte. Aber in ihm war ein solches Übermaß guter Laune, daß er ein Reimgeklingel aus ihnen machte. Beißen die Taranteln immer? fragte sie ihn grade. Und ist's wirklich so stark, das Sternengeflimmer? Und wohin führ' ich sie morgen zum Dinner? fügte er im stillen hinzu, denn von dem Namen in seinem Taschenbuch ging, unbekümmert um alles, was sich ringsumher abspielte, etwas aus, das den gegenwärtigen Augenblick überstrahlte.

Sie wohne bei ihrer Schwiegertochter, schwatzte Milly weiter, die Jimmy erwarte, der aus Uganda heimkomme ... Sein Geist ließ ein paar Worte ungehört vorüber gehn, denn er sah ein Stück Garten vor sich, ein Zimmer; und das nächste, das er dann auffing, war »Adenoid« – ein gutes Wort, dachte er, es aus seinem Zusammenhang lösend; mit einer Wespentaille; in der Mitte eingeschnürt; mit einem harten, glänzenden, metallischen Unterleib; brauchbar, um das Aussehn eines Insekts zu beschreiben – aber da näherte sich eine gewaltige Masse; vorwiegend eine weiße Weste, von Schwarz umgeben; und Hugh Gibbs ragte vor ihnen hoch. Norman sprang auf, um ihm seinen Sessel anzubieten.

»Mein lieber Junge, du erwartest doch nicht, daß ich mich auf so was setze?« sagte Hugh, lachend auf den dünnbeinigen Sessel weisend. »Da mußt du schon etwas finden –« er sah umher, beide Handflächen auf seine weiße Weste gelegt, »was mehr Substanz hat.«

Norman schob ihm einen gepolsterten Lehnstuhl heran. Mit einem »Tsch-tsch-tsch« ließ er sich vorsichtig darauf nieder.

Und Milly sagte: »Tä-tä-tä«, so bemerkte Norman.

Darauf lief es hinaus – dreißig Jahre lang Mann und Frau zu sein: tä-tä-tä und tsch-tsch-tsch. Es klang wie unartikuliertes Malmen von Vieh in einem Stall. Tä-tä-tä und tsch-tsch-tsch, beim Niedertreten des weichen, dampfigen Strohs; beim Sichwälzen im Urwaldsumpf, fruchtbar überquellend, nur halb seiner selbst sich bewußt, dachte er, während er von ungefähr dem gutgelaunten Geplapper zuhörte, das sich plötzlich ihm zuwendete.

»Wieviel wiegst du, Norman?« fragte sein Onkel und sah ihn abschätzend von oben bis unten an, als wäre er ein Pferd.

»Wir müssen dich so weit kriegen, daß wir einen Tag bestimmen«, setzte Milly hinzu, »wenn die Jungens daheim sind.«

Sie forderten ihn auf, im September zu ihnen in die »Towers« zu kommen, zum Ausheben der Jungfüchse. Die Männer gingen auf die Jagd, und die Frauen – er sah seine Tante an, als könnte sie selbst, auf diesem Sessel hier, Junge werfen, – die Frauen warfen unzählige Babys. Und diese Babys kriegten wieder Babys; und diese Babys kriegten – Adenoide. Da war das Wort wieder; aber diesmal gemahnte es ihn an gar nichts. Er versank, bedrückt von solchem Gewicht; sogar der Name in seinem Taschenbuch verblich. Ließ sich da gar nichts dagegen tun? fragte er sich. Nichts Geringeres als eine Revolution, dachte er. Der Gedanke an Dynamit, auffliegende Massen klumpiger Erde, Erde als eine pilzförmige Wolke in die Luft gesprengt, kam ihm – aus dem Krieg. Aber das ist alles *poppycock*, dachte er; *poppycock* des Kriegs, *poppycock*. Da war Sallys Wort wieder. Was blieb also? Sein Blick fiel auf

Peggy, wie sie dort stand und mit einem Unbekannten sprach. Ihr Ärzte, dachte er, ihr Wissenschaftler, warum tut ihr nicht ein kleines Kristallkörnchen in ein Glas, etwas Zakkiges und Scharfes, und gebt es ihnen zu schlucken? Hausverstand, Vernunft; zackig und scharf. Aber würden sie's schlucken? Er sah Hugh an. Der hatte so eine Art, seine Wangen einzusaugen und wieder aufzublasen, wenn er tä-tä-tä und tsch-tsch-tsch sagte. Würdest du es schlucken? fragte er Hugh im stillen.

Hugh wandte sich wieder an ihn.

»Und ich hoffe, du wirst jetzt hier in England bleiben, Norman«, sagte er. »Obgleich ich zu behaupten wage, daß es ein herrliches Leben sein muß, dort draußen?«

So kamen sie auf Afrika und, wie wenige Stellungen es dort gab. Seine Hochstimmung verflog. Der Name in seinem Taschenbuch strahlte keine Bilder mehr aus. Die feuchten Blätter fielen. Das fällt und fällt und deckt die Welt, murmelte er im stillen und sah seine Tante an; farblos bis auf einen braunen Fleck auf der Stirn; und auch ihr Haar war farblos bis auf eine Stelle wie Eidotter. Er hatte den Verdacht, daß sie im ganzen so weich und verfärbt sein mußte; wie eine Birne, die mehlig geworden ist. Und Hugh selbst – dessen große Hand auf seinem Knie ruhte – war in rohes Beefsteak eingewickelt. Er fing Eleanors Blick auf. In dem lag etwas Abgespanntes.

»Ja, nicht wahr, wie sie es verschandelt haben!« sagte sie soeben.

Aber alle Klangfarbe war aus ihrer Stimme verschwunden.

»Nagelneue Villen überall«, fügte sie hinzu. Sie war offenbar in Dorsetshire gewesen.

»Lauter kleine rote Villen längs der Straße«, fuhr sie fort.

»Ja, das ist auch mir aufgefallen«, sagte Norman, sich aufraffend, um sie zu unterstützen, »wie ihr England verschandelt habt, während ich weg war.«

»Aber in unserer Gegend wirst du nicht viel verändert finden, Norman«, sagte Hugh; er sprach mit stolzem Nachdruck.

»Nein. Aber wir sind eben glücklich daran«, sagte Milly. »Bei uns gibt's mehrere große Güter. Wir sind wirklich glücklich daran«, wiederholte sie. »Abgesehen von Mr. Phipps«, setzte sie hinzu. Sie ließ ein bissiges kleines Lachen hören.

Norman wurde plötzlich wach. Das war echt, dachte er.

Sie sprach mit einer Bitterkeit, die sie wirklich machte. Und nicht nur sie wurde wirklich – auch das Dorf dort, das Herrenhaus, der Meierhof, die Kirche und auch der Kreis von alten Bäumen erschienen ihm in voller Wirklichkeit. Ja, er wollte hinfahren und sie besuchen.

»Das ist nämlich unser Pfarrer«, erklärte Hugh. »Ein ganz netter Kerl auf seine Art; aber sehr hochkirchlich – sehr hoch. Kerzen – und solches Zeug.«

Da seufzte Eleanor. Norman sah sie an. Sie war am Einnikken. Etwas Glasiges, Starres war in ihr Gesicht gekommen. Sie sah einen Augenblick lang Milly entsetzlich ähnlich; Schlaf brachte die Familienähnlichkeit zum Vorschein. Dann öffnete sie die Augen weit; mit einer Willensanstrengung hielt sie sie offen. Aber es war klar, sie sah nichts.

»Du mußt kommen und sehn, wie es dir bei uns gefällt«, sagte Hugh. »Wie wär's mit der ersten Septemberwoche, he?« Er schwankte von einer Seite zur andern, als schlingerte sein Wohlwollen in ihm. Er war wie ein alter Elefant, der vielleicht gleich niederknien würde. Und wenn er niederkniet, wie wird er jemals wieder aufstehn? fragte sich Norman. Und wenn Eleanor hier ganz fest einschläft und zu schnarchen beginnt, was soll ich dann tun, hier sitzen gelassen zwischen den Knien des Elefanten?

Er blickte umher und suchte einen Vorwand, wegzugehn.

Da kam Maggie einher, ohne achtzugeben, wohin sie ging. Die Gibbs hatten sie schon erblickt. Er fühlte ein starkes Verlangen: »Achtung! Achtung!« zu rufen, denn sie befand sich in der Gefahrenzone. Die langen weißen Saugarme, die diese amorphen Körper ausgestreckt treiben ließen, um ihr Futter zu fangen, würden sie einsaugen. Ja, sie hatten sie entdeckt; sie war verloren.

»Da ist Maggie!« rief Milly aufblickend.

»Hab' dich eine Ewigkeit nicht gesehn!« sagte Hugh und machte einen Versuch, sich aus dem Lehnstuhl zu hieven.

Sie mußte stehnbleiben, mußte ihre Hand in diese formlose Tatze legen. Mit Aufwand des letzten Körnchens Energie, das ihm von der Adresse in seinem Taschenbuch verblieben war, stand Norman auf. Er wollte Maggie entführen. Er wollte sie vor Ansteckung mit Familienleben bewahren.

Aber sie beachtete ihn nicht. Sie stand da und erwiderte die Begrüßungen mit vollkommener Fassung, als benützte sie eine Ausrüstung für Notfälle. Himmel! sagte sich Norman, sie ist ebenso arg wie die andern; sie ist wie glasiert; unaufrichtig. Und jetzt redeten sie von *ihren* Kindern.

»Ja, das ist das Baby«, sagte sie und wies auf einen jungen Mann, der mit einem Mädchen tanzte.

»Und deine Tochter, Maggie?« fragte Milly und blickte umher.

Norman wurde unruhig. Es ist wie eine Verschwörung, dachte er; es ist die Dampfwalze, die einebnet; unkenntlich macht; zu Gleichförmigkeit rundet; zu Bällen rollt. Er gab acht, was sie sagten. Jimmy war in Uganda; Lily in Leicestershire; *mein* Junge – *mein* Mädel ... hieß es die ganze Zeit. Aber sie interessieren sich nicht für andrer Leute Kinder, dachte er. Nur für die eignen; ihr eignes Eigentum; ihr eignes Fleisch und Blut, das sie mit den entblößten Krallen des Urzeitsumpfs verteidigen würden, dachte er und sah Millys dicke Pfoten an, – sogar Maggie, sogar sie. Denn auch sie redete von *meinem* Jungen, *meinem* Mädel. Wie sollen wir denn da zivilisiert sein? fragte er sich.

Eleanor schnarchte. Sie war eingeschlafen, schamlos, hilflos. Es lag etwas Obszönes in dieser Unbewußtheit, dachte er. Ihr Mund stand offen, ihr Kopf war nach der einen Seite gesunken.

Aber nun war die Reihe an ihm. Schweigen sperrte den Rachen auf. Man muß das Gespräch antreiben, dachte er; jemand muß etwas sagen, oder die menschliche Gesellschaft wird aufhören. Hugh würde aufhören; Milly würde aufhören. Und er wollte sich grade bemühn, irgend etwas zu finden, was er sagen könnte, etwas, um die ungeheure Leere dieses urzeitlichen Rachens zu füttern, als Delia, entweder aus dem schusseligen Bestreben einer Gastgeberin, immer zu unterbrechen, oder zu Nächstenliebe inspiriert – was es war, das hätte er nicht zu sagen gewußt, – herbeikam und ihnen zuwinkte.

»Die Ludbys!« rief sie. »Die Ludbys!«

»Ach! Wo denn? Die lieben Ludbys!« rief Milly, und wuchtig erhoben sich die zwei und gingen ihnen entgegen, denn die Ludbys, so schien es, verließen Northumberland nur selten.

»Nun, Maggie?« sagte Norman, sich ihr zuwendend, – aber da schnalzte Eleanor ein wenig, hinten in der Kehle. Ihr Kopf sank vornüber. Schlaf, nun, da sie fest schlief, hatte ihr Würde verliehen. Sie sah friedlich aus, ihnen allen entrückt, eingehüllt in die Ruhe, die manchmal Schlafenden das Aussehen von Toten gibt. Die beiden saßen eine kleine Weile still da, allein miteinander, ganz für sich.

»Warum – warum – warum –« sagte er endlich und machte eine Bewegung, als rupfte er Grasbüschel aus dem Teppich.

»Warum?« fragte Maggie. »Warum was?«

»Milly und Hugh«, sagte er mit unterdrückter Stimme. Er wies mit dem Kopf dahin, wo die beiden beim Kamin standen und mit den Ludbys redeten. Derb, beleibt, unförmig, kamen sie ihm wie eine Parodie vor, eine Travestie, ein Auswuchs, der die innere Struktur überwuchert hatte, das innere Feuer. »Was ist's nur mit ihnen?«

Sie sah auch hin. Aber sie sagte nichts. Paare drehten sich langsam an ihnen vorbei. Eine der Tänzerinnen blieb stehn, und ihre Geste, wie sie so die Hand hob, ganz unbewußt, hatte den Ernst der sehr Jungen, die sich nur Gutes vom Leben erwarten; das rührte ihn.

»Warum –« er machte eine Bewegung mit dem Daumen nach dem jungen Paar hin – »wenn sie alle so entzückend –«

Auch sie sah das Mädchen an, das vorn am Kleid eine Blume feststeckte, die sich gelockert hatte. Maggie lächelte; sie sagte nichts. Dann echote sie, nur halb bewußt, seine Frage, ohne daß in dem Echo eine Bedeutung lag: »Warum?«

Er war für einen Augenblick wie vor den Kopf geschlagen. Ihm kam vor, daß sie sich weigerte, ihm zu helfen. Aber er wollte, daß sie ihm helfe. Warum sollte sie ihm nicht die Last von den Schultern nehmen und ihm geben, wonach er sich sehnte – Sicherheit, Gewißheit? Weil auch sie verbogen war wie die übrigen? Er sah auf ihre Hände hinab. Es waren kräftige Hände; schöne Hände; aber wenn es, dachte er, während er beobachtete, wie sich ihre Finger ein wenig krümmten, um *meine* Kinder, um *meine* Habe ginge, dann wär's ein einziger schlitzender Prankenhieb den Bauch hinunter; oder die Zähne ins weiche Fell der Kehle verbissen. Wir können einander nicht helfen, dachte er, wir alle sind verbogen. Und doch, so ungern er sie von dem Piedestal nahm, auf das er sie gestellt hatte, vielleicht hat sie recht, dachte er, und wir, die wir Idole aus andern machen, die wir diesen Mann oder jene Frau mit der Macht ausstatten, uns zu führen, verschlimmern nur die Verkrüppelung und gehn selber tief gebückt.

»Ich werde eine Zeitlang bei ihnen sein«, sagte er.
»In den ›Towers‹?« fragte sie.
»Ja. Zum Jungfüchse-Ausheben im September.«
Sie hörte nicht zu. Aber ihre Augen waren auf ihn gerichtet. Sie setzte ihn in Beziehung zu irgend etwas, so spürte er. Es machte ihn befangen. Sie sah ihn an, als wäre er nicht er selbst, sondern ein anderer. Er empfand dasselbe Unbehagen, das er empfunden hatte, als Sally ihn am Telephon beschrieb.
»Ich weiß schon«, sagte er und straffte die Muskeln seines Gesichts, »ich bin wie der Franzose auf diesem Bild, der seinen Hut in der Hand hält.«
»Seinen Hut in der Hand hält?«
»Und dem sein Bauch nicht gefällt«, setzte er hinzu.

»... seinen Hut in der Hand hält ... wer hält seinen Hut in der Hand?« fragte Eleanor und öffnete die Augen.
Sie blickte bestürzt umher. Das letzte, woran sie sich erinnerte – und es schien erst eine Sekunde her zu sein – war gewesen, daß Milly irgend etwas von Kerzen sagte, also mußte inzwischen etwas geschehn sein. Milly und Hugh hatten hier gesessen; jetzt aber waren sie weg. Es war da eine Lücke entstanden, eine Lücke, angefüllt mit dem goldenen Schein tropfender Kerzen und irgendeiner Empfindung, für die sie keine Bezeichnung wußte.
Sie wurde völlig wach.
»Was für Unsinn redet ihr da?« fragte sie. »Norman hält doch keinen Hut in der Hand. Und er hat keinen Bauch«, setzte sie hinzu. »Überhaupt keinen, überhaupt keinen«, wiederholte sie und tätschelte ihm liebevoll das Knie.
Sie fühlte sich außerordentlich glücklich. Schlaf hinterließ einem meist einen Traum – irgendeine Szene oder Gestalt verblieb, wenn man erwachte. Aber dieser Schlaf, diese kurze Entrückung, in der die Kerzen sich gebogen und wieder gestreckt hatten, hatte ihr nichts zurückgelassen als ein Gefühl, nicht einen Traum.
»Er hält keinen Hut in der Hand«, wiederholte sie.
Beide lachten sie über sie.
»Du hast geträumt, Eleanor«, sagte Maggie.
»So? Hab' ich?« fragte sie. Ein tiefer Riß klaffte in dem Gespräch, das war wahr. Sie konnte sich nicht erinnern, was sie gesagt hatten. Da saß Maggie; aber Milly und Hugh waren nicht mehr da.

»Nur ein kleines Nickerchen«, sagte sie. »Aber was wirst du unternehmen, Norman? Was hast du für Pläne?« fragte sie und sprach ziemlich hastig.

»Wir dürfen ihn nicht zurückgehn lassen, Maggie«, sagte sie. »Nicht auf diese gräßliche Farm.«

Sie wollte besonders praktisch erscheinen, teils um zu beweisen, daß sie nicht geschlafen hatte, teils um das außerordentliche Glücksgefühl zu bewahren, das immer noch in ihr nachhielt. Vor Beobachtung beschirmt, konnte es vielleicht weiterdauern.

»Du hast dir genug erspart, nicht wahr?« fragte sie.

»Genug erspart?« wiederholte er. Warum wollten Leute, die geschlafen hatten, immer den Eindruck machen, hellwach zu sein? »Vier- oder fünftausend«, setzte er aufs Geratewohl hinzu.

»Na, das genügt doch«, beharrte sie. »Zu fünf Prozent; sechs Prozent –« Sie versuchte, es im Kopf auszurechnen. Sie wandte sich an Maggie um Hilfe. »Bei vier- bis fünftausend – wieviel würde das ausmachen, Maggie? Genug, um davon zu leben, nicht wahr?«

»Vier- bis fünftausend?« wiederholte Maggie.

»Zu fünf oder sechs Prozent...« ergänzte Eleanor. Sie hatte nicht einmal in ihren besten Tagen kopfrechnen können; aber aus irgendeinem Grund erschien es ihr jetzt sehr wichtig, auf Tatsachen zurückzukommen. Sie öffnete ihren Beutel, fand einen Brief und zog einen Bleistiftstumpf hervor.

»Hier – rechne es darauf aus!« sagte sie. Maggie nahm das Blatt und zog ein paar Striche mit dem Bleistift, wie um ihn zu probieren. Norman warf einen Blick über ihre Schulter. Löste sie das Problem, das sie da vor sich hatte, – erwog sie sein Leben, seine Bedürfnisse? Nein, sie zeichnete; offenbar eine Karikatur – er sah ihr zu – eines beleibten Mannes ihnen gegenüber, mit weißer Weste. Es war eine Posse! Er kam sich deswegen ein wenig lächerlich vor.

»Seid nicht so albern!« sagte er.

»Das ist mein Bruder«, sagte sie, mit einem Kopfnicken gegen den Mann mit der weißen Weste. »Er hat uns oft in den Zoo mitgenommen und auf einem Elefanten reiten lassen...« Sie fügte einen Schnörkel an der Weste hinzu.

»Und wir sind sehr vernünftig«, beteuerte Eleanor. »Wenn du in England bleiben willst, Norman, – wenn du lieber –«

Er fiel ihr ins Wort. »Ich weiß nicht, was ich will«, sagte er.

»Ach so!« Sie lachte. Das Glücksgefühl kehrte wieder zurück, ihre unvernünftige Hochstimmung. Es kam ihr so vor, als wären sie alle jung und hätten die Zukunft vor sich. Nichts war festgelegt; nichts wußte man voraus; das Leben lag frei und offen vor einem.

»Ist das nicht seltsam?« rief sie. »Ist das nicht merkwürdig? Ist nicht eben darum das Leben ein – wie soll ich's nennen? – ein sich immer erneuerndes Wunder? ... Ich meine«, versuchte sie zu erklären, denn er sah sie verständnislos an, »das Alter, heißt es, ist *so*, aber es ist gar nicht so. Es ist ganz anders; ganz anders. Auch in meiner Kindheit, auch in meiner Mädchenzeit; es war ein fortwährendes Entdecken, mein Leben. Ein Wunder.« Sie verstummte. Sie schwatzte schon wieder. Sie fühlte sich ein wenig wirr im Kopf nach ihrem Traum.

»Dort ist Peggy!« rief sie, froh, sich an etwas Festes halten zu können. »Seht doch hin! Liest ein Buch!«

Peggy, zu Beginn des Tanzens beim Bücherregal abgeschnitten, blieb so dicht wie möglich daneben stehn. Um ihre Vereinsamung zu bemänteln, nahm sie ein Buch heraus. Es war in grünes Leder gebunden; und hatte, so bemerkte sie, als sie es in der Hand wendete, kleine goldene Sternchen eingepreßt. Um so besser, dachte sie und wendete es ganz um, da wird es so aussehn, als bewunderte ich den Einband ... Aber ich kann nicht hier stehnbleiben und den Einband bewundern, dachte sie. Sie schlug das Buch auf. Der da wird aussprechen, was ich mir denke, sagte sie sich. Aufs Geratewohl aufgeschlagene Bücher taten das immer.

»*La médiocrité de l'univers m'étonne et me révolte*«, las sie. Das war's. Genau das. Sie las weiter. »*...la petitesse de toutes choses m'emplit de dégoût...*« Sie hob den Blick. Die da traten ihr fast auf die Zehen. »*...la pauvreté des êtres humains m'anéantit.*« Sie klappte das Buch zu.

Genau das! sagte sie sich.

Sie drehte die Uhr an ihrem Handgelenk nach oben und sah verstohlen hin. Die Zeit verging. Eine Stunde sind sechzig Minuten, dachte sie; zwei Stunden sind hundertzwanzig Minuten. Wie viele muß ich noch hierbleiben? Konnte sie schon weggehn? Sie sah Eleanor ihr winken. Sie stellte das Buch in das Regal zurück und ging zu ihr und den andern hin.

»Komm, Peggy, komm und plaudere mit uns!« rief Eleanor und winkte ihr.

»Weißt du, wie spät es ist, Eleanor?« fragte Peggy im Näherkommen. Sie wies ihr ihre Uhr. »Meinst du nicht, es wäre Zeit, daß wir gehn?«

»Ich hab' gar nicht gemerkt, wie spät es ist«, sagte Eleanor.

»Aber du wirst morgen so müde sein«, mahnte Peggy.

»Die typische Ärztin«, neckte Norman sie. »Gesundheit über alles!« rief er. »Aber Gesundheit sollte nicht Selbstzweck sein«, sagte er, zu ihr aufblickend.

Sie beachtete ihn nicht.

»Willst du denn bis zum Schluß bleiben?« fragte sie Eleanor »Das hier wird die ganze Nacht dauern.« Sie sah den sich drehenden Paaren zu, die zur Melodie des Grammophons kreisten, als verendete ein Tier in langsamer, aber köstlicher Todespein.

»Aber wir unterhalten uns doch so gut!« sagte Eleanor. »Komm und unterhalte dich auch!«

Sie wies neben sich auf den Fußboden. Peggy ließ sich neben ihr hinabgleiten. Zwecklos das Grübeln, das Nachdenken, das Zergliedern; Eleanor glaubte es zu wissen: den Augenblick genießen – aber konnte man das? fragte sie sich, ihr Kleid um die Füße raffend, während sie sich zurechtsetzte. Eleanor beugte sich her und berührte sie an der Schulter.

»Ich möchte, daß du mir erklärst –« begann sie, Peggy ins Gespräch ziehend, weil sie so trübselig dreinsah, – »du bist doch Ärztin – du kennst dich aus in diesen Sachen – was bedeuten Träume?«

Peggy lachte. Wieder eine von Eleanors Fragen. Macht zweimal zwei vier – und wie ist das Weltall beschaffen?

»Ich meine eigentlich nicht Träume«, fuhr Eleanor fort. »Sondern Gefühle – Gefühle, die einen ankommen, während man schläft.«

»Meine liebe Nell«, sagte Peggy, zu ihr aufblickend, »wie oft hab' ich's dir schon gesagt? Wir Ärzte wissen sehr wenig über den Körper; und so gut wie nichts über die Seele!« Sie blickte wieder zu Boden.

»Ich habe immer behauptet, sie sind Scharlatane!« rief Norman.

»Wie schade!« sagte Eleanor. »Ich hoffte, du wirst mir erklären können –« Sie beugte sich zu ihr. Ihre Wangen waren gerötet, bemerkte Peggy; sie war aufgeregt; aber was gab es denn, um sich darüber aufzuregen?

»Erklären? – Was erklären?« fragte sie.

»Ach, nichts«, sagte Eleanor.

Jetzt hab' ich sie eingeschüchtert, dachte Peggy. Sie sah Eleanor wieder an. Ihre Augen glänzten; ihre Wangen waren gerötet; oder nur gebräunt von ihrer Indienreise? Und eine kleine Ader trat auf ihrer Stirn hervor. Aber was gab es denn, um sich darüber aufzuregen? Sie lehnte sich an die Wand zurück. Von wo sie auf dem Fußboden saß, hatte sie eine wunderliche Aussicht auf die Füße der Tanzenden; Füße, die hierher gerichtet waren; Füße, die dorthin gerichtet waren; Lackpumps; Atlasschuhe; seidene Strümpfe und schwarze Socken. Sie tanzten in rhythmischen Bewegungen, unermüdlich, zur Melodie eines Foxtrotts. »Na, und das warme Nachtmahl! und das Bier? sagt er zu mir, sagt er zu mir« – schien die Melodie immer von neuem zu wiederholen. Und Stimmen gingen über ihren Kopf hinweg. Wunderliche, abgerissene Fetzchen von Gespräch kamen zu ihr hergeweht... Oben in Norfolk, wo mein Schwager ein Segelboot hat ... Ach, ein kompletter Versager ... Ja, ganz meine Meinung ... Die Leute redeten dummes Zeug auf Gesellschaften ... Und neben ihr redete Maggie; redete Norman; redete Eleanor. Auf einmal schnellte Eleanor die Hand vor.

»Dort ist Renny!« rief sie. »Renny, den ich nie zu Gesicht kriege. Renny, den ich so gern habe ... Komm, setz dich zu uns, Renny!« Und ein Paar Lackpumps bewegten sich durch Peggys Gesichtsfeld und blieben vor ihr stehn. Er setzte sich neben Eleanor. Sie konnte grade sein Profil sehn; die lange Nase; die hagere Wange. »Na, und das warme Nachtmahl und das Bier? sagt er zu mir, sagt er zu mir«, leierte die Musik; die Paare tanzten vorbei. Aber die kleine Gruppe auf den Sesseln über ihr plauderte; lachte.

»Ich weiß, du wirst mir beistimmen ...« sagte Eleanor soeben. Durch halb geschlossene Lider konnte Peggy sehn, wie Renny sich zu ihr hinwandte. Sie sah seine hagere Wange, seine lange Nase; seine Fingernägel, so bemerkte sie, waren sehr kurz geschnitten.

»Kommt drauf an, was du gesagt hast ...« entgegnete er.

»Ja, was hab' ich nur gesagt?« überlegte Eleanor. Sie hat es schon wieder vergessen, vermutete Peggy.

»... daß sich die Dinge zum Bessern verändert haben«, hörte sie Eleanors Stimme.

»Seit deiner Mädchenzeit?« Das war wohl Maggie.

Dann klang eine andre Stimme, von einem Kleid mit einer rosa Schleife am Saum, dazwischen: »... ich weiß nicht wieso, aber Hitze macht mir nicht mehr so viel wie früher...« Peggy blickte auf. Es waren fünfzehn rosa Schleifen an dem Kleid, haargenau aufgenäht, und obenan – war das nicht Miriams schafsmäßig heiligenhaft aussehendes Köpfchen?

»Was ich meine, ist, daß wir uns innerlich verändert haben«, sagte Eleanor. »Wir sind glücklicher – wir sind freier...«

Was meint sie mit »Glück«, mit »Freiheit«? fragte sich Peggy und ließ sich wieder an die Wand zurücksinken.

»Nehmt zum Beispiel Renny und Maggie«, hörte sie Eleanor sagen. Und dann verstummte sie. Und dann sprach sie wieder weiter:

»Erinnerst du dich, Renny, an den Abend, als der Luftangriff war? Als ich Nicholas zum erstenmal traf... und wir alle im Keller unten saßen? Beim Hinuntergehn dachte ich mir: Das ist eine glückliche Ehe...« Es folgte wieder eine Pause. »Ich dachte mir«, setzte sie fort – und Peggy bemerkte, daß sie die Hand auf Rennys Knie gelegt hatte, – »wenn ich Renny gekannt hätte, als ich jung war...« Sie verstummte. Meint sie, sie hätte sich dann in ihn verliebt? fragte sich Peggy. Wieder tönte die Melodie dazwischen... »sagt er zu mir, sagt er zu mir...«

»Nein, nie...« hörte sie Eleanor sagen. »Nein, nie...« Meinte sie, daß sie niemals verliebt gewesen war, nie heiraten wollte? fragte sich Peggy. Die andern lachten.

»Aber du siehst wie eine Achtzehnjährige aus!« hörte sie Norman sagen.

»Und ich fühle mich auch wie eine!« rief Eleanor. Aber du wirst ganz gebrochen sein morgen früh, dachte Peggy mit einem Blick auf sie. Ihr Gesicht war gerötet, auf ihrer Stirn traten die Adern hervor.

»Ich fühle mich...« Sie verstummte. Sie griff sich an den Kopf: »... als ob ich in einer andern Welt gewesen wäre! So glücklich!« rief sie.

»Quatsch, Eleanor, Quatsch«, sagte Renny.

Ich habe erwartet, er wird das sagen, dachte Peggy mit einer sonderbaren Befriedigung. Sie konnte sein Profil sehn, wie er dort saß, auf der andern Seite der Knie ihrer Tante. Die Franzosen sind logisch denkende Leute; sie sind vernünftig, dachte sie. Aber ganz gleich, fügte sie hinzu, warum Eleanor nicht ihren kleinen Höhenflug gönnen, wenn er ihr Freude macht?

»Quatsch? Was meinst du mit Quatsch?« fragte Eleanor. Sie beugte sich vor. Sie streckte die Hand aus, als wollte sie, daß er spreche.

»Immer von der andern Welt reden!« sagte er. »Warum nicht von dieser?«

»Aber ich habe diese Welt gemeint!« sagte sie. »Ich habe gemeint, glücklich in dieser Welt – glücklich mit lebendigen Menschen.« Sie schwenkte die Hand, als wollte sie die ganze bunte Gesellschaft umarmen, die Jungen, die Alten, die Tanzenden, die Redenden; Miriam mit ihren rosa Schleifen am Kleid und den Inder mit seinem Turban. Peggy sank an die Wand zurück. Glücklich in dieser Welt, dachte sie, glücklich mit lebendigen Menschen!

Die Musik schwieg. Der junge Mann, der die Schallplatten aufgelegt hatte, war weggegangen. Die Paare brachen entzwei und schoben sich durch die Tür hinaus. Sie gingen vielleicht etwas essen; sie strömten vielleicht in den Hintergarten und würden auf harten, rußigen Stühlen sitzen. Das Getriebe war abgeflaut – es war still geworden. Fernher hörte sie die Geräusche der Londoner Nacht; ein Auto hupte; eine Sirene heulte auf der Themse. Die Geräusche, die Vorstellung von andern, gegen diese Welt gleichgültigen Welten, die sie wachriefen, von Menschen, die sich plagten, mühten, im Innern der Finsternis, in den Tiefen der Nacht, ließ sie sich Eleanors Worte nochmals vorsagen: Glücklich in dieser Welt, glücklich mit lebendigen Menschen. Aber wie konnte man »glücklich« sein, fragte sie sich, in einer Welt, die zum Bersten voll war von Elend? Von jedem Zeitungsstand, jeder Titelseite grinste einen der Tod an; oder schlimmer – Tyrannei; Brutalität; Qual; der Untergang der Zivilisation; das Ende der Freiheit. Wir alle hier, dachte sie, wir verkriechen uns nur unter einem Blatt, das vernichtet werden wird. Und da behauptet Eleanor, die Welt sei besser geworden, weil zwei Menschen unter allen diesen Millionen »glücklich« sind. Ihr Blick war auf das Stück Fußboden vor ihr gerichtet; es war jetzt leer bis auf ein Fetzchen Musselin, das von einem Kleidsaum abgerissen war. Aber warum bemerke ich alles?

dachte sie. Sie veränderte ihre Stellung. Warum muß ich denken? Sie wollte nicht denken. Sie wünschte, es gäbe Blenden wie in Eisenbahnabteilen, die das Licht verdeckten und den Geist verhüllten. Die blaue Blende, die man bei einer Nachtfahrt herabzog, dachte sie. Denken war Qual; warum nicht es sein lassen und dahintreiben und träumen? Aber das Elend der Welt, dachte sie, zwingt mich zum Nachdenken. Oder war das eine Pose? Sah sie sich nicht in der vorteilhaften Haltung eines Menschen, der auf sein blutendes Herz weist? Den das Elend dieser Welt elend macht? – Wenn ich doch in Wirklichkeit, dachte sie, meine Mitmenschen gar nicht liebe. Wieder sah sie das von rubinrotem Licht gefleckte Pflaster und gedrängte Gesichter am Eingang eines Kinopalasts: teilnahmslose, gleichgültige Gesichter; die Gesichter von Leuten, die sich mit gemeinen Vergnügungen betäubten; die nicht einmal den Mut hatten, sie selbst zu sein, sondern sich herausstaffieren mußten, nachahmen mußten, vorgeben mußten. Und hier in diesem Zimmer, dachte sie, den Blick auf ein Paar heftend ... Aber ich will nicht denken, sagte sie sich abermals; sie wollte ihren Geist zwingen, ein leeres Blatt zu werden, und sich zurücklehnen und ruhig, duldsam hinnehmen, was immer kam.

Sie horchte. Gesprächsstückchen drangen von oben zu ihr. »... Wohnungen in Highgate haben Badezimmer«, sagten sie, »... deine Mutter ... Digby ... Ja, Crosby lebt noch immer ...« Familienklatsch, und sie erfreuten sich daran. Aber wie kann ich mich daran erfreuen? dachte sie. Sie war zu müde; spürte die Spannung der Haut um ihre Augen; ein Reifen lag eng um ihren Kopf; sie versuchte sich wegzudenken von hier, in die Dunkelheit auf dem Land draußen. Aber es war unmöglich; sie lachten. Sie öffnete die Augen, erbittert darüber, daß sie lachten.

Dies jetzt war Rennys Lachen. Er hielt ein Blatt Papier in der Hand. Er hatte den Kopf zurückgeworfen, sein Mund stand weit offen. Daraus ertönte etwas wie ein Ha! Ha! Ha! Das ist Lachen, sagte sie sich. Das ist das Geräusch, das Leute machen, wenn sie belustigt sind.

Sie beobachtete ihn. Ihre Mundwinkel begannen unwillkürlich zu zucken. Sie konnte nichts dagegen tun, sie mußte mitlachen. Sie streckte die Hand aus, und Renny reichte ihr das Blatt. Es war gefaltet; sie hatten ein Spiel gespielt. Jedes von ihnen hatte einen andern Teil einer Gestalt gezeichnet.

Zuoberst war ein Frauenkopf wie Königin Alexandra, mit einem Gewirr von Löckchen; dann ein Vogelhals; der Rumpf eines Tigers; und dicke Elefantenbeine, mit Kinderhöschen bekleidet, vollendeten das Bild.

»Die hab' *ich* gezeichnet – die hab' *ich* gezeichnet!« rief Renny und wies auf die Elefantenbeine, denen ein langes Band nachschleifte. Peggy lachte und lachte; sie konnte einfach nicht anders.

»›Das Antlitz, das entsandte tausend Schiffe‹«, sagte Norman, auf den Kopf des Ungeheuers weisend. Wieder lachten sie alle. Sie aber hörte auf zu lachen. Ihre Lippen glätteten sich. Doch daß sie gelacht hatte, übte eine seltsame Wirkung auf sie aus. Es hatte sie entspannt, geweitet. Sie fühlte, oder sah vielmehr, nicht einen Ort, sondern einen Zustand, wo es wirkliches Lachen gab, wirkliches Glück, und wo diese zerbrochene Welt ganz war; ganz und frei. Aber wie es sagen?

»Hört zu ...« begann sie. Sie wollte etwas ausdrücken, das, wie sie spürte, sehr wichtig war; etwas über eine Welt, in der die Menschen ganz waren, in der sie frei waren ... Aber die andern lachten; und sie war ernst. »Hört zu ...« begann sie wieder.

Eleanor unterbrach ihr Lachen.

»Peggy will etwas sagen«, rief sie. Die andern hörten auf zu reden, aber sie hatten im unrechten Augenblick aufgehört. Peggy hatte nichts zu sagen, als es so weit war, und doch mußte sie sprechen.

»Hier«, begann sie wieder, »hier seid ihr alle – und redet über Norman –« Er blickte sie überrascht an. Das war es nicht, was sie hatte sagen wollen, aber jetzt, da sie einmal angefangen hatte, mußte sie weitersprechen. Ihre Gesichter starrten sie an, wie Vögel mit aufgesperrten Schnäbeln. »... wie er leben soll, wo er leben soll«, fuhr sie fort. »Aber was hilft das, welchen Zweck hat es, davon zu reden?«

Sie sah ihren Bruder an. Ein Gefühl der Feindseligkeit überkam sie. Er lächelte noch immer, aber sein Lächeln schwand, während sie ihn ansah.

»Welchen Zweck?« wiederholte sie, ihn unverwandt ansehend. »Du wirst heiraten. Du wirst Kinder haben. Und dann? Dann wirst du Geld verdienen. Kleine, nichtssagende Bücher schreiben, um Geld zu verdienen ...«

Sie hatte es falsch herausgebracht. Sie hatte etwas Unpersönliches sagen wollen, doch sie war persönlich geworden.

Aber nun war's geschehn. Jetzt mußte sie sich irgendwie weitertappen.

»Du wirst *ein* kleines Buch schreiben, und dann noch ein kleines Buch«, sagte sie gehässig, »statt zu leben ... anders zu leben, anders.«

Sie verstummte. Die Vision war immer noch da, aber sie hatte sie nicht zu fassen bekommen. Sie hatte bloß einen einzigen Splitter von dem, was sie sagen wollte, abgebrochen, und sie hatte ihren Bruder geärgert. Und doch schwebte es da vor ihr, was sie gesehn hatte, was sie nicht gesagt hatte. Aber als sie nun jäh gegen die Wand zurücksank, fühlte sie sich wie von einem Druck befreit; ihr Herz klopfte; die Adern auf ihrer Stirn traten hervor. Sie hatte es nicht gesagt, aber sie hatte versucht, es zu sagen. Nun konnte sie ausruhen; nun konnte sie sich, im Schatten des spöttischen Gelächters der andern, das nicht die Kraft hatte, sie zu verwunden, wegdenken, aufs Land hinaus. Ihre Lider sanken herab; es schien ihr, sie säße auf einer Terrasse, am Abend; eine Eule flog hin und her, hin und her; ihre weißen Flügel hoben sich von dem Dunkel der Hecke ab; und sie hörte Landvolk singen und das Geratter von Rädern auf einer Chaussee.

Dann wurde das Verschwommene allmählich wieder deutlicher; sie sah die Umrisse eines Bücherregals ihr gegenüber; das Fetzchen Musselin auf dem Boden; und zwei große Füße, in so engen Schuhen, daß die Hühneraugen sich abzeichneten, blieben vor ihr stehn.

Einen Augenblick lang rührte sich niemand; redete niemand. Peggy saß ganz still. Sie wollte sich nicht rühren, auch nicht reden. Sie wollte ruhen, hier lehnen, träumen. Sie war sehr müde. Dann blieben da noch zwei Füße stehn, und der Saum eines schwarzen Kleids.

»Kommt ihr denn nicht zum Souper hinunter?« fragte eine kichernde Stimme. Sie blickte auf. Es war ihre Tante Milly und daneben deren Mann.

»Unten gibt's was zu essen«, sagte Hugh. »Unten gibt's was zu essen.« Und sie gingen weiter.

»Wie die prosperiert haben!« sagte Normans Stimme, über die beiden lachend.

»Ach, aber sie sind so gut zu den Leuten ...« beteuerte Eleanor.

Wiederum der Familiensinn, vermerkte Peggy. Dann bewegte sich das Knie, hinter dem sie sich verborgen hielt.

»Wir müssen auch hinuntergehn«, sagte Eleanor. Warte noch, warte, hätte Peggy sie am liebsten angefleht. Es gab etwas, was sie sie fragen wollte, etwas, was sie ihrem Ausbruch hinzufügen wollte, da niemand von ihnen sie angegriffen, niemand sie ausgelacht hatte. Aber es half nichts; die Knie streckten sich; der rote Umhang verlängerte sich; Eleanor war aufgestanden. Sie suchte nach ihrem Beutel oder ihrem Taschentuch; sie wühlte unter den Kissen ihres Sessels. Wie gewöhnlich hatte sie irgend etwas verlegt.

»Verzeiht, ich bin wirklich so ein Schusselkopf«, entschuldigte sie sich. Sie schüttelte ein Kissen; Geldstücke kollerten auf den Fußboden. Ein Sechspencestück rollte über den Teppich bis zu einem Paar Silberschuhe auf dem blanken Boden und fiel um.

»Dort!« rief Eleanor. »Dort! ... Aber das ist doch Kitty! Nicht?«

Peggy blickte auf. Eine ältere Dame von schöner Erscheinung, mit gelocktem weißem Haar und etwas darin, das funkelte, stand in der Tür und blickte umher, als wäre sie soeben hereingekommen und sähe sich nach ihrer Gastgeberin um, die nirgends zu entdecken war. Ihr zu Füßen war das Sechspencestück liegen geblieben.

»Kitty!« rief Eleanor nochmals. Sie ging mit ausgestreckten Händen auf die andre zu. Alle standen sie jetzt auf. Auch Peggy. Ja, es war vorüber; es war zerstört worden, fühlte sie. Kaum daß sich irgend etwas zusammenfügte, brach es auseinander. Ein Gefühl von Verlassenheit überkam sie. Und dann mußte man die Stücke auflesen und etwas Neues draus machen, etwas andres, dachte sie und ging durchs Zimmer zu dem Ausländer, zu dem, den sie alle Brown nannten, der in Wirklichkeit Nicholas Pomjalowsky hieß.

»Und wer ist diese Dame«, fragte Nicholas sie, »die in ein Zimmer kommt mit einem Gehaben, als gehörte ihr die ganze Welt?«

»Das ist Kitty Lasswade«, sagte Peggy. Da Lady Lasswade in der Tür stand, konnten sie nicht vorbei.

»Ich fürchte, ich komme schrecklich spät«, hörten sie sie mit ihrer klaren, gebieterischen Stimme sagen. »Aber ich bin im Ballett gewesen.«

Das ist doch Kitty, nicht? sagte sich Norman und blickte zu ihr hinüber. Sie war eine dieser gut gewachsenen, ziemlich maskulinen alten Damen, die ihn ein wenig abstießen. Er glaubte sich zu erinnern, daß sie die Witwe »eines unsrer Gouverneure« war – oder war er Vizekönig von Indien gewesen? Er konnte sich vorstellen, wie sie so dastand und im Regierungspalast die Honneurs machte. »Setzen Sie sich hierher ... Setzen Sie sich dorthin. Und Sie, junger Mann, ich hoffe, Sie betreiben viel Sport?« Er kannte den Typ. Sie mochte sehr flott ausgesehn haben in den achtziger Jahren, dachte er; in einem enganliegenden Reitkleid; mochte ein Hütchen mit einer Hahnenfeder aufgehabt haben; hatte vielleicht einmal eine Affäre mit einem Adjutanten gehabt; und war dann gesetzt geworden, diktatorisch geworden und erzählte Anekdoten aus ihrer Vergangenheit. Er hörte hin.

»Ach, aber er ist gar nichts gegen Nijinsky!« sagte sie soeben.

So was zu sagen, paßt zu ihr, dachte er. Er betrachtete die Bücher in dem Regal. Er nahm eins heraus und hielt es verkehrt. Ein nichtssagendes kleines Buch, und dann noch ein kleines Buch – Peggys Hieb von vorhin fiel ihm ein. Die Worte hatten ihm wehgetan, unverhältnismäßig weh. Sie hatte sich mit solcher Heftigkeit gegen ihn gewendet, als ob sie ihn verabscheute; sie hatte ausgesehn, als würde sie gleich in Tränen ausbrechen. Er öffnete das kleine Buch. Lateinisch, so? Er brach einen Satz heraus und ließ ihn in seinem Geist schwimmen. Da trieben die Worte, schön, aber sinnlos, dennoch zu einem Muster gefügt, – *nox est perpetua una dormienda*. Er erinnerte sich, was sein Lehrer gesagt hatte: »Merkt auf das lange Wort am Ende des Satzes!« Da trieben die Worte, aber grade als sie ihren Sinn herzugeben schienen, entstand eine Bewegung bei der Tür. Der alte Patrick war mühselig herangeeilt gekommen, hatte der Witwe des Generalgouverneurs galant den Arm geboten, und nun begaben sich die beiden mit einem sonderbaren Gehaben altväterischen Zeremoniells die Treppe hinunter. Die andern schlossen sich ihnen an. Die jüngere Generation im Gefolge der alten! dachte Norman, während er das Buch in das Regal zurückstellte und den andern nachging. Nur war die, so gewahrte er, nicht mehr gar so jung; Peggy – es zeigten sich weiße Fäden in ihrem Haar – sie mußte siebenunddreißig sein, oder achtunddreißig?

»Unterhältst du dich, Peg?« fragte er, als sie hinter den andern etwas zurückblieben. Er empfand ein unbestimmtes Gefühl der Feindseligkeit gegen sie. Sie kam ihm verbittert vor, desillusioniert und sehr kritisch eingestellt gegen jedermann, besonders gegen ihn.

»Geh du voran, Patrick!« hörten sie Lady Lasswades unbekümmert laute Stimme dröhnen. »Diese Treppen sind nichts –« sie machte eine Pause, während sie das eine, wahrscheinlich rheumatische Bein eine Stufe tiefer setzte – »für alte Leute, die –« abermals eine Pause, während sie wieder eine Stufe hinabstieg – »im feuchten Gras gekniet und Schnecken umgebracht haben.«

Norman sah Peggy an und lachte. Er hatte nicht erwartet, daß der Satz so enden werde, aber Witwen von Vizekönigen dachte er, haben immer Gärten, bringen immer Schnecken um. Auch Peggy lächelte. Doch er fühlte sich unbehaglich neben ihr. Sie war auf ihn losgegangen. Immerhin standen sie hier nebeneinander.

»Hast du den alten William Whatney gesehn?« fragte sie, sich ihm zuwendend.

»Nein; der lebt noch?« rief er. »Dieses alte weiße Walroß dort mit dem Schnauzbart?«

»Ja – das ist er«, sagte sie. Dort stand ein alter Herr in weißer Weste in einer Tür.

»Das Mondkalb!« sagte er. Sie mußten auf den Jargon ihrer Kinderzeit, auf Jugenderinnerungen zurückgreifen, um ihre Entfremdung zu verdecken, ihre Feindseligkeit.

»Erinnerst du dich ...« begann er.

»An die Nacht, wo's den Krach gab?« sagte sie. »Die Nacht, wo ich mich an einem Strick aus dem Fenster hinunterließ?«

»Und wir in dem Römerlager picknickten?«

»Niemand wäre draufgekommen, wenn dieser elende kleine Angeber uns nicht verstänkert hätte«, sagte sie, eine Stufe hinuntersteigend.

»Dieses kleine Biest mit den hellrosa Augen«, sagte Norman.

Es fiel ihnen nichts sonst zu sagen ein, als sie so dastanden und nicht weiterkonnten und warteten, daß die andern sich vorwärtsbewegten; als sie so nebeneinander standen. Und er hatte ihr seine Gedichte vorgelesen in der Äpfelkammer, erinnerte er sich, und beim Aufundabgehen zwischen den

Rosensträuchern. Und nun hatten sie einander nichts zu sagen.

»Perry«, sagte er, wieder eine Stufe tiefer steigend, als ihm der Name des Jungen mit den rosa Augen einfiel, der sie damals in aller Morgenfrühe heimkommen gesehn und verstänkert hatte.

»Alfred«, setzte sie hinzu.

Sie wußte immer noch gewisse Dinge über ihn, dachte er; sie hatten immer noch etwas sehr Tiefgründiges gemein. Deshalb, dachte er, hatte es wehgetan, was sie da vor den andern zu ihm gesagt hatte, von »nichtssagende Bücher schreiben«. Es war ihre gemeinsame Vergangenheit, die seine Gegenwart verurteilte. Er warf einen Seitenblick auf sie.

Zum Teufel mit den Weibern! dachte er, sie sind so hart; so ohne Vorstellungskraft. Zum Teufel mit ihren kleinlichen, inquisitorischen Seelchen! Worauf lief ihre Bildung hinaus? Die machte sie bloß kritisch, tadelsüchtig. Die gute alte Eleanor, mit all ihrem sprunghaften und stockenden Gerede, wog jederzeit ein Dutzend Peggys auf. Sie war weder das eine noch das andre, dachte er, sie wieder ansehend; weder modern, noch unmodern.

Sie spürte, wie er sie ansah und wieder wegsah. Er bemängelte irgend etwas an ihr, das fühlte sie. An ihren Händen? Ihrem Kleid? Nein, daß sie ihn kritisiert hatte, dachte sie. Ja, dachte sie, wieder eine Stufe steigend, jetzt krieg' ich meine Prügel; jetzt wird mir heimgezahlt werden, daß ich ihm sagte, er wird »nichtssagende kleine Bücher schreiben«. Es braucht zehn bis fünfzehn Minuten, dachte sie, bis man eine Antwort bekommt; und dann ist's eine, die nicht zur Sache gehört, aber unangenehm ist – sehr, dachte sie. Die Eitelkeit der Männer war unermeßlich. Sie wartete. Wieder blickte er sie an. Und jetzt vergleicht er mich mit dem Mädel, mit dem ich ihn sprechen sah, dachte sie, und sah wiederum das wunderschöne, harte Gesicht vor sich. Er wird sich mit einem rotlippigen Mädel verbändeln und ein Packesel werden. Ihn treibt etwas dazu, und mich hält etwas zurück, dachte sie. Nein, ich habe immer ein gewisses Schuldgefühl. Ich werde büßen müssen dafür, ich werde bezahlen müssen dafür, das hab' ich mir sogar damals im Römerlager die ganze Zeit gesagt, dachte sie. Sie würde keine Kinder haben, und er würde kleine Gibbse zeugen und noch mehr kleine Gibbse, dachte sie und warf im Vorbeigehn einen Blick durch die offene Tür einer Anwaltskanzlei – wenn sie ihn nicht schon nach dem ersten Jahr verläßt, wegen eines andern ... Der Anwalt hieß Alrigde, vermerkte sie; aber ich will nichts mehr vermerken, ich will mich unterhalten, dachte sie plötzlich. Sie legte ihm die Hand auf den Arm.

»Hast du wen Amüsantes getroffen heute abend?« fragte sie.

Er vermutete, sie hatte ihn vorhin mit dem jungen Mädchen gesehn.

»*Ein* Mädel«, sagte er kurz.

»Das hab' ich bemerkt.«

Sie blickte weg.

»Ich fand sie entzückend«, sagte sie, aufmerksam den kolorierten Stich eines Vogels mit langem Schnabel betrachtend, der an der Wand des Treppenhauses hing.

»Soll ich sie zu dir mitbringen?« fragte er.

Also es lag ihm an ihrer Meinung – wirklich? Ihre Hand war noch auf seinem Arm; sie spürte ihn hart und straff unter dem Ärmel, und die Berührung seines Körpers, die ihr zu Bewußtsein brachte, wie nah Menschen einander waren und wie fern, so daß man wehtat, wenn man helfen wollte, – und wie sie doch voneinander abhingen – erregte in ihr einen solchen Aufruhr von Gefühlen, daß sie sich kaum zurückhalten konnte auszurufen: Norman? Norman! Norman! Aber ich darf mich nicht wieder lächerlich machen, dachte sie.

»Irgendeinen Abend nach sechs«, sagte sie, achtsam wieder eine Stufe hinuntersteigend, und sie erreichten den Fuß der Treppe.

Lautes Stimmengewirr ertönte hinter der Tür des Souperzimmers. Sie nahm die Hand von seinem Arm. Die Tür flog auf.


»Löffel! Löffel! Löffel!« rief Delia, auf eine dramatische Art die Arme schwenkend, als deklamierte sie noch immer vor denen drin. Sie erblickte ihren Neffen und ihre Nichte. »Sei nett, Norman, und geh und hol uns Löffel!« rief sie und streckte beschwörend die Hände aus.

»Löffel für die Witwe des Generalgouverneurs!« rief Norman, von ihrem Gehaben angesteckt, ihre dramatische Gebärde nachahmend.

»Aus der Küche, im Souterrain!« rief Delia und schwenkte den Arm gegen die Treppenstufen. »Komm, Peggy, komm!«

sagte sie und ergriff Peggy an der Hand. »Wir setzen uns schon alle zum Souper.« Sie stürmte in das Zimmer zurück, wo sie alle beim Essen waren. Es war gedrängt voll. Leute saßen auf dem Boden, auf Sesseln, auf Bürostühlen. Lange Bürotische, kleine Schreibmaschinentischchen hatten herhalten müssen. Sie waren mit Blumen bestreut, mit Blumen berüscht. Nelken, Rosen, Margueriten waren kunterbunt auf die Tische geworfen worden. »Setzt euch auf den Boden, setzt euch, wohin ihr wollt!« kommandierte Delia und schwenkte die Hand nach allen Richtungen.

»Die Löffel kommen schon«, sagte sie zu Lady Lasswade, die ihre Suppe aus einem Henkelbecher trank.

»Aber ich will gar keinen Löffel«, entgegnete Kitty. Sie neigte den Becher und trank.

»Nein, nicht du, aber andre Leute wollen einen.«

Norman brachte eine Handvoll Löffel herein, und sie nahm sie ihm ab.

»Also, wer will einen Löffel und wer will keinen?« rief sie und schwenkte die Handvoll Löffel über ihrem Kopf. Die einen wollen welche, dachte sie, die andern nicht, Leute wie ich selbst, dachte sie, wollen keinen Löffel; die andern – die Engländer – wollen welche. Sie hatte diesen Unterschied zwischen Leuten ihr Leben lang gemacht.

»Löffel?« fragte sie und sah mit einer gewissen Befriedigung in dem vollen Zimmer umher. Die verschiedensten Leute waren da, stellte sie fest. Das war immer ihr Ziel gewesen; Leute zu mischen, die absurden Konventionen der englischen Lebensweise zu durchbrechen. Und das war ihr heute abend gelungen, dachte sie. Adelige und Bürgerliche waren da; Leute in Abendkleidung und Leute nicht in Abendkleidung. Leute, die aus Henkelbechern tranken, und Leute, denen die Suppe kalt wurde, weil sie warteten, bis ihnen jemand einen Löffel brächte.

»Einen Löffel für mich«, sagte ihr Mann, zu ihr aufblickend.

Sie rümpfte die Nase. Zum tausendstenmal hatte er ihren Traum zertrümmert. In dem Glauben, einen wilden Rebellen zu heiraten, hatte sie den königstreuesten, den das Empire am glühendsten bewundernden aller irischen Landjunker zum Mann genommen, und teilweise grade aus diesem Grund – weil er, sogar heute noch, eine so prächtige Erscheinung von einem Mann war. »Einen Löffel für deinen Onkel«, sagte sie trocken und schickte Norman mit der ganzen Handvoll hin. Dann setzte sie sich neben Kitty, die ihre Suppe heruntertrank wie ein kleines Mädel bei einer Schulfeier. Sie stellte den geleerten Becher weg, zwischen die Blumen.

»Die armen Blumen«, sagte sie, eine Nelke ergreifend, die auf dem Tischrand lag, und hob sie an die Lippen. »Sie werden verwelken, Delia, – sie gehören ins Wasser.«

»Rosen sind jetzt so billig«, sagte Delia. »Zwei Penny ein Sträußchen, von einem Karren in der Oxford Street.« Sie ergriff eine rote Rose und hielt sie unter das Licht, so daß sie leuchtete, geädert, beinahe durchsichtig.

»Was für ein reiches Land, dieses England!« sagte sie und legte die Rose wieder hin. Sie ergriff ihren Becher.

»Das sag' ich dir doch immer«, warf Patrick ein, sich den Mund wischend. »Das einzige zivilisierte Land auf der ganzen Welt«, setzte er hinzu.

»Ich dachte, wir seien am Rand des Zusammenbruchs«, sagte Kitty. »Nicht, daß es sehr danach ausgesehn hat heute abend in der Oper.«

»Ah, aber es ist wahr!« seufzte er, seine eignen Gedanken weiterspinnend. »Tut mir leid, es sagen zu müssen – aber verglichen mit euch sind wir Wilde.«

»Er wird nicht eher glücklich sein, als bis die Engländer wieder in Dublinschloß sitzen«, neckte ihn Delia.

»Du erfreust dich nicht über eure Freiheit?« fragte Kitty und blickte den wunderlichen alten Mann an, dessen Gesicht sie immer an eine haarige Stachelbeere erinnerte. Aber er war eine prächtige Erscheinung.

»Es kommt mir vor, daß unsre neue Freiheit ein gut Teil schlimmer ist als unsere einstige Knechtschaft«, sagte Patrick und stocherte mit seinem Zahnstocher in den Zähnen.

Politik wie gewöhnlich, Geld und Politik, dachte Norman, der zugehört hatte, während er mit seinen letzten Löffeln die Runde machte.

»Du wirst mir doch nicht sagen, daß dieser ganze lange Kampf umsonst war, Patrick?« sagte Kitty.

»Kommen Sie nach Irland und sehn Sie selber, M'lady!« antwortete er grimmig.

»Es ist zu früh – zu früh, um es zu beurteilen«, sagte Delia.

Ihr Mann blickte an ihr vorbei, mit den traurig unschuldigen Augen eines alten Vorstehhundes, dessen Jagdtage vorbei sind. Aber sie konnten nicht lange wo verbleiben. »Wer ist der junge Mann dort mit den Löffeln?« fragt er mit einem Blick auf Norman, der dicht hinter Delia stand und wartete.

»Norman«, sagte Delia. »Komm und setz dich hierher zu uns, Norman!«

»Einen schönen guten Abend, mein Lieber«, sagte Patrick. Sie hatten einander schon begrüßt, aber er hatte es bereits vergessen.

»Was, der Sohn von Morris?« fragte Kitty, sich plötzlich umwendend. Sie schüttelte Norman herzlich die Hand. Er setzte sich und trank einen tüchtigen Schluck Suppe.

»Er ist soeben aus Afrika zurück. Hatte dort auf einer Farm gelebt«, sagte Delia.

»Und welchen Eindruck macht die alte Heimat auf dich?« fragte Patrick und beugte sich jovial zu ihm.

»Sehr überfüllt«, sagte Norman und sah sich im Zimmer um. »Und ihr alle«, fuhr er fort, »redet von Geld und Politik.« Das war seine stehende Redensart. Er hatte es schon zwanzigmal gesagt.

»Du kommst aus Afrika?« fragte Lady Lasswade. »Und warum hast du deine Farm aufgegeben?« erkundigte sie sich. Sie sah ihm in die Augen und sprach ganz, wie er erwartet hatte, daß sie sprechen werde; zu herrisch, für seinen Geschmack. Und was geht das Sie an, M'lady? dachte er.

»Ich hatte so ziemlich genug davon«, sagte er.

»Und ich hätte alles drum gegeben, ein Farmer zu sein!« rief sie aus. Das paßt nicht ganz in das Bild, dachte Norman. Und ihre Augen auch nicht; sie hätte ein Pincenez tragen müssen; doch sie trug keins.

»Aber als ich jung war«, setzte sie ziemlich heftig hinzu – ihre Finger waren kurz und spachtelig, und die Handrücken rauh; sie gärtnerte ja, erinnerte er sich – »schickte sich so etwas nicht.«

»Nein«, sagte Patrick. »Und es ist mein fester Glaube«, fuhr er, mit einer Gabel auf den Tisch klopfend, fort, »daß wir alle sehr froh sein würden, sehr froh, wenn alles wieder so wäre wie früher. Was hat uns unser Krieg gebracht? Mich jedenfalls hat er ruiniert.« Er wiegte den Kopf mit wehmütiger Duldsamkeit hin und her.

»Es tut mir leid, das zu hören«, sagte Kitty. »Aber wenn ich für mich selbst sprechen darf, waren die früheren Zeiten schlechte Zeiten, böse Zeiten, grausame Zeiten...« Ihre Augen leuchteten blau vor Leidenschaft.

Wie stimmt das zu dem Adjutanten – und dem Hütchen mit der Feder? fragte sich Norman.

»Gibst du mir nicht recht, Delia?« fragte Kitty, sich an sie wendend.

Aber Delia redete über sie hinweg mit jemand am Nebentisch, in ihrem ziemlich übertriebenen irischen Singsang. Dieses Zimmer kommt mir bekannt vor, dachte Kitty; eine Sitzung; Meinungsverschiedenheiten. Aber worüber? Etwas mit Gewalt erreichen zu wollen...

»Meine liebe Kitty«, unterbrach Patrick ihre Gedanken und tätschelte ihr mit seiner großen Pranke die Hand. »Das ist nur wieder ein Beispiel für das, was ich dir immer sage. Jetzt, da die Damen das Wahlrecht haben«, setzte er, zu Norman gewendet, hinzu, »haben sie etwas davon?«

Kitty sah einen Augenblick zornig drein; dann lächelte sie. »Wir wollen nicht streiten, mein alter Freund«, sagte sie und gab ihm einen leichten Klaps auf die Hand.

»Und genau dasselbe ist's mit den Irländern«, fuhr er fort. Norman sah, daß er darauf versessen war, die Runde seiner gewohnten Gedanken zu Ende zu traben wie ein alter, dämpfiger Gaul. »Sie werden noch froh genug sein, sich dem Empire wieder anzuschließen, sei versichert. Ich komme aus einer Familie«, sagte er zu Norman, »die ihrem König und Vaterland seit dreihundert –«

»Englische Kolonisten«, sagte Delia fast brüsk und wandte sich wieder ihrer Suppe zu. Darüber streiten sie also, wenn sie allein sind, dachte Norman.

»Wir sind seit dreihundert Jahren im Land«, fuhr der alte Patrick fort, seine Runde zu Ende trabend, – er legte Norman die Hand auf den Arm, »und was einem alten Kerl wie mir nicht eingeht, einem alten Kracher wie mir –«

»Unsinn, Patrick!« fiel ihm Delia ins Wort. »Ich hab' dich nie jünger aussehn gesehn. Er könnte fünfzig sein, nicht wahr, Norman?«

Aber Patrick schüttelte den Kopf. »Ich werd' meinen Siebzigsten nicht wiedersehn«, sagte er schlicht. »Aber was einem alten Mann wie mir nicht eingeht –« fuhr er fort, Norman den Arm tätschelnd – »wo doch so viel freundschaftliches Gefühl vorhanden ist –« er machte eine unbestimmte Kopfbewegung gegen ein Plakat hin, das an die Wand geheftet war – »und auch so viel Nettes« – er meinte vielleicht die Blumen, oder sein Kopf machte ganz unwillkürlich diese kleinen Bewegungen beim Sprechen – »warum wollen sich da diese Burschen gegenseitig erschießen? Ich trete keinem Verein bei; ich unterschreibe keins von diesen« – er wies auf das Plakat – »von diesen, wie nennt ihr sie? Manifesten. Ich geh' bloß zu meinem Freund Mike, oder es kann auch Pat sein – sie sind alle gute Freunde von mir, und wir –«

Er bückte sich und drückte an seinem Schuh herum.

»O Gott, diese Schuhe!« jammerte er.

»Zu eng, nicht wahr?« sagte Kitty. »Dann 'runter mit ihnen!«

Warum, fragte sich Norman, war der arme alte Kerl herübergebracht und in diese zu engen Schuhe gesteckt worden? Er sprach jetzt offenbar zu seinen Hunden. Es lag ein Ausdruck in seinen Augen, als er sie nun wieder hob und sich bemühte, den Faden dessen, was er vorhin gesagt hatte, wiederzufinden, ein Ausdruck wie der eines Jägers, der die Hühner in einem Halbkreis über dem weiten grünen Moor aufsteigen sieht. Aber sie waren außer Schußweite. Er konnte sich nicht erinnern, wohin er geraten war. »... Wir besprechen alles einfach um einen Tisch herum«, sagte er. Sein Blick wurde mild und leer, als wäre der Motor abgestellt worden und sein Geist glitte lautlos weiter.

»Die Engländer tun das auch«, sagte Norman mechanisch. Patrick nickte und sah vage zu einer Gruppe junger Leute hin. Aber es interessierte ihn nicht, was andre sagten. Sein Geist konnte nicht mehr über sein Revier hinaus. Sein Körper war noch immer wunderschön ebenmäßig; nur sein Geist war alt. Er sagte immer wieder dasselbe, und wenn er es gesagt hatte, dann stocherte er in den Zähnen, saß da und starrte vor sich hin. So saß er auch jetzt, hielt eine Blume zwischen Mittelfinger und Daumen, locker, ohne sie anzusehn, als glitte sein Geist weiter ... Aber Delia unterbrach ihn.

»Norman sollte gehn und sich mit den jüngeren Leuten unterhalten«, sagte sie. Wie so viele Frauen wußte sie, wann ihr Mann langweilig wurde, dachte Norman und stand auf.

»Warte nicht erst, bis du vorgestellt wirst«, sagte Delia, die Hand schwenkend. »Tu einfach, was dir paßt – was dir paßt«, sekundierte ihr Mann, mit der Blume, die er in der Hand hielt, auf den Tisch schlagend.

Norman war froh, wegzukommen; aber wem sollte er sich anschließen? Er war ein Außenstehender, das empfand er wieder, als er im Zimmer umherblickte. Alle diese Leute kannten einander. Sie nannten einander – er stand am Rand einer kleinen Gruppe junger Männer und Mädchen – beim Vornamen, bei ihren Spitznamen. Jeder hier war bereits Teil einer kleinen Gruppe, fühlte er, während er, am Rand bleibend, zuhörte. Er wollte zuhören, was sie sagten; aber nicht selber hineingezogen werden. Er hörte zu. Sie debattierten. Politik und Geld, dachte er, Geld und Politik. Diese Phrase kam gelegen. Aber er konnte nicht verstehn, worum die Debatte ging, die schon hitzig geworden war. Nie habe ich mich so einsam gefühlt, dachte er. Die alte Binsenwahrheit, daß man sich nie einsamer fühle als in einer Menge, stimmte; denn Berge und Bäume nahmen einen auf; Menschen stießen einen zurück. Er wandte ihnen den Rücken und tat, als läse er die Einzelheiten über einen »besonders begehrenswerten Besitz« in Bexhill, die Patrick aus irgendeinem Grund »ein Manifest« genannt hatte. »Fließwasser in allen Schlafzimmern«, las er. Er hörte Bruchstücke von Gesprächen. Der war in Oxford, der in Harrow, sagte er sich, die Eigentümlichkeiten des Sprechens erkennend, die man sich auf der Universität und schon in der Internatschule aneignete. Es kam ihm vor, sie rissen noch immer ihre kleinen Witze für die Eingeweihten: über Jones minor, der im Weitsprung gesiegt hatte; und über den alten Foxy, oder was immer der Name des Schulleiters sein mochte. Es war, als hörte man kleinen Knaben zu, wenn man diese jungen Männer über Politik sprechen hörte. »Ich hab' recht – du hast unrecht.« In ihrem Alter, dachte er, war er im Schützengraben gewesen; hatte mitangesehn, wie Menschen getötet wurden. Aber war das eine gute Erziehung? Er verlegte sein Gewicht auf den andern Fuß. In ihrem Alter, dachte er, hatte er allein auf einer Farm gelebt, sechzig Meilen vom nächsten Weißen, und hatte über eine Herde Schafe geherrscht. Aber war das eine gute Erziehung? Jedenfalls hatte er, während er ihrem Gespräch nur halb zuhörte, ihre Bewegungen beobachtete, ihr Slang erhaschte, den Eindruck, daß sie alle von derselben Sorte waren. Internatschule und Universität, darauf schätzte er sie mit einem Blick über die Schulter ein. Aber wo blieben die Schornsteinfeger und die Straßenkehrer, die Schneiderinnen und die Stewardessen, dachte er, eine Liste von Handwerken zusammenstellend, die mit S anfingen. Obgleich Delia riesig stolz war auf ihren gemischten Bekanntenkreis, dachte er umherblickend, gab es hier nur Doktoren und Duchessen, und welche Wörter noch fangen mit D an? fragte er sich und blickte prüfend abermals auf das Plakat – Dirnen und Drohnen?

Er wandte sich um. Ein netter, frisch aussehender junger Mann mit sommersprossiger Nase in gewöhnlichem Anzug blickte ihn an. Wenn er sich nicht in acht nähme, würde auch er mit hineingezogen werden. Nichts wäre leichter, als einem Verein beizutreten, zu unterschreiben, was Patrick »ein Manifest« nannte. Aber er glaubte nicht an den Beitritt zu Vereinen, an das Unterschreiben von Manifesten. Er wandte sich wieder dem besonders begehrenswerten Besitz zu, mit dem halben Joch Garten und dem Fließwasser in allen Schlafzimmern. Leute kamen zusammen, dachte er, in gemieteten Sälen und taten zunächst so, als läsen sie ihre Zeitung. Und dann stand einer von ihnen auf einem Podium. Da gab's die Pumpenschwengelgeste, die Geste des Nasse-Tücher-Auswindens; und dann begann die Stimme, seltsam losgelöst von der kleinen Gestalt und gewaltig verstärkt durch den Lautsprecher, überall im ganzen Saal zu dröhnen und zu plärren: Gerechtigkeit! Freiheit! Für einen Augenblick freilich, wenn man so eingekeilt zwischen fremden Knien dasaß, überlief einen ein Rieseln, ein wohlig aufregendes Gefühl. Aber am nächsten Morgen, dachte er, immer noch das Plakat des Häusermaklers anblickend, ist kein Gedanke, keine Phrase mehr da, mit der man auch nur einen Spatzen füttern könnte. Was meinen sie mit Gerechtigkeit und Freiheit, alle diese netten jungen Männer mit ihren zwei- bis dreihundert Pfund arbeitslosen Einkommens im Jahr? Etwas stimmt da nicht, dachte er; da ist eine Kluft, eine Verschiebung zwischen Wort und Wirklichkeit. Wenn sie die Welt verbessern wollen, dachte er, warum nicht gleich hier anfangen, im Mittelpunkt, bei sich selbst? Er wandte sich auf dem Absatz herum und stieß mit einem alten Herrn in weißer Weste zusammen.

»Hallo!« sagte der und streckte ihm die Hand hin.

Es war sein Onkel Edward. Er sah aus wie ein Insekt, dessen Leib herausgefressen worden ist, so daß nur noch die Flügel und die Schale übrig sind.

»Freut mich sehr, daß du wieder zurück bist, Norman«,

sagte Edward und schüttelte ihm mit Wärme die Hand.
»Freut mich sehr«, wiederholte er. Er war scheu. Er war dürr und dünn. Sein Gesicht sah aus, als wäre es von vielen feinen Instrumenten gekerbt und graviert worden; als wäre es in einer Frostnacht im Freien gelassen worden und zugefroren. Er warf den Kopf zurück wie ein Pferd, das an der Stange kaut; aber es war ein altes Pferd, ein blauäugiges Pferd, das vom Gebiß nicht mehr gestört wurde. Seine Bewegungen entsprangen Gewohnheit, nicht Gefühl. Was hat er alle diese Jahre getan? fragte sich Norman, als sie so dastanden und einander musterten. Sophokles ediert? Was würde geschehen, wenn die Ausgabe eines Tags wirklich erschiene? Was würden sie dann tun, diese alten, ausgezehrten, leeren Gehäuse von Männern?

»Du bist stärker geworden«, sagte Edward, ihn von oben bis unten betrachtend. »Du bist stärker geworden«, wiederholte er.

Es lag eine leise Ehrerbietung in seinem Benehmen. Edward, der Gelehrte, zollte Norman, dem Krieger, seinen Tribut. Ja, aber es fiel ihnen schwer, miteinander zu reden. Er hat den Anschein, geprägt zu sein, dachte Norman; er hat sich schließlich doch etwas durch all den Trubel hindurch bewahrt.

»Sollten wir uns nicht lieber setzen?« sagte Edward, als wollte er ernsthaft über interessante Dinge mit ihm reden. Sie sahen sich nach einem stillen Winkel um. Er hat seine Zeit nicht damit vertan, zu alten rotbraunen Setters zu sprechen und seine Schrotflinte in Anschlag zu bringen, dachte Norman und sah sich um, ob es vielleicht wirklich einen stillen Winkel in dem Zimmer hier gab, wo sie sich hinsetzen und miteinander reden konnten. Aber es waren nur zwei Bürosessel frei dort drüben, neben Eleanor.

Sie hatte die beiden erblickt. »Ach, dort ist Edward!« rief sie aus. »Ich weiß, ich hab' ihn etwas fragen wollen...«

Es war eine Erleichterung, dachte Norman, daß seine Einvernahme durch den Schuldirektor von dieser impulsiven, törichten alten Frau unterbrochen wurde. Sie hielt ihnen ihr Taschentuch entgegen.

»Ich hab' mir einen Knoten gemacht«, sagte sie. Ja, da war er, ein Knoten in ihrem Taschentuch.

»Also, was bedeutet der nur?« sagte sie aufblickend.

»Eine bewundernswerte Gewohnheit, sich einen Knoten

ins Taschentuch zu machen«, sagte Edward auf seine höfliche, abgezirkelte Art und ließ sich ein wenig steif auf den Sessel neben ihr nieder. »Zugleich aber ist es ratsam ...« Er verstummte. Das ist es, was mir an ihm gefällt, dachte Norman, sich auf den andern Sessel setzend: er läßt so einen Satz unvollendet.

»Er sollte mich erinnern –« sagte Eleanor und fuhr sich dabei durch ihr dichtes, kurzgeschnittenes Weißhaar. Sie verstummte. Was läßt ihn nur so gemessen, so gemeißelt aussehen? dachte Norman mit einem verstohlenen Blick auf Edward, der mit bewundernswerter Gelassenheit darauf wartete, daß seine Schwester sich besinne, weshalb sie einen Knoten in ihr Taschentuch gemacht hatte. Es war etwas Endgültiges an ihm. Er ließ die Hälfte aller seiner Sätze unvollendet. Er hat sich keine Sorgen gemacht über Politik und Geld, dachte Norman. Etwas Besiegeltes, etwas ein für allemal Gesagtes. Poesie und klassisches Altertum, war es das? Aber indes er seinen Blick auf Edward gerichtet hielt, lächelte der seiner Schwester zu.

»Na, Nell?« sagte er.

Es war ein ruhiges Lächeln, ein nachsichtiges Lächeln.

»Ich habe am Kap unten jemand getroffen«, begann Norman, denn Eleanor grübelte noch immer über ihrem Knoten, »der dich ungemein bewundert, Onkel Edward.« Der Name fiel ihm ein – »Arbuthnot«, sagte er.

»R.K.?« fragte Edward. Er strich sich über die Stirn und lächelte. Es freute ihn, dieses Kompliment. Er war eitel; er war sehr empfindlich; er war – Norman sah ihn verstohlen an, um noch einen Eindruck hinzuzufügen, – eine anerkannte Größe. Mit dem glatten, glänzenden Firnis überzogen, den die Autoritäten tragen. Denn er war jetzt – was? Norman konnte sich nicht erinnern. Professor? Collegevorstand? Jemand, dem eine gewisse Haltung auferlegt war, aus der er nicht mehr heraus konnte. Immerhin, dieser Arbuthnot, R.K., hatte gesagt und war sehr bewegt gewesen dabei, daß er Edward mehr verdanke als irgendeinem andern.

»Er sagte, er verdanke dir mehr als irgendeinem andern«, sagte Norman.

Edward schob das Kompliment beiseite; aber es freute ihn. Er hatte eine Art, sich mit der Hand an die Stirn zu greifen, die Norman in Erinnerung geblieben war. Und Eleanor nannte ihn »Nix«. Sie lachte über ihn; sie zog Versager wie seinen

351

eigenen Vater vor. Sie saß da, das Taschentuch in der Hand, und lächelte – ironisch, verhohlen – über irgend eine Erinnerung.

»Und was hast du nun vor?« fragte Edward. »Du hast dir Ferien verdient.«

Es war etwas Schmeichelhaftes in seinem Benehmen, dachte Norman, wie ein Schulmeister, wenn er einen ehemaligen Schüler begrüßt, der sich im Leben ausgezeichnet hat. Aber er meint es; er sagt nichts, was er nicht wirklich meint, dachte Norman, und auch das war beunruhigend. Sie schwiegen.

»Delia hat eine prachtvolle Kollektion von Leuten heute abend hier zusammenbekommen, nicht?« sagte Edward, sich Eleanor zuwendend. Sie saßen da und betrachteten die verschiedenen Gruppen. Seine klaren blauen Augen überblickten die Szene freundlich, aber sardonisch. Was denkt er sich eigentlich, fragte sich Norman. Er hat sich hinter dieser Maske etwas bewahrt, dachte er, etwas, das ihn diesem Strudel ferngehalten hat. Das Altertum? Die Poesie? fragte er sich, Edwards ausgeprägtes Profil betrachtend. Es war feiner in den Konturen, als er es in Erinnerung hatte.

»Ich würde gern meine Kenntnisse der klassischen Sprachen auffrischen«, sagte er plötzlich. »Nicht als hätte ich je viel zum Auffrischen gehabt«, fügte er hinzu, fügte es albern hinzu, aus Angst vor dem Schulmeister.

Edward schien nicht zu hören. Er hob, das seltsame Kunterbunt betrachtend, sein Monokel vors Auge und ließ es fallen. Sein Kopf ruhte zurückgeneigt an der Lehne seines Sessels. Die vielen Leute, der Lärm, das Klappern von Besteck machten es überflüssig zu reden. Norman sah ihn abermals unauffällig an. Das Altertum und Poesie, dachte er, die sind's, wovon ich reden will. Er wollte es Edward sagen. Aber der war zu sehr in seiner Form und seinen Idiosynkrasien erstarrt; zu schwarz und weiß und zweidimensional mit seinem gegen die Sessellehne zurückgeneigten Kopf, als daß man ihn leicht etwas fragen konnte.

Nun sagte er etwas über Afrika, und Norman wollte über klassisches Altertum und Poesie reden. Da waren sie, dachte er, eingeschlossen in diesen schöngeformten Kopf, den Kopf eines weißhaarig gewordenen griechischen Jünglings: Altertum und Poesie. Also warum ihn nicht aufstemmen? Warum sie nicht teilen mit ihm? Was stimmt denn nicht bei ihm?

dachte er, während er die üblichen Fragen des intelligenten Engländers über Afrika und die Verhältnisse dort beantwortete. Warum kann er nicht strömen? Warum kann er nicht die Schnur der Brause ziehn? Warum ist es alles verschlossen, im Eisschrank? Weil er ein Priester ist, ein Geheimniskrämer, dachte er, Edwards Kälte empfindend; dieser Hüter schöner Worte.

Aber Edward redete zu ihm. »Wir müssen ein Datum vereinbaren«, sagte er, »für den Herbst.« Und er meinte es auch.

»Ja«, sagte Norman, »ich würde sehr gern ... im Herbst ...« Und er sah ein Haus vor sich, mit von Schlinggewächsen beschatteten Zimmern, lautlosem Diener, Karaffen und jemand, der ein Kistchen mit guten Zigarren anbot.

Unbekannte junge Männer, die mit Servierbrettern umhergingen, nötigten ihnen verschiedenes zum Essen auf.

»Wie furchtbar nett von Ihnen!« sagte Eleanor und nahm ein Glas. Er selbst nahm ein Glas mit einem gelblichen Getränk. Bowle, vermutete er. Die kleinen Bläschen darin stiegen ununterbrochen auf und platzten. Er sah zu, wie sie aufstiegen und platzten.

»Wer ist diese hübsche junge Person?« fragte Edward, den Kopf neigend. »Dort drüben, die in der Ecke, die mit dem jungen Mann spricht.«

Er war wohlwollend und umgänglich.

»Ja, sind die zwei nicht entzückend?« sagte Eleanor. »Das hab' auch ich mir gerade gedacht ... Alle sehn sie so jung aus. Die dort ist Maggies Tochter ... Aber wer ist das, der mit Kitty spricht?«

»Das ist Middleton«, sagte Edward. »Was, du erinnerst dich nicht an ihn? Du mußt ihn doch gekannt haben in den alten Zeiten.«

Sie schwatzten, ließen es sich behaglich wohl sein. Ihr Garn spinnend in der Sonne Sitzende, dachte Norman, die ausruhen, nachdem ihr Tagewerk vollbracht ist; Eleanor und Edward, jedes in seiner Nische, die Hand schon auf den Früchten, duldsam, selbstsicher.

Er sah zu, wie die Bläschen in dem gelben Getränk aufstiegen. Für sie war es ganz recht, dachte er; sie hatten ihre Zeit gehabt; aber nicht er, nicht seine Generation. Für ihn müßte das Leben von der Art eines Sprudels sein (er sah zu, wie die

Bläschen aufstiegen), eines Quells, eines starken Springbrunnens; ein andres Leben; ein ganz verschiedenes Leben. Keine Säle und widerhallenden Lautsprecher; kein Marschieren im Gleichschritt hinter Führern, in Gruppen, Vereinen, Herden, mit Schabracken. Nein, inwendig anfangen, und der Teufel hole die äußere Form! dachte er, zu einem jungen Mann mit bedeutender Stirn und schwächlichem Kinn aufsehend. Nicht schwarze Hemden, grüne Hemden, rote Hemden – unaufhörliches Posieren vor den Augen der Öffentlichkeit; das ist alles *poppycock*! Warum nicht Schranken niederreißen und alles vereinfachen? Aber eine Welt, dachte er, die im ganzen ein einziges Gelee ist, eine einzige Masse, wäre eine Reisbreiwelt, eine weiße Steppdeckenwelt. Man mußte die Embleme und Kennzeichen Norman Pargiters bewahren – des Mannes, über den Maggie sich lustig macht; des Franzosen, der seinen Hut festhält; aber gleichzeitig sich ausdehnen, ein neues Wellengekräusel ins Bewußtsein der Menschheit senden, das Bläschen sein und die Strömung, die Strömung und das Bläschen – zugleich man selbst und die Welt; er hob sein Glas. Als Namenloser, dachte er und sah das klare gelbe Getränk an. Aber was meine ich eigentlich, fragte er sich, – ich, dem Zeremonien verdächtig und für den Religionen tot sind, ich, der ich, wie der Mann mir heute nachmittag sagte, nirgends hinpasse? Er hielt inne. Da war dieses Glas in seiner Hand; und in seinem Geist ein Satz. Und er wollte andre Sätze bilden. Aber wie kann ich das, dachte er – er sah Eleanor an, die mit einem seidenen Taschentuch in der Hand dasaß, – wenn ich nicht weiß, was fest, was wahr ist in meinem Leben, in andrer Leute Leben?

»Runcorns Junge«, platzte Eleanor plötzlich heraus. »Der Sohn des Hauswarts, wo ich wohne«, erklärte sie. Sie hatte den Knoten in ihrem Taschentuch entknüpft.

»Der Sohn des Hauswarts, wo du wohnst?« wiederholte Edward. Seine Augen waren wie ein Feld im Winter, auf dem der Sonnenschein liegt, dachte Norman aufblickend, – die Wintersonne, die keine Wärme mehr hat, aber eine blasse Schönheit.

»Portier nennen sie ihn im Haus«, fügte sie hinzu.

»Wie ich dieses Wort hasse!« sagte Edward mit einem kleinen Schauder. »Hauswart ist gut genug für mich.«

»Das finde ich auch«, stimmte Eleanor zu. »Der Sohn des

*Hauswarts,* wo ich wohne ... Nämlich, er soll in ein College. Also hab' ich versprochen, wenn ich dich sehe, werd' ich dich fragen –«

»Gewiß, gewiß«, nickte Edward gütig.

Und das ist ganz, wie es sich gehört, sagte sich Norman. Hier spricht die menschliche Stimme in ihrer natürlichen Stimmlage. Gewiß, gewiß, wiederholte er im stillen.

»Er will auf die Universität, so?« fügte Edward hinzu. »Was für Prüfungen hat er denn abgelegt, hm?«

Was für Prüfungen hat er denn abgelegt? Norman wiederholte im stillen auch das, aber kritisch, als wäre er Schauspieler und Kritiker zugleich; er hörte zu, aber er kommentierte auch. Er betrachtete die blaßgelbe Flüssigkeit, in der die Bläschen nun langsamer aufstiegen, eins nach dem andern. Eleanor wußte nicht, was für Prüfungen der Junge abgelegt hatte. Und woran hab' *ich* gedacht? fragte sich Norman. Er hatte die Empfindung, mitten in einem Urwald gewesen zu sein; im innersten Dunkel, sich Bahn brechend zum Licht; aber nur mit abgerissenen Sätzen ausgerüstet, einzelnen Wörtern, um damit das Dornendickicht menschlicher Körper, menschlicher Willen und Stimmen zu durchbrechen, das sich um ihn schloß, ihn bindend, ihn blind machend ... Er hörte zu.

»Also schön, sag ihm, er soll mich aufsuchen«, sagte Edward lebhaft.

»Aber ist das nicht zuviel von dir verlangt, Edward?« wandte Eleanor ein.

»Dafür bin ich da«, sagte Edward.

Auch das ist der richtige Ton, dachte Norman. Ohne Schapranzer – die Worte »Schabracke« und »Panzer« waren in seinem Geist zusammengestoßen und zu einem neuen Wort verschmolzen, das kein Wort war. Ich meine, dachte er weiter, einen Schluck von der Bowle trinkend, daß darunter der Springquell ist, der süße Nußkern. Die Frucht, der Springquell in uns allen; in Edward; in Eleanor; warum also tun wir eine Schabracke darüber? Er blickte auf.

Ein beleibter Mann war vor ihnen stehngeblieben. Er beugte sich vor und reichte Eleanor sehr höflich die Hand. Er mußte sich vorbeugen, weil seine weiße Weste eine so prächtige Wölbung umschloß. »Ach ja«, sagte er mit einer Stimme, die seltsam honigsüß floß für jemand seines Umfangs, »nichts wäre mir lieber; aber ich habe eine Sitzung morgen um zehn Uhr vormittag.« Sie hatten ihn aufgefordert, sich zu ihnen zu setzen. Er wippte da vor ihnen lebhaft auf seinen kleinen Füßen.

»Lassen Sie sie sein!« sagte Eleanor, zu ihm auflächelnd, genau so, wie sie als junges Mädchen den Freunden ihres Bruders zulächelte, dachte Norman. Aber warum hat sie dann keinen von ihnen geheiratet? Warum verbergen wir alle Dinge, auf die es ankommt?

»Und meine Direktoren Fliegen fangen lassen? Was immer meine Anwesenheit ausmachen mag!« sagte der alte Freund, schwang sich mit der Beweglichkeit eines dressierten Elefanten auf dem Absatz herum und ging.

»Scheint lange her, daß er in dem griechischen Stück mitgespielt hat, was?« sagte Edward. »... in einem Himation«, setzte er mit einem breiten Lächeln hinzu, der wohlbeleibten Gestalt des großen Eisenbahnmagnaten nachblickend, wie der mit gemessener Eile, denn er war ein vollendeter Weltmann, durch das Gedränge der Tür zustrebte.

»Das war Chipperfield, der Eisenbahngewaltige«, erklärte er Norman. »Ein sehr bemerkenswerter Mensch«, setzte er hinzu. »Sohn eines Gepäckträgers.« Er machte kleine Pausen zwischen den Sätzen. »Hat sich ganz allein emporgearbeitet ... Hat ein entzückendes Haus ... Tadellos restauriert ... Zwei- bis dreihundert Joch ungefähr ... Eigene Jagd ... Bittet mich immer, ihm zu sagen, was er lesen soll ... Und kauft alte Meister.«

Und kauft alte Meister, wiederholte Norman im stillen. Die treffenden Sätzchen schienen eine Pagode aufzubauen, sparsam aber exakt; und durch das Ganze wehte ein sonderbarer Hauch von Ironie mit einer Spur von Zuneigung.

»Fälschungen, sollte ich meinen«, lachte Eleanor.

»Nun, darauf wollen wir nicht näher eingehn«, gluckste Edward. Dann schwiegen sie. Die Pagode verflüchtigte sich. Chipperfield war durch die Tür verschwunden.


»Wie gut diese Bowle ist!« sagte Eleanor über seinen Kopf weg. Norman konnte das Glas sehn, das sie in seiner Kopfhöhe auf dem Knie hielt. Ein dünnes grünes Blättchen schwamm obenauf. »Hoffentlich bekomme ich keinen Rausch davon«, sagte sie und hob das Glas zum Mund.

Norman griff wieder nach dem seinen. Woran hab' ich gedacht, als ich es vorhin ansah? fragte er sich. Eine Stauung hatte sich hinter seiner Stirn gebildet, als wären zwei Gedanken zusammengestoßen und sperrten den übrigen den Durchgang. Sein Geist war leer. Er schwenkte den Inhalt des Glases von einer Seite zur andern. Er war mitten in einem dunkeln Urwald.

»So, Norman ...« Sein Name ließ ihn auffahren; Edward war es, der sprach. Er gab sich einen Ruck. »... du willst deine Kenntnis der Klassiker auffrischen, wirklich?« setzte Edward fort. »Es freut mich, dich das sagen zu hören. Es steckt eine Menge in diesen alten Burschen. Aber die jüngere Generation«, er hielt inne, »... scheint sie nicht zu mögen.«

»Wie unvernünftig!« sagte Eleanor. »Ich habe erst neulich wieder einen von ihnen gelesen ... den, den du übersetzt hast. Welcher war es nur?« Sie stockte; sie konnte sich nie auf Namen besinnen. »Das Stück von dem Mädchen, das ...«

»Die ›Antigone‹?«

»Ja! Die ›Antigone‹!« rief sie. »Und da dachte ich mir, ganz wie du sagst, Edward, – wie wahr – wie schön ...«

Sie unterbrach sich, als scheute sie sich, weiterzusprechen.

Edward nickte. Er hielt an sich. Dann warf er plötzlich den Kopf zurück und sagte ein paar Worte auf Griechisch: »Οὔτοι συνέχθειν, ἀλλὰ συμφιλεῖν ἔφυν.«

Norman blickte auf.

»Übersetz es, bitte!« sagte er.

Edward schüttelte den Kopf. »Es liegt in der Sprache«, sagte er und verstummte.

Nichts zu machen, dachte Norman. Er kann nicht sagen, was er sagen will; er hat Angst. Sie haben alle Angst; Angst ausgelacht zu werden; Angst, sich preiszugeben. Auch der dort hat Angst, dachte er mit einem Blick auf den jungen Mann mit der bedeutenden Stirn und dem schwächlichen Kinn, der mit zuviel Nachdruck gestikulierte. Wir alle haben Angst voreinander, dachte er. Angst wovor? Kritisiert zu werden, ausgelacht zu werden; Angst vor Leuten, die anders denken ... Er hat Angst vor mir, weil ich ein Farmer bin (und er sah im Geist wieder sein eignes rundes Gesicht; hohe Backenknochen und kleine braune Augen). Und ich habe Angst vor ihm, weil er gescheit ist. Er sah die hohe Stirn an, von der die Haare schon zurückwichen. Das ist's, was uns trennt; Angst, dachte er.

Er veränderte seine Stellung. Er wollte aufstehn und mit ihm sprechen. Delia hatte gesagt: »Warte nicht, bis du vorgestellt wirst.« Aber es war schwer, jemand anzusprechen, den er nicht kannte, und zu sagen: »Was ist dieser Knoten in meiner Stirn? Löse ihn!« Denn er hatte genug davon, allein denken zu müssen. Allein zu denken schürzte Knoten mitten in seiner Stirn; allein zu denken, brachte Bilder hervor, törichte Bilder. Der junge Mann entfernte sich. Er müßte sich aufraffen; und doch zögerte er. Er fühlte sich zugleich angezogen und abgestoßen. Er begann aufzustehn; aber bevor er auf die Beine gekommen war, klopfte jemand mit einer Gabel auf einen Tisch.

Ein breitschultriger Mann, der an einem Tischchen in einem Winkel saß, klopfte mit seiner Gabel darauf. Und erhob sich halb, als wollte er Aufmerksamkeit erregen, als wollte er eine Rede halten. Es war der Mann, den seine Schwester Brown nannte; den die andern Nicholas nannten; dessen wirklichen Namen er nicht kannte. Vielleicht hatte er ein wenig zuviel getrunken.

»Meine Damen und Herren!« begann er. »Meine Damen und Herren!« wiederholte er beträchtlich lauter.

»Was, eine Rede?« sagte Edward mit gespieltem Erstaunen. Er drehte seinen Sessel halb herum; er hob sein Monokel, das an einem schwarzen Seidenband hing, als wäre es ein ausländischer Orden.

Leute schwärmten mit Tellern und Gläsern umher. Sie stolperten über Kissen auf dem Fußboden. Ein Mädchen stürzte längelang.

»Weh getan?« fragte ein junger Mann, ihr die Hand hinstreckend.

Nein, sie hatte sich nicht weh getan. Aber der Zwischenfall hatte die Aufmerksamkeit von dem Redner abgelenkt. Ein Gesumm von Gespräch hatte sich erhoben wie das Gesumm von Fliegen über verstreutem Zucker. Nicholas setzte sich wieder. Er war anscheinend in die Betrachtung des roten Steins in seinem Ring verloren; oder der Blumen auf dem Tisch; der weißen wachsähnlichen Blumen, der blassen, halb durchsichtigen Blumen, der karminroten Blumen, die so voll aufgeblüht waren, daß sich das goldgelbe Innere zeigte und Blütenblätter abgefallen waren und überall zwischen den entliehenen Messern und Gabeln, den billigen Trinkgläsern auf dem Tisch lagen. Dann rappelte er sich auf.

»Meine Damen und Herren!« begann er abermals. Wieder

klopfte er mit seiner Gabel auf den Tisch. Einen Augenblick verstummte das Gespräch. Rose schritt quer durchs Zimmer.

»Sie wollen eine Rede halten, was?« wollte sie wissen. »Nur los, ich höre gern eine Rede.« Sie stand neben ihm, die hohle Hand am Ohr wie ein alter Militär. Das Gesumm der Gespräche hatte wieder begonnen.

»Ruhe!« rief sie. Sie nahm ein Messer und klopfte auf den Tisch.

»Ruhe! Ruhe!« Sie klopfte abermals.

Martin kam durchs Zimmer.

»Weshalb macht Rose denn solchen Krach?« fragte er.

»Ich fordere Ruhe!« rief sie, ihm mit dem Messer vor dem Gesicht herumfuchtelnd. »Dieser Herr hier will eine Rede halten!«

Aber Nicholas hatte sich wieder gesetzt und betrachtete gleichmütig seinen Ring.

»Ist sie nicht das genaue Ebenbild«, sagte Martin, seine Hand Rose auf die Schulter legend und sich wie um Bestätigung seiner Worte nach Eleanor umwendend, »unsres alten Onkels Pargiter von Pargiters Reiterei?«

»Na, ich bin stolz darauf!« sagte Rose und fuchtelte ihm mit dem Messer vor der Nase herum. »Ich bin stolz auf meine Familie, stolz auf mein Land; stolz auf –«

»Dein Geschlecht?« unterbrach er sie.

»Jawohl«, beteuerte sie. »Und du?« Sie klopfte ihm auf die Schulter. »Bist du stolz auf dich, he?«

»Zankt euch nicht, Kinder, zankt euch nicht!« rief Eleanor, ihren Stuhl ein wenig näherrückend. »Immer zanken sie sich«, sagte sie, »immer ... immer ...«

»Sie war so ein schrecklicher kleiner Hitzkopf«, sagte Martin, sich auf den Fußboden gleiten lassend und zu Rose aufblickend, »das Haar straff aus der Stirn gekämmt ...«

»... und in einem rosa Kleidchen«, ergänzte Rose. Sie setzte sich plötzlich, das Messer aufrecht in der Hand. »In einem rosa Kleidchen, einem rosa Kleidchen«, wiederholte sie, als erinnerten sie die Worte an etwas.

»Aber halten Sie doch Ihre Rede Nicholas!« sagte Eleanor, sich ihm zuwendend. Er schüttelte den Kopf.

»Laßt uns von rosa Kleidchen reden!« entgegnete er lächelnd.

»... im Wohnzimmer in der Abercorn Terrace, als wir

Kinder waren«, sagte Rose. »Erinnerst du dich?« Sie sah Martin an. Er nickte.

»Im Wohnzimmer in der Abercorn Terrace...« sagte Delia. Sie ging mit einem großen Krug Bowle von Tisch zu Tisch. Sie blieb vor ihnen stehn. »Abercorn Terrace!« rief aus, ein Glas füllend. Sie warf den Kopf zurück und sah einen Augenblick erstaunlich jung, hübsch und herausfordernd aus.

»Das war die Hölle!« rief sie. »Das war die Hölle!«

»Ach geh, Delia...« widersprach Martin, ihr sein Glas hinhaltend.

»Es war die Hölle«, wiederholte sie, ihre irische Manier fallen lassend, ganz einfach und schlicht, während sie ihm von der Bowle einschenkte.

»Weißt du«, sagte sie mit einem Blick auf Eleanor, »wenn ich zum Bahnhof Paddington fahre, dann sage ich dem Chauffeur immer: Fahren Sie den andern Weg.«

»Genug, danke...« wehrte Martin ab; sein Glas war voll. »Auch ich hab' es gehaßt...« begann er.

Aber da kam Kitty Lasswade auf sie zu. Sie hielt ihr Glas vor sich wie einen kostbaren Pokal.

»Was haßt Martin denn schon wieder?« fragte sie, ihm ins Gesicht spähend.

Ein höflicher Herr schob ihr einen kleinen vergoldeten Stuhl hin; auf den setzte sie sich.

»Er war immer ein großer Hasser«, sagte sie und hielt Delia ihr Glas zum Füllen hin.

»Was war es, was du an jenem Abend gehaßt hast, Martin, als du bei uns zum Dinner warst?« fragte sie ihn. »Ich erinnere mich, wie ärgerlich du mich machtest...«

Sie lächelte ihm zu. Er war einem Blasengel ähnlich geworden; rosig und rundlich; das Haar nach Kellnerart zurückgebürstet.

»Gehaßt? Ich hab' nie jemand gehaßt«, verwahrte er sich. »Mein Herz ist voll Güte, mein Herz ist voll Liebe.« Er lachte, sein Glas gegen sie schwenkend.

»Unsinn!« sagte Kitty. »Als du jung warst, da haßtest du – alles!« Sie machte eine umfassende Handbewegung. »Mein Haus... meine Freunde...« Sie unterbrach sich mit einem schnellen kleinen Seufzer. Sie sah sie wieder, die hereindefilierenden Herren, die Damen, die den goldenen Kleiderstoff zwischen Daumen und Zeigefinger prüften. Sie lebte jetzt allein, im Norden.«... und ich darf wohl behaupten, ich bin besser daran so wie jetzt«, setzte sie, halb zu sich selbst, fort, »bloß mit einem Burschen zum Holzhacken.«

Es entstand ein Schweigen.

»Nun laßt ihn endlich seine Rede halten«, sagte Eleanor.

»Ja. Los mit Ihrer Rede!« sagte Rose. Abermals klopfte sie mit dem Messer auf den Tisch; abermals erhob er sich halb.

»Eine Rede will er halten, so?« sagte Kitty, sich Edward zuwendend, der seinen Stuhl neben den ihren gerückt hatte.

»Der einzige Ort, wo das Reden noch jetzt als schöne Kunst gepflegt wird...« begann Edward. Dann hielt er inne, rückte den Stuhl ein wenig näher heran und klemmte sein Monokel ins Auge, »ist die Kirche«, ergänzte er.

Deshalb hab' ich dich nicht geheiratet, sagte sich Kitty. Wie seine Stimme, diese überhebliche Stimme, es ihr alles in Erinnerung rief! Den halb umgefallenen Baum; den fallenden Regen; die hallenden Rufe der Studenten; das Läuten der Glocken; sie und ihre Mutter...

Aber Nicholas war aufgestanden. Er tat einen tiefen Atemzug, der seine Hemdbrust schwellte. Mit der einen Hand fingerte er an seiner kurzen Uhrkette herum; die andre streckte er mit einer Rednergeste vor.

»Meine Damen und Herren!« begann er wieder. »Im Namen aller, die sich heute abend hier unterhielten...«

»Lauter! Lauter!« riefen einige junge Männer, die in der Fensternische standen.

»Ist er Ausländer?« fragte Kitty flüsternd Eleanor.

»... im Namen aller, die sich heute abend hier so gut unterhielten«, wiederholte er lauter, »möchte ich unserem Gastgeber und unserer Gastgeberin danken...«

»Ach, danken Sie mir doch nicht!« rief Delia, sich mit dem leeren Krug durchdrängend.

Wiederum war die Rede niedergeschlagen worden. Er muß ein Ausländer sein, dachte Kitty, denn er ist ganz unbefangen. Dort stand er, sein Weinglas in der Hand, und lächelte.

»Nur zu, nur zu!« drängte sie ihn. »Lassen Sie sich nicht stören!« Sie war in der Stimmung für eine Rede. Eine Rede war etwas Gutes auf einer Gesellschaft. Pulverte sie auf, gab ihr die letzte Politur. Sie klopfte mit ihrem Glas auf den Tisch.

»Es ist sehr nett von Ihnen«, sagte Delia, sich an ihm

vorbeizuzwängen suchend, doch er hatte ihr die Hand auf den Arm gelegt, »aber danken Sie mir nicht.«

»Aber, Delia«, hielt er ihr vor, die Hand noch immer auf ihrem Arm, »es geht nicht darum, was *Sie* wollen; es geht darum, was *wir* wollen. Und es gehört sich«, fuhr er fort, die Hand schwenkend, »wenn unsre Herzen so voll Dankbarkeit sind ...«

Nun kommt er in Fahrt, dachte Kitty. Wahrscheinlich hört er sich gern reden. Wie die meisten Ausländer.

»... wenn unsre Herzen so voll Dankbarkeit sind«, wiederholte er, einen seiner Finger berührend.

»Wofür?« fragte eine Stimme unvermittelt.

Nicholas hielt abermals inne.

»Wer ist dieser Dunkelhaarige?« flüsterte Kitty Eleanor zu. »Ich hab' mir schon den ganzen Abend den Kopf zerbrochen.«

»Renny«, flüsterte Eleanor. »Renny.«

»Wofür?« griff Nicholas das Wort auf. »Das will ich Ihnen eben sagen ...« Er hielt inne und tat einen tiefen Atemzug, der abermals seine Weste schwellte. Seine Augen strahlten; er schien voll plötzlichen untergründigen Wohlwollens zu sein. Aber da tauchte ein Kopf über dem Tischrand auf; eine Hand raffte eine Faust voll Blumenblätter zusammen, und eine Stimme rief:

»Rote Rose, dornige Rose, kühne Rose, flammende Rose!« Die Blütenblätter wurden fächerförmig über die korpulente ältliche Frau gestreut, die da auf der Kante ihres Sessels saß. Sie blickte überrascht auf. Blütenblätter waren auf sie gefallen. Sie streifte sie weg, wo sie sich auf ihren Vorsprüngen niedergelassen hatten. »Danke! Dank dir, Sally!« rief sie. Dann ergriff sie eine Blume und schlug damit energisch auf den Tisch. »Aber ich will meine Rede!« rief sie, auf Nicholas blickend.

»Nein, nein«, sagte er. »Das ist nicht die Zeit zum Redenhalten«, und setzte sich wieder.

»Dann trinken wir also«, sagte Martin. Er hob sein Glas. »Pargiter von Pargiters Reiterei! Ich trinke auf Roses Wohl!« Er stellte sein Glas auf den Tisch, daß es klang.

»Oh, wenn ihr alle auf jemand trinkt«, sagte Kitty, »dann will ich's auch tun. Rose, auf dein Wohl! Rose ist ein famoser Kerl«, sagte sie, ihr Gesicht hebend. »Aber sie hatte unrecht«, setzte sie hinzu. »Etwas mit Gewalt erreichen zu wollen ist immer unrecht – findest du nicht auch, Edward?« Sie klopfte ihm aufs Knie. »Den Krieg hab' ich allerdings ganz vergessen«, murmelte sie halb für sich. »Immerhin«, sagte sie dann, »Rose hat den Mut ihrer Überzeugung gehabt. Rose hat sich ins Gefängnis schleppen lassen. Auf ihr Wohl!« Und sie trank.

»Und auf deins, Kitty!« sagte Rose, mit einer kleinen Verneigung gegen sie.

»Sie hat Lloyd George das Fenster eingeschlagen«, spöttelte Martin, »und dann half sie ihm, andren Leuten die Fenster einzuschlagen. Wo ist deine Auszeichnung, Rose?«

»In einer Pappschachtel, auf dem Kaminsims«, erwiderte Rose. »Du kannst mich nicht mehr steigen machen um diese Jahreszeit, mein Lieber.«

»Aber ich wollte, ihr hättet Nicholas seine Rede beenden lassen!« sagte Eleanor.

Durch die Zimmerdecke, fern und gedämpft, klangen die einleitenden Takte des nächsten Tanzes. Die jungen Leute schluckten hastig, was noch in ihren Gläsern war, erhoben sich und verzogen sich hinauf. Alsbald erklang das rhythmische, dumpfe Aufsetzen von Füßen auf den Fußboden oben.

»Wird weitergetanzt?« fragte Eleanor. Es war ein Walzer. »Als wir jung waren«, sagte sie, Kitty ansehend, »da tanzten wir immer ...« Die Melodie schien ihre Worte aufzugreifen und zu wiederholen – »Als ich noch jung war, da tanzte ich immer, – tanzte ich immer ...«

»Und wie zuwider es mir war!« sagte Kitty, ihre Finger betrachtend, die kurz und rissig waren. »Wie schön das ist«, sagte sie, »nicht jung zu sein! Wie schön, sich nichts draus zu machen, was sich die Leute denken! Jetzt kann man leben, wie man will«, fügte sie hinzu, »jetzt, mit siebzig.«

Sie verstummte. Sie zog die Augenbrauen hoch, als erinnerte sie sich an etwas. »Schade, daß man nicht noch einmal leben kann«, sagte sie. Aber sie sprach nicht weiter.

»Bekommen wir nicht trotz allem noch unsere Rede zu hören, Mister ...?« fragte sie mit einem Blick auf Nicholas, dessen Namen sie nicht wußte. Er saß da und sah gutmütig vor sich hin, mit den Händen zwischen den Blütenblättern auf dem Tisch paddelnd.

»Welchen Sinn hätte das?« sagte er. »Niemand will zuhören.« Man vernahm das dumpfe Schleifen der Füße oben und die Musik, die – so kam es Eleanor vor, immerzu wiederholte: Als ich noch jung war, da tanzte ich immer, und alle Männer schwärmten für mich, als ich noch jung war ...

»Aber ich will eine Rede haben!« sagte Kitty auf ihre herrische Art. Es war wahr. Sie wollte etwas – etwas, das einen aufpulverte, das allem Politur verlieh, – etwas, sie wußte kaum, was. Aber nicht die Vergangenheit – nicht Erinnerungen. Die Gegenwart; die Zukunft; die waren, was sie wollte.

»Dort ist Peggy«, sagte Eleanor, umhersehend. Peggy saß auf dem Rand eines Tisches und aß ein Schinkensandwich.

»Komm, Peggy!« rief Eleanor. »Komm und plaudre mit uns!«

»Sprich du für die jüngere Generation, Peggy!« sagte Lady Lasswade, ihr die Hand schüttelnd.

»Aber ich bin nicht die jüngere Generation«, sagte Peggy. »Und ich hab' meine Rede schon vorhin gehalten. Und hab' mich lächerlich gemacht oben«, sagte sie, sich vor Eleanor auf den Boden sinken lassend.

»Dann also Norman«, sagte Eleanor, auf den Scheitel in seinem Haar niederblickend. Norman saß neben ihr auf dem Boden.

»Ja, Norman«, sagte Peggy und sah ihren Bruder über Eleanors Knie hinweg an. »Norman behauptet, wir reden von nichts anderm als Geld und Politik. Sag uns, was wir tun müßten.« Er schrak auf. Er war eingenickt, benommen von der Musik und dem Stimmengewirr. Was wir tun müßten? fragte er sich, aufwachend. Was müßten wir tun?

Mit einem Ruck setzte er sich auf. Er erblickte Peggys Gesicht, wie es ihn ansah. Nun lächelte sie; ihr Gesicht war fröhlich, es erinnerte ihn an das seiner Großmutter auf dem Porträt. Aber er sah es, wie er es vorher oben gesehn hatte – feuerrot, verzogen – als wäre sie nahe daran, in Tränen auszubrechen. Es war ihr Gesicht gewesen, was die Wahrheit sprach; nicht ihre Worte. Aber nur ihre Worte kamen ihm wieder in den Sinn – anders zu leben – anders. Er hielt inne. Das ist's, wozu man Mut braucht, dachte er: die Wahrheit zu sprechen. Doch sie wartete, daß er etwas sage. Die alten Leute redeten schon wieder von ihren eigenen Angelegenheiten.

»Es ist ein nettes kleines Haus«, sagte Kitty soeben. »Eine verrückte alte Frau hat einmal dort gewohnt ... Du mußt hinkommen und einige Zeit bei mir bleiben, Nell. Im Frühjahr ...«

Peggy sah ihn erwartungsvoll über den Rand ihres Sandwich an.

»Was du da vorhin sagtest, war wahr«, platzte er heraus, »... durchaus wahr.« Das, was sie gemeint hatte, war wahr gewesen, verbesserte er sich im stillen; ihr Gefühl, nicht ihre Worte. Er fühlte jetzt, was sie gefühlt hatte; es betraf nicht ihn; es betraf andre Leute; eine andre Welt, eine neue Welt.

Der Tratsch der alten Tanten und Onkel ging über seinen Kopf hinweg weiter.

»Wie hieß der Mann, den ich so gut leiden mochte in Oxford?« fragte Lady Lasswade soeben. Er konnte sehn, wie sich ihr silbriger Körper zu Edward hinneigte.

»Der Mann, den du so gut leiden mochtest in Oxford?« wiederholte Edward. »Ich dachte, du hast nie jemand in Oxford gut leiden mögen ...« Und sie lachten beide.

Aber Peggy wartete; sie beobachtete ihn. Er erblickte wieder das Glas mit den aufsteigenden Bläschen vor sich; er spürte wieder die Beengung wie durch einen Knoten in seiner Stirn. Er wünschte, es wäre jemand unendlich Weiser und Guter da, um statt seiner zu denken, zu antworten. Aber der junge Mann mit der bedeutenden Stirn war nirgends mehr zu sehn.

»... anders zu leben ... anders«, wiederholte er. Es waren ihre Worte; sie paßten nicht ganz auf das, was er meinte; aber er mußte sie benützen. Jetzt hab' auch ich mich lächerlich gemacht, dachte er, während ihm eine unangenehme Empfindung den Rücken hinabrieselte, als hätte ein Messer ihn geritzt; und er lehnte sich an die Wand.

»Ja, es war Robson!« rief Lady Lasswade aus. Ihre Trompetenstimme erscholl über seinem Kopf.

»Wie man alles vergißt!« setzte sie hinzu. »Natürlich – Robson. So hieß er. Und das Mädel, das ich gern hatte – Nelly? – die Ärztin werden wollte?«

»Ist gestorben, soviel ich weiß«, sagte Edward.

»Gestorben, so? Gestorben?« sagte Lady Lasswade. Sie hielt einen Augenblick inne. »Also, ich wollte, du würdest eine Rede halten, Norman«, sagte sie dann, sich umwendend und zu Norman hinunterblickend.

Er setzte sich weiter zurück. Kein Redenhalten mehr für mich, dachte er. Er hielt sein Glas immer noch in der Hand. Es war immer noch halb voll blaßgelber Bowle. Es stiegen nun keine Bläschen mehr in ihr auf; sie war klar und still.

Stille und Einsamkeit, dachte er, Stille und Einsamkeit ... das ist das einzige Element, in dem der Geist jetzt frei ist.

Stille und Einsamkeit, wiederholte er; Stille und Einsamkeit. Er schloß halb die Lider. Er war müde; er war benommen; die Leute redeten; redeten. Er wollte sich loslösen, verallgemeinern, sich vorstellen, daß er in einer großen Weite auf einer blauen Ebene lag, mit Bergen am Horizont. Er streckte die Beine. Dort weideten die Schafe; langsam das Gras rupfend; erst eins der steifen Beine vorstellend, dann ein andres; und blökend – blökend. Er hörte keinen Sinn heraus aus dem, was sie sagten. Durch die halbgeschlossenen Lider sah er Hände, die Blumen hielten, – schlanke Hände, zarte Hände; aber Hände, die zu niemand gehörten. Und waren das Blumen, was die Hände hielten? Oder Berge? Blaue Berge mit violetten Schatten? Dann fielen Blütenblätter. Rosa, gelb, weiß, mit violetten Schatten, so fielen sie. Das fällt und fällt und deckt die Welt, murmelte er. Und hier war der Stiel eines Weinglases; der Rand eines Tellers; und eine Schale mit Wasser. Die Hände ließen nicht ab, Blume nach Blume zu ergreifen; dies war eine weiße Rose; dies eine gelbe; und dies war eine Rose mit violetten Tälern in ihren Blütenblättern. Da hingen sie, vielgefältelt, vielfarbig, hingen über den Rand der Schale nieder. Und Blütenblätter fielen. Hier lagen sie, violett und gelb, kleine Schaluppen, Boote auf einem Fluß. Und er trieb und driftete dahin, in einer Schaluppe, in einem Blütenblatt, einen Fluß hinab in Schweigen hinein, in Einsamkeit ... die größte Marter – entsann er sich wieder der Worte, als hätte eine Stimme sie gesprochen –, die Menschen einem zufügen können ...

»Wach auf, Norman ... wir wollen deine Rede hören!« unterbrach eine Stimme seine Gedanken. Kittys leicht gerötetes, stattlich schönes Gesicht neigte sich über ihn.

»Maggie!« rief er, sich aufrappelnd. Sie war es, die dort saß und Blumen ins Wasser tat.

»Ja, jetzt ist Maggie an der Reihe, zu reden«, sagte Nicholas, ihr die Hand aufs Knie legend.

»Rede, rede!« drängte Renny sie.

Sie aber schüttelte den Kopf. Lachen ergriff sie und schüttelte sie. Sie lachte, den Kopf zurückwerfend, als wäre sie von einem fröhlichen Geist außerhalb ihrer besessen, der sie zwang, sich zu beugen und wieder aufzurichten, wie ein Baum, dachte Norman, vom Wind geschüttelt und gebogen wird. Keine Idole, keine Idole, keine Idole, schien ihr Lachen zu klingeln, als wäre der Baum mit ungezählten Glöckchen behangen, und er lachte mit.

Sie hörten endlich auf zu lachen. Füße tappten dumpf im Tanzschritt auf dem Fußboden über ihnen. Eine Schiffssirene tutete auf dem Fluß. Ein Lastauto ratterte fern eine Straße entlang. Es war wie ein Losstürmen und Nachzittern von Geräusch; etwas schien freigesetzt zu werden; es war, als wollte das Leben des Tages beginnen und als wäre dies der Chor, der Schrei, das Tschilpen, das Rumoren, das den Londoner Morgen begrüßt.

Kitty wandte sich zu Nicholas. »Und worüber hätten Sie Ihre Reden gehalten, Mister ... ich kenne leider Ihren Namen nicht«, sagte sie, »– die Rede, die unterbrochen wurde?«

»Meine Rede?« sagte er lachend. »Die hätte ein Wunder werden sollen! Ein Meisterstück! Aber wie kann man reden, wenn man immer wieder unterbrochen wird? Ich fange an, ich sage: ›Wir wollen uns bedanken.‹ Da sagt Delia: ›Danken Sie mir doch nicht.‹ Ich fange wieder an, ich sage: ›Also, wir wollen uns bedanken bei irgendwem, bei irgend jemand ...‹ Und Renny sagt: ›Wofür?‹ Ich fange wieder an, und siehe da – Eleanor ist fest eingeschlafen.« Er wies auf sie. »Also welchen Zweck hat es?«

»Oh, aber es hat doch einen Zweck –« begann Kitty.

Sie wollte noch immer etwas – etwas Aufpulverndes, etwas, das die letzte Politur verlieh – was, das wußte sie nicht. Und es wurde spät. Sie mußte gehn.

»Erzählen Sie mir, im Vertrauen, was Sie gesagt hätten, Mister ...?« forderte sie ihn noch einmal auf.

»Was ich gesagt hätte? Ich hätte gesagt –« Er hielt inne und streckte die Hand aus; er zählte an den Fingern. »Zuerst hätte ich unserm Gastgeber und unsrer Gastgeberin gedankt. Dann hätte ich diesem Haus hier gedankt« – er wies mit der Hand im Zimmer rundum, das mit den Plakaten des Häusermaklers behängt war – »das die Liebespaare beherbergt hat, die Schöpfer, die Männer und Frauen, die guten Willens sind. Und schließlich« – er ergriff sein Glas – »hätte ich auf die Menschheit getrunken. Auf die Menschheit«, setzte er hinzu, das Glas an die Lippen hebend, »die jetzt noch in ihrer Kindheit ist. Möge sie zur Reife heranwachsen! Meine Damen und Herren!« rief er, sich halb erhebend, mit geschwellter Weste,

»darauf trinke ich!« Er stellte das Glas mit dumpfen Aufschlag auf den Tisch. Es zerbrach.

»Das ist das dreizehnte, das heute abend in Scherben ging!« sagte Delia, herankommend und vor ihnen stehnbleibend. »Aber es macht nichts – es macht gar nichts. Sie sind sehr billig – diese Gläser.«

»Was ist sehr billig?« murmelte Eleanor. Sie öffnete die Augen halb. Aber wo war sie? In welchem Raum? In welchem der zahllosen Räume? Immer gab es Räume; immer gab es Menschen. Immer, seit Anbeginn aller Zeit ... Sie schloß die Hände um die Münzen, die sie hielt, und wieder wurde sie von einem Glücksgefühl durchdrungen. War das, weil dies am Leben geblieben war, diese scharfe Empfindung (sie wurde ganz wach), und das andre, das Feste – sie sah ein tintenbekleckstes Walroß vor sich – verschwunden war? Sie öffnete die Augen weit. Hier war sie; lebendig; in diesem Raum, mit lebendigen Menschen. Sie sah alle die Köpfe rundum. Erst hatten sie keine Identität. Dann erkannte sie sie. Dies war Rose; das war Martin; der dort war Morris. Er hatte fast gar keine Haare mehr oben auf dem Scheitel. Eine seltsam fahle Blässe lag auf seinem Gesicht.

Eine seltsam fahle Blässe lag auf allen den Gesichtern, als sie eins nach dem andern anblickte. Die Helligkeit war aus den elektrischen Lampen gewichen. Die Tischtücher sahen weißer aus. Normans Kopf – er saß auf dem Boden neben ihr – war von Weiß umrahmt. Seine Hemdbrust war ein wenig zerknittert.

Er saß auf dem Boden zu Edwards Füßen, die Knie mit den Händen umfaßt, und wiegte sich mit kurzen, kleinen Rucken und sah zu ihm auf, als bäte er ihn um etwas.

»Onkel Edward«, hörte sie ihn sagen, »sag mir ...«

Er war wie ein Kind, das um eine Geschichte bettelt.

»Sag mir –« wiederholte er mit einem neuerlichen kleinen Ruck. »Du bist doch ein Gelehrter. Also – die Klassiker ... Aeschylos, Sophokles, Pindar.«

Edward beugte sich zu ihm.

»Und der Chor –« Norman gab sich abermals einen Ruck. Sie beugte sich näher zu den beiden. »Und der Chor –«, wiederholte Norman.

»Mein lieber Junge«, hörte sie Edward sagen, während er wohlwollend auf ihn niederlächelte, »frag nicht mich. Ich war nie hervorragend bewandert in diesen Dingen. Nein, wenn es nach mir gegangen wäre« – er hielt inne und fuhr sich mit der Hand über die Stirn – »dann wäre ich ein ...« Ein Ausdruck von Gelächter ertränkte seine Worte. Was hatte er gesagt – was hatte er werden wollen? Sie hatte die letzten Worte nicht verstanden.

Es muß noch ein andres Leben geben, dachte sie, in ihren Sessel zurücksinkend, fast verzweifelt. Nicht in Träumen; sondern hier und jetzt, in diesem Zimmer, mit lebenden Menschen. Sie hatte ein Gefühl, als stünde sie am Rand eines Abgrunds; mit zurückgewehtem Haar. Sie war nahe daran, etwas zu erfassen, was ihr knapp entging. Es muß noch ein andres Leben geben, hier und jetzt, dachte sie abermals. Dieses ist zu kurz, zu bruchstückhaft. Wir wissen nichts, nicht einmal von uns selbst. Wir beginnen eben erst, dachte sie, zu verstehn, hie und da. Sie machte auf ihrem Schoß die Hände hohl, ganz so wie Rose ihre Hand ans Ohr gehalten hatte. So hielt sie die Hände hohl; sie fühlte, daß sie den gegenwärtigen Augenblick umschließen wollte; ihn verweilen machen wollte; ihn immer mehr anfüllen wollte, mit der Vergangenheit, mit der Gegenwart, mit der Zukunft, bis er glänzte, vollständig, erhellt bis in die Tiefe von Verstehn.

»Edward« – begann sie, um seine Aufmerksamkeit auf sich zu ziehen. Aber er hörte nicht auf sie; er erzählte Norman irgendeine alte College-Anekdote. Es hilft nichts, dachte sie, die Hände öffnend. Der Augenblick muß entgleiten; er muß fallen. Und dann? dachte sie. Auch für sie käme die endlose Nacht; das endlose Dunkel. Sie blickte vor sich hin, als sähe sie einen sehr langen dunklen Tunnel sich vor ihr auftun. Aber bei dem Gedanken an das Dunkel wunderte sie etwas; tatsächlich wurde es hell. Die Rollgardinen waren weiß.

Eine Bewegung ging durchs Zimmer.

Edward wandte sich zu Eleanor. »Wer sind denn *die*?« fragte er, zur Tür weisend.

Sie sah hin. Zwei Kinder standen in der Tür. Delia hatte ihnen die Hände auf die Schultern gelegt, wie um sie zu ermutigen. Sie führte sie an den Tisch drüben, um ihnen etwas zu essen zu geben. Sie sahen befangen und linkisch aus.

Eleanor warf einen Blick auf die zwei, auf ihre Hände, ihre Kleidung, die Form ihrer Ohren. »Die Kinder des Hauswarts hier, sollte ich meinen«, sagte sie. Ja, Delia schnitt ihnen von der Torte ab, und es waren größere Stücke, als sie abgeschnitten hätte, wenn es Kinder von ihren Bekannten gewesen wären. Die Kinder nahmen die Schnitten und starrten mit einem merkwürdig stieren Blick darauf, als ob sie zornig wären. Aber vielleicht waren sie nur verschüchtert, weil man sie aus dem Tiefgeschoß hier herauf gebracht hatte.

»Eßt nur!« sagte Delia und gab ihnen einen kleinen Klaps.

Sie begannen langsam zu pampfen und sahen dabei mit ernsten Gesichtern umher.

»Hallo, ihr Kinder!« rief Martin und winkte sie zu sich. Sie starrten ihn ernst an.

»Wie heißt ihr denn?« fragte er. Sie aßen schweigend weiter. Er begann in seiner Hosentasche herumzufingern.

»Redet doch!« rief er. »Sagt etwas!«

»Die jüngere Generation«, sagte Peggy, »hat nicht die Absicht zu reden.«

Jetzt wandten sie ihr die Augen zu; aber sie kauten weiter.

»Keine Schule morgen?« fragte sie. Sie schüttelten verneinend die Köpfe.

»Hurra!« sagte Martin. Er hielt die beiden Geldstücke zwischen Daumen und Zeigefinger. »Also – ›singt 'nen Sang für 'n Sechser‹!« sagte er.

»Ja. Lernt ihr denn in der Schule keine Lieder?« fragte Peggy.

Sie starrten sie an, aber blieben stumm. Sie hatten aufgehört zu essen. Sie waren der Mittelpunkt einer kleinen Gruppe. Eine Sekunde lang ließen sie die Augen über die Erwachsenen hingleiten, dann brachen sie, einander einen kleinen Puff gebend, in Gesang aus:

> *»Eto passo tanno hehn,*
> *Fei donk tu to tu,*
> *Mei tu, kei tu, lei mu dehn,*
> *Tu dom tu do lu –«*

So ungefähr klang es. Nicht ein Wort war zu verstehn. Die verzerrten Laute stiegen und fielen, als folgten sie einer Melodie. Und verstummten.

Die Kinder standen da, die Hände auf dem Rücken. Dann machten sie sich mit einem gemeinsamen Anlauf über die nächste Strophe her:

> »*Fanno tu par, etto tu mar,*
> *Teimin tudo teido,*
> *Foll tu gar in, mitno tu par,*
> *Eido, teido, meido –*«

Sie sangen die zweite Strophe grimmiger entschlossen als die erste. Der Rhythmus schien zu schwanken, und die unverständlichen Worte flossen fast zu einem Kreischen zusammen. Die Erwachsenen wußten nicht, ob sie lachen oder weinen sollten. Die Stimmen waren so rauh; die Aussprache so scheußlich.

Wieder platzten sie los:

> »*Tschri tu fro lei,*
> *Dschira, deidax* . . .«

Dann verstummten sie; wie es schien, mitten in einer Strophe. Sie standen da und starrten grinsend, wortlos, zu Boden. Niemand wußte, was er sagen sollte. Es war etwas Grauenvolles in dem Lärm, den sie machten. Es war so schrill, so unharmonisch und so sinnlos. Dann kam der alte Patrick auf sie zugetrottet.

»Ach, das war aber hübsch, das war aber hübsch. Dank' euch, meine Lieben«, sagte er auf seine gutgelaunte Art, seinen Zahnstocher zwischen den Fingern drehend. Die Kinder grinsten ihn an. Dann begannen sie sich davonzumachen. Als sie sich an Martin vorbeidrückten, ließ er ihnen die Geldstücke in die Hände gleiten. Dann stürzten sie zur Tür hinaus.

»Aber was, zum Teufel, haben sie gesungen?« fragte Hugh Gibbs. »Hab' kein Wort davon verstanden, muß ich gestehn.« Er preßte die Hände an die Seiten seiner umfangreichen weißen Weste.

»Londonerisch, vermutlich«, sagte Patrick. »Was man ihnen in der Schule beibringt, wißt ihr.«

»Aber es war ...« begann Eleanor. Sie verstummte. Wie, ja wie war es nur gewesen? Als die beiden hier standen, hatten sie so würdevoll ausgesehn; und doch hatten sie diesen gräßlichen Lärm gemacht. Der Gegensatz zwischen ihren Gesichtern und ihren Stimmen war verblüffend gewesen; es war unmöglich, eine Bezeichnung für das Ganze zu finden.

»... schön?« sagte sie dann mit einem fragenden Unterton, sich an Maggie wendend.

»Außerordentlich«, sagte Maggie.

Aber Eleanor war nicht sicher, ob sie beide dasselbe meinten.

Sie raffte ihre Handschuhe zusammen, ihren Beutel und die paar Geldstücke und stand auf. Das Zimmer war voll von einem seltsamen fahlen Licht. Gegenstände schienen sich aus dem Schlaf zu erheben, aus ihrer Vermummung, und die Nüchternheit des täglichen Lebens anzunehmen. Das Zimmer bereitete sich auf seine Verwendung als Büro eines Häusermaklers vor. Die Tische wurden Bürotische; ihre Beine wurden die Beine von Bürotischen, und doch waren sie immer noch mit Tellern und Gläsern besät, mit Rosen, Lilien und Nelken.

»Es ist Zeit, daß wir gehn«, sagte sie und durchschritt das Zimmer. Delia war ans Fenster getreten. Nun öffnete sie die Vorhänge mit einem Ruck.

»Die Morgendämmerung!« rief sie ein wenig theatralisch aus.

Häuser wurden auf der andern Seite des Square sichtbar. Ihre Rollgardinen waren alle herabgezogen; sie schienen noch tief zu schlafen in dem fahlen Morgenlicht.

»Die Morgendämmerung!« sagte Nicholas, aufstehend und sich streckend. Auch er trat ans Fenster, Renny folgte ihm.

»Nun das Schlußwort«, sagte er, neben ihm am Fenster stehend. »Die Morgendämmerung – der neue Tag –«

Er wies auf die Bäume, auf die Dächer, auf den Himmel.

»Nein«, sagte Nicholas, den Vorhang zur Seite haltend. »Da irrst du. Es wird kein Schlußwort geben – kein Schlußwort!« rief er, den Arm schwenkend. »Denn es ist keine Rede vorausgegangen.«

»Aber die Morgendämmerung ist da«, sagte Renny, auf den Himmel weisend.

So war es. Die Sonne war aufgegangen. Der Himmel zwischen den Rauchfängen sah außerordentlich blau aus.

»Und ich geh' jetzt schlafen«, sagte Nicholas nach einer Pause. Er wandte sich ab.

»Wo ist Sally?« fragte er, sich umsehend. Dort saß sie, zusammengekauert in einer Ecke, den Kopf an einen Tischfuß gelehnt, und schlief offenbar.

»Weck deine Schwester auf, Magdalena!« sagte er, sich Maggie zuwendend. Maggie sah zu ihr hin. Dann nahm sie eine Blume vom Tisch und warf sie nach ihr. Sally öffnete die Augen halb. »Es ist Zeit«, sagte Maggie, sie an der Schulter schüttelnd. »Zeit, ja?« seufzte Sally. Sie gähnte und streckte sich. Sie heftete ihren Blick auf Nicholas, als brächte sie ihn in ihr Gesichtsfeld zurück. Dann lachte sie.

»Nicholas!« rief sie.

»Sally!« erwiderte er. Sie lächelten einander zu. Dann half er ihr auf, und sie hielt sich unsicher an ihrer Schwester im Gleichgewicht und rieb sich die Augen.

»Wie seltsam«, murmelte sie, umhersehend, »... wie seltsam...«

Da waren die gebrauchten Teller und die geleerten Weingläser; die Blütenblätter und die Brotkrumen. In dem gemischten Licht sahn sie prosaisch aus, aber unwirklich; leichenhaft, aber leuchtend. Und dort, gegen das Fenster sich abhebend, zu einer Gruppe versammelt, standen die alten Brüder und Schwestern.

»Schau, Maggie«, flüsterte sie ihrer Schwester zu, »schau!« Sie wies auf die Pargiters, die vom Fenster eingerahmt beisammenstanden.

Die Gruppe am Fenster, die Männer in ihrem Schwarz-Weiß, die Frauen in ihren karminroten, goldenen oder silbernen Abendkleidern, hatten einen Augenblick lang etwas Statuenhaftes, als wären sie aus Stein gemeißelt. Ihre Kleider fielen in steif skulptierten Falten. Dann bewegten sie sich; sie veränderten ihre Stellungen; sie begannen zu reden.

»Kann ich dich heimbringen, Nell?« fragte Kitty Lasswade. »Ich hab' einen Wagen warten.«

Eleanor antwortete nicht. Sie sah auf die Häuser mit den vorgezogenen Vorhängen auf der andern Seite des Square. Die Fenster hatten goldene Tupfen. Alles sah blankgewischt aus, frisch und unberührt. Die Tauben trippelten in den Baumwipfeln hin und her.

»Ich hab' einen Wagen...« wiederholte Kitty.

»Horch!« sagte Eleanor, die Hand hebend. Oben spielten sie »*God save the King*« auf dem Grammophon; aber es waren die Tauben, was sie meinte; ihr Gurren.

»Das sind Waldtauben, nicht?« sagte Kitty. Sie legte den Kopf schief und horchte. Gurr nur zu, du, gurr nur zu, du... gurr... klang es.

»Waldtauben?« fragte Edward, die Hand ans Ohr haltend.

»In den Baumwipfeln«, sagte Kitty. Die grün und blauen Vögel trippelten auf den Ästen, schnäbelten und ruckten leise.

Morris streifte die Krümel von seiner Weste.

»Welch eine Stunde für uns alte Kracher, noch nicht im Bett zu sein!« sagte er. »Ich habe die Sonne nicht aufgehn sehn seit ... seit ...«

»Ach, aber als wir jung waren«, sagte der alte Patrick, ihm auf die Schulter klopfend, »da hat es uns nichts ausgemacht, eine Nacht durchzulumpen! Ich erinnere mich, wie ich dann noch nach Covent Garden gegangen bin und Rosen kaufte für eine gewisse Dame ...«

Delia lächelte, als wäre sie an irgendeine Liebesgeschichte, ihre eigne oder die einer andern, erinnert worden.

»Und ich ...« begann Eleanor. Sie stockte. Sie sah einen leeren Milchkrug und fallende Blätter. Damals war es Herbst gewesen. Jetzt war es Sommer. Der Himmel war mattblau, die Dächer hatten eine lilarote Tönung gegen das Blau; die Rauchfänge waren ein reines Ziegelrot. Eine Stimmung von ätherischer Ruhe und Einfachheit lag über allem.

»Und keine Untergrundbahn geht noch und kein Autobus«, sagte sie, sich umwendend. »Wie werden wir heimkommen?«

»Wir können zu Fuß gehn«, sagte Rose. »Gehn wird uns nicht schaden.«

»Nicht an einem so schönen Sommermorgen«, sagte Martin.

Eine leichte Brise wehte durch den Square. In der Stille konnten sie die Zweige wispern hören, die sich ein wenig hoben und senkten und eine Welle von grünem Licht durch die Luft schüttelten.

Dann flog die Tür auf. Paar nach Paar kam herein, ein wenig zerzaust, fröhlich, um sich nach Mänteln und Hüten umzusehn, um gute Nacht zu sagen.

»Es war so nett von euch, zu kommen!« rief Delia, sich mit ausgestreckten Händen ihnen zuwendend. »Dank euch – dank euch, daß ihr gekommen seid!« rief sie.

»Und seht euch Maggies Strauß an!« sagte sie und nahm den vielfarbigen Blumenstrauß, den Maggie ihr hinhielt.

»Wie schön du sie angeordnet hast!« sagte sie. »Schau, Eleanor!« Sie wandte sich an ihre Schwester.

Aber Eleanor stand mit dem Rücken zu ihnen. Sie beobachtete ein Taxi, das langsam rund um den Square fuhr. Es blieb vor einer Tür, zwei Häuser entfernt, stehn.

»Sind sie nicht entzückend?« sagte Delia, ihr die Blumen hinhaltend.

Eleanor schrak auf.

»Die Rosen? Ja...« sagte sie. Aber sie beobachtete das Taxi. Ein junger Mann war ausgestiegen; er zahlte dem Chauffeur. Dann stieg eine junge Frau im Reisekostüm aus und folgte ihm. Er steckte seinen Hausschlüssel ins Türschloß. »So!« murmelte Eleanor, als er die Haustür öffnete und die beiden einen Augenblick auf der Schwelle standen. »So!« wiederholte sie, als sich die Tür mit einem kleinen dumpfen Knall hinter ihnen geschlossen hatte.

Dann wandte sie sich ins Zimmer zurück. »Und nun?« sagte sie, Morris ansehend, der die letzten Tropfen Wein aus seinem Glas trank. »Und nun?« fragte sie, ihm die Hände hinstreckend.

Die Sonne war aufgegangen, und der Himmel über den Häusern hatte ein Aussehn von außerordentlicher Schönheit, Einfachheit und Frieden.

# Virginia Woolf

»Es wäre tausendmal schade, wenn Frauen wie Männer schrieben oder wie Männer liebten oder wie Männer aussähen, denn wenn zwei Geschlechter ganz und gar verschieden sind, wie könnten wir in Anbetracht der Größe und Vielfalt der Welt mit nur einem auskommen?«

**Augenblicke**
*Skizzierte Erinnerungen*
*Band 5789*

**Blau & Grün**
*Erzählungen. Band 10553*

**Die Dame
im Spiegel und
andere Erzählungen**
*Band 1984*

**Die Fahrt hinaus**
*Roman. Band 10694*

**Die Fahrt
zum Leuchtturm**
*Roman. Fischer Bibliothek
255 Seiten. Geb. und als
Fischer Taschenbuch
Band 2119*

**Flush**
*Die Geschichte eines
berühmten Hundes
Fischer Bibliothek
176 Seiten. Geb. und als
Fischer Taschenbuch
Band 2122*

**Frauen
und Literatur**
*Klaus Reichert (Hg.)
Essays. Band 10920*

**Jacobs Raum**
*Roman. S. Fischer
232 Seiten. Ln. und als
Fischer Taschenbuch
Band 5870*

**Die Jahre**
*Roman. Band 2120*

**Lappin und Lapinova**
*Fünf Erzählungen
Band 11027*

**Mrs. Dalloway**
*Roman. Fischer Bibliothek
239 Seiten. Geb. und als
Fischer Taschenbuch
Band 1982*

**Nacht und Tag**
*Roman. S. Fischer
647 Seiten. Geb. und als
Fischer Taschenbuch
Band 5869*

**Orlando**
*Roman
Fischer Bibliothek
292 Seiten. Geb. und als
Fischer Taschenbuch
Band 1981*

**Phyllis und
Rosamond**
*Frühe Erzählungen und
zwei Essays. Band 10170*

**Ein verwunschenes
Haus**
*Erzählungen
Band 9464*

**Die Wellen**
*Roman. Band 2121*

**Ein Zimmer für
sich allein**
*Mit einer Erinnerung
an Virginia Woolf
von Louie Mayer und
vielen Fotos. Band 2116*

**Zwischen den Akten**
*Roman. Band 1983*

# Fischer Taschenbuch Verlag

# Virginia Woolf
## Gesammelte Werke
### Herausgegeben von Klaus Reichert

*»Um eine neue Bahn einzuschlagen, muß ein Romanautor nicht nur große Gaben besitzen, sondern auch eine große Unabhängigkeit des Geistes. Virginia Woolfs Stil ist von erstaunlicher Schönheit. Ihre Art zu beobachten setzt eine unermeßliche und angespannte Arbeit voraus. Sie erleuchtet nicht nur durch plötzliche Blitze, sondern verbreitet ein ruhiges und sanftes Licht.«* T.S.Eliot

## Zur Ausgabe

Virginia Woolf ist vielleicht die bedeutendste, gewiß ist sie die fruchtbarste Schriftstellerin dieses Jahrhunderts gewesen. Sie hat die Form des Romans von Grund auf erneuert, und ohne sie und James Joyce hätte die Entwicklung des Romans einen anderen Verlauf genommen. Sie hat die in England hochentwickelte Form des Essays auf neue, ungeahnte Höhen geführt, und sie hat mit ihrem großen Tagebuch ein Dokument der *condition humaine* geschaffen, das nur mit den großen Beispielen der Gattung – Pepys, John Evelyn, Saint-Simon – zu vergleichen ist. Nicht zuletzt ist Virginia Woolf eine der ersten Autorinnen, die sich konsequent um Geschichte und Zukunft weiblichen Schreibens in unserer Gesellschaft gekümmert haben. Durch diesen Aspekt ihres Werkes wurde sie zur zentralen, nicht unumstrittenen Figur der internationalen Frauenbewegung. Bisher war nur ein kleiner Teil des Werkes Virginia Woolfs zugänglich: die Romane bis auf einen, die kurze Erzählprosa etwa zu einem Drittel, von den über tausend Essays rund eine Handvoll, ein paar autobiographische Texte, nichts von dem ebenfalls opulenten Briefwerk. Mit der geplanten Ausgabe soll das Werk der Autorin in angemessener Vollständigkeit vor dem deutschen Publikum ausgebreitet werden.

## Editionsplan

*Virginia Woolf*
*Gesammelte Werke*

bereits erschienen

*Die Fahrt hinaus.* Roman
*Das Mal an der Wand.* Gesammelte Kurzprosa
*Tagebücher.* Band 1 (1915–1919)
*Orlando.* Biographie
*Flush. Die Geschichte
eines berühmten Hundes*
*Die Wellen.* Roman
*Zum Leuchtturm.* Roman
*Zwischen den Akten.* Roman

in Vorbereitung

*Nacht und Tag.* Roman
*Jakobs Zimmer.* Roman
*Mrs. Dalloway.* Roman
*Die Jahre.* Roman

*Tagebücher 1915–1941* in fünf Bänden
*Briefe 1888–1941* in drei Bänden
*Gesammelte Essays* in vier Bänden

*Roger Fry.* Biographie
Neben der Edition der *Gesammelten Werke*
erscheinen einige ausgewählte Titel als
englische Broschur und werden zu einem
späteren Zeitpunkt in die Ausgabe integriert:

bereits erschienen

*Der gewöhnliche Leser.* Band 1
Essays
*Der gewöhnliche Leser.* Band 2
Essays
*Frauen und Literatur*
Essays

in Vorbereitung

*Tagebuch einer Schriftstellerin*
*Ein eigenes Zimmer*
*Drei Guineen*

# S. Fischer

# Doris Lessing

**Das goldene Notizbuch**
Roman
Fischer Sonderausgabe
634 Seiten. Broschur und
Fischer Taschenbuch
Band 5396

**Afrikanische Tragödie**
Roman. 240 Seiten. Geb.
und Fischer Taschenbuch
Band 5747

**Anweisung für einen Abstieg zur Hölle**
Roman. 287 Seiten. Leinen
und Fischer Taschenbuch
Band 5397

**Die Memoiren einer Überlebenden**
Roman. 227 Seiten. Leinen
und Fischer Taschenbuch
Band 5202

**Mit leiser, persönlicher Stimme**
Essays. 223 Seiten. Broschur
und Fischer Taschenbuch
Band 10705

**Die Terroristin**
Roman. 460 Seiten. Leinen
und Fischer Taschenbuch
Band 9259

**Shikasta**
Canopus im Argos
Archive. Betr.:
Kolonisierter Planet 5
Roman. 519 Seiten. Leinen
und Fischer Taschenbuch
Band 9146

**Die Ehen zwischen den Zonen Drei, Vier und Fünf**
Canopus im Argos:
Archive II
Roman. 302 Seiten. Leinen
und Fischer Taschenbuch
Band 9147

**Die sirianischen Versuche**
Canopus im Argos:
Archive III
Roman. 367 Seiten.
Leinen und Fischer
Taschenbuch
Band 9148

**Die Entstehung des Repräsentanten für Planet 8**
Canopus im Argos:
Archive IV
Roman. 181 Seiten.
Leinen und Fischer
Taschenbuch
Band 9149

**Die sentimentalen Agenten im Reich der Volyen**
Canopus im Argos:
Archive V
Roman. 230 Seiten.
Leinen und Fischer
Taschenbuch
Band 9150

# Fischer Taschenbuch Verlag

fi 148 / 11

# Nobelpreis für Literatur 1991
# Nadine Gordimer

**Anlaß zu lieben**
Roman
456 Seiten. Leinen und
Fischer Taschenbuch
Band 5948

**Der Besitzer**
Roman. 335 Seiten.
Leinen und als
Fischer Taschenbuch
Band 10708

**Burgers Tochter**
Roman
446 Seiten. Geb. und
Fischer Taschenbuch
Band 5721

**Clowns im Glück**
Erzählungen
Fischer Taschenbuch
Band 5722

**Der Ehrengast**
Roman. 869 Seiten.
Broschur und als
Fischer Taschenbuch
Band 9558

**Ein Spiel der Natur**
Roman. 535 Seiten.
Leinen und als
Fischer Taschenbuch
Band 11298

**Eine Stadt der Toten, eine Stadt der Lebenden**
Eine Novelle und
zehn Erzählungen
315 Seiten. Leinen und
Fischer Taschenbuch
Band 5083

**Etwas da draußen**
Erzählung
Fischer Bibliothek
143 Seiten. Geb.

**Entzauberung**
Roman. 504 Seiten.
Broschur und als
Fischer Taschenbuch
Band 2231

**Fremdling unter Fremden**
Roman. Band 5723

**Gutes Klima, nette Nachbarn**
Sieben Erzählungen
Fischer Bibliothek
144 Seiten. Geb.

**Julys Leute**
Roman. 207 Seiten. Geb.
Fischer Bibliothek und
Fischer Taschenbuch
Band 5902

**Die endgültige Safari**
Erzählungen. 317 Seiten.
Leinen. S. Fischer

**Die Geschichte meines Sohnes**
Roman. 320 Seiten.
Leinen. S. Fischer

**Leben im Interregnum**
Essays zu Politik
und Literatur
288 Seiten. Leinen
S. Fischer

# Fischer Taschenbuch Verlag

# Marguerite Yourcenar
## Eine Familiengeschichte

*Gedenkbilder*
Band 5472

»Gedenkbilder« ist der erste Band eines dreiteiligen Erinnerungswerks zur eigenen Familiengeschichte, das Marguerite Yourcenar, die große alte Dame der französischen Literatur, unter dem Titel »Das Labyrinth der Welt« veröffentlicht hat: ihre Spurensuche gilt in diesem ersten Band der Familie mütterlicherseits. Dieses Erinnerungswerk, dem die Kritik schon bald den Rang eines Klassikers der Autobiographie bescheinigte, verdankt sich der Essayistin, Dichterin und Historikerin Yourcenar gleichermaßen.

*Lebensquellen*
Band 5473

In diesem Band ihres großen Erinnerungswerks verfolgt Marguerite Yourcenar die Herkunft ihrer väterlichen Vorfahren. Ihre Darstellung gipfelt in dem Portrait ihres Vaters Michel de Crayencourt, diesem liebenswerten Aristokratensohn und Weltmann des fin de siècle, der das Spiel, das Geld und die Frauen liebt, allen Konventionen feindlich ist und leichtherzig ein Vermögen durchbringt. Halb Dandy, halb Abenteurer, ist er eine Gestalt, die einem Roman von Proust zu entstammen scheint.

*Liebesläufe*
Band 10499

»Liebesläufe«, der dritte Band zur eigenen Familiengeschichte liest sich wie ein großer Liebesroman. Er widmet sich vor allem jenen beiden Menschen und ihrem komplizierten Liebesverhältnis, die für die Kindheit der kleinen Marguerite am wichtigsten waren: das sind der vielbewunderte Vater Michel und die faszinierend unkonventionelle Jeanne, eine Jugendfreundin von Margueritessfrüh verstorbener Mutter.

## Fischer Taschenbuch Verlag

Biographien / Erinnerungen / Tagebücher
# Weltliteratur

**Karl Otto Conrady**
Goethe
Leben und Werk
2 Bände:
Bd. 5670 / Bd. 5671

**Peter Lahnstein**
Schillers Leben
Band 5621

**Rüdiger Safranski**
E. T. A. Hoffmann
Das Leben eines
skeptischen
Phantasten
Band 5662

**Wolfgang Leppmann**
Gerhart Hauptmann
Leben, Werk
und Zeit
Band 5683

**Albrecht Goes**
Mit Mörike
und Mozart
Band 10835

**Hanns Arens (Hg.)**
Der große Europäer
Stefan Zweig
Band 5098

**Friderike Maria Zweig**
Spiegelungen
des Lebens
Band 5639

**Leonard Woolf**
Mein Leben
mit Virginia
Erinnerungen
Band 5686

**Anne Stevenson**
Sylvia Plath
Eine Biographie
Band 10780

**Kyra Stromberg**
Djuna Barnes
Leben und Werk
einer Extravaganten
Band 10992

**Frederick Brown**
Jean Cocteau
Eine Biographie
Band 5640

**Arthur Miller**
Zeitkurven
Ein Leben
Band 5685

# Fischer Taschenbuch Verlag

fi 600 / 11

»Es genügt in der Liebe, durch liebenswürdige Eigenschaften, durch Reize zu gefallen. Aber in der Ehe muß man einander lieben, um glücklich zu sein, oder wenigstens zueinander passende Fehler haben.«
*Nicolas de Chamfort*

# Flitterwochen
## und andere Ehegeschichten
### Ausgewählt und mit einer Nachbemerkung von Ursula Köhler

Innerhalb der 19 hier vorgelegten Erzählungen über ein Thema, das wie kaum ein anderes mit Gefühlen, Hoffnungen und Konfliktstoff besetzt ist, markieren die Texte von Mark Helprin und Henri Michaux äußerste Gegenpositionen: Helprin gibt mit seiner Short Story *Wegen der Hochwasserfluten* das seltene Beispiel einer geradezu beseligenden und Berge versetzenden jungen Eheliebe, während Michaux mit seinem *Fingerzeig für junge Ehen* die gelegentliche Ermordung des Ehepartners in der Phantasie quasi als einzige Möglichkeit dauerhaften ehelichen Friedens empfiehlt.

Alles in allem: von jedem etwas, Liebe und Leidenschaft, erotische Verwirrungen, schwierige Anfänge und Enden, sanfter Schrecken und subtile Gemeinheiten, aber auch die Wonne der Gewohnheiten, das Glück der Dauer und – die Erkenntnis, daß man Ehen offenbar nur von innen beurteilen kann.

Band 9569

Es erzählen: *Katharine Mansfield, Virginia Woolf, Arthur Schnitzler, Otto Flake, Frank O'Connor, D.H.Lawrence, Katharine Anne Porter, James Stephens, Sylvia Plath, Mark Helprin, André Maurois, Dacia Maraini, Henri Michaux, Friedrich Georg Jünger, Hans Jürgen Fröhlich, Ruth Rehmann, V.S.Pritchett und John Updike.*

# Fischer Taschenbuch Verlag